高等职业院校（专科）教材

U0771667

心理学基础

● 主编　白学军

中国教育出版传媒集团
高等教育出版社·北京

内容提要

本教材系统介绍了心理学的基本概念、原理和应用,主要内容包括绪论、感觉与知觉、注意与意识、记忆与学习、思维、能力、技能、动机与意志、情绪与心理健康、人格、群体心理、生涯辅导与规划。各章开篇突出介绍了我国新时代涌现出的大国工匠和技术能手,让学生既能强化专业认同,又能提升家国情怀;各章末尾不仅设置反思·实践·探究,而且设置推荐读物,有利于学生检验自己的学习程度并深化对所学内容的理解和掌握。

本教材在坚持科学性与前沿性的同时注意价值导向,将价值观教育与心理学知识相结合、通识性教育与职教特色相结合、实践导向与问题导向相结合。本教材可用作高等职业院校心理学公共课教材。

图书在版编目(CIP)数据

心理学基础 / 白学军主编 . -- 北京:高等教育出版社,2024.1

ISBN 978-7-04-061534-0

Ⅰ.①心… Ⅱ.①白… Ⅲ.①心理学 – 高等职业教育 – 教材 Ⅳ.①B84

中国国家版本馆 CIP 数据核字 (2023) 第 247185 号

Xinlixue Jichu
心理学基础

策划编辑	陈 容	责任编辑	魏延娜	特约编辑	韩奕帆	封面设计	姜 磊
版式设计	杜微言	责任绘图	于 博	责任校对	胡美萍	责任印制	朱 琦

出版发行	高等教育出版社	网　址	http://www.hep.edu.cn
社　址	北京市西城区德外大街 4 号		http://www.hep.com.cn
邮政编码	100120	网上订购	http://www.hepmall.com.cn
印　刷	唐山市润丰印务有限公司		http://www.hepmall.com
开　本	787mm×1092mm 1/16		http://www.hepmall.cn
印　张	19		
字　数	410 千字	版　次	2024 年 1 月第 1 版
购书热线	010-58581118	印　次	2024 年 1 月第 1 次印刷
咨询电话	400-810-0598	定　价	49.00 元

党的二十大报告提出："教育、科技、人才是全面建设社会主义现代化国家的基础性、战略性支撑。必须坚持科技是第一生产力、人才是第一资源、创新是第一动力，深入实施科教兴国战略、人才强国战略、创新驱动发展战略，开辟发展新领域新赛道，不断塑造发展新动能新优势。"同时还提出："加快建设国家战略人才力量，努力培养造就更多大师、战略科学家、一流科技领军人才和创新团队、青年科技人才、卓越工程师、大国工匠、高技能人才。"这一方面表明中国式现代化建设需要各类人才，另一方面表明卓越工程师、大国工匠和高技能人才在中国式现代化建设中是不可或缺的重要人才。《关于加强新时代高技能人才队伍建设的意见》中也明确指出：技能人才是支撑中国制造、中国创造的重要力量。

在培养和造就高技能人才的过程中，心理学发挥着越来越重要的作用。我们希望高职学生通过本教材的学习能够实现以下目标：（1）有助于成长中的自己更好地适应大学生活，将所学的心理学规律运用于学习和生活中，提高自己的学业成绩和生活质量。（2）有助于对自己的心理过程、能力、人格等有正确的认识，并不断塑造超强的心理素质、卓越的能力和完善的人格。（3）有助于发展自己积极向上、理性平和的阳光心态。当面对生活中的挫折与困难时，既能理性地看待，又能运用所学原理进行自我调节，使心理快速恢复常态。

为了实现以上目标，本教材在编写过程中坚持以习近平新时代中国特色社会主义思想为指导，贯彻落实党的二十大精神，特别做到了以下四点：（1）与中国具体实际相结合。教材将教学内容和培养目标与中国国情、经济发展需要、社会需求相结合，坚持以问题导向来满足新时代高技能人才的培养要求。习近平总书记强调："每个时代总有属于它自己的问题，只要科学地认识、准确地把握、正确地解决这些问题，就能够把我们的社会不断推向前进。"高职学生在读书期间，会面临一系列难题，例如，如何适应新环境？如何提高学业成绩和技能水平？如何与他人建立融洽的人际关系？如何形成良好的人格特征？如何调节自己的情绪？如何成功地规划自己的职业生涯？等等。我们在教材中结合相关内容，回答了上述问题。运用心理学的知识和方法，为高职学生提供个性化的心理支持和指导，提高高职学生的学业表现，促进团队合作，发展职业素养，最终培养出高素质、适应能力强的人才。（2）突出中华优秀传统文化。在编写过程中，一方面呈现了体现中华优秀传统文化的故事、诗词、名人轶事，让高职学生在学习过程中受到潜移默化的影响；另一方面突出了我国社会主义现代化建设过程中能工巧匠的先进事迹，让高职学生在学习过程中增强民族自豪感和责任感。（3）丰富教材内容。本教材以心理现象所涉及的心理过程和个性心理为重点，同时介绍了高职学生心理发展、技能学习、心理健康、社会心理和职业生涯等内容，以帮助他们全面适应在校期间和毕业后的工作所需。（4）利用多种形式确保学习质量。每章介绍一位大国工匠或技术能手的先进事迹，通过阅读启迪心智，端正学习态度；通过"小活动"，让高职学生亲自动手实践，增强学习兴趣，调动学习的积极性；通过小故事、新研究、推荐读物等，拓宽学生的视野，培养其科学的探索精神；通过反思题、实践题、探究题，让学生自我检查学习效果，促进学习的元认知能力，提高其学习的主动性。

在本书的编写过程中，天津职业技术师范大学吴真教授付出了大量的心血，她在职业教育一线从事了 20 多年的心理学教学与研究工作，积累了大量的职业教育经验，为本教材的体系构建和统稿作出了贡献。

来自全国多所高校长期从事心理学教学与研究的 13 位教师参加了本书的编写，具体分工如下：天津师范大学白学军编写了绪论，西北师范大学康廷虎编写了第一章，湖北师范大学岳鹏飞编写了第二章，福建师范大学张锦坤和湖南科技大学刘旭共同编写了第三章，内蒙古师范大学侯友编写了第四章，云南师范大学陶云编写了第五章，天津职业技术师范大学吴真编写了第六章，潍坊医学院贾丽萍编写了第七章，泰山学院李芳和孙海潮共同编写了第八章，遵义师范学院朱海编写了第九章，天津师范大学王锦编写了第十章，厦门城市职业学院杨雪艳编写了第十一章。书稿完成后，全体作者经过了一轮又一轮的修改，使教材的内容和形式日臻完善。

最后要感谢高等教育出版社陈容编辑，她不仅策划了本教材的编写方案，而且参与了教材的编审和修改工作。

我们努力做到从教材体系、内容选择和语言表达等方面突出中国特色，并做了有益的尝试和探讨。限于本人学术功力有限，还有许多地方有待完善，请广大师生批评指正。

白学军

2023 年 9 月

目 录

绪论

文墨精度

　　方文墨是航空工业沈阳飞机工业（集团）有限公司标准件中心钳工、高级技师、航空工业首席技能专家。他创造了"0.003 mm 加工公差"的"文墨精度"，相当于头发丝的 1/25。从 2003 年参加工作至今，他收集整理了 20 余万字的钳工技术资料，自制刀、量、夹具 100 余把（件），改进各种刀、量、夹具 200 余把（件），改进工艺方法 60 余项，改进设备 2 项，研究生产窍门 24 项，总结先进操作方法和撰写技术论文 12 篇，申报技术革新项目 20 项，并取得了"定扭矩螺纹旋合器""加工钛合金专用丝锥""多功能测量表架"等 3 项国家发明专利和实用新型专利，显著提高了劳动生产效率，为企业的发展作出了突出的贡献。

　　每个人都有非常大的潜能，方文墨的事迹证明了"只要功夫深，铁杵磨成针"的古训。

「小活动」动作会影响情绪

请 10 名学生参加活动，分为 AB 两组，每组 5 人，每人发一根筷子。A 组 5 名学生用嘴横着咬筷子，即筷子的一头向左，另一头向右；B 组 5 名学生用嘴咬筷子的一头。请两组学生听笑话，听后对笑话进行 7 点评分："1"是一点儿也不可笑，"7"是非常可笑。

活动要点：听笑话时咬筷子。

科学原理：启动效应，指对先前呈现刺激的学习会促进之后对同一刺激或类似刺激的提取和加工的现象。

现实生活中的应用：巧妙地应用启动效应，会让自己心情愉快，提高做事效率。

第一节　心理学的研究对象与任务

高职学习阶段正处于个体人生最美好的时期。高职学生不仅身体健康、精力充沛，而且思想活跃、情绪情感多变、充满正义感和责任感。高职学生在学习科学知识、认识自然界的奥秘时，更对自身的奥秘，特别是心理奥秘充满了好奇。

心理现象是世界上最复杂又最奇妙的现象。一方面，它看不见、摸不着，会让人产生"知人知面不知心"的困扰；另一方面，它又随时发生在自己的身上，影响着自己或他人的行为，例如，"人逢喜事精神爽，闷上心来瞌睡多"。心理学家通过科学的方法揭示心理现象或行为背后的规律，从而帮助大家认识心理的本质。

一、心理学的研究对象
（一）什么是心理学

恩格斯说："鹰比人看得远得多，但是人的眼睛识别东西远胜于鹰。狗比人具有敏锐得多的嗅觉，但是它连被人当做各种物的特定标志的不同气味的百分之一也辨别不出来。"[①] 人的识别能力高于动物，不仅因为人脑及感官发育得更加完善，还因为人既有感觉又有思维。

在日常生活中，有些人常将心理学与算卦、相面、占卜等联系起来，常会问心理学专业或学习过心理学的人这样一个问题："你知道我心里在想什么吗？"那么学习心理学后，能不能知道他人在想什么呢？答案是肯定的，而且心理学家不是靠猜的。心理学家会通过一定的任务或某种活动来了解某一个人的心理。例如，通过呈现随机排列的数字，要求看到 3，就用笔在 3 上画"—"。学生 A 在 3 分钟内出现了 2 次错误，而学生 B 在 3 分钟内出现了 10 次错误。这个任务是用来测量注意力集中的，根据学生 A 和学生 B 的成绩，可以准确推断出学生 A 的注意力要比学生 B 的注意力更集

---

① 马克思，恩格斯.马克思恩格斯文集：第 9 卷［M］.北京：人民出版社，2009：554.

中。根据已有关于不同学习成绩的学生注意力集中的比较研究发现：学习成绩好的学生，注意力更集中；学习成绩差的学生，更易分心、注意力不集中。根据注意力集中的程度，可以进一步推断学生 A 学习成绩好的可能性更大，学生 B 学习成绩差的可能性更大。上面的推断过程是掌握了心理学的相关规律后得出的，因此更为可靠。

那么什么是心理学呢？心理学是研究心理现象的科学。

（二）心理现象

心理现象就是人们的心理活动，主要由心理过程和个性心理组成，其中心理过程是共性的，是个体和群体都有的；个性心理是差异性的，在个体或群体之间的表现不同。心理现象的结构如图 0-1 所示。

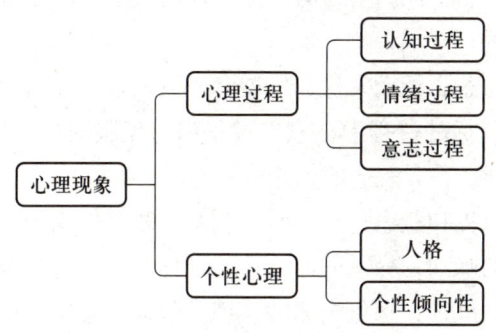

图 0-1 心理现象的结构

1. 心理过程

心理过程由认知过程、情绪过程和意志过程构成。

认知过程是个体对客观现实的反映。依据反映水平从低级到高级，主要有感觉、知觉、记忆、想象、思维和言语等。

感觉是人脑对客观事物个别属性或个别特征的反映，它是个体对事物的直接认识。例如，在公园里，听到鸟的叫声；春天来了，看到粉红色的桃花盛开；在秋天里，嗅到瓜果的香甜味。

知觉是人脑对客观事物整体属性的反映，它是个体根据经验将多种感觉整合的结果。例如，请猜谜语：身穿绿衣裳，肚里水汪汪，生的孩子多，个个黑脸膛。其谜底是"西瓜"。

记忆是个体对所经历的客观事物的反映，包括记和忆两个部分，记是忆的基础，忆是记的再现。例如，一年有二十四个节气，通过二十四节气歌，就能很快记住。

二十四节气歌

春雨惊春清谷天，夏满芒夏暑相连。秋处露秋寒霜降，冬雪雪冬小大寒。

想象是人脑根据已知形象建构新形象的过程。例如，《西游记》中大闹天宫的孙悟空，就是猴与人相结合想象出的新形象，其中，猴与人是已知形象，孙悟空是新形象。

思维是人脑对客观事物概括和间接的反映。通过思维活动，个体能根据已知的事物来推断未知的事物。每个人都希望自己有一个好未来，如果按美国心理学家詹姆斯（W. James，1842—1910）所说，只要付诸努力，就一定会有的。詹姆斯说："播下一种行为，收获一种习惯；播下一种习惯，收获一种性格；播下一种性格，收获一种命运。"

言语是个体利用语言符号和语言规则进行的交际过程。语言与言语是不同的，语言是指"话"。例如，中国人说汉语，英国人说英语，俄罗斯人说俄语。言语是指"说"。例如，张三同学会说汉语也会说英语，王五同学会说汉语也会说俄语。

情绪过程是人脑对客观事物是否满足自身需要而产生的态度体验。例如，有位同学下功夫学习外语，如果考试成绩非常理想，就会产生愉快的情绪；如果考试成绩不理想，就会产生不愉快的情绪。我国中医学中提出人有七种情绪，简称"七情"，指喜、怒、忧、思、悲、恐、惊。情绪与个体生理需要是否满足有关，而情感与个体社会性需要是否满足有关。

意志过程是指个体意志行动发生、发展和完成的过程，由采取决定阶段和执行决定阶段构成。在实现目标的过程中，意志过程都与克服困难相伴随。例如，"不经一番寒彻骨，怎得梅花扑鼻香"表达的就是这一过程。

认知过程、情绪过程和意志过程是紧密联系、相互作用的。一方面，认知过程是情绪过程和意志过程的基础；另一方面，情绪过程和意志过程也影响认知过程。积极情绪能促进个体的认知过程，深化个体的认识。坚强的意志能促进个体克服困难，提高认知水平。同样，情绪过程和意志过程也是密切联系的。情绪既可成为意志行为的动力，又会成为意志行为的阻力；同时，个体通过意志可调节、控制自己的情绪。

2. 个性心理

个性心理是个体经常且稳定地表现出来的心理特点。个性心理由人格和个性倾向性构成。

人格包括能力、气质和性格。能力是个体顺利实现某种活动的心理条件，会影响个体心理活动效率。一个人的能力通过练习是可以提高的。例如，2018年《河南商报》报道：72岁的周保起老人，通过不断练习，能背出圆周率小数点后第495位数字，共耗时2分40秒。

气质是指个人心理活动的动力特点的总和。例如，《三国演义》中的张飞勇猛、鲁莽、疾恶如仇，遇事先吹胡子瞪眼睛、怒发冲冠，是典型的胆汁质；《红楼梦》中的林黛玉敏感、细心、聪明、多愁善感，是典型的抑郁质。"江山易改，秉性难移"中的"秉性"就是指个体的气质。

性格是个体区别于他人的心理特征的总和，表现在一个人的活动风格上。例如，唐朝诗人李白（701—762）的诗句"安能摧眉折腰事权贵，使我不得开心颜"，从中可以看出其豪放洒脱、傲岸不羁的性格。杜甫（712—770）的诗句"安得广厦千万间，大庇天下寒士俱欢颜"，从中可以看出其忧国忧民的性格；明朝诗人于谦的诗句"千锤万凿出深山，烈火焚烧若等闲。粉身碎骨浑不怕，要留清白在人间"，从中可以看出其坚强不屈、洁身自好的性格。

个性倾向性是推动个体活动的动力系统，是个性心理中最活跃的因素。个性倾向性决定一个人对周围事物的认识和态度，决定其追求的目标。需要、动机和价值观是个性倾向性的核心成分。需要是个体感到某种缺乏而力求获得满足的心理倾向。例如，夏天运动后出汗过多，身体因缺水而使人产生饮水的需要。动机是指推动个体活动并使活动朝向一定目标的动力。例如口渴了，我们会找水，以解决自己的饮水需要，找水的动机强烈程度与饮水需要的强烈程度密切相关，所以说需要是动机的基础。价值观是决定个体评价和衡量行为好坏、对错的心理倾向性。如果一个人树立了诚实守信的价值观，就会在社会中得到尊重和爱戴。因此，正确的价值观对个体发展非常重要。

二、心理学的任务

心理学的任务就是揭示心理活动的规律。一般是通过对行为的描述、解释、预测、控制来实现的。[①]

（一）描述

心理学的第一个任务是对行为进行准确、客观的观察和描述。心理学工作者将观察所得的结果称为行为数据，即对个体的行为和行为发生时的环境的观察记录。描述为心理学工作者提供了"是什么心理"的答案。心理学工作者要想揭示心理规律，就必须要对观察对象的行为进行仔细、系统地观察。描述分为直接描述和间接描述。直接描述是直接呈现观察对象的行为表现。例如，《红楼梦》中的王熙凤，别名凤辣子、凤姐。她"一双丹凤三角眼，两弯柳叶吊梢眉，身量苗条，体格风骚，粉面含春威不露，丹唇未启笑先闻"。同时她又面艳心狠、好权贪财、狡诈多变，是个"嘴甜心苦、两面三刀，上头一脸笑，脚下使绊子，明是一盆火，暗是一把刀"的人。间接描述是间接呈现观察对象的行为。例如，心理学家用"智商"来描述一个人是否聪明。智商是一个数值，这个数值越大，表明一个人越聪明。一般来讲，人们的智商平均是100分，正常成人的智商是85~115分，如果个体智商比平均水平高出两个标准差，即大于130分则为天才，而小于70分则为智力低常者。需要指出的是，每个人在观察过程中，都会把自己的主观认识带入其中，从而影响观察结果的客观性。

（二）解释

解释是研究者对所观察到的心理现象的说明，是找到行为和心理过程的规律。换言之，解释是说明行为产生的原因。请大家阅读寓言故事——《射箭与倒油》。

射箭与倒油

在宋代，有一个叫陈康肃的人，他擅长射箭，能从一百步远的地方射到一片白杨树的叶子。他的射箭技术举世无双，没有人能比得上他。

有一次，陈康肃练习射箭时引来了很多人围观。一个卖油的老人肩上挑着一担油走了过来。他停下来，放下扁担看着陈康肃射箭，很长时间没有离开。

果然，陈康肃的箭术不负众望。他射出的十支箭有九支能射中靶心。周围的人都欢呼起来，拍手叫好，但是卖油的老人仍然眯着眼睛，只是微微点了点头。

---

① 白学军.心理学概论［M］.北京：北京师范大学出版社，2015：9-10.

当陈康肃看到老人似乎看不起他的射箭技术时，他很生气。他放下弓，问老人："你也会射箭吗？你认为我的射箭技术不够好吗？"

老人平静地回答："我不认为这有什么了不起的。只要你多加练习，你的箭术就会更好。"

陈康肃终于生气了，质问道："你怎么敢这样贬低我的绝技！"

老人并不着急："我是从多年来倒油的技巧中懂得这个道理的。我给你演示一遍吧。"

老人把一个葫芦放在地上，拿出一枚有圆孔的铜钱，放在葫芦口上。他用勺子从油桶里舀出满满一勺油，把油倒进葫芦里。

只见油呈细线均匀地被倒入葫芦中。当油倒完的时候，铜钱上竟然连一点油星子都没有沾上。人群中发出一片称赞的声音，老人笑着说："我这小技巧并不高明，只是熟练而已。"

陈康肃看完老人的绝技后笑了，很有礼貌地向老人求教。

心理学家提出了许多解释个体心理的理论，用以说明心理现象发展的因果关系。因此，解释就是对行为产生的原因加以说明。

解释是让心理学工作者回答"为什么"这个问题。对于《射箭与倒油》故事中的陈康肃，其行为在故事开头与结尾时不一样，可以用社会比较理论来解释。人们在日常生活中，存在着两种比较方式：向上比较和向下比较。向上比较就是与比自己强的人比较，向下比较就是与比自己弱的人比较。向上比较会让自己更努力，向下比较则会产生骄傲自满的情绪。

（三）预测

预测是根据心理学规律来推断个体未来的行为。如果心理学家的确揭示了心理规律，则可以利用规律对人的行为作出准确的预测；如果根据发现的规律作出的预测不准确，则反过来说明揭示的心理规律还需要进一步完善，特别是需要深入研究探讨其根本原因。预测包括对特定行为将要发生的可能性的估计和一种特定关系将被发现的可能性。对特定行为的准确解释可对个体未来的行为作出精确的预测。

仔细阅读《陶朱公救子》，想一想陶朱公是如何作出预测的？

陶朱公救子

春秋时期，范蠡帮助越王勾践卧薪尝胆二十年，最终灭掉吴国，一雪会稽之耻。功成名就之后，范蠡急流勇退，来到现在的山东定陶做起了大商人。当时的定陶商业物流非常发达，范蠡很快就成为春秋时期的首富，自号陶朱公。陶朱公（范蠡）有三个儿子，二儿子在楚国杀人被抓，陶朱公觉得杀人虽然该死，但是在那个落后的时代，他自认为，只要肯花钱，就有可能将儿子救回。于是，他想派小儿子带着一千两黄金去楚国救人。大儿子知道此事后，觉得自己是长子，应该去做这件事。一开始，陶朱公不同意大儿子的请求。但大儿子非要去，最后，陶朱公没办法，只好叫大儿子去楚国找熟人庄生来帮忙。大儿子临走时，陶朱公千叮咛万嘱咐，让他只要把金子送到就行，一切听庄生安排。

大儿子到了楚国后，找到庄生，送上了一千两黄金。庄生本来不想收老朋友的钱，但是转念一想，如果自己不收钱，恐怕被认为不给办事，就先收下了，想着救出陶朱公的二儿子以后，再把钱如数送还。于是庄生收下钱并嘱咐大儿子赶紧回家。庄生自己通过运作说服楚王准备大赦天下，结果陶朱公的大儿子留在楚国没回家，又从别人那里听说最近楚王准备大赦天下，自己的弟弟肯定没事了，于是他找到庄生想把一千两黄金要回来。庄生本来没想收，但是觉得自己没面子，于是很生气，就去找楚王说："我听外边议论大王大赦天下，不是出于对楚国子民的怜悯，而是因为首富陶朱公花了金子买通了大王的左右。"结果楚王一气之下直接下令把陶家的二儿子杀了，然后再宣布大赦。陶家大儿子这回傻眼了，只能自己找了辆车，拉着兄弟的尸体一路哭着回家了。

回到家后，陶朱公一家子都在哭，只有陶朱公在笑，说早想到会有这个结果。他说："老大是跟我创业过苦日子过来的，养成了节俭的习惯。这一习惯说好听了是节俭，说不好听是'守财奴'。舍不得千金，派去办事花钱准不成。小儿子自出生起，家里的生活条件非常好，锦衣玉食，所以他花钱如流水，只有派他去救老二，他因不会爱惜钱财，才能把人救出来。"

在现实生活中，要想非常准确地预测个体的行为，必须严格控制条件。如果不能对相关因素进行严格控制，将无法准确预测。因为影响一个人行为的因素有三方面：（1）环境因素，如气温、光线、噪声、空间拥挤程度、环境美观程度等；（2）身体因素，如身体健康状况、睡眠质量、饮食结构、生理周期等；（3）心理因素，如情绪、态度、能力、人格等。人的行为会同时受到以上因素的影响，这就是为什么"人心难测"。

（四）控制

对于心理学家来说，控制是其追求的最主要的目标。控制是指让个体的行为发生或不发生，也就是发动行为、维持行为和停止行为。能否控制行为，直接影响个体的生活质量和幸福感。控制分为内控制和外控制，内控制是指个体对自身行为的控制，也称自控或自律。外控制是指他人对自己行为的控制，也称外控。例如，上班不迟到的人，单位就给他们全勤奖励，这是外控。

三、心理的本质

辩证唯物主义是科学理解心理现象的指导思想。辩证唯物主义在阐释意识与物质的关系这一基本问题时，对于什么是心理现象给出了科学的解释。列宁指出："精神是第二性的，是头脑的机能，是外部世界的反映。"[①] 这一论断是对心理本质最为科学的概括。

（一）心理现象是大脑的机能

在前科学时代，由于人们对心理现象缺乏科学认识，提出心理活动产生于心脏的观点，即主张人的心理现象产生于胸腔里的心脏。从描述人心理活动的成语中也能看

---

① 列宁．列宁全集：第18卷［M］.2版（增订版）.北京：人民出版社，2017：87.

出这一点，如胸有成竹、胸怀大志、了然于胸、心中有数、计上心头、一心一意、心急如焚、怦然心动、随心所欲等。

心理学一词的英文是 psychology，源于希腊语中的两个词 psyche 和 logos。其中，psyche 的含义是灵魂或精神，用字母 Ψ 表示；logos 的含义是知识或规律。因此，把 psyche 和 logos 两个词合起来，心理学就是指研究灵魂或精神的学问。

随着科学研究的深入，人们逐渐认识到心理活动不是产生于心脏，而是产生于大脑。明朝医药学家李时珍（1518—1593）在行医过程中总结出"脑为元神之府"的观点。真正从解剖学角度揭示心理活动产生于大脑的是我国清代医学家王清任（1768—1831），他通过对百余具尸体进行解剖，发现人的心脏和其他脏腑器官没有"贮记性、生灵机"的功能，提出"灵机记性不在心而在脑"。之后，法国外科医生布罗卡（P. P. Broca，1824—1880）对一位 21 岁不能说话的男性病人的尸体进行脑解剖，结果发现其第三额叶后部、靠近大脑外侧裂处有一块区域坏死了。后来，人们为了纪念布罗卡医生的这一杰出发现，将该区域命名为布罗卡区。如果该区域发生病变，则患者虽然能阅读、理解、书写，也知道自己想说什么，但是发音困难，说话缓慢且费力。布罗卡区损伤会导致个体运动性失语症，即言语不自然、不流利和发音不清晰。

恩格斯认为："我们的意识和思维，不论它看起来是多么超感觉的，东西，总是物质的、肉体的器官即人脑的产物。"[①] 列宁指出："心理的东西、意识等等是物质（即物理的东西）的最高产物，是叫做人脑的这样一块特别复杂的物质的机能。"[②] 大脑是心理活动产生的物质基础。如果这个物质基础有问题，则会导致个体心理异常。

（二）心理是大脑对客观现实的反映

反映是事物之间相互作用所留下的痕迹，只要事物间发生作用，就必然会留下痕迹，反映是物质的普遍属性。

心理是大脑对客观现实的反映，具体表现为：（1）心理的内容来源于客观现实。客观现实是主体意识之外的一切客观实际存在的事物，既包括自然现象，又包括社会现象和个体内外部的生理状况。客观事物以各自不同的形式作用于感觉器官，引发神经系统活动，从而产生各种心理现象。（2）心理是对客观现实的主观反映，这主要是因为心理虽然是对现实的反映，但又不是现实本身；心理对现实的反映是通过大脑加工改造完成的。（3）这种反映是主观与客观的统一。一方面心理是客观的，因为其反映的对象是客观现实，通过客观的物质活动表现出来，并在客观的实践活动中得到检验与评价；另一方面心理又是主观的，因为心理是个体的，受个体主观经验的影响，存在明显的个体差异。

在现实生活中，有人在出生时尽管有着正常的大脑，但在其成长过程中，脱离了正常的社会环境和教育，导致其心理发展没有随年龄而增长。

---

① 马克思，恩格斯. 马克思恩格斯全集：第 28 卷［M］. 2 版. 北京：人民出版社，2018：335.
② 列宁. 列宁选集：第 2 卷［M］. 3 版. 北京：人民出版社，2012：170.

脱离正常的人类社会环境，导致个体心理发展水平低下最为典型的例子就是"狼孩"。

狼　孩

1920 年 10 月，辛格在印度加尔各答的丛林中，发现了两个由狼哺育的女孩。他请人将这两个狼孩抓获。年龄大的女孩约 8 岁，年龄小的女孩约 1 岁半。辛格称年龄大的女孩为卡玛拉，年龄小的女孩为阿玛拉。当她们初次被带到孤儿院时，其生活习惯如同野兽一样，具体表现是：不会用双脚站立，只能用四肢走路；害怕日光，在太阳下，眼睛只睁开一条窄缝，且不断地眨眼，习惯在黑夜里看东西；白天经常睡觉，晚上却很活泼；在晚上 10 点、凌晨 1 点和 3 点，会发出非人非兽的尖叫声；听不懂人话，也发不出人类的音节；不会用手拿东西，吃起东西时狼吞虎咽，喝水也和狼一样用舌头舔；天气太热时，会张着嘴，伸出舌头来，像狗一样喘气；不洗澡，也不肯穿衣服，随地大小便。辛格对她们耐心抚养和教育，年龄小的阿玛拉比年龄大的卡玛拉发展快些。进入孤儿院两个月后，阿玛拉在口渴时，开始会说出"水"。但阿玛拉入院不到一年便去世了。卡玛拉用了 25 个月的时间才能说出第一个词 ma；4 年后学会 6 个词；7 年后学会 45 个词，并能说出用 3 个词组成的句子。进入孤儿院 2 年 8 个月后，卡玛拉才会用双脚站立，5 年多后才会用双脚走路，但其跑步时又会用四肢爬行。卡玛拉一直活到 17 岁，其智力水平只相当于三四岁正常儿童的水平。

不接受教育还会使原本有很好发展潜力的人最终变成平庸者，最为典型的例子是北宋王安石（1021—1086）所写的《伤仲永》一文中所记载的事件。

方仲永出生后长到 5 岁，能根据他人指定事物来作诗，且诗的文采和道理都有值得欣赏的地方。人们对此都感到非常惊奇。因其特殊才能，大家渐渐地以宾客之礼对待他的父亲。还有的人花钱请方仲永写诗。方仲永的父亲认为这样有利可图，就每天带领着方仲永，四处拜访同县的人，不让其接受教育。当方仲永长到十二三岁时，所写的诗已经不能与他从前的名声相配。到 20 岁左右，他写诗的才能完全消失，与普通人已没有什么区别了。

从方仲永的故事中可以看出，虽然他一出生就非常聪慧，但是随着年龄的增长，因不及时接受教育，最终才能丧失，成为一个普通人。

四、心理学的学科范围

我国心理学在发展过程中取得了重要的成就，目前心理学的学科范围主要涉及以下 13 个二级学科。

（一）基础心理学

基础心理学是研究一般的心理现象与规律的学科。主要研究心理的实质及神经机制、感觉与知觉、意识与注意、学习与记忆、思维与言语、情绪与意识、个性（人格）心理特征与个性（人格）倾向性等。

（二）认知神经科学

认知神经科学也称脑与认知科学，是研究认知过程和心理活动脑机制的学科。主要研究基本认知过程的神经基础、情绪和社会认知的神经基础、心智障碍的神经基础以及基因、遗传、环境与脑和行为的相互作用。

（三）发展心理学

发展心理学是研究人类个体心理发生、发展特点及其规律的学科。主要研究不同年龄阶段（婴儿期、幼儿期、儿童期、少年期、青年期、中年期和老年期）的心理发展特点和规律，毕生认知、人格与社会性发展的心理及神经机制，以及对各年龄阶段个体心理发展问题的干预。

（四）社会心理学

社会心理学是研究人们社会行为规律及其隐藏的内在心理机制的学科。主要研究态度、社会知觉、价值取向、沟通与人际关系、助人与侵犯、从众与服从、群体中的相互影响等。

（五）心理测量学

心理测量学是研究有关心理测量理论、方法和应用技术的学科。该学科以经典测量理论、现代测量理论和心理统计学原理为基础，主要研究心理物理学、心理量表法、心理与教育测验等理论和方法。

（六）教育心理学与学校心理学

教育心理学是研究教育教学情境中个体心理活动及其发展变化机制、规律和有效促进策略的学科。主要探讨学习心理，包括知识、技能与能力的学习过程与规律，品德的培养过程与规律，学习动机的形成过程与规律等；以及教学心理，包括如何进行课堂管理、教学设计和教学成效测评等。

学校心理学作为教育心理学的应用分支，主要研究如何运用教育心理学和临床心理学的基本原理解决儿童青少年的行为和学习问题，包括儿童青少年的行为和学习问题诊断、治疗，儿童青少年心理教育、心理评估、职业心理辅导、心理咨询等。

（七）管理心理学

管理心理学，又称组织心理学，是用心理学原理和方法研究社会生活各领域中涉及人的管理行为特点及规律的学科。主要研究工作分析与环境设计、人员选拔与测评、培训与职业发展、绩效评估与反馈、领导行为与决策、职业健康心理、组织与员工促进、组织变革与危机应对等。

（八）体育运动心理学

体育运动心理学是研究体育运动的心理学基础和个体在体育运动中心理活动的特点及其规律的学科。主要研究个体的认知、情绪、个性特点对体育运动的影响，掌握运动知识、形成运动技能、进行技能训练的心理学规律，运动竞赛中人的心理状态，运动员的心理选拔和测量等。

（九）工程心理学

工程心理学是以人—机—环境系统为对象，研究系统中人的心理特征、行为规律以及人与机器和环境相互作用的学科。主要研究人操作的信息加工机制、认知操作与工作绩效的关系、心理负荷与情境意识、选拔与训练、心理规律在人机交互设计中的应用等。

（十）临床与咨询心理学

临床与咨询心理学是将心理学应用到临床实践领域的有关个体心理健康的学科。主要研究心理障碍及其评估与诊断，心理病理机制，心理治疗与预防，正常人的生活、学习和职业等方面的适应和发展性问题，学业指导、生涯发展、人际关系等领域的问题的表现、评估与咨询和干预。

（十一）军事心理学

军事心理学是用心理学的理论和方法描述、解释军事环境下军人心理活动和作业绩效特点及其规律的学科。主要研究军人心理选拔与分类、军事人因学与作业绩效、军事环境对心理活动的影响、军人心理训练、军队领导与组织管理、军队临床心理与咨询、心理战与防御等。

（十二）法律心理学

法律心理学是用心理学的理论和方法揭示与解释在法律创制、实施、监督等法律运行过程中出现的各种法律行为与精神过程发生、发展及其规律的学科。主要研究公众选择对立法的影响、法律社会化与法律意识和守法行为的培养、违法犯罪心理、民事司法心理、刑事司法中测谎、审讯技巧、罪犯矫正等。

（十三）心理学史

心理学史是研究心理学产生、发展和演变规律的学科。主要研究内容包括中外心理学思想史、中外科学心理学史、中外心理学思想比较史、心理学各个流派的基本理论、理论心理学的基本问题等。

第二节　心理学的研究方法

工欲善其事，必先利其器。学习掌握先进的方法和技术，对于认识世界的本质来说是非常重要的。根据研究心理问题的侧重点不同，心理学家利用不同的方法收集证据来支持自己的想法或理论。学习心理学的研究方法，一方面有助于更好地理解关于心理活动的各种理论观点，另一方面可以提高识别伪科学或常识心理学的能力，增强对科学心理学的认识与应用，提高学习效率和主观幸福感。

一、心理学的研究过程

心理学的研究过程分为四个步骤。[①]

[①] 格里格，津巴多.心理学与生活：第 19 版［M］.王垒，等译.北京：人民邮电出版社，2016：22-24.

（一）提出问题

科学研究始于问题。科学研究要坚持问题导向。研究一方面是为了解决问题，另一方面又引出更加深入的问题。问题的深入就是研究的深入。心理学研究的问题主要来源于三个方面：

（1）对生活事件的观察。在上中学时，你发现：学习好的同学都倾向于坐在教室的前排。上大学后，你又发现：学习好的同学也更愿意坐在教室的前排。这时你可能会提出这样一个问题："难道学习好的同学都倾向于坐在教室的前排吗？"这个生活细节可能反映了心理学研究中学习动机与学习成绩之间的关系。

（2）理论与实际相矛盾。古希腊哲学家亚里士多德（Aristotle，前384—前322）认为：重的物体会先到达地面，因为物体下落的速度与它的质量成正比。后来，意大利物理学家伽利略在比萨斜塔上做了一个自由落体实验。他将两个重量不同的球，从相同的高度同时扔下。结果发现：两个球几乎同时落地。实验结果与亚里士多德的观点不一致。

（3）理论争论。对于人为什么要努力学习，行为主义心理学家主张努力学习是为了得到他人表扬，即"你真行"。人本主义心理学家主张努力学习是个人为了实现自我，即"我能行"。通过研究发现，一个人在年龄小的时候，努力学习的目的是得到大人说"你真行"；年龄大了以后，努力学习是证明"我能行"。

（二）形成假设

提出问题后，研究者通常对问题形成的原因提出可能的解释，即形成假设。假设是对原因和结果关系的试探性和可检验的陈述。假设一般用"如果……那么……"的形式来描述。假设主要想表达出特定的结果是从特定的条件中得出来的。班杜拉的社会学习理论主张攻击行为是观察学习的结果。如果一名儿童看了大量的暴力电视节目，那么根据班杜拉的理论预测，他将对同伴表现出更多的攻击行为。基于此，研究者提出假设：如果儿童A看暴力电视节目的时间比儿童B长，那么儿童A表现出的攻击行为要比儿童B多。

（三）设计研究

要想解决问题，就必须按科学研究的程序进行，即要对研究进行设计。操纵自变量，测量研究者关心的因变量，同时还要控制对实验结果干扰的无关变量。做好研究设计是心理学研究取得可靠结果的关键环节。

（四）收集数据和得出结论

在设计好研究之后，研究者的任务就是对研究设计进行具体的实施，收集数据。通过对数据的统计分析，检验研究假设是否获得支持。如果数据结果支持研究假设，则表明研究者对产生问题的原因的猜测是正确的，即某个理论是对的，能准确地预测结果；相反，如果数据结果不支持研究假设，则表明研究者对产生问题的原因猜测不正确，即某个理论是错误的。

二、心理学常用的研究方法

（一）观察法

观察法是指研究者在自然情境下对他人行为进行系统观察以揭示其心理特点和规

律的方法。使用观察法多是因为所研究的问题不适合在实验室里进行。例如，在开展教师课堂教学效果的研究时，如果在实验室里，就难以获得真实的效果。为此，只能采用在教室里进行随堂观察的方法。需要指出的是，采用观察法要有严格的计划。如果提前计划不周，那么研究所获得的结果是不会让人满意的。

1. 观察法的类型

根据观察者是否参与活动，可将观察分为参与观察和非参与观察。

参与观察是指观察者成为活动中的一名正式成员。换言之，观察者既是活动者又是观察者。研究者作为观察者的身份是保密的。例如，一位教师想了解学生 A 在上课时的注意力集中情况，就可以在教学过程中观察学生 A 的行为表现。这样观察到的行为表现比较真实。非参与观察是指观察者不参与观察对象的活动，而是作为旁观者来观察活动中某一位或几位成员的行为表现。

2. 观察法的实施要求

要想观察法获得好的结果，就要在观察过程中关注以下五个方面：（1）观察对象。包括观察对象的年龄、特征、角色等。（2）观察内容。包括观察对象做了什么、说了什么、具体的行为表现等。（3）发生时间。观察对象或观察事件发生的时间、持续多久、何时结束等。（4）发生地点。观察对象或观察事件发生的地点、具体位置、情境等。（5）发生过程。观察事件为何发生，这个事件是否与其他事件有关联等。例如，找一找图 0-2 中有几个人？

图 0-2　双关图

观察法的优点是个体的行为表现处于自然状态下发生，行为结果比较真实。研究者在观察过程中要注意运用现代化的仪器设备，如录音、录像设备等，便于反复观察和仔细分析。

（二）实验法

实验法是指研究者在控制和改变某些条件的情况下，观察研究对象的行为变化的方法。因此，实验法是在有控制的条件下进行的观察，是心理学中的主要研究方法。

1. 实验法的类型

根据对实验中变量控制的严格程度，实验法分为自然实验法和实验室实验法。

自然实验法是指研究者在自然情境中对实验条件进行控制的实验方法。教学方面的心理实验一般采用自然实验法，因为不可能为了研究而把原来的班级进行重组。例如，教师在 A 班进行线下教学，在 B 班进行线上线下混合式教学，结果发现 B 班的学习成绩更好。如果 A、B 两班在实验前的学习成绩接近，那么这一结果可以归为教学方法不同所导致的。

实验室实验法是指在严格控制的条件下，借助一定的仪器所进行实验的方法。实验室实验法的优点是对实验条件进行严格控制，有利于研究者弄清楚特设条件与个体心理和行为之间的因果关系；同时实验结果可重复且精确性高。实验室实验法的缺点是实验室条件与日常生活条件相差较大，结果不易推广。

2. 实验法的变量

在心理学实验中，研究对象一般称为被试或参与者，从事研究的人一般称为主试或实验者。实验法中有三个变量：自变量、因变量和无关变量。自变量是指由实验者所操纵并施加给被试的各种刺激物；因变量是指实验中要观察被试的各种反应。无关变量是指在实验过程中，除自变量以外，其他一切可能对因变量产生影响的因素。因而，无关变量需要加以限制或消除。

（三）访谈法

访谈法是研究者通过与访谈对象进行口头交谈，了解和收集其心理特征和行为资料的研究方法。在心理学研究中，访谈法具有特殊的意义和作用，特别是在发展心理学的研究中。[①]

1. 访谈法的类型

根据访谈进行时是否有严格限制，可将访谈法分为结构访谈和无结构访谈。

结构访谈是指研究者进行有指导的、正式的、事先确定了问题项目和反应可能性的访谈形式。

无结构访谈是指研究者进行无指导的、非正式的、自由提问和作出回答的访谈形式。

---

① 林崇德.发展心理学［M］.3 版.北京：人民教育出版社，2018：74-75.

2. 访谈法的实施要求

（1）相互信任。访谈者与研究对象之间必须建立相互信任的关系。

（2）气氛友好。在访谈过程中，访谈者要通过真诚的语气、和蔼的态度创造一种友好的氛围。

（3）问题简单明了。当研究对象对问题理解出现困难时，访谈者一定要采取通俗易懂的语言来解释自己所提出的问题。

（4）及时追问。在访谈过程中，在研究对象的回答有歧义时，访谈者要及时追问，弄清楚研究对象的真实想法。

（四）测验法

测验法是指研究者用标准化量表对个体心理特征进行量化研究的方法。需要明确的是，测验法用到的量表必须标准化，测验内容必须具有适用性和科学性。

1. 测验法的类型

根据测验内容，可分为能力测验、学业成绩测验、个性测验等。

能力测验主要包括一般能力测验、特殊能力测验和一般能力倾向测验。

学业成绩测验主要是测量个体经过某种正式教育或训练之后对知识和技能掌握的程度。

个性测验主要测量个体的人格、气质、兴趣、态度等个性特征。

2. 测验法的实施要求

（1）测验前做好准备工作。包括：通知测试时间、地点和内容；研究者要熟悉测验指导语，准备好测验材料；熟悉测验程序。

（2）保持良好的测验环境。测验一般需要在安静的环境中进行。在正式测验开始后，无关人员不得出现在测验现场。

（3）严格按照测验要求进行。在对被试进行测试时，研究者一定要严格按照测验要求进行，不能擅自改动。

（4）按标准评定测验结果。要按评分手册对测验结果进行评定。在评定出原始分数后，根据测验手册中的常模表对数据进行正确转换。

第三节　心理学发展史

德国心理学家艾宾浩斯（H. Ebbinghaus，1850—1909）说过：心理学有一个长期的过去，但仅有一个短暂的历史。[①]

说心理学古老，是因为人类探索心理现象的历史已经有两千多年。孔子在《论

---

① 波林.实验心理学史：全两册［M］.高觉敷，译.北京：商务印书馆，1981：ⅱ.

语》中就论述了许多心理现象，如"学而时习之，不亦乐乎？""知之者不如好之者，好之者不如乐之者""言必行、行必果"等。古希腊哲学家柏拉图（Plato，前427—前347）提出"知识就是回忆"的观念。亚里士多德在其《论灵魂》一书中也谈到了许多心理现象。

说心理学年轻，是因为在1879年，科学心理学才诞生于德国莱比锡大学。德国心理学家冯特（W. M. Wundt，1832—1920）是心理学的创始人，他创建了世界上第一个心理实验室，这也成为科学心理学诞生的标志，因此，冯特被誉为"心理学之父"。与物理学、生物学和化学相比，心理学是一个年轻的学科。[①]

科学心理学诞生之后，随着社会的发展，心理学也迅速发展，出现了众多学派，各学派对心理学的内容、方法和研究目的提出了不同的看法。

一、构造主义学派

冯特（图0-3）是构造主义学派的创始人之一，其学生铁钦纳（图0-3）是该学派的代表人物。

[知识窗]
著作等身的
心理学家：
冯特

冯特　　　　　　　　铁钦纳

图0-3　构造主义学派的创始人和代表人物

构造主义主张：（1）心理学应该研究意识，即人的直接经验，并把意识分为感觉、意象和感情三种基本元素。感觉是知觉的元素，意象是观念的元素，感情是情绪的元素。所有复杂的心理都是由这三种元素构成的。（2）心理学的研究方法应该采用实验内省法，即个体通过对其内在经验、感受的观察和分析来开展研究。

该学派的贡献是让心理学走上了实验研究的道路，使心理学成为一门独立的科学。但是，构造主义学派的不足之处是只对心理进行"纯内省"和"纯科学"的分析，不关心其意义，与现实严重脱离。

二、机能主义学派

机能主义学派是由美国心理学家詹姆斯（图0-4）所创立，代表人物还有杜威（J. Dewey，1859—1952）。詹姆斯是美国心理学家、哲学家，实用主义思想的倡导者。

---

① 津巴多，约翰逊，麦卡恩. 津巴多普通心理学：第8版［M］. 傅小兰，等译. 北京：人民邮电出版社，2022：13-14.

1890 年，他的心理学经典著作《心理学原理》出版。1904 年，他当选为美国心理学会主席，1906 年当选为美国国家科学院院士。

机能主义学派主张：（1）心理学的研究对象是意识，但是意识不是由元素构成的。意识是一个连续不断的过程。（2）意识的作用在于适应环境。（3）强调心理学研究要重视实际应用。

相比于构造主义学派关注什么是思维，机能主义学派更关注思维在个体行为中的重要作用。因此，该学派对推动心理学面向实际应用具有重要影响。

图 0-4　机能主义学派代表
人物：詹姆斯

三、行为主义学派

华生（J. B. Watson，1878—1958，图 0-5）是行为主义学派的创始人。之后发展出的新行为主义学派，其代表人物是斯金纳（B. F. Skinner，1904—1990，图 0-5）。

华生　　　　　　　斯金纳

图 0-5　行为主义学派的创始人和代表人物

华生受苏联生理学家巴甫洛夫经典条件反射理论的影响，于 1913 年发表论文《行为主义者眼中的心理学》，提出心理学要研究行为，标志着行为主义心理学诞生。1915 年，华生当选为美国心理学会主席。

行为主义学派主张：（1）心理学的研究对象是可观察、可测量的行为。（2）心理学的研究内容是刺激—反应（S-R）或反应—刺激（R-S）的关系。（3）心理学的研究方法是客观的实验方法和直接观察法。不能用内省法来研究心理学，因为内省法既不客观，又不科学。（4）环境对心理和行为具有决定性作用，强调环境决定论，反对遗传决定论。

行为主义学派对心理学研究客观化起到了促进作用，同时也强调环境对行为塑造的重要性。但是行为主义学派忽视内部心理过程，不重视遗传因素对个体心理的作用，把人完全等同于机械，将复杂心理简单化。

四、格式塔学派

韦特海默（M. Wertheimer，1880—1943，图 0-6）是格式塔学派的创始人。格式塔是德语 Gestalt 的音译，意为完整结构。韦特海默的代表作是 1945 年出版的《创造性思维》。

格式塔学派主张：（1）心理学的研究对象既不是构成意识的各种元素，也不是"刺激—反应"，心理现象是一个整体，知觉是心理组织的过程。（2）整体不等于部分之和，整体大于部分之和，整体先于部分而存在，并制约着部分的性质和意义。（3）心理学的研究方法是实验法。（4）顿悟在学习和问题解决过程中具有重要作用。

格式塔学派反对元素主义心理学，强调整体论，提出整体大于部分的观点，这是正确的。但是格式塔学派因其哲学基础是先验论，带有明显的唯心主义色彩，没有认识到人脑是心理的器官，客观现实是心理的源泉这一事实。

五、精神分析学派

精神分析学派是由奥地利精神病学家弗洛伊德（S. Freud，1856—1939，图 0-7）创立的。

图 0-6　格式塔学派
代表人物：韦特海默

图 0-7　精神分析学派
代表人物：弗洛伊德

弗洛伊德的代表作有《梦的解析》《精神分析引论》《精神分析引论新编》等。

精神分析学派主张：（1）人的心理包括两个主要部分——意识和无意识。意识是能够觉察得到的心理活动。无意识包含人的本能冲动，以及出生以后被压抑的人的欲望，这种欲望称为无意识。介于意识和无意识之间的一种中间心理状态称为前意识。（2）人格包括本我、自我、超我三个方面，三者发展越平衡，人格就越健康，否则就会导致个体产生精神疾病。（3）心理学的研究方法是对梦的分析、自由联想。

精神分析学派的优点是强调无意识的重要性，拓展了心理学的研究领域；使人们对个体需要和动机有了更深入的认识；将心理学与临床实践相结合，提高了心理治疗的效果。精神分析学派的不足之处也很明显，即过分强调无意识的作用，主张个体心理是由无意识决定的；过分强调生物本能在个体心理中的作用。

六、社会文化历史学派

社会文化历史学派的创立者是苏联心理学家维果茨基（L. Vygotsky，1896—1934，图 0-8）。

社会文化历史学派主张：（1）心理学的研究对象是人的心理，社会文化历史制约着个体心理发展。（2）心理发展是在环境和教育的影响下，由低级心理机能逐渐向高级心理机能转化的过程。（3）个体只有掌握语言符号这一精神工具，才能发展出高级心理机能。

社会文化历史学派的优点是强调社会环境在个体心理发展中的作用，其不足之处在于许多观点还需要进一步的实验验证。

图 0-8　维果茨基

七、人本主义学派

人本主义学派兴起于 20 世纪五六十年代。人本主义学派自认为是精神分析学派和行为主义学派之后西方心理学中的"第三势力"。人本主义学派代表人物有马斯洛（A. H. Maslow，1908—1970）和罗杰斯（C. R. Rogers，1902—1987）（图 0-9）等。

马斯洛　　　　　　　　罗杰斯

图 0-9　人本主义学派代表人物

人本主义学派主张：（1）心理学的研究对象是人的价值和人格发展。（2）心理学的研究内容是对人类进步有意义的现实问题，要关心人的本性、潜能、尊严和价值。（3）人的本质是好的、善良的，人有自由意志，有自我实现的需要。（4）心理学的研究方法是访谈法和个案研究法。

人本主义学派的优点是把人的本性和价值提到心理学研究对象的首要地位，在研究方法上强调以问题为中心来选择研究方法，反对以方法为中心。其不足之处是在人本性的看法上坚持生物的本能决定论，否认社会环境对个体自我实现的影响。

八、认知心理学

1967 年，美国心理学家奈瑟（U. Neisser，1928—2012，图 0-10）的《认知心理学》一书出版，标志着认知心理学诞生。

认知心理学主张：（1）心理学的研究对象是人的信息加工系统，即把人的认知加工看作一个类似计算机的信息加工系统。（2）认知心理学的研究内容包括感觉、知觉、注意、记忆、思维、问题解决和语言加工等。（3）认知心理学的研究方法包括反应时法、计算机模拟法。

认知心理学的优点是开辟了心理学研究人类心智的新方向，促进心理学研究技术和方法的进步，深化了对认知和智能本质的理解。其不足之处是忽视动机和情感因素在个体心理活动中的作用，在理论上坚持还原论，忽视社会文化因素对个体心理的影响。

图 0-10　认知心理学代表人物：奈瑟

第四节　高职学生的心理发展

高职学生的年龄普遍在 18—22 岁，正处于青年期。青年期是个体从儿童期向成年期过渡的时期，个体的身体、心理和社会性逐渐达到成熟。因此，青年期又是人生的黄金期。

习近平总书记对青年学生的期望

当代中国青年是与新时代同向同行、共同前进的一代，生逢盛世，肩负重任。广大青年要爱国爱民，从党史学习中激发信仰、获得启发、汲取力量，不断坚定"四个自信"，不断增强做中国人的志气、骨气、底气，树立为祖国为人民永久奋斗、赤诚奉献的坚定理想。要锤炼品德，自觉树立和践行社会主义核心价值观，自觉用中华优秀传统文化、革命文化、社会主义先进文化培根铸魂、启智润心，加强道德修养，明辨是非曲直，增强自我定力，矢志追求更有高度、更有境界、更有品位的人生。要勇于创新，深刻理解把握时代潮流和国家需要，敢为人先、敢于突破，以聪明才智贡献国家，以开拓进取服务社会。要实学实干，脚踏实地、埋头苦干，孜孜不倦、如饥似渴，在攀登知识高峰中追求卓越，在肩负时代重任时行胜于言，在真刀真枪的实干中成就一番事业。

（2021 年 4 月 19 日习近平在清华大学考察时的讲话）

一、青春期、少年期和青年期的含义

青春期是个体从童年向成年逐渐过渡的时期，青春期个体的身高、体重增长迅速，器官发育成熟，抽象思维和创造能力明显提高；人格基本趋于定型。世界卫生组织建议：青春期的年龄跨度在 10—19 岁，女性青春期发育开始早于男性，结束也早于男性。女性青春期的年龄跨度是 10—18 岁；男性为 12—19 岁。青春期的发育特点体现在六个方面：（1）体格生长加速，以身高为代表的体格指标出现第二次生长突

增。（2）各内脏器官体积增大，重量增加，功能趋于成熟。（3）内分泌功能活跃，与生长发育相关的激素分泌明显增加。（4）生殖系统功能发育加快并迅速成熟。（5）男女外生殖器和第二性征发育，使男女两性的外部形态特征差异明显；女生月经初潮，男生首次遗精。（6）在身体发育的同时，青春期个体的心理也加速发展，产生相应的心理和行为变化，出现许多青春期所特有的心理—行为问题。

少年期这个概念更多的是从教育阶段的角度来划分的。日常生活中常说的"少年儿童"中的"少年"，一般是指初中阶段的学生，年龄从 10 岁到 14 或 15 岁，其突出表现是身体发育加速，无论男生还是女生的身高都出现突然增长。

青年期是指个体年龄在 18—25 岁之间。高职学生普遍处于青年期。

二、正确理解青年期

正确认识青年期的本质，要从六方面来把握。[①] 具体为：

（1）青年期是人生道路上特定的年龄阶段。青年期是个体身体发育的一个特定的高峰期；同时，社会也对青年人提出了更多规范和要求。

（2）青年期是生理迅速发育并走向成熟的时期。此时，个体的第二性征出现，随着年龄的增长，身体发育完成，身体机能达到成人水平。

（3）青年期是心理迅速发展且趋于成熟的时期。青年期个体的思维水平从形象思维过渡到抽象逻辑思维，智力发展水平达到人生的顶点，人格与社会性发展成熟。

（4）青年期是个性发展的重要时期，特别是自我意识迅速发展。青年期的到来使个体的身高接近成人，他们产生了一种我长大了的心理，即成人感。自我意识有了新的发展，关注自我形象，内心体验更加深刻。

（5）青年期是接受文化教育的重要时期。俗话说：少壮不努力，老大徒悲伤。青年人只有接受教育，掌握先进的知识、技能，才能承担相应的社会责任。

（6）青年期是个体社会化的重要时期。青年人掌握社会规范，形成自己的世界观、人生观和价值观，并基于此来选择职业和成家立业。

向马克思学习如何选择职业

马克思在 17 岁时写的《青年在选择职业时的考虑》一文，值得每一位立志成才的青年学习。马克思写道：如果我们选择了最能为人类福利而工作的职业，那么，重担就不能把我们压倒，因为这是为大家作出的牺牲；那时我们所享受的就不是可怜的、有限的、自私的乐趣，我们的幸福将属于千百万人，我们的事业将悄然无声地存在下去，但是它会永远发挥作用，而面对我们的骨灰，高尚的人们将洒下热泪。[②]

三、高职学生心理发展任务

心理发展任务是指某个年龄阶段个体必须完成的活动，如果个体顺利完成这些活动，其心理发展就是正常的；反之，会导致个体心理适应方面出现问题。高职学生的

① 田万生.青年心理学［M］.北京：中国科学技术出版社，1999：5-7.
② 马克思，恩格斯.马克思恩格斯全集：第 1 卷［M］.北京：人民出版社，1995：459-460.

发展课题主要包括 10 个。① 具体内容包括：

（1）对身体的发育，特别是对因性成熟所引起的诸多变化的理解和适应。

（2）从心理上和经济上脱离父母，走向独立。

（3）逐渐完善作为男性或女性的性别角色。

（4）对新的人际关系，特别是异性关系的适应。

（5）正确认识自己在社会中的角色，通过各种社会活动完善自己。

（6）形成作为社会成员所具备的正确的世界观、人生观和价值观。

（7）掌握作为社会成员所必须具备的知识和技能，并在社会实践中提高。

（8）选择职业及工作适应。

（9）确定职业生涯目标，制订职业规划及工作准备。

（10）学习处理恋爱及性心理问题，提高爱的能力。

四、高职学生思维与智力发展

高职学生认知能力发展主要体现在思维与智力发展两方面，并逐渐趋向成熟。

（一）高职学生思维发展

高职学生的思维经过三个阶段的发展达到成熟。②

（1）二元论阶段。处于此阶段的个体，常以对和错两种形式来进行推理，对问题及事物的看法也是非此即彼、"非黑即白"，中间没有"灰色区"，易将知识视为固定不变的真理，凡事追求"什么是正确的答案"，而不考虑合理程度。在日常生活中，此阶段的个体易出现好钻牛角尖、偏激的观点和行动。

（2）相对论阶段。处于此阶段的个体，不再毫无区分地把知识当作不变的真理，而是通过权衡，比较不同的观点，审视各种理论，进而找到解释现实的有效理论。此阶段个体思维的抽象性和理论性已经达到很高水平。在日常生活中，此阶段的个体易出现的行为是凡事需要通过比较来决定。

（3）约定论阶段。处于此阶段的个体，不仅能进行抽象逻辑思维，而且在分析事物时具有自己独立的立场和观点，对各种现象的解释能持相对性的态度。由于能意识到所有事物都具有运动及变化的性质，此阶段的个体在日常生活中表现出的行为既能够坚持原则性，又具有一定的灵活性，特别是能根据实际情况随时作出调整。

（二）高职学生智力发展

高职学生处于青年期，其智力迅速发展，如图 0-11 所示。

图 0-11 是通过标准的智商（IQ）测验得到的智力发展情况。从图中可以看出，智力从儿童期到青年期是随年龄增长而不断提高的，在青年期之后保持相对稳定。

著名智力测验专家韦克斯勒用标准化智力测验测查了从 7 岁儿童到 65 岁成人的智力发展，结果发现：个体智力发展的高峰期在 22—25 岁，之后开始下降，下降速度随年龄增长而逐渐递增。

---

① 林崇德.发展心理学［M］.3 版.北京：人民教育出版社，2018：406.
② 林崇德.发展心理学［M］.3 版.北京：人民教育出版社，2018：411-412.

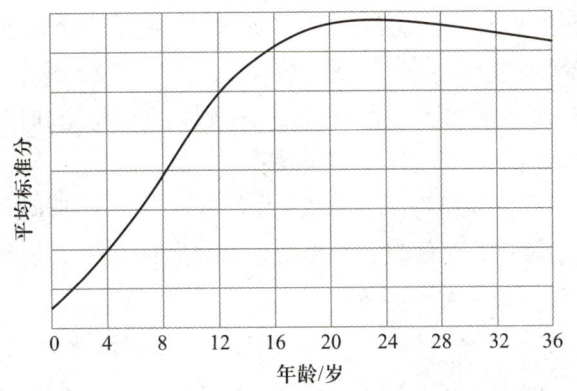

图 0-11 个体从出生到 36 岁的智力发展

五、高职学生的人格与社会性发展

随着年龄的增长，高职学生接触社会生活越来越多，这使得他们的人格和社会性发展逐渐趋于成熟。

（一）高职学生的人格发展特点

高职学生的人格发展表现出如下特点：

（1）高职学生的人格发展趋于稳定。高职学生进入大学后，他们的人格发展逐渐趋于稳定。高职学生在成长过程中，要经过一系列的社会化活动，在接触社会、集体、他人以及参加劳动、学习活动的过程中，使自己的态度和行为方式转化为成人模式。在高职学生毕业前，他们对现实的态度和行为方式基本定型。

（2）高职学生人格发展的整体性增强。虽然每个人的人格结构非常复杂，但对于高职学生来说，随着他们逐渐成熟，各种人格特征之间总是相互关联和相互制约着，具有很强的整体性，即可根据某一种人格特征推断出另一种人格特征。例如，从个体如何处理个人利益和集体利益的关系中，可能推断其对待国家和社会的态度；从个体对父母、家乡的态度可推断其对长辈、同事的态度。

（3）高职学生人格特征的表现形式丰富。高职学生的人格特征一旦形成，就会在其日常生活中的一举一动中打上其独特的烙印。但随着年龄的增长，高职学生的人格表现更加复杂和丰富，行为表现出多样性，他们遇事有时会很激动、仗义，有时又很平静、冷漠；在学习顺利和成功时会热情高涨、信心满怀，在失败时会情绪低落、垂头丧气。

（二）高职学生的自我意识发展特点

正确认识自己是个体发展的重要前提。高职学生进入学校学习后，通常会思考"我是谁？我的人生有什么目标？我为什么上大学？"等与自我意识相关的问题，在成长过程中，高职学生的自我意识发展表现出如下特点：

（1）独立意向强。高职学生已经意识到自己是个独立的人，对客观世界的真善美，开始有了自己的独立评价，并要求独立处理自己的事情。

（2）自我发生分化。高职学生开始把自我分为观察者的自我和被观察者的自我，以及与此相关的理想的自我和现实的自我。如果理想的自我和现实的自我比较一致，则会更加自信；如果理想的自我高于现实的自我，则会更加自卑。

（3）自尊心非常强。高职学生的言行如果受到大家的肯定和赞扬时，会产生强烈的满足感；反之，他们就会产生强烈的挫折感。

（4）强烈关心自己的人格特征。高职学生经常通过对比和他人的反馈，特别是在自己与他人的相处过程中，了解自己是否是一个受欢迎的人、是否具有某种才能。因此，高职学生的自我体验强大而不稳定。

（5）自我评价水平明显提高。高职学生能对自己进行评价，且评价的角度明显增多，但在自我评价时，在客观性和正确性方面存在不足，常常表现出过高或过低的情况。

（6）自我控制能力明显发展。高职学生有强烈的自我控制意愿，也不断通过锻炼来提高自我控制水平。

（三）高职学生的社会性发展特点

高职学生的社会性发展表现出如下特点：

（1）高职学生需要学会与不同背景和文化的人进行良好的社会交往。他们需要培养友善、尊重和合作的精神，建立积极的人际关系。通过与同学、教师和企业学习单位等进行有效的交流与合作，高职学生可以拓展自己的社交圈，增强团队合作能力。

（2）高职学生需要具备良好的合作与沟通能力，在小组项目中能与他人有效合作，和团队成员进行良好的沟通和协调。合作与沟通是高职学生实践技能的关键，他们需要学会倾听他人的意见，有效表达自己的观点，并解决沟通中可能出现的冲突。

总体而言，通过积极参与学校和社会活动，注重自我反思和改进，在与他人的交往中不断认识自己，增强自我意识，不断提升自己的人格素质和社交能力，高职学生可以为未来的职业发展奠定坚实的基础。

反思·实践·探究

【反思】

1. 心理学的任务主要有哪五个方面？
2. 人的心理本质是什么？
3. 比较心理学各流派的观点。
4. 高职学生的主要发展任务是什么？

【实践】

在早晨洗脸时，请你对着镜子微笑30 s。坚持半个月后，请观察周围的人是否对你更友好了？

提示：心理学家研究发现，爱微笑的人更受欢迎。

【探究】

认识自己的心理。准备一支笔和一张A4纸，把纸分成左右两栏：左边写自己过去一周经历的愉快的事件，右边写自己过去一周经历的不愉快的事件。时间为 5 min。

结果评定办法：

（1）如果左边列出的事件数量远超过右边，表明你过去一周过得很开心且幸福;（2）如果右边列出的事件数量远超过左边，表明你过去一周过得很糟糕且不幸福;（3）如果左边列出的事件数量与右边一样多，表明你过去一周过得很平常。

推荐读物

1. 白学军.心理学基础［M］.北京：中国人民大学出版社，2020.

该书是一本心理学的入门教材，其中的概念和基本原理介绍得比较清晰，还通过大量的科学研究成果和生活中的实例来说明心理学知识的应用。特别是以中国故事作为引言，更易使读者理解心理学的基本内容。

2. 林崇德.发展心理学［M］.3 版.北京：人民教育出版社，2018.

该书是一本权威的发展心理学教材，先介绍了发展心理学的研究内容、发展历史、主要理论、研究方法等基本问题，然后分别介绍胎儿期、婴儿期、幼儿期、儿童期、青少年期、成年早期、成年中期和成年晚期的个体心理发展特点和规律。高职学生正处于青少年期和成年早期，了解这个年龄阶段个体的心理发展规律会对认识自我具有促进作用。

3. 明道.心理学入门：妙趣横生的 50 个心理学效应［M］.北京：西苑出版社，2020.

该书通过 50 个妙趣横生的心理学效应，回答了个人如何认识自己、如何与他人建立良好的人际关系、如何在学习和工作中获得成功、如何使自己的人生获得幸福等问题。阅读该书，一方面能明白心理学是建立在科学基础之上的，另一方面也会激发读者对心理学的兴趣，体会到心理学的有趣之处。

第一章　感觉与知觉

环境亮度会影响饮食消费吗

在日常生活中，饮食是人们基本生活所需；那么，在人们外出用餐或购买相关产品时，是什么因素影响他们的消费决策呢？很多人可能会关注口碑、质量、消费群体及其规模……心理学领域的研究发现，其中有一个重要的影响因素，就是环境亮度。

人们可以通过自己的视觉系统，感受到环境亮度的明暗，这种感受会直接或间接地影响非视觉的生理和心理活动，比如人们的饮食消费。在一项有关环境亮度与食品消费决策关系的研究中，研究者发现，与昏暗条件下相比，在明亮的环境中，人们在水果商超中购买水果的意愿更强烈，而且还会产生更积极的安全感。实际上，环境亮度对饮食消费的影响，还体现在用餐时间、用餐量，甚至味觉感知和评价等多个方面，这些研究结果对于消费者和餐饮经营者而言，都是具有启发意义的。

「小活动」

购买三个形状大小相同，颜色分别为白色、红色、绿色的餐盘；另外，再找两种水果，比如苹果、橘子。然后，将同一种水果先后放在不同颜色的盘子中，邀请同学对水果的价格作出估计。

活动要点：如果邀请同一位同学对同一种水果做三次估价，可能会因为熟悉而导致测试误差。为了避免这种干扰，可以邀请不同的同学在不同的条件下作出估价，再比较同学们对同一种水果在三种餐盘条件下的估价。

科学原理：对背景颜色的知觉会影响人们对物品的评价。

现实生活中的应用：走访不同的水果商超，注意观察室内的灯光设计。

第一节 感觉与知觉概述

感觉和知觉是基本的心理现象，也是基本的认知过程。人们通过感觉和知觉的过程，获得对客观刺激信息个别属性和整体属性的反映，从而为表象、思维等心理过程提供信息来源。更为重要的是，由于感觉和知觉的过程是人们对直接感知的信息的加工，其在工业设计、产品评价等实践领域中的应用是人们最容易感受到的。在心理学领域，如何理解感觉和知觉？它们又有什么样的特征呢？

一、什么是感觉与知觉

（一）什么是感觉

请想象这样一种情景：你正坐在电脑前修改论文，当你发现文章中存在错别字，你可能会快速地敲击键盘，把你发现的错误改过来。在这一过程中，你可能专注于你的论文，专注于电脑屏幕上呈现的每一个字。如果将你的注意力转移到电脑的键盘上，你可能会发现键盘上每一个印刻有字母或数字的小方块，看到它们的形状、颜色、大小等。

在当代大学生的日常生活中，电脑、键盘、鼠标等几乎是每个人都要接触、使用的重要工具。但是很少有人将注意力专注于电脑或键盘的形状、颜色、大小等信息，而这些特征可能会影响一个人的喜好评价、使用习惯，甚至购买行为、工作绩效等。那么，人们又是如何感受到诸如形状、颜色、大小等特征的呢？

也许有人会脱口而出："是我看到的、触摸到的啊！"在人们使用电脑及键盘的时候，比如在修改论文中的错别字时，人们敲击键盘甚至是不需要意识参与的。但是，当人们接触到键盘的那一刻，对形状、颜色、大小等信息的心理加工就已经产生了，这些都与个体的感觉有关。

什么是感觉呢？感觉是人脑对直接作用于感觉器官的客观事物个别属性的反

映。[①] 它往往是人们认识客观世界的开始。正是因为我们在日常生活中接触了各种各样的事物，感受到它们各式各样的特征，才开始去了解所接触的事物，甚至进一步探索它是如何形成的、如何变化的等问题。

（二）什么是知觉

知觉是客观事物直接作用于感官而在人脑产生的对事物整体的认识，是对感官得到的外部世界信息的综合与解释的加工过程。[②] 换言之，感觉是依赖人们不同的感觉器官，获得对客观刺激某些个别属性的反映，而知觉则是在感觉的基础上，对各种属性的整合加工。

例如，在感觉层面上，我们能感受到电脑键盘上每一个输入键的形状、颜色、大小等信息，但是在知觉层面上，则是对感觉到的这些信息的整合加工，然后产生对每个输入键的识别，比如空格键、回车键、Tab 键……当人们对某一个输入键作出识别时，知觉的心理加工就已经发生了，甚至还发生了更高水平的心理加工活动。

比较有意思的是，我们可以描述某一个输入键的具体特征，比如空格键是长条状的、黑色的，但是反过来讲，长条状的、黑色的输入键未必就是空格键，还可能是 Shift 键或者 Caps Lock 键。这表明，知觉的产生依赖感觉信息的输入，但是并不等同于感觉，也不是对感觉输入信息的简单叠加，而是一个更高水平的心理加工。

二、感觉与知觉的产生

（一）感觉的产生

感觉是人脑对直接作用于感觉器官的客观事物个别属性的反映，因此，感觉的产生是有条件的。首先，感觉的产生需要有直接作用于感觉器官的客观刺激信息输入。这些客观刺激信息可以是声音刺激，比如指针的咔嗒声、火车的鸣笛声、海浪的拍击声；也可以是视觉刺激，比如图像、文字、树木、花草……任何能作用于感觉器官的客观事物都可能引起人们的感觉。其次，感觉的产生需要有机体的感觉器官，而且特定的感觉器官往往只能反映特定类型的刺激信息。比如，人们的眼睛主要接收可见的视觉刺激信息，耳朵主要接收声音刺激信息。更为重要的是，感觉的产生需要神经系统的信息传递和加工。如果没有神经系统的信息传递和加工，人脑就不能够对客观刺激作出适当的反应。

客观刺激直接作用于人们的感觉器官，为什么能够产生感觉呢？这是因为人们的感觉器官实际上是换能装置。当客观刺激信息作用于感觉器官时，感觉器官就会从各种物理刺激信息中获得能量。比如，在看到某一个外部刺激（如飞机、灯塔、车床）等时，就会通过光的反射或折射作用，获得该刺激物不同位置的光波信息。当这些光波信息到达视网膜之后，视网膜上的视觉神经细胞就会将光能转换为神经生理信号，并通过神经通路传递到大脑。人脑是一部极其精密的神经生理信号加工系统，其对外部刺激所传递的神经生理信号的加工，可以反映客观刺激信息的不同属性，从而产生

① 白学军.心理学概论［M］.北京：北京师范大学出版社，2015：92.
② 彭聃龄.普通心理学［M］.5 版.北京：北京师范大学出版社，2019：140.

感觉。

（二）知觉的产生

知觉是人脑对外界客体和事件所产生的感觉信息进行组织与解释的一系列加工过程。知觉的产生需要有直接作用于感觉器官的感觉信息输入。因此，知觉的产生离不开感觉。如果没有感觉器官对信息的输入，人们是无法产生知觉的。知觉的产生需要有感觉信息作为支撑，但是知觉并不只是感觉信息的简单结合。知觉以感觉为基础，但又是一个更高层次的心理加工过程，包含了觉察、组织、分辨和确认等心理加工过程。[①]

氛围灯色彩对驾驶情绪的安抚作用

人们对颜色的感知不仅会影响人们的行为，还会影响情绪。在一项有关"氛围灯色彩对驾驶情绪的安抚作用"的研究中，研究者选择24名来自某车灯公司且有3年以上驾龄的员工为被试，并按照每组12人的标准将被试分为有灯光组与无灯光组，考察灯光与情绪平复之间的关系。

研究结果发现，有灯光组和无灯光组被试的情绪平复总体趋势相同，即随着时间的推移，被试的情绪逐渐平复，而且时间越长，被试感觉越平静。研究还发现在愤怒、悲伤等情绪平复过程中，特定的颜色对相应情绪的平复效果更明显。比如，在诱发愤怒情绪的条件下，蓝色和湖蓝色灯光都可以使被试感受到情绪得到平复；与无灯光组的结果相比，蓝色和湖蓝色灯光可以使被试情绪更快恢复平静。在诱发悲伤情绪的条件下，红色灯光下的被试认为自己的情绪逐渐变得不平静，而在无灯光的条件下，被试的悲伤情绪平复得更快。

资料来源：李正盛，邢文，何灿群，等.氛围灯色彩对驾驶情绪安抚作用的设计研究［J］.人类工效学，2021，27（2）：14-20.

觉察是指对客观存在的事物的觉知。例如，当我们把手伸进一个盒子里，接触到一个光滑、冰凉的平面，但却不能确定盒子里究竟装的是什么。这是因为手与客观刺激的接触，产生光滑、冰凉的感觉，这只是对外部刺激信息的觉察。组织是将过去经验和当前感觉输入进行整合。这一过程既包括对来自不同感觉通道信息的整合，比如视觉输入的颜色、大小，触觉输入的光滑、冰凉等信息的整合，又包括对同一感觉通道输入的信息进行整合加工，比如把视觉输入的颜色信息和大小信息组织起来。分辨是把一个事物或其属性与另一个事物或其属性区别开来。确认是指人们利用已有的知识经验和当前获得的信息，确定知觉对象是什么，给它命名，并把它纳入一定的范畴。例如，当我们把盒子中光滑、冰凉的刺激物拿出来，放在眼前，有更多的信息输入并得到有效组织之后，就可能会作出判断，确定它实际上是一部新手机，这一过程就是分辨和确认。

实际上，在知觉的产生过程中，觉察、组织、分辨和确认等心理加工并不是完全独立的，而是紧密联系、相互作用的。其中任何一个过程的加工，都可能会影响知觉

[①] 彭聃龄.普通心理学［M］.5 版.北京：北京师范大学出版社，2019：140.

的产生，或者产生不同的知觉结果。人们在认识客观世界的过程中，需要各种感觉通道的共同参与。任何单一的感觉器官都无法完成复杂的信息组织与整合加工。多感觉整合的过程就是将来自不同通道（如视觉、听觉、触觉等通道）的刺激信息整合为一个统一的、连贯的、有意义的感知觉刺激。① 多感觉整合通过合并来自不同感觉通道的信息，可以减少知觉系统的噪声。② 在注意分配的条件下，可以增加对多通道信息的判断速度和正确性。③

三、感觉和知觉的基本特征

（一）感觉的基本特征

1. 直接性

客观刺激直接作用于个体的感觉器官是感觉产生的基本条件。感觉是直接指向特定的客观刺激信息的。如果客观刺激没有直接作用于感觉器官，就不能通过换能装置，将物理信号转换成神经生理信号，人脑就不能对客观刺激信息进行加工，也就不能对客观刺激信息的属性予以反映。因此，对目不能及、耳不能闻、鼻无法嗅、口无法尝、伸手不能触及的事物，人们是无法产生与之相应的感觉的。

2. 个别性

感觉的个别性是指一种感觉器官只能接受一种刺激和识别某一种特征。比如，人们通过眼睛获得客观刺激的视觉信息，通过耳朵获得客观刺激的听觉信息，通过鼻子获得客观刺激的嗅觉信息等。人们不能通过视觉获得声音的大小、味道的好坏等信息；同样，人们也不能通过听觉获得形状、颜色的信息。

各个不同的感觉通道对刺激信息的加工是不同的。换言之，感觉通道对刺激信息的属性具有特异性，特定的感觉通道只对特定的刺激信息敏感。因此，能够引起特定感觉通道反应的刺激信息或属性，就是该感觉通道的适宜刺激。比如，由物体振动而产生的声波是听觉的适宜刺激；波长为380～780 nm的光波是视觉的适宜刺激；而皮肤表面温度的变化则是温度觉的适宜刺激。感觉通道对特定的适宜刺激敏感，这是感觉器官的生理特点决定的。也正因为如此，感觉是对客观事物个别属性的反映。

（二）知觉的基本特征

1. 选择性

知觉的选择性是指个体从感觉到的众多刺激信息中，选择少数刺激信息加以优先知觉的特性。在这一过程中，被优先选择的刺激信息即知觉对象，或者可以理解为目标刺激、靶刺激，而其他未被选择的刺激信息则成为背景信息。

图1-1的a是由矩形和圆形构成的图形。如果人们在知觉过程中，将矩形作为目

① TALSMA D.Predictive coding and multisensory integration：an attentional account of the multisensory mind［J］.Frontiers in integrative neuroscience，2015，9：1-13.
② 孙远路，胡中华，张瑞玲，等.多感觉整合测量范式中存在的影响因素探讨［J］.心理学报，2011，43（11）：1239-1246.
③ 顾吉有，吕勇.选择性注意和分配性注意对多感觉整合的不同影响［J］.心理与行为研究，2016，14（2）：202-206.

标对象，这时圆形就成为知觉的背景信息（如图 1-1 的 b 所示）。与之相似的，如果将圆形作为目标对象，那么矩形则成为知觉的背景信息（如图 1-1 的 c 所示）。如果对图 1-1 的 a 进行重新观察，则可能会出现有时将圆形作为知觉对象，有时将矩形作为知觉对象的现象。这实际上反映的是在对客观刺激进行知觉组织的过程中，知觉对象和背景信息是可以相互转换的，而这种转换与知觉者的主观意图、任务要求以及理解性等有关。

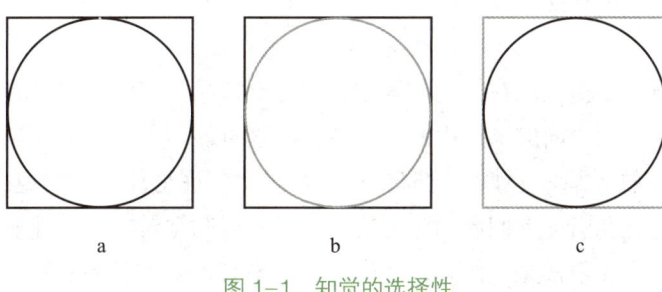

图 1-1　知觉的选择性

在知觉的过程中，某一知觉对象能否从背景信息中分离出来，其影响因素包括：（1）知觉对象与背景信息的差别。在一个真实的生活场景中，是否被知觉为对象与场景中不同刺激物所拥有的信息量有关。具有信息的刺激物会被优先知觉，而且与信息量小的刺激物相比，信息量大的刺激物更容易被知觉为对象。[1] 例如，图 1-2 是位于甘肃省兰州市被誉为"黄河第一桥"的中山桥的部分图景。[2] 人们在浏览这幅图时，

图 1-2　真实场景中知觉的选择性示例

① 康廷虎，张丰.情景知觉中的信息界定：从主观预期到"惊奇"算法［J］.心理与行为研究，2016，14（6）：826-833.
② 兰州黄河铁桥有"天下黄河第一桥"之称，这座由美国人设计、德国人建造、中国天津人刘永起技术负责的历史名桥，在建造时几乎所有的机具、设备、器材，包括水泥等桥料全部从德国进口，从天津进港后，经天津、郑州、西安三地，转运至兰州，在当时受交通运输条件所限，全靠人拉车驮，最先体现了"人一之，我十之；人十之，我百之"的甘肃精神。引自：陈光辉.兰州黄河铁桥研究［J］.西部学刊，2013（1）：113-115.

钢架结构的铁桥可能会被优先选择为知觉对象，而河水、楼宇及较小的拱桥等可能会被视为背景信息，甚至人们会将铁桥上行走的行人作为知觉对象，虽然相比于钢架结构，行人的形象很小，但是由于行人所具有的信息量更大，也可能会被优先注意到。（2）刺激物的动静状态和意义特征。相对而言，在某个场景中，与静止不动的刺激物相比，运动的刺激物更易被知觉为对象。与意义模糊的刺激物相比，容易获得意义的刺激物更易被知觉为对象。

2. 理解性

知觉的理解性是指人们在知觉过程中，往往会依赖已有的知识经验对刺激信息予以理解和解释，并用语词加以标识的知觉特性。这可能与人们在知觉过程中的意义建构有关。人们在看到某一个刺激物时，往往会产生"这是什么？""这个就像什么？"等的意义建构，这会引导人们利用已有的知识经验对知觉对象予以理解和解释。这种现象在日常生活中非常常见。例如，在唐诗宋词中有很多关于圆月的诗句，从中可以看到诗人对于圆月的理解。在唐诗《古朗月行》中，李白将明月称为白玉盘，有"小时不识月，呼作白玉盘"的诗句。在宋代苏轼的《阳关曲·中秋月》中有"暮云收尽溢清寒，银汉无声转玉盘"的诗句，其中"玉盘"也是指明月。

知觉的理解性受到个体知识经验的影响。人们拥有的知识经验不同，即使是面对同样的刺激信息，可能也会有不同的理解。除此之外，他人的言语引导或任务要求，也可能会引导人们用某一种意义理解对客观刺激信息进行知觉和组织。

3. 整体性

知觉的整体性是指个体在知觉客观刺激信息时，会将某些类别信息作为统一的整体进行选择和组织的知觉特性。这种现象不仅在整体性的刺激信息中有所体现，甚至在信息不完整或不充分的条件下也有所体现。比如在图 1-3 中，a 是由图 a1 和图 a2 组合而成的，但是人们在知觉过程中，更倾向于将图 a 知觉为一个整体结构。图 1-3 的 b 是一个"禁止倚靠"的标识，由图 b1 和图 b2 组成，其中图 b2 分为两部分，并不是一个连续的整体，但是在知觉过程中，人们往往认为是图 b1 遮挡了图 b2，将图 b2 视为一个连续的整体。

4. 恒常性

知觉的恒常性是指当知觉条件在一定范围内发生变化时，人们对某事物的知觉映象仍然保持相对不变的知觉特性。换言之，在不同的条件下，人们对于同一事物所能获得的感觉信息输入发生了变化，但是仍然能保持对该事物的知觉映象。例如，当一扇门在完全关上、打开一点、半开、完全打开等不同的条件下，人们从同一视角所获得的视觉信息显然是不同的，但是人们并不会因为视觉信息输入的变化，而改变对这扇门的知觉映象，如图 1-4 所示。

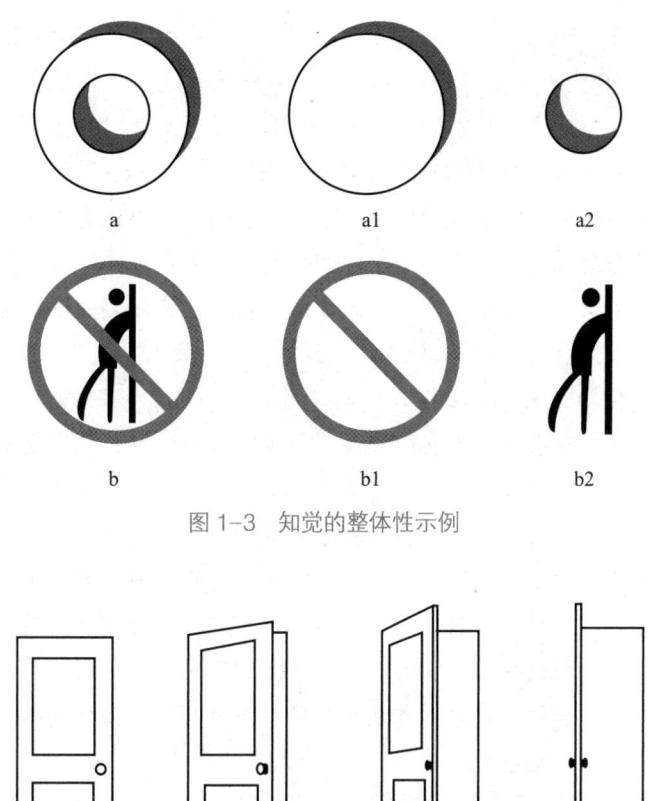

图 1-3　知觉的整体性示例

图 1-4　知觉的恒常性示例

　　知觉的恒常性与知觉者的知识经验是密切相关的。一方面，如果知觉者已经习得或具备有关刺激信息的相关知识经验，比如太阳是圆的，那么人们就不会因为太阳被云遮挡了，而改变对太阳形状的知觉。另一方面，知觉的恒常性受背景参照信息的影响。假设有两种情景：第一种情景是在一个空旷的停车场停放一辆红色的小轿车；第二种情景是在同样的停车场停满了其他颜色的小轿车和一辆红色的小轿车。那么在两种情景下，红色的小轿车没有变，人们仍然会知觉到它是红色的；但是在第二种情景中，人们对红色小轿车的知觉会受到其他小轿车颜色的干扰，红色小轿车的凸显性就可能会降低。

平面香水广告版面设计中的视觉加工

　　广告是很多生产厂商用以推广产品的重要手段，而一种产品的广告是否能够引起人们的注意，让人们记住是什么产品，是什么样的厂家生产的，或者能够激发人们积极的情感，并愿意购买和使用这一产品，会受到广告设计的影响。平面广告设计是一种常见的广告形式，那么，什么样的设计才能够吸引产品受众呢？

　　产品广告的设计，与产品的类型、性质、功能等密切相关，不同产品的广告设计也会因产品的这些特点而存在不同。白学军和张钰等人曾使用眼动追踪技术，对平面香水广告的版面设计进行研究，分析人们在观看产品广告时的视觉加工特征。他们在研究中，搜集了 60 张香水广告的彩色图片，并分析了这些广告图片的特点。他们发现，香水广告的版面设计中香水瓶所在的位置和背景图案是广告版面设计分析的重要维度。因此，他们在实验中根据这两个维度，设计了一个 4×3 的心理学实验，即所使用的广告图片材料中，香水瓶的位置有左上、右上、左下、右下 4 种条件，而背景图案有人物（即模特）、广告词、风景 3 种条件。研究共选取了 24 幅香水广告图片，并根据实验条件要求对广告图片的排版做了编辑修改，比如去除了商标和一些可能会干扰被试评价的线索性内容。

研究过程中使用了 EyeLink Ⅱ 型头盔式眼动仪，并用一个 19 英寸的纯平显示器呈现实验材料。他们要求被试坐在距离显示器 80 cm 的位置，观看显示器呈现的广告图片，看完每一张广告图片后，被试需要完成对广告图片喜好程度的评价。通过记录和分析被试在观看这些图片时的注视时间、注视次数以及喜好程度的评价，研究者发现，香水瓶位于广告的左下方和右下方时，被试的注视时间显著长于香水瓶位于广告的左上方和右上方。而且，香水瓶位于广告的左下方和右下方时，被试的注视次数显著多于香水瓶位于广告的左上方和右上方。就背景图案的影响而言，参加实验的被试对风景背景的香水广告的注视时间和注视次数都显著高于人物背景和广告词背景的香水广告。

资料来源：白学军，张钰，姚海娟，等 . 平面香水广告版面设计的眼动研究［J］. 心理与行为研究，2006（3）：172-176.

第二节　感觉的类型与属性

在日常生活中，人们常常会说某一件衣服好看，某一种车型漂亮，某一首歌曲好听，某一种饮品好喝……实际上，这些感受都是与人们的感觉分不开的。例如，好看、漂亮可能与视觉有关，好听与听觉有关，好喝则与味觉有关。也正因为如此，感觉可分为视觉、听觉等不同类型，而且，"好"或者"不好"是感觉上存在的差异性特征，需要用科学的方法进行测量。心理学家对感觉的分类和测量，为人们认识感觉这一心理现象提供了方法和技术，同时，也推动了感觉规律在生产生活中的应用。

一、感觉的分类及其属性

依据感觉器官及其对应的适宜刺激，可以将感觉分为视觉、听觉、嗅觉、味觉和肤觉等。一般而言，任何感觉的产生或特定的感觉现象，都与感觉系统的生理结构、功能以及外部刺激的特征相关。

（一）视觉

视觉的产生依赖外部刺激信息和视觉系统的信息转换、传导与加工。波长为

380~780 nm 的光线是视觉的适宜刺激。当适宜刺激直接作用于人类的视觉感受器官——眼睛时，就会通过视觉系统的能量转换和神经生理信号的传导、加工而产生视觉反应。人类的视觉系统是由光路系统和神经传导系统构成的。其中角膜、房水、晶状体和玻璃体属于视觉的光路系统（见图 1-5 的 a），而由视网膜的双极细胞、视神经节细胞，以及大脑枕叶的纹状区等构成的信号传导和加工系统为视觉的神经传导系统（见图 1-5 的 b）。

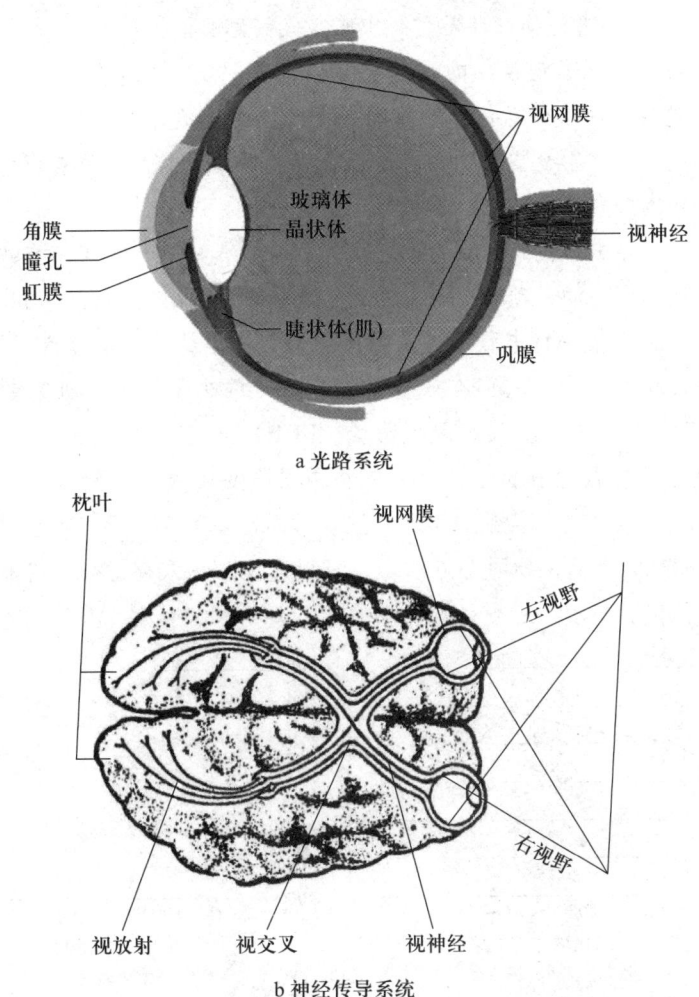

a 光路系统

b 神经传导系统

图 1-5　视觉的光路系统和神经传导系统图示

　　人类的视觉系统对视觉信息的加工，既受到视觉系统结构、功能的影响，同时也受到光线等物理特征的影响。视觉的生理机制包括折光机制、感觉机制、传导机制和中枢机制。其中，眼睛是视觉感受器官，是由巩膜、角膜、晶状体、玻璃体、视网膜等构成的复杂结构。当外界的光线刺激直接作用于人的眼睛后，经过一系列的光学折射到达视网膜，激活视网膜上的感光细胞，并转换为神经生理信号，通过视神经传递到中枢神经系统进行加工，从而产生视觉。

　　由于光线具有强度、波长、空间分布和持续时间等特征，与之相应的，视觉就会具有明度、颜色、视觉对比等一系列典型的特征。明度是眼睛对光源和物体表面的明暗程度的感觉，是一种由光线强弱决定的视觉经验。一般来说，光线越强，看上去越亮；光线越弱，看上去越暗。颜色受光线的波长、纯度和亮度的影响，因此颜色具有色相、明度和饱和度三个基本特性。此外，由于光线在空间中的不同分布，会引起明暗对比、颜色对比等视觉现象。受时间因素的影响，在光线的作用下，人们可能会产生视觉适应、视觉后像、闪光融合等视觉现象。

书法作品欣赏过程中眼睛是"怎么看"的

人类在了解和认识客观世界的过程中，有80%~90%的信息是通过眼睛获得的，而且，人们通过眼睛获得外部信息的过程并不是无意识的、随机的，而是有规律的。很多心理学研究为了探索视觉注意的选择性，用美术绘画作品、家居设计、广告版面等作为研究材料，探索人们"看"或"不看"的原因。

书法是中国汉字书写的一种独特的艺术形式，也是中华优秀传统文化和中华民族精神的重要体现。国内的一项研究考察了人们在欣赏书法作品过程中的视觉加工。研究者以被誉为"天下第一行书"的《兰亭集序》书法作品为实验材料，使用EyeLink 1000Plus塔式眼动仪记录了人们在欣赏书法作品时的视觉特征。研究者还应用北京师范大学心理学部修订的嵌入式图形测验（EFT），将参加实验的被试区分为场独立组和场依存组。在数据分析中，研究者将书法作品图片从左到右分成了5个区域（AOI1-AOI5），结果发现，场独立组的总注视时间比显著大于场依存组，两组被试在5个区域的注视时间比变化如图1-6所示，可以发现，场依存组被试对书法作品左边区域的注视时间比相对较小。

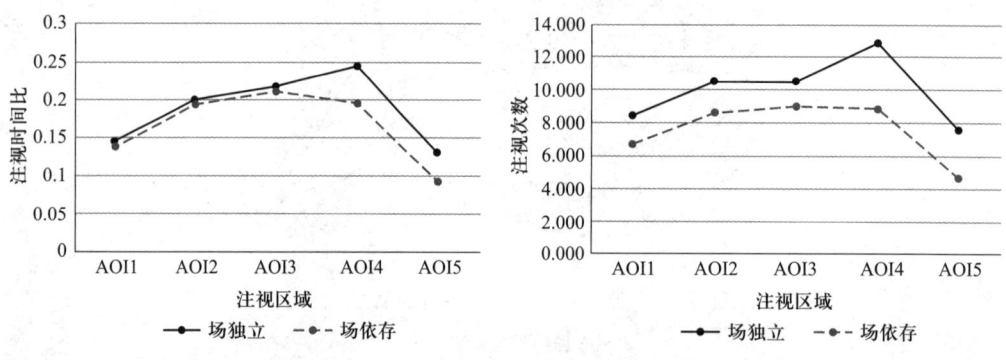

图1-6 场独立与场依存组注视时间比和注视次数的变化

此外，研究者还发现场独立组的被试注视点注视次数显著多于场依存组，而且在5个区域的注视次数都显著多于场依存组。这些数据分析结果表明，人们在书法作品的欣赏过程中，对不同区域的视觉注视存在不同。而且，不同认知方式的个体也存在不同。这就意味着在书法作品欣赏和评价的过程中，不仅要重视书法作品的布局结构，还应该重视个体之间存在的差异。

资料来源：KANG T H，WANG P，ZHANG H. Cognitive style differences in attention distribution regarding calligraphic perception［J］.Psychology research and behavior management，2021，14：251-260.

（二）听觉

听觉的适宜刺激是由物体振动产生的 20～20 000 Hz 范围内的声波。听觉的感受器官是耳。声波通过空气传递到耳内，并通过耳内的信号转换等复杂加工，最终产生听觉。听觉的产生与耳的生理结构和功能相联系。耳由外耳、中耳、内耳三部分组成，如图 1-7 所示。外耳包括耳郭、外耳道，主要负责收集声音。中耳由鼓膜、听小骨、卵圆窗和正圆窗组成，能将声波引起的鼓膜振动传至内耳。内耳由前庭器官和耳蜗组成，主要负责听觉刺激的能量转换及传导。[①] 当声音产生的压力波引起耳蜗液的振动时，就会使毛细胞兴奋，产生动作电位，从而实现能量转换，并通过腹侧通路和背侧通路投射到中枢神经系统进行加工，产生听觉。

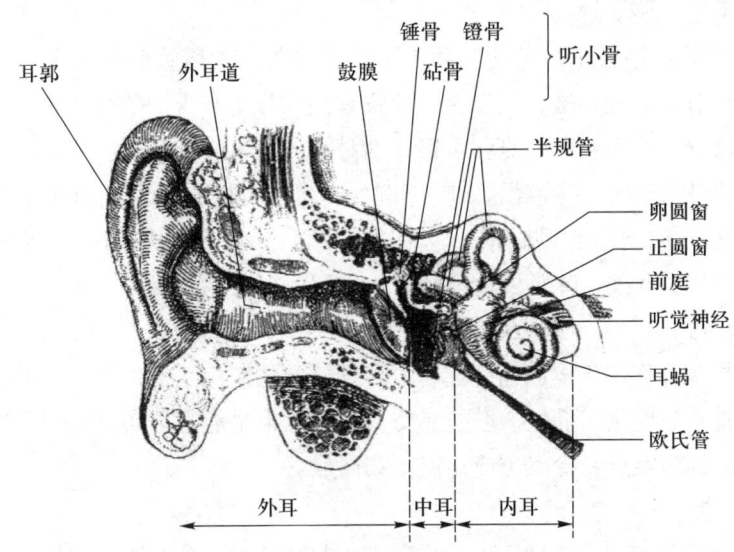

图 1-7　听觉感受系统和神经传导系统图示

声波具有频率、振幅和波形等物理性质。其中频率是指发声物体每秒内振动的次数，单位是赫兹（Hz）。不同声音的频率不相同。振幅是指振动物体偏离起始位置的大小。振幅大，压力大，听到的声音就强；相反，振幅小，压力小，听到的声音就弱。最简单的声波波形是正弦波。由正弦波引起的单一声音属于纯音，但在日常生活中，人们听到的大部分声音并不是纯音，而是复合音，是由不同频率和振幅的正弦波叠加而成的。

声波的物理属性决定了听觉的音调、响度和音色等特性。例如，音调主要是由声波频率决定的。声波频率不同，人们听到的音调高低也不同。响度是由声音强度或声压水平决定的一种听觉特性。强度大，听起来响度高；强度小，听起来响度低。音色是指不同声音的频率表现在波形方面的特性。不同的物体振动有不同的特点，波形不同，则音色不同。

---

① 彭聃龄.普通心理学［M］.5 版.北京：北京师范大学出版社，2019：118-119.

（三）嗅觉

嗅觉是由有气味的物质引起的，其适宜刺激是有气味的物质。当有气味的物质作用于鼻腔上部黏膜中的嗅细胞时，产生的神经冲动经嗅束传至嗅觉的皮层部位，从而产生嗅觉。与视觉不同的是，嗅觉不是由少数嗅觉感受器的联合活动来实现的，而是由大量嗅觉感受器分别对不同的嗅觉刺激作出反应。这就是嗅觉的"锁和钥匙理论"，即要产生特定的味觉，气味刺激和感受器之间就要有特定的匹配或适宜性。①

嗅觉感受性受许多因素的影响。嗅觉不但对不同性质的刺激物有不同的感受性，而且与环境因素、机体状态有关。此外，适应也会使嗅觉感受性明显下降，但其也可以通过长期的实践锻炼得到提高。

（四）味觉

味觉的感受器是分布在舌面各种乳突内的味蕾，其适宜刺激是溶于水的化学物质。人的味觉有甜、苦、酸、咸四种，负责它们的味蕾在舌面的分布是不一样的。舌尖对甜味最敏感，舌中、舌两侧和舌根分别对咸、酸和苦最敏感。

味觉的产生受到很多因素的影响，例如，嗅觉可以调节人们对刺激物的味觉感受。温度对味觉感受性和感觉阈限也有明显的影响。在不同温度下，人们的味觉感受性也会存在差异。此外，味觉的适应和对比作用都很明显。

（五）肤觉

肤觉是指刺激作用于皮肤而引起各种各样感觉的统称。常见的肤觉的基本形态主要包括触压觉、温度觉、痛觉。肤觉感受器在皮肤上呈点状分布，对应不同的肤觉感受，可以分别称为触点、冷点（或温点）和痛点。

1. 触压觉

触压觉是由非均匀分布的压力在皮肤上引起的感觉，分为触觉和压觉。外界刺激接触皮肤表面，使皮肤轻微变形，这种感觉称为触觉。外界刺激使皮肤明显变形，这种感觉称为压觉。触压觉感受器分布于真皮内的神经末梢。触压觉的传导通路主要是通过触压觉感受器发出的神经信号传递到脊髓，并经延脑到丘脑，以及大脑皮质中央后回，最终产生相应的感觉。

皮肤的不同部位具有不同的触觉感受性。一般而言，皮肤不同部位的触觉阈限是不同的。面部是身体对压力最敏感的部位，其次是躯干、手指和上下肢。此外，对落在皮肤上的物体的定位也是触压觉的一种形式。触压觉的定位能力因身体部位的不同而表现出明显的差异。

2. 温度觉

皮肤表面温度的变化是温度觉的适宜刺激。一种温度刺激引起的感觉，是由刺激温度与皮肤表面温度的关系来决定的。皮肤表面的温度称为生理零度。高于生理零度的温度刺激，引起温觉；低于生理零度的温度刺激，引起冷觉；当刺激温

---

① BROOKES J C.Science is perception：what can our sense of smell tell us about ourselves and the world around us？［J］.Philosophical transactions of the royal society，2010，368（1924）：3491-3502.

度等于生理零度时，则不产生温度觉。皮肤对冷、热刺激的接受，分别由不同的感受器完成。身体不同部位的生理零度是不同的，因而对温度刺激的敏感程度也不同。

3. 痛觉

当客观刺激对有机体具有损伤或破坏作用时，会引起痛觉。痛觉传递肌体受到伤害的信息，因而具有保护机体的作用。痛觉的感受器是皮肤下的神经末梢。这些神经末梢接收到刺激信息，并转换为神经冲动传递到脊髓，然后沿脊髓至延脑、丘脑，再从丘脑至大脑皮质。人的痛觉不仅受到外在刺激强度的影响，还受许多因素的影响，如文化环境、生活经验以及心理暗示的作用等。

二、感觉的测量方法

（一）感受性的测量

在心理学领域中，感觉器官对相应的适宜刺激的感觉能力，称为感受性。感受性可以反映个体感觉器官的感觉能力，因此，感觉的测量即是对感觉器官感受性的测量。在感受性的测量中，相应适宜刺激的强度是重要的影响因素，通过改变适宜刺激的强度，测量感受器官对其的感觉反应，是感觉测量的基本方法。感觉阈限是最基本的测量指标。

1. 绝对感受性和绝对感觉阈限

尽管人们具有各种极其敏感的感觉器官，但并不是所有的外在刺激都能引起感觉。例如，我们能够听到哗哗的流水声，能够听到钟表的嘀嗒声，但是当流水声、嘀嗒声变得越来越小时，人们可能就越来越听不清了。19 世纪的研究者提出了感觉阈限的概念，并将刚刚能够引起心理感受的刺激量的大小定义为绝对感觉阈限。与之相对应，感觉器官能够觉察最小刺激量的感觉能力即绝对感受性。不同个体的感觉能力是不一样的。

[知识窗]
心理学与生活：视力测试也是心理测试

绝对感觉阈限和绝对感受性之间是呈反比例关系。绝对感觉阈限越高，就需要更大的刺激量才能够被觉察到，这就意味着感觉器官的感觉能力较低；相反，绝对感觉阈限越低，引起感觉的刺激量就越小，感觉器官的感觉能力就越强。

2. 差别感受性和差别感觉阈限

感觉器官的感觉能力不仅体现在对最小刺激量的觉察上，对最小变化量的觉察也能够反映感觉器官的感觉能力。当个体觉察到一个刺激后，如果刺激量发生变化，有些个体能够敏感地觉察到变化，而有些个体却不能够觉察。这表明对最小变化量的觉察，同样可以反映个体是否具备更高、更敏锐的感觉能力。因此，把刚刚能引起差别感觉的最小变化量或差别量称为差别感觉阈限，把对这种最小变化量或差别量的感觉能力称为差别感受性。

差别感受性与差别感觉阈限之间也呈反比例关系。换言之，差别感觉阈限越低，个体能感受到的刺激变化量或差别量越小，差别感受性就越高；反之，差别感觉阈限越高，引起个体觉察的刺激变化量或差别量就需增加，差别感受性就越低。

（二）传统心理物理法

德国心理学家费希纳（G. T. Fechner，1801—1887）在 1860 年发表的《心理物理学纲要》中述及的最小变化法、平均差误法和恒定刺激法统称为传统心理物理法，是感觉测量的最基本方法。

1. 最小变化法

最小变化法也称极限法、系列探索法、最小可觉察法（或最小差异法）等，是测量感觉阈限的直接方法。它将刺激按递增或递减系列的方式，以间隔相等的小步变化，寻求从一种反应到另一种反应的瞬时转换点或阈限的位置。

采用最小变化法测量绝对感觉阈限时，刺激系列分为递增和递减两种。在递增系列中，初始刺激量的设定，要在测试对象觉察不到的物理刺激强度范围内；而在递减系列中，初始刺激量的设定，要在测试对象能够觉察到的物理刺激强度范围内。在测试时，每个刺激系列都从初始刺激量开始，按照递增或递减方向，依次呈现给测试对象，每次刺激后要求测试对象报告是否能够感觉到刺激。绝对感觉阈限的确定是以测试对象反应转折点对应的两个刺激强度的中点为该系列的阈限，然后再计算所有系列阈限的均值即绝对阈限值。

采用最小变化法测量差别感觉阈限时，需要设定标准刺激和比较刺激。其中，标准刺激的刺激强度在整个测试过程中保持不变，而比较刺激的刺激强度需要在测试过程中予以调整变化，因此，比较刺激也称为变异刺激。差别感觉阈限的测量也可以分为递增序列和递减序列。在测试过程中，将标准刺激和比较刺激同时呈现，直到测试对象的反应发生转折。

2. 平均差误法

平均差误法，又称调整法或均等法。这种方法的标准程序是先给测试对象呈现一个标准刺激，然后要求测试对象调节、重设或复制一个比较刺激，使后者在感觉上与标准刺激相等。按照比较刺激的初始值大于或小于标准刺激，测试对象的调节可以分为递增和递减两种。

采用平均差误法测定绝对感觉阈限时，可以假设此时的标准刺激为零，即让测试对象每次将比较刺激与"零"相比较。绝对感觉阈限的测量方法与最小变化法基本相同，绝对阈限值就是测试对象每次调节结果的算术平均数。在测量差别感觉阈限时，同样要设定标准刺激和比较刺激。测试对象每次反复调整比较刺激，直到感觉与标准刺激相等时为止。每次比较刺激也可按递增和递减两个序列进行调整，直到找出与标准刺激相等的值。

3. 恒定刺激法

恒定刺激法，也称次数法、正误法。它是心理物理学中最准确、应用最广的方法。恒定刺激法是以相同的次数呈现少数几个恒定的刺激，通过测试对象对每个刺激觉察到的次数来确定阈限。

利用恒定刺激法测定绝对感觉阈限，首先需要根据研究经验和预先测试，找到从经常感觉不到（感觉到的概率小于 5%）至经常感觉到（感觉到的概率大于 95%）的刺激强度范围，并在此范围内确定 5~7 个等距刺激点。在测试过程中，刺激的呈现是随机的，各种强度的刺激的呈现次数要相等。其次，确定测试对象的测试反应，比如"有"或"无"、"是"或"否"。在测试过程中要求测试对象在每呈现一次刺激之后报告是否感觉到该刺激，并统计测试对象反应的频数和百分数，以此计算阈限。

采用恒定刺激法测量差别感觉阈限时，要确定一个标准刺激和若干个比较刺激，测试对象对呈现的刺激进行比较。差别感觉阈限的计算方法一般采用内插法或作图法，分别求出被试的上差别感觉阈限和下差别感觉阈限。差别感觉阈限的值即为上差别感觉阈限与下差别感觉阈限的和的平均数。

心理物理法的应用促进了人们对感觉的认识，推动了科学心理学发展。随着科学技术的发展，对于感觉的测量，无论是研究方法、技术，还是研究范式和方法论，与传统心理物理法相比，已经变得更加精细、准确，同时也不仅局限于刺激的物理量与心理量之间的关系。例如，在视觉的测量中，研究者不只是测量眼睛对于不同大小刺激信息的觉察，而且，在测量中应用眼动仪，记录眼睛对于某一刺激信息的注视时间、凝视时间、注视次数，以及眼跳幅度、眼跳次数、回视次数、瞳孔大小等一系列视觉特征的数据，用以推断更加复杂的心理加工过程。[1][2]

三、感受性的变化规律

不同的个体，其感受性是存在差别的。同时，个体的感受性也会由于刺激信息作用特点、感受器官对信息的加工等的影响而发生变化。感觉器官的感受性变化是非常复杂的，但也是有规律的，比如感觉适应、感觉对比、感觉后像、联觉现象等。

（一）感觉适应

感觉适应是指在刺激物对感受器持续作用的条件下，感觉器官的感受性发生变化的现象。视觉适应现象是常见的感觉适应现象，由于视觉存在对弱光刺激和强光刺激的适应，因此视觉适应现象表现为暗适应和明适应两种现象。暗适应是指照明停止或由亮处转入暗处时，视觉对弱光的适应，表现为视觉感受性的提高。与之相反，明适应是指照明开始或由暗处转入亮处时，视觉对强光的适应，表现为视觉感受性的降低。生活中视觉感受现象典型的例子是，当人们开车进入隧道时，是从亮处进入暗处，视觉需要逐渐适应隧道中的弱光，即表现为暗适应；当车子驶出隧道时，又是从弱光环境进入到强光环境，人们需要适应隧道外的强光，即表现为明适应。

需要注意的是，刺激物对感觉器官的持续作用而导致的感受性变化可能提高，也可能降低。以视觉适应现象为例，明适应体现为视觉感受性的降低，而暗适应则体现为视觉感受性的提高。另外，感觉适应现象在所有感觉器官中都是存在的。例如，"如入芝兰之室，久而不闻其香"，"如入鲍鱼之肆，久而不闻其臭"，意指长时间处于

---

① 闫国利，熊建萍，臧传丽，等.阅读研究中的主要眼动指标评述［J］.心理科学进展，2013，21（4）：589-605.
② ZANG C L, ZHANG M M, BAI X J, et al. Effects of word frequency and visual complexity on eye movements of young and older Chinese readers［J］.The quarterly journal of experimental psychology，2016，69（7）：1409-1425.

"香"或"臭"的环境中，即在"香"或"臭"的持续作用下，人们的嗅觉不能觉察"芝兰之香""鲍鱼之臭"，这是典型的嗅觉适应现象。

（二）感觉对比

感觉对比是指同一感受器受到不同刺激信息的作用而引起感受性变化的现象，其实际上是感觉间相互作用的反映。例如，人们的味觉在接受食用盐的刺激后，再接受糖的刺激，就可能会降低对咸味的感觉。在触觉系统中，当人们的双手接触到冷水之后，再接触温度稍高的水时，就会体验到比单独温水条件下更温暖的感觉。图1-8反映的是典型的视觉对比现象。如果把大方框视为背景，则把小方框视为目标。在图1-8的a中，背景是黑色的［颜色模式RGB，红（R）为0，绿（G）为0，蓝（B）为0］①，而图1-8的b中，背景是灰色［颜色模式RGB，红（R）为165，绿（G）为165，蓝（B）为165］。尽管小方框的颜色［颜色模式RGB，红（R）为216，绿（G）为216，蓝（B）为216］是不变的，但是受感觉对比的影响，人们会觉得图1-8的a中的灰色方块更亮一些，而b中的灰色方块则更暗一些。

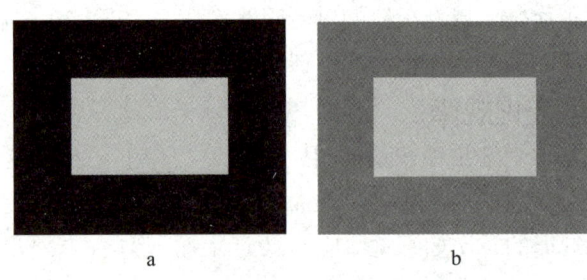

图1-8　视觉对比现象图示

根据不同刺激信息作用于同一感受器官的时间特征，可以将感觉对比现象区分为同时性对比和继时性对比。同时性对比是指不同的刺激信息同时作用于同一感受器官，比如人们同时看到图1-8的a中的黑色背景和灰色目标物，而产生感受性变化的现象。继时性对比是指不同的刺激物先后作用于同一感受器，而使感受性发生变化的现象。例如，人们如果品尝了更咸的味道之后，再去尝试清淡的味道，会觉得后者更寡味。这是因为先前的刺激作用引起后面刺激物的感受性发生变化的继时性对比现象。

（三）感觉后像

感觉后像是指刺激物对感受器的作用停止以后，感觉现象并没有立即消失而短暂保留的现象。各种感觉器官都能产生感觉后像。例如，房间的灯灭了，眼睛里还保留着亮灯的形象；声音停止后，耳朵里还有余音；喝完橙汁之后，嘴巴里仍然能感觉到橙汁的酸甜味等，都属于感觉后像。

感觉后像可以分为正后像和负后像。如果感觉后像的品质与刺激物相同称为正后像，比如个体在注视白炽灯之后，闭上眼睛，眼前仍然会出现灯的光亮。与之不同的

---

① 注：颜色模式RGB中的数字表示亮度。0是指亮度最小，255是指亮度最大。当红（R）为0，绿（G）为0，蓝（B）为0时，颜色为黑色。

是，用眼睛凝视白色屏幕上的一个黑色刺激物（图1-9的a），然后删除黑色刺激物，眼睛仍盯着白色屏幕（图1-9的b）看，就会发现原来黑色刺激物的位置好像变亮了，这种感觉后像的品质与刺激物相反，即为负后像。值得注意的是，彩色的负后像是刺激色的补色，如红色的负后像是绿色，黄色的负后像是蓝色。因此，如果用眼睛注视一朵红花，然后将视线转向身边的白墙，那么在白墙上将看到一朵绿花，正所谓"谁知心眼乱，看朱忽成碧"。这实际上是颜色知觉过程中出现的视觉负后像。

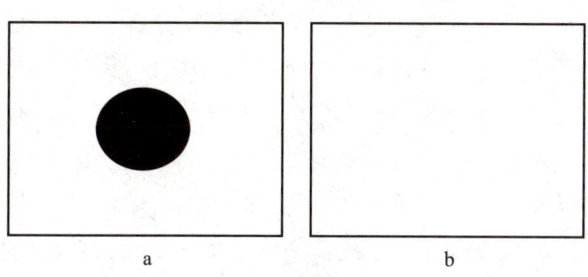

图 1-9　视觉后像图示

（四）联觉现象

很多人在餐厅看着菜单点菜时，往往会选择样图色彩更加丰富的菜品，因为人们会有一种倾向，认为看起来好看的，味道可能更好。实际上，这与感觉的联觉现象有关。联觉是指当一种刺激作用于感觉器官，除了产生相应的感觉之外，同时又产生了另外的感觉体验的现象。在日常生活中，联觉现象是比较常见的。例如，人们常把颜色分为暖色调和冷色调：暖色调是以红、黄为主的颜色，冷色调是以蓝、绿为主的颜色。但实际上，颜色并不能决定温暖还是冰冷，只是当人们看到一个会场是以暖色调为主时，就会体验到暖洋洋的感觉；而看到会场是以冷色调为主时，则会体验到庄严肃穆的感觉。

很多文学作品、绘画、图案设计等也应用联觉现象增强效果。朱自清在散文《荷塘月色》中写道："微风过处，送来缕缕清香，仿佛远处高楼上渺茫的歌声似的。""清香"本是嗅觉所感受到的，但是与此同时却仿佛听到了"渺茫的歌声"，即产生了听觉。此外，在一些广告设计中，如果要体现清凉的感觉，设计者往往会使用淡蓝色和白色相结合，以实现这种效果。这些实际上都是利用了感觉的联觉现象。

图书页面设计对阅读的影响

在日常生活中，阅读是一种良好的生活习惯，也是人们获得知识、培养品格的重要途径。对于刚刚步入校园的小学生而言，什么样的图书页面设计能够帮助他们提高阅读效率呢？人们日常所阅读的语篇文章是由字、词、句构成的，其中词汇是基本的语义单元。如果比较中文和英文的阅读材料，就会发现一种有趣的现象。

中文：这是一本中国古典小说。

英文：It is a Chinese classic novel.

除了语言的符号形式和句子的长度不一样之外，两个句子还有什么区别呢？

当我们把英文句子变换一下：ItisaChineseclassicnovel。

发现了什么有趣的现象？——英文的单词之间是有空格的，但是，中文的字词之间没有空格。对于一个熟练的读者而言，没有空格的中文句子可能并不影响阅读，但是，如果把英文句子中单词之间的空格删除了，即使是最熟练的英文读者，其阅读效率也会下降。正是因为研究者发现了这一有趣的现象，他们就试图找到一种方法把中文句子中的词语标记出来，当然，这种标记并不是像英文句子一样加上空格，而是使用颜色进行标记。

研究者使用了两种阅读材料：用颜色交替标识词边界的记叙文和颜色单一的记叙文。研究者要求一年级的儿童通过朗读和默读的方式进行阅读，并记录他们的视觉特征。结果发现，在朗读颜色交替的记叙文时，儿童的阅读速度显著快于朗读颜色单一的记叙文。而且，阅读颜色交替的记叙文材料的平均注视时间、注视次数、总注视时间、凝视时间等均显著低于颜色单一的材料。这表明，给一年级儿童阅读的书籍，如果能标识词汇边界，可能有助于儿童提高阅读效率。因此，用颜色标记可能是一种有效的方法。

资料来源：宋子明，王影超，刘妮娜，等.颜色交替的词边界对一年级儿童朗读和默读影响的眼动研究［J］.心理与行为研究，2021，19（2）：172-178.

第三节　知觉的类型及其属性

在认识客观世界的过程中，"是什么？""在哪里？""怎么样？""什么时间？"等问题总会困扰着人们。在解决这些问题的过程中，知觉是重要的心理过程之一。知觉是人脑对客观事物整体属性的反映，是对感觉输入信息进行组织、判断、解释的过程。那么在认识客观世界的过程中，个体是如何组织和理解信息的呢？根据知觉对象的不同，或者感觉信息输入的特点，可以将知觉分为空间知觉、时间知觉、运动知觉等不同的类型，其属性也存在差异。

一、空间知觉

个体对物体或刺激信息的空间关系的认识，即为空间知觉。空间知觉包括对刺激物形状、大小、方位，以及距离远近等的认识，有助于人们回答"是什么""在哪里"等问题。如果人们不能够确定刺激物的形状、大小，不能够确定刺激物离自身有多远、在什么位置，就很难判断刺激物是什么，以及其所在的空间位置特点。

（一）形状知觉

1. 什么是形状知觉

形状知觉是指个体对物体轮廓和细节的整体反映，其形成主要依赖视觉、触觉和动觉的信息输入，以及不同感觉通道的协同活动。在形状知觉的过程中，个体需要对不同感觉通道的输入信息进行特征分析、组织轮廓或图形，并识别形状。

一般认为，个体对刺激物形状的识别始于对不同感觉通道输入信息原始特征的分析与检测。这些特征包括点、线条、角度、朝向和运动等。在此基础上，个体基于知觉的选择性、理解性等特征，对刺激物的原始特征进行组织并将其从背景中分离出来，形成刺激物的轮廓或图形。当刺激物的轮廓或图形被组织并分离出来后，个体可以利用已有的知识经验，确定知觉到的刺激物的形状是什么，即形状（或模式）识别。个体对刺激物形状的知觉，与感觉输入的刺激信息的组织加工相关。个体在组织信息的过程中，往往会受到刺激信息的邻近性、相似性、对称性、封闭性、线条朝向以及连续性等的影响。

2. 形状知觉过程中的错觉现象

在知觉过程中往往会存在错觉现象，而且在不同类型的知觉过程中都有可能发生错觉现象。错觉是指在特定条件下，个体对客观事物所产生的不正确的、受到歪曲的知觉。在形状知觉的过程中存在的错觉现象包括横竖错觉、缪勒－莱尔错觉等。横竖错觉和缪勒－莱尔错觉实际上都是长短错觉。图 1-10 的 a 属于横竖错觉，实际上横线和竖线是一样长的，但是当两条线如图 1-10 的 a 所示呈现时，人们会觉得竖线比横线更长。图 1-10 的 b 属于缪勒－莱尔错觉，如果删除图 1-10 的 b 中的所有箭头，两条横线是一样长的。但是受箭头的影响，人们会觉得箭头方向相向的横线比箭头方向相反的横线更长。

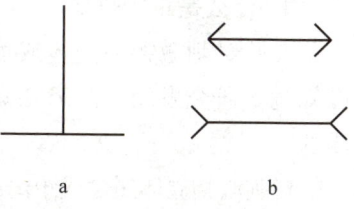

图 1-10　长短错觉示意图

（二）大小知觉

1. 什么是大小知觉

大小知觉是指有机体对刺激物尺寸大小的知觉，其受到刺激物在视网膜上投影的大小、知觉距离等的影响。视网膜成像的大小符合几何投影的规律，即刺激物所在位置的距离越远，其在视网膜上的成像越小；刺激物所在位置的距离越近，其在视网膜上的成像越大。因此，视网膜成像的大小与刺激物的大小成正比，与刺激物所在位置的距离成反比。

由于视网膜成像的大小与刺激物所在位置的距离有关，因此，人们可以依据这一关系来判断刺激物的大小。在刺激物所在位置的距离恒定时，视网膜成像较大，则说明刺激物较大；视网膜成像较小，则说明刺激物较小。另一方面，在视网膜成像恒定时，刺激物所在位置的距离较远，则说明刺激物较大；刺激物所在位置的距离较近，则说明刺激物较小。

2. 大小知觉过程中的错觉现象

个体在刺激物大小的判断中，会受到与之相邻刺激物大小的对比影响而产生大小错觉。如图 1-11 所示，a 是标准刺激，b 是一些较小的圆圈环绕着标准刺激，c 是一些较大的圆圈环绕着标准刺激。当观察图 1-11 的 b 和 c 时，如果将标准刺激作为目标，而把较小的圆圈和较大的圆圈作为背景，可能会产生 b 中的标准刺激比 c 中的标准刺激更大的错觉现象。尽管标准刺激的视网膜成像大小是相同的，而且观察距离也相同，但是由于视网膜上的视像比例不同，从而造成大小错觉现象。

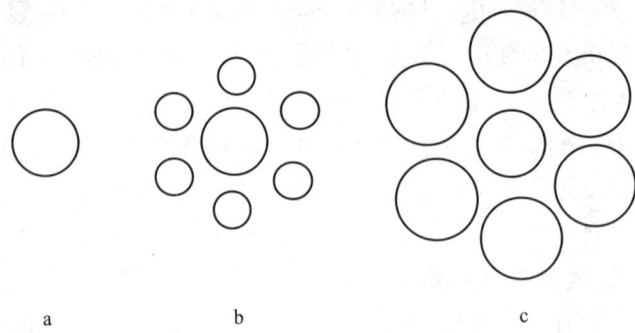

图 1-11　知觉过程中的大小错觉

（三）距离知觉

1. 什么是距离知觉

人们对刺激物的立体或远近属性的知觉，即距离知觉，又称为立体知觉或深度知觉。研究发现，距离知觉并不是与生俱来的，而是在个体发展过程中逐渐形成的。

对刺激物立体属性或距离的知觉，需要依赖单眼线索、对象重叠、双眼视差、双眼辐合、线条透视、空气透视、运动视差、对象明暗等线索。不同刺激物相互遮挡是判断物体前后关系的重要条件。如果一个刺激物遮挡了另一个刺激物，那么被遮挡的刺激物的距离就会被知觉得更远一些，这种线索可以通过单眼线索获得。人们也可以依赖双眼辐合获得距离知觉的线索。如果刺激物所在的位置距离近，双眼的辐合角就大；刺激物所在的位置距离远，双眼的辐合角就小。此外，受空气透视的影响，远处的刺激显得模糊，细节不如近处的刺激物清晰。人们可以根据这一线索判断刺激物的距离。

2. 距离知觉过程中的错觉现象

在距离知觉过程中会出现错觉现象。比如蓬佐错觉（如图 1-12 所示）。在图 1-12 的 a 中，有三个面积大小完全相等的白色多边形，像是立在墙角。如果从图 1-12 的 b 来看，由远及近，分别为白色多边形 1、白色多边形 2、白色多边形 3。其中，白色多边形 1 看起来离我们最远，而白色多边形 3 离我们最近。在排除白色多边形中的数字干扰后观察图 1-12 的 a 时，会觉得离我们最近的白色多边形小一些，而离我们最远的白色多边形较大。实际上，三个多边形的大小是完全相等的，这就是距离知觉过程中的错觉现象。

［知识窗］
视崖实验

（四）方位知觉

1. 什么是方位知觉

方位知觉是人们对自身或客观刺激物在空间中的方向和位置关系的知觉。人们对刺激物的方位知觉同样依赖视觉、听觉、触觉等各种感觉的协同活动。比如，有很多优秀的大国工匠都具备"听音辨障"的能力。他们通过精心钻研，练就了通过"听""看"来判断设备什么位置出现故障的本领。

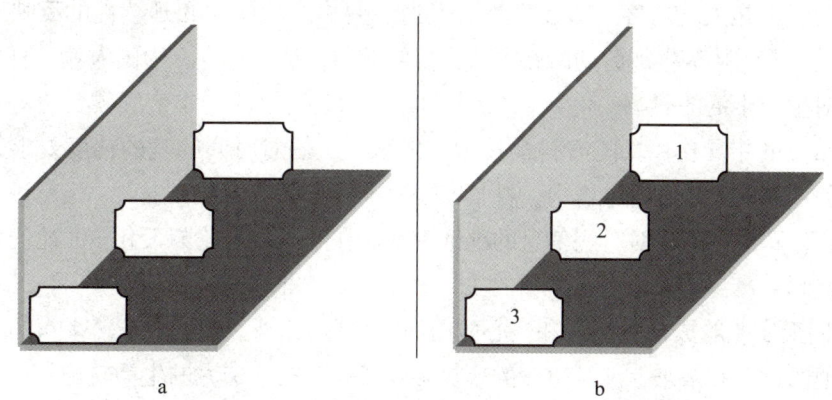

图 1-12　距离知觉过程中的错觉：蓬佐错觉

汪伯华："听音辨障、观线知轨"的护轨专家

　　南昆铁路养护工人汪伯华被称为"神奇工长"，他是"听音辨障、观线知轨"的护轨专家。他能从飞驰而过的列车与轨道接触发出的声响中判断轨道是否存在故障；他能通过观察，判断轨道接口、轨向的准确数据。一个最典型的例子是：在一个寒冷的冬夜，骤降的气温给铁路养护带来了不确定因素。他带领工友认真检查完养护工具后，刚躺下来，就有一趟列车呼啸而过；但是，列车与轨道接触发出的声响引起了他的警觉。听觉敏锐的他捕捉到一丝不同寻常的异响，列车正常行驶应该是"叮当、叮当"的声响，但是他发现刚刚列车驶过时有嘶哑的声响。他很快就把排查范围确定在前后 100 m 的范围内，然后与班组同事一起进行排查。经过仔细的排查，最后在南昆铁路 459 km 处发现调车线钢轨有一处接头夹板发生断裂。这种断裂会导致钢轨上下错牙、左右错牙，可能会引起严重的铁路交通事故。汪伯华和同事们一起紧急组织抢修，避免了严重事故的发生。

2. 方位知觉过程中的错觉现象

　　在方位知觉过程中，人们会出现错觉现象。例如，受周围背景因素的影响，人们在知觉图形的方向和位置时，可能产生与实际方位不一致的错觉现象。典型的方位错觉包括波根多夫错觉、松奈错觉、黑林错觉、赫夫勒错觉、冯特错觉等。

　　图 1-13 是典型的波根多夫错觉，它是方位错觉的一种类型。从图 1-13 的 a 中可以看到，有一条直线与矩形相交。在图 1-13 的 b 中，这条直线被矩形遮挡，在这种条件下，人们可能会感觉被矩形割裂开的两条线段似乎不在一条直线上。

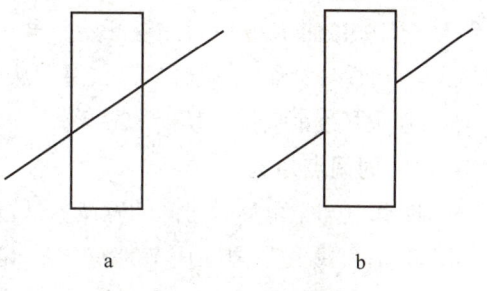

图 1-13　波根多夫错觉示例

二、时间知觉

（一）什么是时间知觉

时间知觉是人脑对客观事物发生、发展、变化的顺序性和延续性的反映。对时间的知觉是人们从事生产劳动所必须要具备的能力。从古至今，中国人就一直关注时间变化对生产生活的影响。例如，"二十四节气歌"所反映的季节气候变化对农业生产具有重要的指导作用。随着科学技术的发展，人们对时间知觉的精度要求越来越高。例如，在航天器发射过程中，科学家需要准确掌握航天器在发射、飞行过程中的精确位置，其中伴随着对时间信息的准确判断。在问天实验舱与天和核心舱的对接过程中，监测人员会实时报告航天器的飞行姿态，如"北京时间 2022 年 7 月 25 日 3 时 13 分，问天实验舱成功对接天和核心舱前向端口"。此外，我们对于一个人的了解往往涉及他的过去和未来，涉及生命的成长和延续，包括这个人的生活轨迹，以及与之相关联的生活事件。因此，时间和空间一样，是物质存在的基本形式，是人们在生产生活中需要知觉和认识的客观对象。

时间的特性有两个：一是顺序性，指事物发生、发展、变化的先后关系。例如，个体成长总是从婴儿期向幼儿期发展，又从幼儿期向童年期发展。"千里之行，始于足下"，事物的发展变化总是有起点、有过程的。正是因为事物的发生、发展、变化具有顺序性，人们才能够认识事物发展变化的规律。二是延续性，指事物的发生、发展、变化是持续的运动过程。例如，一年四季总是交替变化，正所谓"万物生生而变化无穷焉"。

（二）时间知觉的类型

依据时间知觉的不同形式，可以将时间知觉分为时序知觉、时距知觉和时间点知觉三种类型。

1. 时序知觉

时序知觉指在时间知觉过程中，人们对事件发生、发展、变化的先后顺序的知觉。例如，我国的首辆"祝融号"火星车于 2020 年 7 月 23 日发射升空。2021 年 5 月 17 日，"祝融号"火星车首次通过环绕器传回遥测数据；5 月 22 日已安全驶离着陆平台，到达火星表面。在这一过程中，人们能够判断和识别"祝融号"火星车从发射——环火星飞行——到达火星表面等事件发生的先后顺序，即产生时序知觉。

2. 时距知觉

时距知觉指从某一时间点开始，再到某一时间点结束，期间个体对事件持续时间长短的知觉。例如，"祝融号"火星车从 2020 年 7 月 23 日发射升空，到 2021 年 5 月 15 日在火星表面着陆，历时 296 天。

3. 时间点知觉

时间点知觉也称对时间的确认，是指个体对某个事件发生的具体时间的知觉。例如，中华人民共和国国庆节是每年的 10 月 1 日；我国第一颗原子弹爆炸的时间是 1964 年 10 月 16 日，中国成为世界上继美国、苏联等国之后的第五个拥有核武器的国家。

（三）时间知觉的线索

人们对时间的知觉，往往需要依赖视觉、听觉、皮肤觉和触觉等感觉信息的输入。一般而言，时间知觉的线索既可以是有机体内部的生物性节律或周期性变化，也可以借助外在的计时工具来确定准确的时间点或持续时间。

1. 生物性节律

"生物钟"是人们常常用以调节身体活动、判断时间的依据。实际上，生物钟是有机体生物性节律的反映。人的神经系统活动有兴奋和抑制两种基本过程，而且两者之间可以相互转化。神经系统的这一活动特点决定了有机体的活动是有规律的，这种规律性可以作为人们知觉时间变化的重要线索。例如，饥饿感可能会提供午饭或晚饭时间的线索；而疲倦程度能够为人们提供工作或休息时间的线索。

2. 周期性变化

在中国传统文化中，"道法自然"是基本的生活哲学，其智慧在于引导人们依据自然规律来生活。我们的祖先发明了日晷，即利用太阳的投影方向来测定并划分时间。日晷不仅是测定时间的工具，也是人们利用太阳和地球之间的周期性运动规律来判断时间的方法。因此，每天的昼夜交替为人们提供了判断时间的线索；同样，季节、节气的变换也为人们的时间知觉提供了线索。

除了自然界的周期性变化外，在我们的生活中，社会生产活动的组织往往也是有周期性规律的。例如，将每周的周一至周五定为工作日，将周六、周日定为休息日。这种规律性的工作安排，不仅让人们的生活变得更加有序，也为人们的时间知觉提供了线索。

3. 计时工具

在日常生活中，人们对时间的知觉往往依赖外在的计时工具，例如，日晷、沙漏等工具可以用来帮助人们确定时间。随着科学技术的发展，现代社会拥有了更加精密的计时工具，如手表、秒表、电子计时器等。这些工具可以将时间计算得更加精细，让人们对时间的知觉变得更加准确。

[知识窗]
坚守时"权"的科学家张首刚

（四）时间知觉过程中的错觉现象

当人们利用机体内部的生物性节律或周期性变化来知觉时间时，往往会出现一些歪曲、错误的知觉反应。因此，在时间知觉过程中会出现错觉现象。例如，在参加自己喜欢的活动时，人们往往会忘记时间，觉得时间过得很快；相反，当参加自己不喜欢的活动时，则会觉得时间过得很慢。毛泽东在《水调歌头·重上井冈山》中写道："三十八年过去，弹指一挥间。"尽管38年的时间过去了，但是却像是弹指一挥那样快。而成语"度日如年"则形容艰难困苦的日子长久难熬，过一天就像是经过了一整年的时间。

三、运动知觉

（一）什么是运动知觉

运动知觉是人们所认识的物体的运动特征。人们生活的世界是不断运动变化的，而且不同的物体，其运动特征是不一样的。比如，鸟儿在天空中飞翔，汽车在公路上行驶，人们在操场上跑步。对这些不同类型的物体的运动变化，以及各种不同的运动形态的觉察，都需要有运动知觉的参与。

人们对物体运动特征的知觉，依赖视觉、听觉等感觉通道的信息输入和整合加工。当人们看到物体发生位置移动时，物体在视网膜上的成像就会发生变化。例如，当一个物体靠近时，它在视网膜上的成像就会逐渐增大；而当物体逐渐远离时，它在视网膜上的成像就会逐渐缩小，这种变化能够为人们知觉物体的运动特征提供线索。此外，声音也可以提供运动知觉的线索。当听到耳旁有风声时，可能是某一个物体发生了位置移动，从而引起空气振动。如果物体运动的速度快，听到的风声可能会更大、更急促；如果物体运动的速度慢，听到的风声就会更小、更缓慢。

（二）运动知觉的类型

人们对物体运动的知觉受到很多因素的影响，比如选择的参照物，物体运动变化的速度等。如果我们坐在火车上，以远处的大山为参照物，就会发现火车行驶的速度比较慢；如果以近处的树木为参照物，就会发现火车行驶的速度非常快。此外，当物体运动变化的速度较快时，人们是能够觉察到的；但是物体运动变化的速度特别慢或者特别快时，人们单纯依靠自己的感觉系统可能是无法觉察到的。据此，可以将运动知觉分为真动知觉和似动知觉。

1. 真动知觉

真动知觉是个体对物体在空间上的真实位移和移动速度的知觉。但是，并不是所有的真实移动都能够被个体感知到。例如，钟表的表盘上有时针、分针、秒针的计时单位更精细，运动速度更快，所以容易被感知；相比之下，时针和分针的运动速度比较慢，特别是时针的运动在短时间内是无法觉察到的。

物体运动的速度可用单位时间内物体运动的视角大小来表示，即角速度（单位：rad/s）。人们把刚刚可以觉察到的单位时间内物体运动的最小视角范围，称为运动知觉下阈。当物体的运动速度太快并超过一定限度时，人们只能看到弥漫性的闪烁。人们看到闪烁时的速度称为运动知觉上阈。对于在运动知觉下阈和上阈范围内的运动现象，人们是可以觉察和感知的，但是对于超出这个范围的运动现象，人们是无法感知到的。例如，植物的生长或者高速飞行器的瞬间移动等。

2. 似动知觉

似动知觉是指在一定条件下人们把客观静止的物体看成运动的，或者把客观上不连续的位移看成连续运动的现象。似动主要包括动景运动、诱发运动、自主运动、运动后效等形式。

（1）动景运动

当两个物体按一定的空间间隔和时间距离相继呈现时，人们会看到从一个物体向另一个物体的连续运动，这就是动景运动。人们在日常生活中看到的霓虹灯实际上就是利用了这一现象。霓虹灯中的每一个灯的位置都是固定的，并没有发生移动，但是当按照先后顺序依次亮灯时，就会觉得亮光是从一个位置移动到另一个位置，让人们产生旋转光圈的知觉（如图 1-14 所示）。

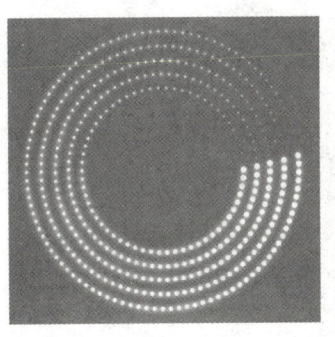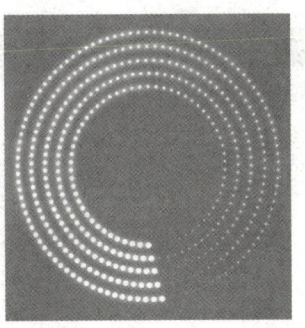

图 1-14　动景现象示意图

（2）诱发运动

诱发运动是指由于人们对一个物体运动的知觉，而使其感知到与运动物体相邻的静止物体发生运动的现象。例如，在隧道中，可以看到穹顶两侧会有固定的灯带（如图 1-15 所示），当我们在隧道中驾驶车辆时，就会感觉到灯带在快速地向后移动。实际上，这是因为驾驶的车辆在向前行驶。

图 1-15　隧道中行车时的诱发运动知觉

（3）自主运动

自主运动是指人们在注视一个静止不动的物体一段时间之后，会发现物体在移动的现象。一般而言，这个物体相对于背景是比较小的，比如在黑暗的屋子里盯着一个光点看，或者在白色墙面背景中盯着一个黑色的小点看，都有可能会出现自主运动的现象。

（4）运动后效

运动后效是比较常见的现象，它是指人们在注视朝一个方向运动的物体后，再去看静止的物体，会觉得静止的物体向着相反的方向运动的现象。例如，在行驶的列车上，当我们注视列车行进的方向后，再去注视轨道两旁的树木时，会觉得树木在向着列车行进的相反方向运动。

反思·实践·探究

【反思】

1. 举例说明感觉与知觉之间的关系。

2. 分析感觉产生的条件。

3. 谈谈环境亮度影响饮食消费决策的研究对生活实践的启示。

4. 结合实例，分析感觉现象的变化规律。

【实践】

组织一次全班同学的视力测试，理解感觉测量的基本原理和方法，并尝试设计一种新的测试方法。

提示：视力测量常常在医学检查中使用，因此，很多人会误认为视力测量是医学范畴的问题，但实际上视力测量是一个典型的心理学问题。

【探究】

请在计算机上新建一个 Word 文档，并绘制一个分辨率为 1 024×768，颜色模式为红色（R）值是 0，绿色（G）值是 0，蓝色（B）值是 0 的黑色背景图片。再在黑色背景图片中绘制一个分辨率为 512×384 的矩形图片，并将红色、绿色、蓝色的值设定为特定值，定义为标准模板。

请 14 名男生和 14 名女生（所有参加同学的视力正常，无色弱、无色盲等）根据自己的判断调整矩形的颜色，使其与标准模板的颜色一致。矩形图片中设定的红色、绿色、蓝色的值只有主试知道。

每一名受测者完成之后，请主试记录受测者所确定的颜色中红色（R）、绿色（G）、蓝色（B）的值，并与标准模板相比较；另外，还可以对所有测试者的结果进行性别差异比较。

推荐读物

1. 靳埭强.视觉传达设计实践［M］.北京：北京大学出版社，2015.

该书是一本结合平面视觉设计实例，详细阐述平面设计理论与实践方法的图书，包括意念、形象、构成、非规律构成、肌理、空间 6 章内容。书中案例丰富，图文并茂，语言通俗易懂，可以帮助学习者认识和理解平面视觉设计，了解视觉加工的特点以及在设计实践中的应用。

2. 郭浩，李健明.中国传统色：故宫里的色彩美学［M］.北京：中信出版社，2020.

该书以春、夏、秋、冬为纲，融入中国传统的二十四节气，并以故宫里的精美文物为媒介，介绍了中国传统艺术的颜色设计以及艺术审美。书中既包含精美的故宫文物图片，又有对每一种色彩的中国文化诠释，能够引导读者学习中国传统文化中的视觉色彩，丰富学习者的中国传统文化涵养。

3. 薛少华.知觉即行动：从哲学概念到机器实现［M］.北京：中国科

学技术出版社, 2020.

该书围绕生态心理学家吉布森提出的功能可见性知觉理论[1], 基于具身认知科学的学术探索, 介绍人类和动物在与环境相互作用的过程中知觉心理的特点。该书既是一本哲学著作, 也是一本有关新技术应用的著作, 可以引导学习者从哲学、机器学习等视角认识和理解知觉心理现象。

---

① 功能可见性知觉是指动物能够去理解在环境条件与它们的潜在行动之间的交互关系。

第二章　注意与意识

朱哲速度

　　朱哲是中国邮政梧州市分公司的揽投员，也是该公司分拣包装包裹最快速度纪录的保持者，迄今为止无人能打破他的纪录。在第二届全国邮政行业职业技能竞赛全国总决赛中，现场摆放了多种道具，选手要在 10 分钟内将寄送的物品合理打包。其中，高脚杯包装对填充物有一定的要求，不能太厚也不能太薄：如果太厚了，装箱之后，箱子会被撑得比较涨，很容易把胶带撑爆；如果太薄，又起不到保护作用。怎样掌握好度，是非常考验选手技术水平的。凭借着高超的专业技能，最终，朱哲从来自全国的 124 名决赛选手中脱颖而出，获得了"第二届全国邮政行业职业技能竞赛全国总决赛"快递员职业个人三等奖。

　　朱哲平日特别重视技术，例如，包装高脚杯时，如果不能完全把注意力放在高脚杯的包装上，就无法很好地完成此项工作。"朱哲速度"的背后，是朱哲数十年如一日对于工作的专注和不为人知的努力。

「小活动」包装高脚杯

第一步：请准备一个高脚杯、一些填充物、带气泡的塑料膜、一卷胶带和一个纸箱。

第二步：将高脚杯内部塞满填充物，杯子外面用带气泡的塑料膜包裹，多包几层，用胶带缠紧。

第三步：将包裹好的杯子和纸箱之间的空隙填充满，尽量塞紧凑。

第四步：尝试按照快递包装标准，看看自己是否能把高脚杯包装成功。

活动要点：探索包装高脚杯的技巧，感受注意的重要性。

科学原理：注意具有指向性和集中性两个基本特征。

现实生活中的应用：快递包装。

第一节 注意与意识概述

在日常生活中，影响注意力的事物越来越多。无聊的时候，打开手机看几条消息或者浏览感兴趣的新闻，不知不觉时间很快就过去了，而之前计划的事情却一点没做。你是否感受到注意力逐渐退化了？注意到底是什么？它对我们的生活又有怎样的影响？

一、注意概述

（一）什么是注意

注意是心灵的唯一门户，意识中的一切必须经过注意才能进来。当个体对某一事物产生浓厚的兴趣、高度集中注意力时，就会对该事物进行迅速反应。如果注意力分散、心不在焉，就不能把注意力集中在特定对象上，甚至会对其听而不闻，视而不见。例如，当你在接听电话的时候，即便别人给你递来一块砖头，你可能也会接着。

那么，什么是注意？注意是心理活动对一定对象的指向和集中，是心理过程的动力特征之一。注意就是留意一些事物的同时忽略另一些事物的能力，并不是一种独立的心理过程，它与认识过程、情感过程和意志过程密切联系，是一切心理活动的共同特征。注意能保证人们对事物作出更清晰的认识和更准确的反映，是人们获得知识、掌握技能、完成各种智力活动和实际操作的重要心理条件。

（二）注意的特征

指向性和集中性是注意的两个基本特征。

1. 指向性

指向性是指人的心理活动具有选择性，即个体在某一瞬间的心理活动或意识选择了某个对象，而忽略其他对象。例如，在电影院看电影时，个体的心理活动选择了电影里面的演员、台词、场景等，而忽视了周围的观众。对于前者，个体看得清楚、记得准确，而对后者只能留存非常模糊的记忆，甚至有时看完电影还不知道邻座的观众长相如何。

2. 集中性

集中性是指心理活动停留在一定的对象上，对其进行深入加工。当心理活动或意识指向某个对象的时候，就会聚焦在该对象上，即全神贯注。例如，医生在给病人做腿部手术时，他的注意力高度集中在病人的病患部位以及自己的操作上，与手术无关的其他人或事都被排除掉了。

注意力品质对精细动作的完成起着重要作用。请大家阅读下面的文章。

火箭发动机焊接的中国第一人

高凤林（1962— ）攻克了 200 多项难关，为 90 台火箭焊接过发动机，成为名副其实的火箭发动机焊接的中国第一人。

火箭的焊接讲究的是时间、部位等精确无误，可谓是极其精细的工程。高凤林即使工艺成熟，也会遇到难题，然而高凤林有着迎难而上的精神，攻克了 200 多个航天焊接的难题。最大的难题当属 2006 年的反物质探测器项目，高凤林在该项目中凭借自己的实力，攻克了当时人们无法解决的问题。高凤林曾焊接过 90 台火箭的发动机，在 0.33 mm 的管壁上，焊接次数超 3 万次。

对高凤林来说，难度最大的就是喷管的焊接。长征五号火箭发动机的喷管上有数百根空心管线，管壁的厚度只有 0.33 mm，高凤林需要通过 3 万多次精密的焊接操作，才能把它们编织在一起。这些细如发丝的焊缝加起来，长度超过了 1 600 m。最"要劲儿"的是，每个焊点只有 0.16 mm 宽，完成焊接允许的时间误差是 0.1 s。发动机是火箭的心脏，一点焊接瑕疵都可能导致一场灾难。

为保证一条细窄而"漫长"的焊缝在技术指标上首尾一致，整个操作过程中高凤林必须发力精准，心平手稳，保持住焊条与母件的恰当角度，这样才能让焊液在焊缝里均匀分布，不出现气孔沙眼。

在国际上，火箭发动机头部稳定装置连接的最佳方案是采用胶粘技术。但这种技术会产生老化，高凤林选择了用焊接的方式来解决这一难题。发动机头部稳定装置的焊接必须一次成功，高凤林的技艺和他研制的焊丝决定着焊接的成败。由于铜合金的熔点较低，高凤林必须将焊接停留的时间从 0.1 s 缩短到 0.01 s，如果有一点焊漏就会造成稳定装置的失效。最终，高凤林成功地解决了这一焊接难题，为国家作出了巨大贡献。

（三）注意的功能

1. 选择功能

注意的选择功能是指可以从大量的信息中选择出重要的信息予以反应，同时排除无意义信息的干扰。该功能可以使个体在同一时刻将注意指向一项或少数几项工作或事物，使心理活动具有一定的方向性，有助于人们在纷繁复杂的刺激面前作出有意义的选择，从而高效率地适应环境。比如下面介绍的鸡尾酒会效应。

鸡尾酒会效应

英国心理学家彻里（E. C. Cherry，1914—1979）研究了被称为鸡尾酒会效应（cocktail party effect）的现象。在一个嘈杂混乱的鸡尾酒会中，为什么人们能够集中于某一交谈呢？因为对话双方的距离特别近，所以该交谈具有更高的醒目性。虽然一个声音很大的说话者显然有可能支配我们的注意，但日常经验表明，响度最大的声音输入并不总是最成功地被知觉。实际上，听者在鸡尾酒会上的目标之一就是克服环境中较为喧嚣的声音输入的影响，以便把注意力集中在自己感兴趣的对话上。

不管对话的人的声音多么轻柔，通过选择性注意，个体都可以在嘈杂的噪声中知觉到感兴趣的信号，同时在难以应对的社交情境中保持风度。不过更有趣的是，如果个体发现正在对话的人有一点无聊，就可以考虑继续盯着讲话的人但同时注意另一个对话。此时，个体是在使用听觉的内隐注意来听别人的对话。

鸡尾酒会效应使认知心理学家对注意产生兴趣。彻里通过用耳机向正常被试的双耳输入相互竞争的语音刺激（双耳分听）来研究这个效应。在不同条件中，他要求被试注意并同步逐字复述一只耳朵听到的内容，同时忽略输入到另一只耳朵的相似刺激。彻里发现，当分别给两只耳朵呈现不同的语音输入，并要求被试只追随其中一只耳朵的输入时，他们无法报告非注意耳听到的语音刺激的任何细节。这一结果让彻里和其他研究者提出，将注意集中于一只耳朵会导致注意耳的输入被加工得更好，而对于非注意耳的输入加工可能会退化或降低。

资料来源：CHERRY E C. Some experiments on the recognition of speech, with one and with two ears [J].The journal of the acoustical society of America, 1953, 25（5）: 975-979.

2. 维持功能

注意能够使人的心理活动或意识在一段时间内保持比较紧张的状态，只有在这种状态下，个体才能对被选择的信息进行深入加工与处理，使复杂活动顺利进行。具体来说，当外界信息进入知觉、记忆等心理过程进行加工时，注意能够将已经选择好的、有意义的、需要进一步加工的信息保持在意识之中，使之得到进一步加工。注意的维持是衡量注意品质的一个重要指标。例如，人们可以长时间聚精会神地观看电视剧；在上课时学生必须将注意维持在课堂学习上，这样才能很好地理解教师讲解的知识。

3. 调节与监督功能

注意不仅表现在稳定而持续的活动中，也表现在活动的变化上。当人们从一种活动转向另一种活动时，注意就表现出重要的调节作用。注意使人及时觉察事物的变化，并调节自己的心理和行动以适应这种变化，使个体能随时发现自身行动的错误，并对错误及时纠正。例如，想要取得好成绩的学生会监督自己，并将注意放在听课上，一旦出现走神等干扰听课的情况，就会赶紧调整状态，从而继续保持认真听课的状态。

（四）注意的类型

1. 选择性注意

选择性注意是个体在同时呈现的两种或两种以上的刺激中选择一种进行注意，而忽略另外的刺激。例如，在双耳分听实验中，用耳机分别向被试的双耳呈现不同的声音刺激，要求被试注意其中一只耳朵的刺激，而忽略另一只耳朵的刺激。用这种方法可以研究选择性注意，揭示人们如何有效地选择一类刺激而忽略另一类刺激以及选择的具体过程等。最新的一项研究表明，有奖赏预期（事先告知有奖励）时，选择性注意更快，这提示人们要改善注意可以从动机入手，即个体只有干一行、爱一行，才能更好地投入注意，才能学有所成，学有所精。[①]

2. 持续性注意

持续性注意是指注意在一定时间内保持在某个客体或活动上，也称注意的稳定性。例如，学生在 45 分钟的上课时间内，使自己的注意保持在教师讲述的内容上；观众去电影院看电影，能将自己的注意始终保持在影片内容上。要维持持续性注意，个体要觉察并预防疲劳。一项研究发现，长时间连续作业将造成高铁司机的持续性注意水平下降。[②]

3. 分配性注意

分配性注意是指个体在同一时间内对两种或两种以上的刺激进行注意，或将注意分配到不同的活动中。例如，学生在课堂上一边听讲，一边记笔记；司机在驾驶汽车时手扶方向盘，脚踩油门，眼睛还要注意路标和行人等。研究发现，足球体育锻炼可以提升分配性注意，与场依存型个体相比，足球体育锻炼对场独立型（不易受外界因素干扰）个体的作用更明显。[③]

[知识窗]
分配性注意
与飞行绩效

（五）注意的认知理论

注意就是留意一些事物的同时忽略另一些事物的能力。这种认知能力维持着个体当下的觉知，使个体能够分析感觉输入、编码长时记忆中的信息并进行语义加工。关于注意，很多学者持有不同的观点，下面介绍一些比较主流的理论观点。

1. 注意选择的认知理论

20 世纪 60 年代以来，心理学家对注意的选择功能进行了大量的研究，提出了一系列理论模型。这些理论解释了注意的选择功能的实质，以及人脑对信息的选择究竟发生在信息加工的哪个阶段。

（1）过滤器理论。1958 年，英国心理学家布罗德本特（D. E. Broadbent，1926—1993）根据双耳分听的一系列实验结果，提出了过滤器理论。布罗德本特认为，注意是一个过滤器，按照"全或无"的原则进行工作。神经系统在加工信息的容量方面是有限度的，不可能对所有的感觉刺激都进行加工。当信息通过各种感觉通道进入神经系统时，要先经过一个过滤机制。只有一部分信息可以通过这个机制，并接受进一步的加工；其他的信息则被阻断在外面而完全丧失了。布罗德本特把这种过滤机制比喻

---

① 李开容，胡博，陈雨嘉，等. 奖赏预期对选择性注意的影响：基于客体和空间的注意的区别[J]. 心理科学，2022，45（1）：133-141.

② 郭孜政，潘毅润，吴志敏，等. 疲劳对高铁司机持续性注意影响机制的 ERP 试验研究[J]. 中国安全科学学报，2015，25（8）：81-86.

③ 范海楠，张代发，刘成凤，等. 足球训练与认知风格对分配性注意的影响[J]. 山东体育科技，2020，42（1）：60-63.

为一个狭长的瓶口,当人们往瓶内灌水时,一部分水通过瓶颈进入瓶内,而另一部分水由于瓶颈狭小,通道容量有限,而留在瓶外了。这个理论也称为瓶颈理论或单通道理论。布罗德本特的过滤器模型见图2-1。

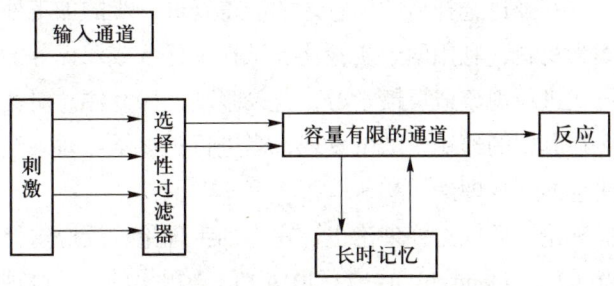

图 2-1 布罗德本特的过滤器模型

彻里的双耳分听实验支持了该理论。给被试的两耳同时呈现两种材料,让被试大声追随从一只耳朵听到的材料,并检查被试从另一只耳朵所获得的信息。前者称为追随耳,后者称为非追随耳。实验结果表明,被试能很好地再现追随耳的信息,而对非追随耳的刺激除了能觉察一些物理特征变化(如声音由男声变为女声)之外,其他的任何东西都不能报告,甚至觉察不到非追随耳的刺激由法语改为德语、英语或拉丁语等的变化。这个实验说明,从追随耳进入的信息,由于受到注意,能够得到进一步的加工、处理,而从非追随耳进入的信息,由于没有受到注意,则没有被接收。

(2)衰减理论。基于双耳分听实验的研究结果,特瑞斯曼(A. M. Treisman,1935—2018)提出了衰减理论,其理论模型如图2-2所示。[1]该理论承认过滤器的存在,但衰减理论认为过滤器并不是按照"全或无"的原则进行工作。当信息通过过滤装置时,不被注意或非追随的信息(非追随耳信息)只是在强度上减弱了,而不是完全消失。特瑞斯曼指出,不同刺激的激活阈限是不同的。有些刺激对人有重要意义,如自己的名字、火警信号等,它们的激活阈限低,容易被激活。即使当它们出现在非追随耳的通道时,也容易被人们接受。例如,鸡尾酒会效应,在一个很嘈杂的环境里,虽然周围很吵,吵到连手机铃声都听不到,但是如果有人叫你的名字,即使声音不大,你还是会注意到。特瑞斯曼的衰减模型见图2-2。

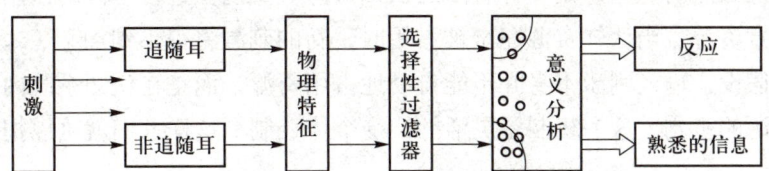

图 2-2 特瑞斯曼的衰减模型

注:图中小圆圈表示通过后的过滤信息,其中一部分是被选择后的信息,一部分是被衰减的信息,当这部分信息对个体而言较为重要时也能被识别出来。

---

[1] TREISMAN A M.Strategies and models of selective attention〔J〕.Psychological review,1969,76(3):282-299.

布罗德本特和特瑞斯曼的理论虽然对过滤器的具体作用有不同的看法，但两者具有共同点：第一，两种理论都主张人的信息加工系统的容量是有限的，外来的信息必须经过过滤或衰减装置加以调节；第二，两种理论都假定信息的选择发生在对信息的充分加工之前。只有经过选择后的信息，才能得到进一步的加工处理。最新的研究以家族相似性图案为材料，利用两个实验让被试在单任务或双任务的条件下以集中呈现或交错呈现的方式进行观察或反馈学习，记录眼动，探究注意对交错呈现优势的影响，以及工作记忆在其中的作用。结果发现，当进行观察学习时，注意影响交错呈现优势，结果支持注意的衰减理论。[①]

（3）后期选择理论。后期选择理论也称完善加工理论、反应选择模型或记忆选择理论，是由多伊奇（J. A. Deutsch，1927—2016）等人提出的。[②]该理论认为，过滤器不在于选择知觉刺激，而在于选择对刺激的反应，所有输入信息在进入过滤装置或衰减装置之前已经得到了充分分析，然后再进入过滤装置或衰减装置，选择是发生在加工后期的反应阶段，选择标准是刺激对个体的重要性，重要的反应，不重要的不反应[③]。

该理论可解释斯特鲁普效应（Stroop 效应，也译作斯特普效应），是指字义对报告字体颜色的干扰效应。斯特鲁普效应利用刺激材料在颜色和意义上相矛盾，例如，用蓝色写"红"这个字，要求被试说出字的颜色，而不是念字的读音，即回答"蓝"。结果发现，个体说出字的颜色时会受到字义的干扰。说明字义和字的颜色都得到了加工，被试需要选择对字义还是字的颜色作出反应。

[知识窗]
Stroop 效应

（4）多阶段选择理论。过滤器理论、衰减理论和后期选择理论都假设，注意的选择过程发生在信息加工的某个特定阶段上，这意味着信息加工系统是非常刻板的。约翰斯顿（W. A. Johnston）等人提出了一个较灵活的模型，认为选择过程在不同的加工阶段都可能发生，这就是多阶段选择理论。[④]

多阶段选择理论更有弹性，由于强调任务要求对选择阶段的影响，避免了过于绝对化的假设所带来的难题。

2. 注意分配的认知理论

（1）认知资源理论。认知资源理论把注意看作个体对刺激进行归类和识别的认知资源或认知能力。注意是一种有限的认知资源。人们在进行不同的活动时，需要不同的注意资源。当认知资源完全被占用时，新的刺激将得不到加工（未被注意）。该理论还假设，输入刺激本身并不能自动地占用资源，而是在认知系统内有一个负责分配资源的机制。这一机制是灵活的，受个体控制，这样人们就可以把认知资源

---

① 王家慰，邢强. 注意和工作记忆对交错呈现优势的影响［J］. 心理科学，2022，45（1）：24-32.

② DEUTSCH J A, DEUTSCH D. Attention: some theoretical considerations［J］. Psychological review, 1963, 70（1）: 80.

③ NORMAN D A. Toward a theory of memory and attention［J］. Psychological Review, 1968, 75（6）: 522.

④ JOHNSTON W A, HEINZ S P. Flexibility and capacity demands of attention［J］. Journal of experimental psychology: General, 1978, 107（4）: 420.

分配到重要的刺激上。例如，对一名熟练的司机来说，开车是一件很容易的事，他可以毫无困难地一边开车一边和别人交谈。但是当交通非常拥挤时，他必须小心翼翼地开车，这时他和别人的谈话可能就要停下来。

（2）双加工理论。谢弗林（R. M. Shiffrin）等人在认知资源理论的基础上，进一步提出了双加工理论。① 该理论把认知加工分为两类：自动化加工（automatic processing）和受意识控制的加工（controlled processing）。自动化加工不受认知资源的限制，不需要注意，是自动进行加工的，一旦形成很难改变。受意识控制的加工受认知资源的限制，需要注意的参与，可以随环境的变化而调整。受意识控制的加工经过大量练习，可以转化为自动化加工。双加工理论可以解释人们能够同时做几件事情的现象。例如，个体可以一边骑自行车一边欣赏路边的风景，或是一边看电视一边织毛衣等。在同时进行的几种活动中，其中一项或多项已变成自动化的过程（如骑自行车和织毛衣），不需要个体再消耗认知资源，因此，个体可以将注意力集中在其他的认知过程中。

受意识控制的加工在经过大量的练习后，有可能转变为自动化加工。例如，个体在初学一种动作技能（如骑自行车）时，需要全神贯注，注意力高度集中。当经过不断练习，已经熟练掌握这一技能后，使用这一技能就不需要占用太多的注意了。

二、意识概述

（一）什么是意识

意识一直是未能解决的三大起源问题之一。在由物质和能量组成的宇宙中，为什么会有意识的存在呢？无法对意识概念给予明确、统一的定义，一直是困扰诸多研究者的一大历史性难题。总的来说，意识（consciousness）是人类所独有的一种高水平的心理活动，是指个人运用感觉、知觉、思维、记忆等心理活动，对自己内在的身心状态和外在环境中的人、事、物变化的觉知。

意识活动的内容具体包括三种：（1）对外部事物的觉知。比如对外界的声、光、气味等环境信息的觉知。（2）对内部刺激的觉知。比如对自身的需求、焦虑等内部经验的觉知。（3）对自身的觉知。比如在觉醒状态时，个体能知道自己的喜怒哀惧，也能知道自己的所见所闻所思，而在睡眠和做梦状态时，个体会出现一些离奇、荒诞的梦境。

（二）意识的特征

1. 主观性

意识的主观性是相对于客观性而言的。意识的客观性是指人的意识中包含不依赖主体的内容，意识的主观性是指意识——作为主体的认识活动的结果，必然渗透主体的主观因素，即主体特定的价值目标、经验知识以及情感意志等。② 意识的主观性体现在，主体处于有意识的经验状态时，会有一种"像是什么的"感觉。个体可以清

---

① SHIFFRIN R M, SCHNEIDER W.Controlled and automatic human information processing：II.perceptual learning, automatic attending and a general theory［J］.Psychological review, 1977, 84（2）: 127-190.

② 陈波.论意识内容的主观性［J］.湖北大学学报（哲学社会科学版），1989（1）: 87-92.

晰、直接地知觉自己的思想和情感，但是却只能通过观察和倾听，间接地理解他人的意识经验。因此，意识是主观的、难以表述的，理解意识就好比找寻彩虹的尽头。

2. 能动性

人们对世界的反映不是消极被动的，而是一个积极主动、不断创造的过程。个体的各种行为都需要大脑的指挥，大脑通过意识的能动性发出直接指令和间接指令传达给身体的各个部位，指挥身体来完成。例如，行走、运动、吃饭等行为都是大脑直接传达指令，是意识能动性直接作用于身体的结果。

3. 统一性

意识的统一性指的是在任何一个给定时刻，个体所有的经验都会被统一到一个意识场。当一个人同时拥有两种经验时，他感受到的不是两种分开的经验 A 和 B，而是合在一起的单个意识状态中的两种经验，即 A+B。例如，当我们去某个景点游玩时，那里鸟语花香，人山人海，此时你的感知经验是一个整体，而过了很久之后，你再次回忆时，回忆中的场景仍然是一个整体。

（三）意识的理论

当前西方意识心理学关于意识本质的解释主要有状态说、功能说、突现说和统一场说四种理论假设。

1. 意识状态说

意识状态说是将意识的核心视为"生物状态"。早期研究将人的意识状态分为清醒、睡眠、警觉、无意识等不同的时相。

当下主流的观点认为，不同的意识状态与不同的脑电波模式有关。脑电波是大脑皮质大量神经元的突触后电位总和的结果。目前科学家使用脑电图检测仪记录脑电波，脑电图检测仪通过放置在头皮上的电极来观察脑电波活动。脑电波主要有四种类型：α 波、β 波、θ 波和 δ 波。四种脑电波分别对应相应的意识状态：极度放松和沉静、清醒和警觉、睡眠初期阶段、深度睡眠阶段。

2. 意识功能说

意识功能说主张把意识看成一种依赖大脑的功能，主要通过认知神经科学的影像学方法探讨有关意识的神经生理基础及科学证据，如意识在大脑中的功能定位描述、意识知觉的神经递质研究、意识受损的神经病理学等问题，都是意识功能理论关注的重要内容。

3. 意识突现说

意识突现说强调人的意识、心理活动依赖复杂的大脑，但不能还原为大脑活动本身。意识不同于不可还原的神经事件，它是大脑活动突现的属性，即高层次的整体属性对低层次的整体属性因果作用关系。人类的意识在自然界的出现，是一种在性质上全新的现象，必须用比生物学描述更高级的层次来解释。著名脑科学家斯佩里（R. W. Sperry，1913—1994）所提出的"精神一元论"或"突现的相互作用论"便是其中主要的代表性观点。艾克尔斯（J. C. Eccles，1903—1997）和波普也是意识突现论者，他们认为精神、意识世界是在物质世界的基础上产生的，意识是在自然的选择压力下产生的突现现象。加拿大学者邦格（M. Burge，1919—2020）也指出，生命、意识现象是突现的，其超越了生化物理层次。物质世界远比物理主义者想象得更丰富和复杂。

4. 意识统一场说

巴尔斯的意识统一场说（global work space theory）也称意识剧院模型（theater model）。要解释人的意识经验为什么总是丰富多彩，而在某一时刻又相对简单，就必须假设大脑需要有一个"空间"，这个空间可以使神经系统中无意识的专业处理器彼此作用，就像剧院中的舞台、教室里的黑板或电视屏幕一样。个体意识活动的发生就像一场剧院的演出，有一个容量有限的舞台、聚光灯、在台上表演的演员及等待上台的演员、后台背景、导演以及大量的无意识观众。这一模型比较准确地阐述了意识、无意识、注意、工作记忆和自我意识等之间的相互联系及区别，也得到了许多神经生物学证据的支持。①

三、注意与意识的关系

注意与意识既有联系又有区别。

首先，注意与意识密不可分。在可控制的意识状态下，个体的注意集中在当前有意义的内容上，得到比较清晰和深刻的认识。自动化的意识状态要求很少的注意，意识的参与成分也相对较少。

其次，注意不等同于意识。注意是一种心理活动或"心理动作"，而意识主要是一种心理内容或体验。注意提供一种机制，决定什么东西可以成为意识的内容。只有被注意到的内外刺激，才能被个体所觉察，进而产生意识。詹姆斯认为注意完全不同于意识，注意包含对意识经验的选择。例如，我们把电视切换到一个足球节目是为了有意识地体验它，切换到足球节目是一个选择行为，观看足球节目则是意识体验的结果。美国心理学家巴尔斯（B. J. Baars，1946—　）认为意识决定注意。例如，我们会经常在读书与看电视之间作出选择，有意识的思考很明显会影响个体的决定。

第二节　注意的培养

大脑每天的注意力是有限的，如果将大量的注意力花费在无效社交或者其他方面，用来学习的专注力就会大大下降。而且注意力在几种不同的事物之间来回切换时，会消耗大脑更多的能量，注意力损耗得更严重。注意力是一项十分重要的能力，很多人之所以成绩优异，就是因为他们在学习的时候能够保持专注。当你全身心投入

---

① BAARS B J, FRANKLIN S. How conscious experience and working memory interact [J]. Trends in cognitive sciences, 2003, 7（4）: 166-172.

一件事情的时候，很大概率就会完成得更好。

一、注意的品质

（一）注意广度

注意广度也称注意的范围，是指在同一时间内，意识所能清楚把握的对象的数量。视觉的注意广度大约是外文字母 4~6 个，几何图形 3~4 个。一项针对一名具有视觉注意广度缺陷的法语阅读障碍女童的个案研究发现，对被试进行持续 6 周（3 小时/周）的视觉空间注意训练（包括视觉注意广度、视觉搜索、视觉匹配和视觉解析训练），可在行为层面上提高阅读障碍者的视觉注意广度，提高其阅读速度。[①]

影响注意广度的因素主要有以下三个：

1. 注意对象的特点

注意广度会因注意对象的特点而变化。一般来说，注意对象的组合越集中，排列越有规律，相互之间能成为有机联系的整体，则注意广度就越大；反之，注意广度就越小。

2. 活动任务

活动任务越复杂，越需要关注细节的注意过程，注意广度会大大缩小。例如，从事编辑工作的人与从事校对工作的人相比，前者的注意广度更大，后者的注意广度更小。

3. 个体经验

一般来说，个体的知识经验越丰富，整体知觉能力越强，注意广度就越大。一项研究探讨了国际象棋高手和初学者对残局的加工过程。结果发现，高手能从整体角度把握棋局，而初学者只能部分地把握棋局，这主要是两者的知识经验不同，从而导致注意广度存在差异，最终表现为对棋局的把握上存在差异。例如，在世界职业院校技能大赛嵌入式技术应用开发赛中，要求参赛队在 6 h 内完成智慧城市虚拟仿真沙盘的系统组网，利用嵌入式技术完成一套自动驾驶编程，集成视觉识别等功能，通过万物互联，实现无人驾驶和智能终端的远程操控。天津交通职业学院机械工程专业的高家伟和张晓旭采取试错的方法，连续半个多月，在不同时间段、不同光照的条件下，对速度值和车轮码盘值进行记录、试验，调整效果，通过不断的训练积累经验，最终取得了嵌入式技术应用开发组第一名。

（二）注意稳定性

注意稳定性是指注意集中在一定对象上的持续时间。注意维持的时间越长，注意越稳定。这是注意在时间上的特点。人的感受性不能长时间地保持固定的状态。在稳定注意的条件下，感受性也会发生周期性地增强和减弱的现象，这种现象称为注意的起伏，或称为注意的动摇。注意的起伏周期一般为 2 s（或 3 s）~12 s。与注意稳定性相反的注意品质是注意分散，也称分心。注意分散是指注意离开了心理活动所要指向的对象，而被无关的对象吸引的现象。例如，在课堂上"开小差"。请阅读下面一项

---

① VALDOIS S，PEYRIN C，LASSUS-SANGOSSE D，et al.Dyslexia in a French-Spanish bilingual girl：behavioral and neural modulations following a visual attention span intervention［J］. Cortex，2014，53（4）：120-145.

关于注意稳定性的最新研究。

划 消 测 验

一项最新的研究采用划消测验研究注意稳定性，具体操作如下：正式实验前，选取 40 名心理学专业本科生对形似字母与数字进行评定筛选。选取形似数字的字母作为困难任务的干扰项目，如目标数字为 8，干扰项目包括为 0、3、6、9、g、0、q、s，简单任务的干扰项则随机使用字母与数字。困难任务中干扰项目与目标数字的相似性显著高于简单任务。每项任务中，划消靶子共 200 个，随机排列，总数为 2 200 个，采用个别施测的方式进行，要求被试快速并准确地将划消表格上的 200 个靶数字 8 划出来。为防止拖延和排除无效数据，要求被试在 10 min 内完成划消任务。由主试记录被试的划消时间、正确划消个数等，以计算被试的注意稳定性指数。

资料来源：BENJAMINS J S, DALMAIJER E S, TEN BRINK A F, et al. Multi-target visual search organisation across the lifespan: cancellation task performance in a large and demographically stratified sample of healthy adults［J］. Aging, neuropsychology, and cognition，2019，26（5）：731-748.

影响注意稳定性的因素主要有以下三个：

1. 注意对象的特点

注意对象本身的一些特点会影响注意维持的时间。一般来说，内容丰富的对象比单调的对象更能维持注意的稳定性。例如，人们在一幅色彩丰富的油画上面维持注意的时间一般长于一个简单的示意图。此外，运动的事物比静止的事物更能维持注意的稳定性。相对于一幅画，人们有可能花更多时间关注活动的电视画面。但并不是说事物越复杂，刺激越丰富，注意就越稳定，一些过于复杂、变幻莫测的对象反而容易使人产生疲劳，导致注意分散。

2. 主体的意志力和精神状态

注意稳定性实际上就是保持良好的有意注意，因此需要有效地抗拒各种干扰。只要主体具备坚强的意志力，就可以战胜各种困难，克服自身的缺点和不足，始终如一地保证活动的进行和活动过程的高效率。

3. 个体的主观状态

一个人身体健康、情绪良好、精力充沛，就会在学习和工作中全力投入、不知疲倦。相反，一个人处于失眠、疲劳、疾病状态，或者情绪受挫的情况下，注意就无法保持稳定，活动效率也会大大降低。

（三）注意分配

注意分配是指在同一时间内，个体把注意指向不同的对象，同时从事几种不同的活动。影响注意分配的因素有以下两个方面：

（1）同时进行的几种活动至少有一种应是高度熟练的，当一种活动达到自动化的熟练程度时，个体就可以集中大部分的精力去关注比较生疏的活动，并保证几种活动同时进行。例如，学生可以边听报告边记笔记，是由于写字已经达到自动化的熟练程度。

（2）同时进行的几种活动必须有内在联系。这是因为活动间的内在联系有利于形成固定的反应系统，经过训练就可以把握这种反应模式，同时兼顾几种活动。

（四）注意转移

注意转移是个体根据新的任务，主动把注意由一个对象转移到另一个对象。

影响注意转移的因素主要有以下四个：

1. 对原活动的注意集中程度

个体对原来活动的兴趣越浓厚，注意力越集中，注意转移就越困难。当然，如果个体对原活动的注意力本来就不够集中，就比较容易随活动任务的要求而转移。例如，员工对自己的工作内容非常感兴趣，就会集中注意力，很难注意转移。阅读《数学家陈景润的故事》，进一步理解影响注意转移的因素。

数学家陈景润的故事

伟大的数学家陈景润（1933—1996）从小就学习刻苦，还经常利用闲暇时光博览群书，丰富自己的知识，他成了班里有名的读书迷。有一天，妈妈把米倒在锅里，添好水让他看着，然后就上街买菜去了。陈景润头也不抬地答应了妈妈，却照样看书。他的思路完全沉浸在功课之中，饭煳了也没闻到。等妈妈从菜场回来，一锅米饭有一半已烧成黑炭。

还有一次，陈景润吃中饭的时候，妈妈摸摸他的脑袋，说："哎呀，头发太长了，快去理一理，要不人家看见了，还当你是个姑娘呢。"于是，他放下饭碗，就跑到理发店去了。理发店里人很多，大家挨着次序理发。陈景润拿的牌子是38号。他想：轮到我还早着哩，时间是多么宝贵啊，我可不能白白浪费掉。他赶忙走出理发店，找了个安静的地方坐下来，然后从口袋里掏出个小本子，背起外文生字来。他背了一会，忽然想起上午读外文的时候，有个地方没看懂。不懂的东西一定要把它弄懂，这是陈景润的习惯。他看了看手表，才12：30。他想：先到图书馆去查一查，再回来理发还来得及，于是站起来就走了。谁知道，他走了没多久，就轮到他理发了。理发员大声地叫："38号！谁是38号？快来理发！"结果陈景润正在图书馆里看书。

过了好长时间，陈景润在图书馆里把不懂的东西弄懂了，这才高高兴兴地往理发店走去。可是他路过外文阅览室，看到有各式各样的新书，就又跑进去看起书来，一直看到太阳下山了，他才想起来理发的事情。他一摸口袋，那张38号的小牌子还好好地躺着呢。

资料来源：林玉树，周文斌，皇冠上的明珠：陈景润的故事［M］.成都：四川人民出版社，1980：64-65.

2. 新活动对象的吸引力

如果新活动对象能引起个体的兴趣，或能够满足他的心理需要，注意转移就比较容易实现。例如，小王正在认真工作，突然他看到一本自己很喜欢的书，注意力就很容易转移。

3. 明确的信号提示

在需要注意转移的时候，明确的信号提示可以帮助个体的大脑处于兴奋和唤醒状态，从而灵活迅速地转换注意对象。例如，教师在上课时突然敲击黑板，告诉学生接下来讲的是期末必考的重点内容，学生接下来就会集中注意力听课。

4. 个体的神经灵活性和自控能力

神经灵活性高的人比不灵活的人更容易实现注意转移，自控能力强的人比自控能力弱的人更善于主动及时地进行注意转移。

二、提高注意力的方法

注意力集中对于每个人的日常学习生活都非常重要，可以通过以下四个方面来提高注意力：

（一）蓄积资源

注意的认知资源理论提到，注意是一种有限的资源。因此，个体想要提高注意力，就要蓄积资源。可以通过正念练习、充足睡眠、补充营养等方法来实现。

1. 正念练习

正念练习是一种引导个体有目的地将注意力集中于此时此刻的感受、情绪等觉察状态的心理调节方式。

具体方法为：被试需要为自己选择一个注意对象，可以是一个声音、自己的呼吸、身体感觉等；在选择完注意对象之后，被试需要舒服地坐着，闭上眼睛，进行一个简单的腹部呼吸放松练习（不超过 1 min）；然后调整呼吸，将注意力集中于所选择的注意对象。当被试在训练过程中，无论头脑中出现什么想法，都不用担心，只需要将注意力简单地返回到呼吸上即可。这样训练 10~15 min 之后，静静地休息 1~2 min，然后再从事其他正常的活动。

[知识窗]
正念呼吸
音频

2. 充足的睡眠

充足的睡眠有助于补充身体能量和维持健康。在睡眠过程中，我们的身体会释放生长激素和细胞修复因子，这些有助于维持身心资源。

3. 补充营养

饮食对精力恢复最基本的作用是提供能量。我们的大脑和身体需要能量来运作，而食物就是能量的来源。健康、均衡的饮食可以为我们提供持久的能量，使我们能够更好地应对日常生活的挑战。

（二）合理分配注意力

注意的双加工理论提到，自动化加工不受认知资源的限制，不需要注意。这提示我们可以把一些事情反复练习直至实现自动化加工。例如，个体可以边看电视边织毛衣，就是因为织毛衣这个技能已经转变为自动化加工，不需要个体再消耗认知资源。

合理分配注意力的具体方法为：一开始不要挑战太难的事情。例如，做题的时候可以从一道不太难的题目开始做，这样比较容易集中注意力。如果必须专注处理不想做的事情，就要利用自己的危机感和恐惧感。当觉得自己做不好的时候，就会激发动力，这样可以挑战稍微难一些的事情，集中更多的注意力。

（三）锻炼抗干扰能力

我们有时无法规避工作和学习中的干扰源，就只能选择战胜它。毛泽东"闹市读书"就是一种锻炼抗干扰能力的方法。只要有意识地锻炼，我们也可以达到在闹市中读书的境界。在影响注意的因素中提到，对活动的兴趣越浓厚，注意力就越集中。因此，还可以通过提高对活动的兴趣来增强自己抗干扰的能力。

锻炼抗干扰能力的具体方法为：心理学领域有一个概念称为"自我设限"，比如考试前通宵打游戏或者故意生病。这种限制自己能力发挥，失败了找借口推脱的做法，就是"自我设限"。如果发现自己没办法专心，就应该反思自己是不是正在逃避。如果再努力给自己的不专心找借口，就更集中不了注意力。应该学着养成扛起责任的习惯，锻炼抗干扰能力，这样才能培养出超强的专注力。

（四）制定明确的目标

每个时间段都知道自己要做什么，有明确的目标，可以有效减少大脑的胡思乱想。当我们清楚地知道自己接下来要做什么，才会提前做好准备，调整好状态去面对接下来要做的事情。有明确的目标能提高自控能力。自控能力强的人比自控能力弱的人更善于主动及时地进行注意转移，因此，自控能力强的人能很好地把自己的注意力集中到要实现的目标上。比如，本章前面提到的朱哲，如果他没有追求卓越的目标，就难以数十年如一日地认真探索和努力；同样如果没有快速高质量地完成打包工作的目标，就容易分心，进而影响速度和质量。

制定明确目标的具体方法为：制定目标时最好让每个因素都非常明确、具体，这样目标才可能实现。比如制订"学英语"的计划不如"英语口语练习"，"英语口语练习"不如"练习英语口语 1 h"可操作、可控制。总之，目标越明确越好。

第三节 特殊的意识

意识到底是以何种形态出现的呢？每个人的大脑结构都是一样的，但为什么能产生不同的意识呢？意识就像是一串代码，它能够存储信息；身体像是一台计算机，代码控制着机器的运作，意识控制着个体的行为。

一、催眠
（一）什么是催眠

在生活中，每当听到催眠这个词，我们心中常伴随着一丝好奇、几分神秘。那么究竟应该如何认识人类的催眠状态呢？催眠是一种类似睡眠而非睡眠的意识恍惚状态。一项最新研究认为，催眠是一种以恍惚为特色的深度沟通，催眠本质上是一种沟通，恍惚是其特色，深度与恍惚相结合有助于界定催眠。[①]

催眠有着坎坷、漫长、带有传奇色彩的历史。从迷信到科学、从表演到实用，几

---

① 张伟诗，连榕. 催眠定义探新：以恍惚为特色的深度沟通［J］. 心理科学，2022，45（1）：213-218.

经起落，至今能够获得科学界的肯定，与它的实用性是分不开的。随着人们对心灵的关注和心理学的发展，催眠作为心理咨询中一项重要的心理治疗技术，日益受到关注。

催眠是一种心理咨询方法，它可以开发个体潜能，建立信心，肯定自我价值。例如，在体育比赛中，用催眠的方法可以提高运动员的自信心和情绪控制力，开发他们的潜能；在考试前运用催眠，有助于考生集中注意力，调整状态，缓解紧张感，从而轻松自如地应对考试，发挥出真实水平。催眠还可以提升个体的学习效果，增强记忆力。研究表明，自我催眠可以强化个体的学习动机和方法，帮助其调整进入适合学习的意识状态，提升学习效果，拥有更好的记忆力。①

[知识窗]
催眠技巧示例

（二）可催眠性

个体对标准化的催眠暗示作出反应，并体验催眠反应的程度被称为可催眠性，也就是受暗示的容易程度，它是个体人格中相对持久的特征。②

每个人都有一定的可催眠性。例如，电视上经常出现商品广告，这些广告信息反复播放，就会进入个体的潜意识并逐渐积累。在购物时，个体就会不自觉地受其影响，从而左右购买倾向，这就是广告对购物人群产生的心理暗示作用。

根据催眠的生物心理社会模型③，可催眠性存在个体差异。相关研究证实，可催眠性的差异受到遗传，神经生理学因素，内在心理因素（例如期望、动机、对催眠的态度等），催眠师与受试者之间关系的质量以及社会文化背景的影响④。

（三）对催眠的不同解释

催眠可以帮助个体以更好的状态来认识自己，褪去表面的伪装，看见内在的真相，帮助个体听见内心真实的声音，看见自己心理运作模式。下面是对催眠的两种解释：

1. 社会认知或角色扮演的观点

这一观点认为，在催眠中个体只是扮演了一个特殊的社会角色——被催眠的人。这个角色意味着将无条件地接受催眠的指挥。由于角色要求，被催眠的人在进入催眠状态后，倾向于顺从催眠师的指示，作出特定的行为或产生特定的感受。个体是按照自己对催眠的想象来行动的。

需要指出的是，并不是说被催眠的人在故意欺骗别人，他们的确相信自己在经历另外一种意识状态，在这种状态下，除了顺从催眠师的指示外，别无选择。

认知观点提出，催眠涉及将感觉模式转变为自上而下的加工过程。换言之，个体

---

① 王艺凡，王蕾 . 探析催眠在消防救援人员心理辅导工作中的应用［J］. 心理月刊，2022，17（7）：195-197，206.

② ELKINS G E, BARABASZ A F, COUNCIL, J R, et al. Advancing research and practice：the revised APA division 30 definition of hypnosis［J］.International journal of clinical and experimental hypnosis, 2015, 63（1）：1-9.

③ JENSEN M P, ADACHI T, TOMÉ-PIRES C, et al. Mechanisms of hypnosis：toward the development of a biopsychosocial model［J］.International journal of clinical and experimental hypnosis, 2015, 63（1）：34-75.

④ DE PASCALIS V, SCACCHIA P. The influence of reward sensitivity, heart rate dynamics and EEG-delta activity on placebo analgesia［J］.Behavioural brain research, 2019, 359：320-332.

的思想并不是由输入的刺激所驱动的，而是由内心的期望和心理意象诱发的。因此，个体之所以会被催眠，是因为他们的意愿或期望，他们会集中于表达和实现催眠师试图引起的反应。

催眠会导致大脑的加工过程发生自上而下的深远变化，这一观点得到了一项研究的支持。在该研究中，那些被深度催眠的患者接收到暗示，他们正在触摸一块令人不舒服的高温金属。结果他们大脑中与疼痛知觉相关的区域就被激活了，其激活模式与实际触摸一块 50℃的铁棒的控制组被试是相同的。[①]

2. 意识功能分离的观点

这种观点认为，个体的意识有执行和监督两种基本功能：执行功能可以使个体控制和规范自己的行为，监督功能可以使个体观察自己的行为。但是催眠可以使两种功能之间的联系断开，使其执行功能正常，并接受催眠师的指令，而监督功能不起作用。

最近有研究者认为，催眠不一定使意识分离，它只是弱化了意识对行为的监督，因而使执行功能自动地执行了催眠师的指示，没有以个体的正常认知系统为中介。

这些不同的视角是否存在共同之处呢？或许所有的视角都有其可取之处。催眠可能就像正常的清醒状态一样，可以包含各种各样的心理状态，如动机加强、期望转变以及社会互动等。

（四）催眠的应用

催眠在很多方面都起到了一定的作用，例如，对高度可催眠的个体而言，催眠镇痛在减轻疼痛方面比安慰剂镇痛更有效。

催眠在心理治疗和心理疏导方面对个体的帮助是巨大的：可以改善情绪，放松身心；转变观念，改变认知模式；调整行为，提高适应能力；矫正人格，助力成长。催眠还有一个很重要的作用就是可以强化高职学生的职业兴趣，用以指导其职业选择。对于问题学生，可以通过催眠改变其旧有的习惯模式，促进身心健康发展；对于全体学生可以通过催眠引导其自觉完成学业，提高专业能力，促进全面发展，提高整体综合素质。同时，可以教会学生自我催眠以开发自身潜能，去体验成功的喜悦，从而真正走上良性循环的自我发展道路。

下面列举催眠在两个方面的典型应用：

1. 催眠对焦虑心理的治疗

首先，让学生通过不同的技术如呼吸、冥想、身体扫描等方法进行全身放松，待学生完全放松下来后，对其预设一个易引发焦虑的场景，如毕业生面临择业，再给予其积极的暗示，暗示学生在择业期能很好地发挥自己的实力，在笔试或者面试中能集中注意力应对。最后，进行催眠后暗示，即学生在到达真实的面试现场时，会像自己在私下练习时一样顺利完成考官的问题。放松对于焦虑情绪而言，可能不是一次、两次就可以解决问题的，需要反复训练。

---

① DERBYSHIRE S W G, WHALLEY M G, STENGER V A, et al. Cerebral activation during hypnotically induced and imagined pain [J].Neuroimage, 2004, 23 (1): 392-401.

2. 催眠对自卑和恐惧心理的治疗

很多学生常对自己说"我不行，我不如人"等负性语言。结合这种心理，在催眠的状态下，给予学生消除消极情绪的自我暗示，建立积极、自信的自我暗示，达到消除自卑，建立自信的目的。例如，在择业受挫的场景下，可以把学生引导至催眠状态，通过暗示让学生回忆找工作失败的场景，再通过积极的引导和鼓励帮助学生适应该情景，以此来减少不安、消除恐惧和自卑。通过催眠状态下的联系，学生可以将自己不断战胜恐惧的积极画面成功内化，这些"成功"可以促使学生不断地产生自信，进而慢慢消除自卑。

二、白日梦

有人说："你高兴时就会有令人高兴的白日梦，悲伤时就会有令人悲伤的白日梦，生气时就会有令人生气的白日梦。"毫无疑问，做白日梦是很平常的，然而人们却对此多抱有负面观点，甚至"白日做梦"一词也带有贬义色彩。人们常常认为爱做白日梦的人没出息、懒惰、散漫或者对生活心存不满。

一般而言，白日梦以一种十分直接的方式反映了个体的喜好、恐惧和焦虑。白日梦是在非睡眠状态下产生的高度自我卷入的幻想活动。它是一种随心所欲的想法，也是逃避当前自己生活的一种方式。它是思维和意识的产物，具有一定程度的可控性。白日梦与幻想有本质上的不同，它是幻想的系统化、梦境化和病理化。尽管白日梦者的意识是存在的，但它已不能行使意识的功能，而是按照潜意识去勾画"美妙"的意境，借以达成欲望的满足。

做白日梦不无益处。在单调无聊的工作中，个体可以通过白日梦进行自我激励。人们也能通过幻想目标得以实现，以此进行自我激励，提高工作动力。在日常生活中，幻想可以使受挫的冲动得以发泄，例如，在路上，你的车被别人挡在后面，你瞬间感到愤怒，想去攻击对方，而此刻用幻想行为来代替真实行为就能够避免灾难性的后果。

三、冥想

冥想最初是作为一种精神冥想的技术发展起来的，现在被广泛用作一种健康和治疗的实践。冥想是一种改变意识状态的形式。在冥想期间，个体有意识地把注意力集中在某一点或某个想法上，持续一个比较长的时间，从而使大脑进入特殊的意识状态，产生特定的心理表象。冥想的目的各不相同，冥想者会运用各种各样的技术以寻求某种形式的精神启迪以及在自我认识和幸福感方面有所提高。冥想一般会从集中精力执行一种重复性行为（如呼吸）、采取特定的身体姿势（如瑜伽姿势）以及尽可能弱化外界刺激开始，可以持续几分钟到几小时。

冥想可以分为专注式和开放式两大类。专注式是指练习者需把注意力放在选定目标上，出现注意力游离时，需要及时脱离分神物质，并恢复先前的注意力，重新定位回选定对象，排除干扰情况。开放式是指个体按照不做判断、接纳的态度，看待冥想期间产生的感觉或者想法。

冥想通过运用正念的方法让个体将注意力聚焦在当下的感受上，并且对当时的感受不做干扰和判断，就是静静地观察此时此刻的感受，此种方法可以让个体更加真实地感受自己的内在体验。通过练习，个体的正念度会提高，其注意力也会更加容易集中，能够较为准确地对自身的感受进行描述，与自己的心灵对话，从而能够更加平静地接纳自己。因此，正念冥想可以降低高职学生的负性情绪及焦虑、抑郁情绪，让其心灵更加宁静，用更加积极的态度去看待事物，提高其正向情绪。并且进行 7 天的冥想训练可以有效改善高职学生的状态焦虑和特质焦虑水平。

反思·实践·探究

【反思】

1. 在本章提到的提升注意力的方法中哪一种对你更有效？

2. 你做过白日梦吗？它有哪些益处？

3. 如今社会上出现了很多沉迷于低头看手机而忽略了现实世界的人，即所谓的"低头族"，你如何看待这一现象？

4. 回忆生活中处于哪种意识状态时，你的学习状态最好？为什么？

【实践】

坚持体育锻炼可以提升注意力。尝试每天进行一次体育锻炼，观察注意力的变化。

【探究】

以舒适的方式坐下，闭上眼睛进行腹式呼吸，慢慢地放松自己，然后将注意力集中在所选择的注意对象上（如呼吸、声音、身体感觉等），每日练习 45 min 左右。坚持一周后，观察自身是否发生了一些变化。

推荐读物

1. 潘菽．意识：心理学的研究［M］．北京：商务印书馆，2018.

该书是我国心理学家潘菽（1897—1988）所著。他长期从事意识问题研究，对意识的实质和构成、意识的起源和发展、意识与其他心理过程的关系、意识与实践、社会、客观世界的关系，以及意识的作用等提出了系统科学的探讨，学习者可以通过该书全面了解人类意识的奥秘。

2. 安娜．潜意识：改变命运的超级力量［M］．西安：西安电子科技大学出版社，2015.

该书详细介绍了潜意识，揭开了潜意识的神秘面纱，可以指导学习者深入探究自己的潜意识，从而获取潜意识这一改变命运的超级力量。同时，书中还有贴近现实生活的案例，比如从阅读偏好、放松方式和购物方式等习惯来了解一个人的内心，增添了阅读的趣味性。

3. 曹兴泽．神奇的催眠术［M］．北京：中国华侨出版社，2018.

该书可以使学习者全面了解催眠术，比如催眠术的原理、心灵状态、阶段和过程等。书中还详细记录了催眠术在各个领域的运用，比如医学领域、教育领域、体育领域等，有助于读者揭开催眠术的神秘面纱，激发阅读兴趣。

第三章　记忆与学习

小阿尔伯特恐惧实验

实验开始前，华生让小阿尔伯特依次短暂地接触白鼠、兔子、狗、猴子、有头发和无头发的面具、棉絮、焚烧过的报纸等。结果发现，小阿尔伯特对这些物品均不感到害怕和恐惧。

大约两个月后，华生等人开始以小阿尔伯特（约 11 个月大）为被试进行实验。他们将小阿尔伯特放在房间中间桌子上的床垫上，然后将一只毛茸茸的实验室白鼠放在小阿尔伯特的身边。这时，小阿尔伯特对白鼠并不感到害怕和恐惧。当白鼠在他周围游走时，他还试图伸手去触摸它。

在后来的实验中，当小阿尔伯特试图触摸白鼠时，华生等人就在小阿尔伯特身后用铁锤敲击悬挂的铁棒，制造出响亮的声音。小阿尔伯特听到巨大的声响后便开始大哭起来，并表现出害怕和恐惧。后续实验中，一旦小阿尔伯特试图触摸白鼠时，他们就在小阿尔伯特身后敲击铁棒。经过几次重复后，一旦白鼠出现在小阿尔伯特面前时，他就会哭着转身背向白鼠试图离开，并表现出明显的害怕和恐惧。

「小活动」谁的短时记忆广度更大？

准备两套卡片，一套写有 3~13 位数字的卡片 3 组，每组 11 张，共 33 张；一套写有 3~13 个英文字母的卡片 3 组，每组 11 张，共 33 张。

第一步：让学生坐在课桌对面，并准备一张纸和一支笔。

第二步：告诉学生下面将呈现一组 3 位数字的卡片，每次呈现 1 张，每张呈现 1 s；要求学生在卡片呈现的 1 s 内尽可能努力记住数字，然后在每张卡片呈现后 5 s 内将看到的 3 个数字全都默写下来。

第三步：采用上述方法依次进行 4 位、5 位、6 位……12 位、13 位数字的卡片组记忆广度实验，直到学生连续 3 次不能通过为止。

第四步：采用上述程序测定英文字母的短时记忆广度。

活动要点：材料类型是否会影响个体的短时记忆广度？

科学原理：短时记忆是指信息从感觉记忆到长时记忆之间的一个过渡阶段，其主要特点是对信息的保持时间较短且容量有限，一般为 7±2 个组块。

现实生活中的应用：日常交流、学习等。

第一节　记忆概述

为什么经历地震灾害的人们很难忘却那些悲惨的景象？为什么考前记得很牢的知识在考试时却怎么也想不起来？记忆科学是近 100 多年来心理学研究中最活跃的领域之一，科学家们正在通过大量实证研究层层揭开人类记忆的面纱，但时至今日，我们对记忆的了解仍然非常有限。

一、记忆的概念与类型

（一）什么是记忆

记忆是在大脑中积累和保存个体经验的心理过程。用信息加工的术语来讲，就是人脑对外界输入的信息进行编码、储存和提取的过程。在计算机工作中，刺激、数据或者指令统称为信息，信息输入计算机，计算机按事先规定的指令，对输入数据进行改变或转换、计算、与其他数据比较，或利用操作结果提取原先储存于计算机中的信息、评价发现的情况并作出有关决策，等等，这一系列的操作称为信息加工。心理学家把人脑比作计算机，把人类接受外部刺激比作信息输入。具体而言，就是人脑"将外部刺激转为有意义信息—储存记忆—回忆储存信息—转化为可观察的外部行为"的过程，对应计算机"对信息的编码—储存—提取—输出"的加工过程。采取这种比拟旨在通过计算机模拟人类认知和操作行为，研究人类学习与记忆过程中的规律。

1972 年，纽厄尔（A. Newell，1927—1992）和西蒙（H. A. Simon，1916—2001）对人类的信息加工系统提出了一个基本模型，该模型认为信息加工系统能以符号来表征外部事件，并操纵控制符号表征。换句话说，外部事件包括的各种客体可以用符号和符号结构来代表，而信息加工系统能对这些符号进行读入、编码、再认、储存等一系列基本加工。加涅（R. M. Gagne，1916—2002）则根据现代信息加工理论，综合各种模型，于1974年提出学习和记忆的信息加工模型（图3-1）。

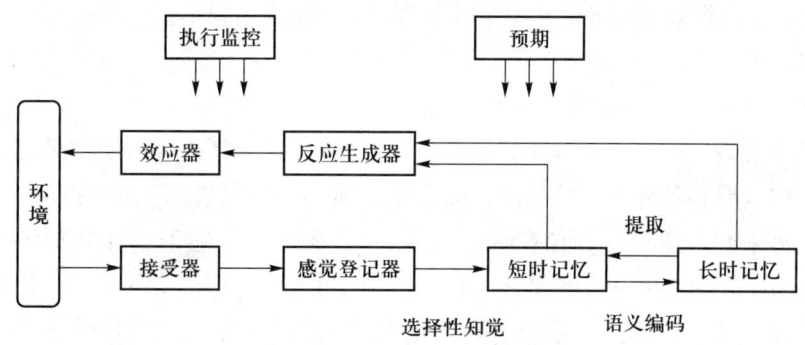

图 3-1　学习和记忆的信息加工模型

　　在这个信息加工模型中，加涅把个体的环境刺激视为作用于接受器的输入信息，信息经过感觉登记器进入神经系统。在感觉登记器中，信息具有与原有刺激相同的表征形式，这种形式的信息储存时间很短，例如，视觉的感觉信息仅能储存1 s。经过感觉登记器的初步编码，被加以注意的信息进入短时记忆之后再次经过编码，成为概念的形式，这种形式的信息在短时记忆中一般只储存几秒钟的时间，但如果经过内部复述，信息就进入了长时记忆，不仅储存时间可以长一些，而且可供以后回忆或提取。加涅指出，短时记忆和长时记忆虽然是同一结构，但是以不同方式起作用，从短时记忆进入长时记忆的信息也可经过提取回到短时记忆，从短时记忆或长时记忆中提取出来的信息经过反应发生器就可以转换成动作。也就是说，从反应生成器中发出的神经信息激活了效应器，产生作用于个体环境的行为，这种可观察行为的出现表明刺激已达到预期效果。

　　在这一模型中，"执行监控"和"预期"是很重要的部分，它们发出的信号可以激活和变更信息加工过程。个体在了解目标（预期）的情况下，会反过来影响个体对外部刺激的选择性知觉、在记忆中的编码以及把它们转换为行为。因此，记忆与学习的发生方式主要受到执行监控和预期结构所引起的过程的影响。从加涅的这一模型可以看出，人脑的信息加工与计算机的信息加工既有共同点又有不同点。从信息加工过程来看，二者是有共同之处的。但人脑这一储存系统与计算机的存储器显然不同，计算机只是接收信息，并把每一项特殊信息送到系统中的每一个特定位置上；而人脑则要对所有输入信息进行分析，看其是否符合个体原有的知识系统。个体在接收信息时具有高度的选择性，在信息进入系统后，只有被纳入有组织的认知结构才能被记住，而这一结构在人脑中没有特定的位置。这些区别充分反映了人类学习受意识控制、不同于机器的特点。

（二）记忆的类型

记忆一词所涵盖的范畴很宽泛，虽然无论哪一种记忆类型都包含编码、储存和提取的过程，但各种类型的记忆之间有很大差别。根据信息保持时间的长短，记忆可分为感觉记忆、短时记忆与长时记忆；根据记忆能否被意识到，记忆可分为外显记忆与内隐记忆；根据提取的准确性，记忆可分为真实记忆与错误记忆；根据长时记忆中储存内容的性质不同，记忆可分为语义记忆与情景记忆。

1. 感觉记忆、短时记忆与长时记忆

生活中我们也许会遇到这样的情景：你去参加朋友聚会，当刚走进聚会场所时，能同时听到、看到各种各样的信息，突然你遇到一位好朋友，于是兴奋地开始聊天，忘记了刚进来时看到的一个很感兴趣的盆景（感觉记忆）。这时，你的朋友把他认识的几个新朋友介绍给你，当你和第三个人握手时可能已经忘记第一个人的名字（短时记忆）。同时，你还遇见了一位久违的老朋友，虽然小学毕业之后就再未见过面，但是你一下子就能叫出他的名字（长时记忆）。上面的情景分别反映了三种记忆类型：感觉记忆、短时记忆和长时记忆。

（1）感觉记忆

感觉记忆是指感觉刺激停止之后所保持的瞬间映象。由于作用时间极其短暂，又称为瞬时记忆。感觉记忆是一种原始的感觉形式，是记忆系统在对外界信息进行进一步加工之前的暂时登记。感觉记忆的主要特点是有较大的容量，但储存时间短暂，约为 0.5～3 s。斯伯林（G. Sperling，1934—　）的一项关于视觉形象储存的经典实验很好地证明了感觉记忆的特点。图 3-2 为实验中呈现的材料（卡片）样例。刚开始，研究者以 50 ms 每张的速度快速呈现卡片，然后要求被试报告所看到的字母，结果发现被试仅能报告 4～5 个字母，但被试认为自己 12 个字母都看见了。研究者推测，被试看到的比他能报告的多。为了证实这一点，他设计了一个巧妙的方法——部分报告法。

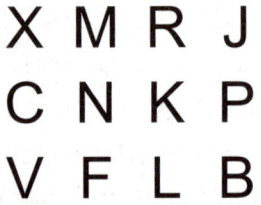

图 3-2　斯伯林感觉记忆
实验材料样例

与传统方法不同的是，部分报告法并不要求被试报告所有的 12 个字母，而是在每次刺激呈现完毕后给出随机的声音提示，指定被试报告某一行的字母。例如，如果声音提示是高音，则被试报告第一行的 4 个字母，声音提示是中音则报告第二行的 4 个字母，声音提示是低音则报告第三行的 4 个字母。由于三种声音提示是随机出现的，如果无论要求报告的是哪一行，被试每次都能正确报告出该行的字母，那就可以推测被试能够看到所有的 12 个字母，只不过由于储存时间非常短，在被试说出 4 个字母之后就消失了。实验结果验证了斯伯林的构想，采用部分报告法后，被试的感觉记忆容量达到平均 9.1 个项目。而且鉴于部分报告法中报告过程仍然占用时间，信息消退的影响不可避免，实际的感觉记忆容量可能还要大得多。

（2）短时记忆

感觉记忆中的大量信息很快就会衰退，只有被注意到的部分信息才会进入短时记

忆中。短时记忆是信息从感觉记忆到长时记忆之间的一个过渡阶段，这种快速的遗忘与艾宾浩斯所研究的遗忘是不一样的，其主要特点是对信息的保持时间较短，约为十几秒到一分钟；且记忆容量有限，一般为 7 ± 2 个组块。组块是个体熟悉的一个单元，数字、英文字母、汉语单字、句子等都可以是组块，例如，8967925 这组数字如果你是第一次见，它们对你来说可能就是 7 个单元，但如果它是你家的电话号码，那对你来说就是一个组块。

那么，短时记忆是如何编码的呢？关于这一问题有大量的实验研究。实验结果表明，短时记忆的编码方式可以分为听觉编码和视觉编码。例如，有研究者通过研究语音相似性对回忆效果的影响，证实了听觉编码方式的存在：给被试呈现 B、C、P、T、V、F 等辅音字母，要求被试严格按顺序进行回忆。结果发现，在视觉呈现条件下，发音相似的字母（B 和 V）之间容易发生混淆，而形状相似的字母（E 和 F）之间很少发生混淆。这说明听觉编码是短时记忆的一种主要编码方式。

工作记忆是与短时记忆紧密相关的概念，二者既有区别又有联系。巴德利（A. D. Baddeley，1934—　）等人指出，工作记忆是一种对信息进行暂时加工和储存容量有限的记忆系统，在许多复杂的认知活动中起重要作用（具体内容详见本章第二节）。巴德利主张用工作记忆替代短时记忆，实际上，从工作记忆的概念可以看出，工作记忆涵盖了短时记忆，但更强调短时记忆与个体当前所从事的活动的联系。工作记忆可以被理解为一个临时的心理"工作平台"，在这个工作平台上，个体对信息进行操作处理和组装，以帮助理解语言、决策以及解决问题。

（3）长时记忆

短时记忆中的信息经过复述或经由各种编码策略加工后进入长时记忆。长时记忆是指储存时间在一分钟以上的记忆。它涉及个体对先前所学的但不在眼前的内容的记忆提取，主要特点是储存时间长，且一般认为其容量没有限制。长时记忆中的信息是有组织的知识系统，其编码方式主要有下列三种：第一种，按语义类别编码。在记忆一系列语词概念材料时，个体总是倾向于把它们按语义的关系组成一定的系统并进行归类。第二种，以语言特点为中介进行编码。借助某些语言特点，如语义、发音、字形等，对当前输入的某些信息进行编码，使其便于储存。这种编码方式在无意义音节的记忆过程中经常使用。第三种，主观组织。个体学习无关联的材料时，如果既不能分类又没有联想意义上的联系，个体这时会倾向于采取主观组织对材料进行加工。

2. 外显记忆与内隐记忆

关于长时记忆的定义，很多心理学家认为还是太宽泛了。根据记忆能否被意识到，可将记忆划分为外显记忆和内隐记忆。

（1）外显记忆

外显记忆是指个体对生活中的事件或情境的有意识的回忆。例如，要求个体回忆在某时某地所学习的内容，或要求个体在真实情境与虚假干扰之间作出区分。例如，"请回忆上周六你做了什么事情？""你从心理学课程中学到了什么知识？"一般来说，用于测量短时记忆和长时记忆的实验任务，如自由回忆、线索回忆、再认、配对联想学习等，都被划分为外显记忆的范畴，因为个体是被"外显"地告知对过去事件进行提取回忆的。

（2）内隐记忆

内隐记忆包含个体对过去事件的提取，但不同的是，这种提取无需个体意识性努力的参与。内隐记忆的产生几乎是自动的，例如，当你弯腰系鞋带时，你无需对自己说："我该怎么做呢？我是怎么学系鞋带的？我现在还记得怎么系吗？"因为你会觉得这是自然而然的事情，而且如果你在系鞋带时停下来想这些问题，就只会让你做得更糟糕。当然，内隐记忆的内容肯定也需要经过先前学习，但与外显记忆相区别的关键点在于，内隐记忆不需要个体有意识地提取信息。

20世纪70年代，英国神经心理学家沃林顿（E. K. Warrington）和韦斯克兰茨（L. Weiskrantz）采用不同的测验形式对遗忘症患者的记忆进行考察，结果发现虽然重度遗忘症患者在完成再认和自由回忆任务时存在明显的障碍，但在某些间接测验中，例如，测验任务为补全一个缺字母的残词 e_e_h__t（elephant），他们的成绩却与正常人接近。[①] 也就是说，在遗忘症患者身上，与外显指导语相关联的记忆任务受到了破坏，而与内隐指导语相关联的启动任务并未受到影响。这表明内隐记忆可能是一个相对独立的记忆系统。

3. 真实记忆与错误记忆

按照提取的准确性，可将记忆划分为真实记忆与错误记忆。真实记忆是指正确地报告出曾经呈现过的词或发生过的事。错误记忆是指错误地声明一个以前未呈现过的词或从未发生过的事曾经呈现或发生。从记忆的科学研究开始，研究者的研究思路更多地倾向于个体记忆的正确性和储存容量。例如，记忆实验往往考察被试最终能正确回忆词表中的多少个单词。虽然早在1932年，巴特莱特（F. C. Bartlett，1886—1969）运用再生法发现个体记忆过程中的重构性，部分触及了错误记忆的概念，但是相对而言，对个体记忆过程中的歪曲、错误等现象及其产生原因的研究近年来才受到较多关注。

错误记忆的研究范式主要有联想研究范式、误导信息干扰范式、无意识知觉范式等。其中，联想研究范式和无意识知觉范式主要考察的是人们对单词的错误记忆，误导信息干扰范式主要考察人们对事件的错误记忆。它们分别从不同侧面揭示了错误记忆产生的原因和机制。

4. 语义记忆与情景记忆

人类的长时记忆中保留了大量信息：你现在仍然可以背出小学语文课上学习的古诗，知道中国的首都是北京，等等。加拿大心理学家图尔文（E. Tulving，1927—　）通过实验研究，将人类的长时记忆分为两大类：语义记忆与情景记忆。

---

① WARRINGTON E K，WEISKRANTZ L.Amnesic syndrome：consolidation or retrieval？［J］.Nature，1970，228（5272）：628-630.

（1）语义记忆

语义记忆是指由神经认知记忆系统进行编码、储存和提取的关于世界的记忆，包括个体对世界的认识，例如，中国的首都是北京，北京位于华北平原北部。语义记忆的内容是事实、故事、单词以及个体认识世界时所产生的联想，这些信息基本上属于非个人的信息。个体在描述语义记忆的内容时，往往用"我知道"，而不是"我记得"。

（2）情景记忆

情景记忆是指由神经认知记忆系统进行编码、储存和提取的关于个体经历的记忆，情景记忆编码事件发生的人、物、何时、何地以及发生在过去的事件。情景记忆是关于过去而非当前发生的事件的记忆，例如，个体对收到大学录取通知书的记忆。此外，情景记忆基于个体的亲身经历，例如，你记得有一次一只蜥蜴从树上掉下来，正好掉在你的面前。情景记忆的事件可能是生活琐事，也可能一个人所经历的重大事件。例如，闪光灯记忆，即个体对亲身经历的一些重大事件的记忆。任何一个经历过汶川特大地震的人都能清晰地记得地震时自己身在何处、正在做什么。因此，语义记忆和情景记忆的不同之处在于记忆的内容、对个人的意义以及它所激发的情绪。个体在描述情景记忆的内容时往往是用"我记得"，而不是"我知道"。

图尔文认为无论是语义记忆还是情景记忆，都有不同的认知神经系统，也就是说，图尔文认为个体大脑会根据记忆系统的不同而以不同的规则运转。图尔文在19世纪70年代提出这个观点时遭到了诸多非议，但是今天这一观点已经得到越来越多的来自认知神经科学领域的证据支持。

二、遗忘理论

与记忆对应的是遗忘。谈到遗忘的科学研究，一定会提及艾宾浩斯在其1885年出版的《记忆：对实验心理学的贡献》一书中报告的著名的遗忘曲线（图3-3）。艾宾浩斯以他自己为研究对象，用巧妙的实验设计揭示了遗忘与时间的关系：在学习结束的短时间内，个体将迅速遗忘，随后趋于平缓。我们可能都希望学过的内容能过目不忘、一劳永逸。然而，科学研究表明，记忆和遗忘不完全是对立的两端，而是相互依存、紧密相关的两个过程，它们之间会相互转换。遗忘是一种自然现象，适当的遗忘有助于身心健康。遗忘对于个体就像记忆一样重要，它在某种程度上保护着记忆系统。

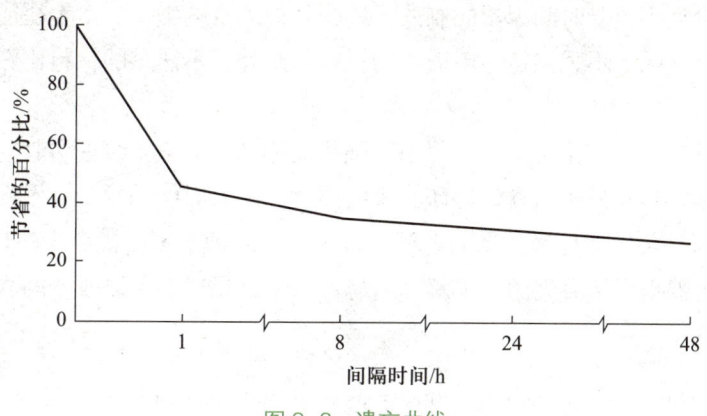

图 3-3 遗忘曲线

巴德利曾说过，对遗忘的解释还是一个悬而未决的问题，这也曾是心理学史上一直争论的问题。心理学家依据各自的观点提出遗忘理论，但遗憾的是，有些理论可以解释生活中的某一现象，但转到另一现象时就难以说明。以下是五种主要的遗忘理论。

（一）消退说：遗忘是因为越来越"淡"

记忆心理学家主要关注短时记忆和长时记忆的遗忘。短时记忆的容量是有限的，外界信息进入短时记忆储存的时间也很短暂，在不复述的情况下，短时记忆可以将信息保持 20 s 左右。如果短时记忆的信息得到复述，它就可以存留在短时记忆甚至进入长时记忆中。那么，为什么进入短时记忆的信息不复述就会在 20 s 后被遗忘？研究者是如何测出 20 s 的？在实验中又是如何做到让学习者不复述信息的呢？

有一个著名的实验探讨了上面的问题。[1] 实验中在呈现刺激与回忆之间插入干扰作业以防止被试复述，每次给被试听觉呈现 3 个辅音字母，如 KFR，之后立即听觉呈现一个三位数，如 659，要求被试从这个数中迅速地做连续减 3 的运算并说出每次运算的结果，即要报告 656，653，650……直到主试发出信号要求被试再回忆刚才识记的 3 个辅音字母。辅音字母的呈现与回忆时间间隔，即被试进行连续减 3 的作业的时间分为 6 种——3 s、6 s、9 s、12 s、15 s、18 s，每次被试并不知道要进行多长时间的运算。实验被试是大学生，实验结果发现当延缓时间为 3 s 时，被试的平均正确回忆率高达 80%，当延长到 6 s 时，正确回忆率急剧下降到 55%，随着时间间隔的延长，被试对记忆内容的保持越来越少，遗忘越来越多。当延长到 18 s 时，被试的正确回忆率已经不到 10% 了。

这个实验说明，短时记忆的储存时间很短，复述是在短时记忆中保持信息的手段，如果进入短时记忆的信息得不到复述，就很快会产生遗忘，并在 1 分钟内把短时记忆的信息忘得一干二净。为什么不复述就会发生遗忘呢？最常见的解释是痕迹消退说：随着时间的流逝，那些得不到复述的信息在大脑中产生的记忆痕迹就会逐步消退，直至消失。由艾宾浩斯遗忘曲线可知，记忆的保持和遗忘都是时间的函数，遗忘具有规律，它的进程不是均衡的，遗忘的速度是先快后慢。这种记忆痕迹的强度随时间而消退，是解释遗忘最常见的说法之一。记忆痕迹强度的消退是保持时间的幂函数。遗忘的进程不仅受时间因素的制约，还受其他因素的影响。学生往往最先遗忘的是没有重要意义的、不感兴趣、不需要的材料。此外，不熟悉的材料比熟悉的材料遗忘得更早。

消退说认为，遗忘是记忆痕迹得不到强化而逐渐减弱直至衰退引起的，这种衰退随着时间的推移自动发生。就像冲印出来的照片，随着时间的延长会慢慢泛黄，变得模糊不清。这是关于遗忘最古老的解释。行为主义心理学家桑代克（E. L. Thorndike，1874—1949）曾提出学习失用律来解释遗忘：一个已形成的可以改变的联结如果不应

---

① BROWN J. Some tests of the decay theory of immediate memory [J]. Quarterly journal of experimental psychology, 1958, 10（1）: 12-21.

用，则这个联结就会减弱、衰退直至消失。在短时记忆和长时记忆的情况下也是这样，那些未经注意或重复的学习材料，可能由于痕迹消退而遗忘。

（二）干扰说：遗忘是因为事情太多

衰退说解释了因为时间推移产生的遗忘问题。但一个人对信息的回忆效果是否仅取决于接触信息的早晚？有些事情未必就是这样，因此有研究者提出了干扰说。

干扰说认为，遗忘是因为学习和回忆之间受到其他刺激的干扰，一旦干扰被排除，记忆就能恢复。其实，前面介绍的实验结果确实可以用干扰来解释，因为在实验中被试在听到辅音字母时被安排进行不同时间间隔的减 3 计算，这种减法任务不仅阻止了被试复述，而且会干扰被试的短时记忆信息。为了探讨短时记忆中信息的遗忘究竟是随时间流逝的痕迹消退还是信息的干扰造成的，沃尔（N. C. Waugh）与诺曼（D. A. Norman）设计了数字探测范式：在实验中他们控制了数字的呈现速度，将实验条件分为快速呈现（每秒 4 位数字）和慢速呈现（每秒 1 位数字），他们认为如果遗忘是消退造成的，那么在慢速呈现条件下，由于时间拖得比较长，记忆痕迹的消退量就会多一些，则被试的成绩会比较差。但是，如果遗忘仅是由干扰因素造成的，则两种呈现速度就不会有成绩差异。最后的实验结果表明，两种呈现速度并没有造成被试成绩的差异。实验支持了干扰说，也就此证明了探测数字后面的数字对回忆有影响，即后摄干扰效应，同时在短时记忆中否定了消退说。

干扰会影响遗忘，是否干扰项目越多，个体遗忘的程度就越大？遗忘的程度仅取决于干扰项目的数量吗？有研究表明，遗忘的程度不仅取决于干扰项目的数量，而且取决于干扰项目与探测项目之间的相似程度，两者相似程度越高，个体就越难回忆起探测项目。也就是说，记忆进入数据库后会与其他相似的记忆材料相混淆，当我们在提取信息时容易受到干扰刺激的影响，这种类似的刺激越多，回忆就越困难。例如，假设你每天都吃不同类型但相似的早餐（面或米粉），你未必能记起今天或昨天吃了什么。不过，相似的项目是因为干扰了识记项目的回忆，才使得回忆成绩下降，遗忘增加，因此也支持了干扰说。生活中我们经常会碰到需要学习相似的知识，研究者认为相互之间易于干扰的材料应该安排在不同的时间来学习，这样能降低干扰的作用，提高记忆成绩。

（三）压抑说：遗忘是因为不想记起

压抑说又称动机性遗忘说，该理论认为，遗忘是由情绪或动机的压抑作用引起的，如果解除这种压抑，记忆就能恢复。这是弗洛伊德在临床实践中研究潜意识时发现的，按照他的说法，不愉快或者难以接受的记忆也许是故意忘记的，那些具有威胁性的信息通常会受到抑制，从而无法进入意识状态，他把这个过程称为压抑。压抑的本质是阻止一些信息进入意识或把意识中的信息赶出来，这里所谓一些信息指的是那些会唤起焦虑的记忆本身。然而，有时候受到抑制的并不是记忆本身，而是与记忆相关联的情绪。

有的研究发现，成人在回忆儿童时代的经历时，30% 的经历与愉快情绪相关联，15% 的经历与害怕情绪相关联，而与愤怒、痛苦等情绪相关的经历较少。从精神分析的角度看，早期经验特别是那些引发消极情绪的创伤性的经历往往会被压抑在某个角落，排除在意识之外，储存在无意识中。在临床上给精神病人实施催眠术时，确实发现许多人能回忆起平时回忆不起来的早期生活的许多事情。当然，也有研究者质疑这种由压抑事实所唤起的记忆的真实性，因为被催眠的人容易受到暗示，即使有些事件并未真正发生过，但他们也可能不断把事件过程进行填充，以确信自己曾经受到伤害。

实际上，在日常生活中，如果人们发生了不愉快的经历，生活环境中的某些因素就会时不时地提醒他们想起那段经历。在这种情况下，人们会产生强大的动机去控制自己的意识，将不愉快的记忆进行压抑，从而导致遗忘。研究者把压抑遗忘定义为个体有意识地避免回想某一目标对象而导致的遗忘现象。白熊任务和 Think/No-think（TNT）任务是研究压抑遗忘的主要范式。近年来，大量 TNT 范式的行为学研究一致发现，记忆提取抑制可以产生负性控制效应，即相对于基线条件项目，压抑条件项目的回忆量有显著降低，验证了在实验室情境下对动机性遗忘进行研究的可行性。

[知识窗]
白熊任务

（四）提取失败说：遗忘是因为少了线索

提取是长时记忆中的最后一环，当我们要用储存在大脑里的知识时，倘若这一环中断，就好比"巧妇难为无米之炊"，无论你的知识有多么丰富，同样解决不了面前的问题。提取失败说认为储存在长时记忆中的信息永远不会丢失，我们回忆不出信息不是因为记忆痕迹的消退或是信息提取受到干扰，而是因为缺乏合适的提取线索。如果你能找到正确的提取线索，就能从记忆中检索到想要的内容，如果你"忘记"了也是因为没有找到合适的线索。提取速度变慢是由于在提取过程中失去了提取线索或提取线索错误，一时难以提取想要的信息，一旦有了正确的提取线索，想要的信息就能提取出来。弗斯特在解释提取速度的差异时，形象地使用了自动存储箱的比喻。他认为经常使用或最近用过的信息位于自动存储箱的最上层，因此可以快速提取；而不经常使用的信息则位于自动存储箱的下层，因此获取这样的信息需要更多的时间与精力。而提取失败则是记忆系统未找到已储存信息的结果，遗忘的信息实际上是那些在记忆中没有找到的信息，并没有从记忆中抹去或彻底丧失。好比你发现钥匙丢了，为了找回它就会回忆刚刚去过的一些地方，如果记得具体的地点，如图书馆 3 楼自习室，那么这一线索就能帮助你回忆起钥匙落在了自习室的桌子上；如果没有该提取线索，你就无法回忆出钥匙的具体位置。类似的情况还有，有些歌你需要别人给你一个音调才能想起如何演唱，说明这首歌的旋律你并没有忘记，它的信息还储存在记忆中，只是无法从中提取。

此外，提取线索的相互竞争可能会对记忆产生抑制，导致出现不同形式的遗忘。罗迪格（H. L. Roediger）早期的一项经典实验证明了这一点。[①] 实验要求被试背诵

---

① ROEDIGER H L，THORPE L A. The role of recall time in producing hypermnesia［J］.Memory and cognition，1978，6（3）：296-305.

10 个类别性词表（动物、食物等），每一个类别包括 5 个词；实验有四种条件，分别为无提示类别名称，提示 3 个、5 个或 7 个类别名称。最终测试时要求被试回忆所有的词。结果发现，有提示类别名称组比无提示组的回忆成绩更好；但当要求四种条件下的被试均在无提示的情况下回忆时，有提示类别名称的三组被试的成绩反而比无提示组差。研究者认为，之所以出现这种反转，是因为提示组被试在实验中以类别名称为线索对类别内的项目进行了回忆，而这可能限制了其对各类别间项目的储存和提取；类别名称提示越多，这种限制就越大。也就是说，我们对某一类别中的部分材料的识记会导致同类别中其他未被识记的相关内容的记忆受到抑制，后来这一现象被称为提取诱发遗忘。生活中我们会发现，对过去某一事件的回忆可能会引起相关经历的遗忘，就可以用这一原理来解释。例如，当我们试图回忆最近看过的一本书时，我们的大脑中可能出现很多与书有关的情境，这些情境可能干扰我们的回忆，而大脑会产生一种机制来阻止这种干扰，促进目标记忆的提取；但是，当这些干扰记忆再次成为目标记忆时，对这些记忆内容的提取就可能受到抑制而出现遗忘。

一个人的记忆会因为提取诱发遗忘，那么一群人甚至一个社会群体的记忆是否也如此呢？近年来，社会性记忆备受记忆研究者关注。记忆不仅是一项个体活动，也经常发生在社会情境中，且受到社会情境的影响。社会性记忆是指一群人如何以及为何认为他们拥有共同记忆，关注他人是如何对我们的记忆产生影响以及社会性记忆的认知与神经机制。

[知识窗]
社会性共同提
取诱发遗忘

（五）同化说：遗忘不全是坏处

同化说认为，遗忘不是记忆储存的消极产物，是个体进行有效记忆的一种必要手段，发生遗忘未必是坏事，它在一定程度上保护了我们的记忆，它和记忆有着同样的价值，使我们的生活更幸福。虽然记忆中的不同经历会相互作用、彼此交错，但在某些情况下，这种相互作用可能是有益的，例如，学习一些新单词可以在旧单词的基础上进行，或忘记一些冗余的知识更有助于知识整合。前面四种理论把遗忘看成一种消极的现象，而奥苏贝尔（D. P. Ausubel，1918—2008）对遗忘持积极的态度，他认为个体在记忆中具有积极能动性。遗忘是知识组织和认知结构的简化过程。个体通过对以前的事件进行归纳，以记住更重要的信息，并将其应用于新的事件中。当人们学到更高级的概念和规律之后，就可以代替更低级的概念，使得低级的概念遗忘，从而简化认知结构，减轻记忆负担。此外，遗忘过时的和潜在的误导性信息，能使大脑更有效率，更能适应新环境，这是一种积极的遗忘。他提出，真正的有意义学习是新知识同化到原有的认知结构，它以原有知识为基础，并对前面的学习进行加深和补充。

实际上，事无巨细、一网打尽的记忆未必值得追求，记忆负荷不断增大会带来痛苦和不便。遗忘通常具有适应性，人们一般会记住重要的信息，不太重要的信息会从记忆中消退。我们的记忆更像一个筛子或一种过滤机制，遗忘在生活中扮演的角色至关重要。

第二节　学习理论

一、学习概述

（一）什么是学习

日常生活中谈及的学习，通常是指知识和技能的学习，如学习一首诗词、学做手工作业等。相比而言，心理学中的学习所涵盖的内容要广泛得多。一般而言，学习是指有机体为了适应环境，根据自身经验产生的行为或行为潜能的比较持久的变化。它可以从以下四个方面来理解：

（1）学习是由自身经验引起的。这里的"自身经验"需要分开来看，"经验"指的是通过活动获得经验的过程，如接受岗前培训、观察模仿他人等；"自身"强调的是有机体自身与环境的相互作用，包括从外界获得经验的过程，以及利用已经获得的经验对外界作出反应。

（2）学习的最直观表现是行为或行为潜能的变化。值得注意的是，学习引起的行为变化可能会即时出现，也可能需要经过一段时间才会出现，这就是行为潜能的变化。例如，李华在 A 城求学时学习了最新的垃圾分类标准，但 A 城暂未实行该标准，而他毕业后工作的 B 城实行了该标准，因此，李华在 B 城扔垃圾时的行为可能会受到先前学习的影响。

（3）不能简单地将所有的行为变化都归结为学习。学习引起的行为或行为潜能的变化是比较持久的，且这种变化会提高行为水平。相比而言，虽然药物或疲劳等也会引发个体的行为变化，但这种变化比较短暂，且会导致个体行为水平降低，因此不能归结为学习。

（4）学习是人和动物所共有的现象。人和动物的行为可以分为本能行为和习得行为两类：前者是不学而能的，如婴儿的吮吸行为；后者则是人和动物在环境中通过学习而获得的经验，是一种适应性行为。因此，学习不是人类所独有的，动物也能产生学习行为。

（二）学习的类型

1. 动物学习、人类学习与机器学习

根据学习的主体，可将学习分为动物学习、人类学习与机器学习。

动物学习是指动物消极被动地适应环境变化，以满足自身生理需要的学习。它是动物通过直接方式获得经验的学习活动。

人类学习是指人类主动适应并积极改造自然和社会环境，以满足自身生理和社会需要的学习。人类不仅可以依靠具体刺激获得直接经验，也可以借助文字等抽象刺激掌握社会历史等抽象经验。

机器学习是指利用计算机科学与技术原理来模拟或实现人类学习的活动，如人工

智能机器人 AlphaGo 战胜人类围棋世界冠军就是机器学习的典型案例。

2. 知识学习、技能学习与社会规范学习

根据学生学习活动获得的经验内容，可将学习分为知识学习、技能学习与社会规范学习。

知识学习是个体掌握信息及信息组织的过程，可以解决是否知道、知道多少的问题。

技能学习是运用已有的知识经验，通过练习形成的，趋于完善、自动化的活动方式的过程，可以解决会不会做的问题。

社会规范学习是把外在的行为要求转化为主体内在的行为需要的过程。

3. 言语信息、智力技能、认知策略、动作技能与态度学习

根据学习形成的能力或性情倾向，可将学习分为言语信息、智力技能、认知策略、动作技能与态度学习。五类学习的含义及举例见表 3-1。

表 3-1　学习结果及举例

学习结果	含 义	举 例
言语信息	时间、地点、名称等事实性信息	河北省是中国的省级行政区
智力技能	运用符号或概念解决问题	将"把字句"转换成"被字句"
认知策略	调控自己的注意、思维等内部心理过程	构建思维导图
动作技能	练习以改善身体动作并形成整体动作模式	花式跳绳
态度	影响主体对人、事、物采取行为的内部状态	欣赏红色经典电影

4. 内隐学习与外显学习

根据学习时有机体的意识水平，可将学习分为内隐学习与外显学习。

内隐学习是指有机体在与环境相互作用的过程中，不知不觉获得了某些经验的过程，如看完视频后会不自觉地哼唱视频中的音乐。外显学习是指有机体有意识地、需要付出心理努力并按照规则作出反应的学习，如学习化学方程式的配平方法。

5. 接受学习与发现学习

根据个体获取知识的方式，可将学习分为接受学习与发现学习。接受学习是指教师将所学的内容以确定的方式传授给学生。它具有两个典型特点：一是在学习过程中以教师讲授为主；二是通过讲解可以提高学生的认知水平。发现学习是指学生在学习情境中，经由自己的探索发现，从而获得问题答案的一种学习方式。它的关键是学生独立学习、独立思考，最后掌握基本原理。

二、经典性条件作用

（一）实验研究与原理

经典性条件作用是联想学习的一种形式，最早由俄国生理学家巴甫洛夫提出，随后获得了一系列实验研究的支持。

巴甫洛夫在研究狗的消化系统功能时发现，狗在吃到食物时会分泌唾液，这是不需要学习的自然生理反应，这种反应称为无条件反射。引起这种反应的刺激是食物，称为无条件刺激。后来，巴甫洛夫利用这种生理反射做了一系列的实验。在其中一项

经典研究中，巴甫洛夫在给狗呈现食物前，先呈现一个铃声，并测量狗分泌的唾液量（见图3-4）。起初，狗在只听到铃声时不会分泌唾液，只有在看到食物时才会分泌唾液。但是，随着铃声与食物反复多次地相继出现后，狗只听到铃声也会分泌唾液。这意味着狗已经将铃声与食物的出现联结起来，使铃声像食物一样具有引起狗分泌唾液的功能，后人把这种现象称为经典性条件作用。

图3-4　巴甫洛夫与经典性条件作用实验

经典性条件作用的形成依赖无条件刺激、无条件反应、中性刺激、条件刺激以及条件反应等因素及其关系的转变。其中，无条件刺激是指不需要经过预先学习就能够引起某种生理或情绪反应的刺激，如食物；无条件反应是指由无条件刺激引起的、自动的、不学而能的生理或情绪反应，如分泌唾液；中性刺激是指不会自动引起生理或情绪反应的刺激，如铃声；条件刺激是指先前的中性刺激由于与无条件刺激联结而最终变成能够引起条件性生理或情绪反应的刺激，如具有无条件刺激功能的铃声；条件反应是指条件刺激与无条件刺激形成联结后，对条件刺激作出的习得性生理或情绪反应，如由铃声引起的唾液分泌行为。

经典性条件作用工作机制的实质是：一个中性刺激与一个无条件刺激经过重复配对，从而有效地诱发出条件反应的学习过程。在该学习过程中，中性刺激转变为条件刺激，具有与无条件刺激等同的效用（图3-5）。

（二）主要观点

经典性条件作用的主要观点包括：习得与消退、泛化与分化、高级条件作用和信号系统理论。

1. 习得与消退

习得是指条件刺激（如铃声）和无条件刺激（如食物）同时或近乎同时的反复出现，使条件刺激获得信号意义的过程，其实质是条件反射的习得或获得。例如，在没有食物伴随的铃声刺激下，狗能够自动分泌唾液，铃声变成了条件刺激，这就是习得。

消退是指在条件反射形成后，如果得不到无条件刺激的强化，有机体原先建立的条件反射就会逐渐减弱，甚至消失。例如，狗听到铃声会分泌唾液后，巴甫洛夫只对着狗摇铃而不提供食物，那么狗听见铃声而分泌唾液的次数就会逐渐降低直至消失。

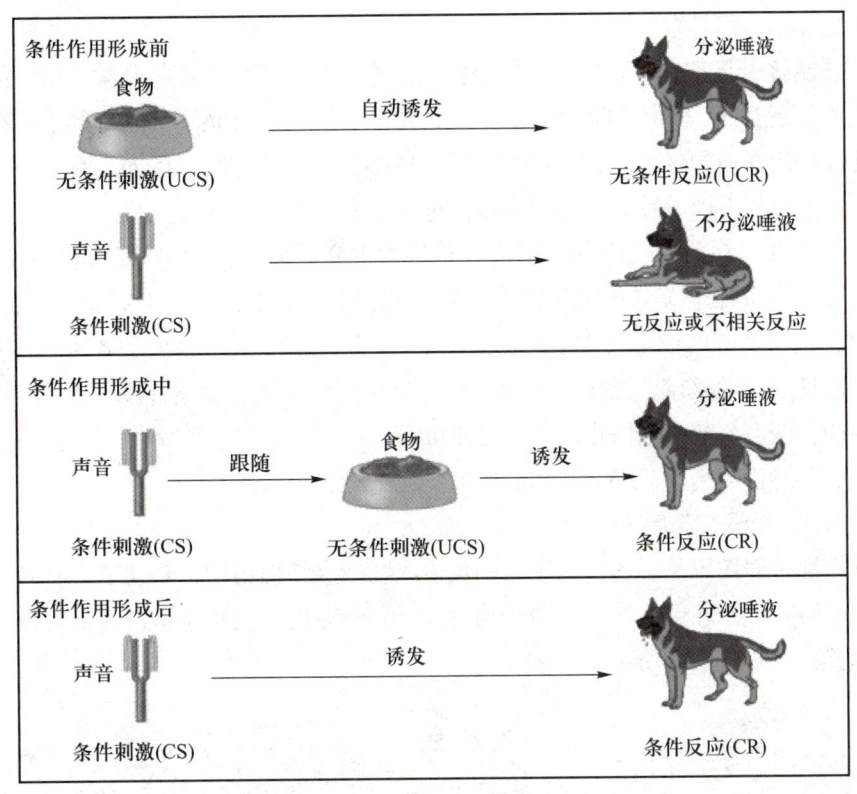

图 3-5　经典性条件作用的工作机制图示

2. 泛化与分化

泛化是指条件反射建立后，与条件刺激相似的新刺激能诱发条件反应的现象。例如，"一朝被蛇咬，十年怕井绳"就是一种典型的泛化现象。需要注意的是，泛化条件反应的强度会取决于新刺激和原来刺激的相似程度，新刺激和原刺激越相似，诱发的泛化反应就越强烈。例如，被大狗咬过的孩子看见小狗时也会产生强烈的恐惧。

分化，也称辨别，是指通过选择性强化和消退，使有机体学会对不同刺激作出不同反应的现象。例如，利用经典性条件作用原理训练小狗听见男声歌曲铃声时摇头，听见女声歌曲铃声时摇尾巴。

3. 高级条件作用

高级条件作用是指运用条件刺激使另一个中性刺激条件化的过程。当中性刺激转化为条件刺激后，条件刺激将具有无条件刺激的作用，然后可以将该条件刺激作为另一个新的条件反应形成的无条件刺激。这种现象也称为二级条件作用或次级条件作用。与此相对应，经典性条件作用则被称为一级条件作用。在日常生活中，人们的很多行为都不是由无条件刺激直接引起的，而是通过高级条件作用，由与无条件刺激有着直接或间接联系的条件刺激所引起的。

4. 信号系统理论

巴甫洛夫将反射分为两类——无条件反射和条件反射，其中条件反射又分为第一信号系统和第二信号系统。

凡是能够引起条件反应的物理性条件刺激称为第一信号系统的刺激。第一信号系统的刺激是现实的、具体的刺激，如食物的形状、铃声、灯光、气味等刺激，在大脑里只能反映现在或曾经所看到、触到或听到的事物的某一方面。例如，看到梅子时流口水；学生听到上课的铃声就加快脚步走进教室等。

凡是能够引起条件反应的、以语言符号为中介的刺激就称为第二信号系统的刺激。第二信号系统是人类所独有的，言语和文字可以代替第一信号引起条件反射，是"信号的信号"，故称为第二信号。第二信号系统是人类各种复杂的心理活动的基础，是由词和语言作为条件刺激而建立的条件反射系统。例如，谈虎色变、望梅止渴、画饼充饥等。

[知识窗]
望梅止渴

三、操作性条件作用

（一）实验研究与原理

操作性条件作用是由新行为主义的代表人物斯金纳提出的，是动物学习的基本机制。为了研究操作性条件作用，斯金纳设计了一个专用的实验装置，这个装置被称为"斯金纳箱"，如图 3-6 所示。

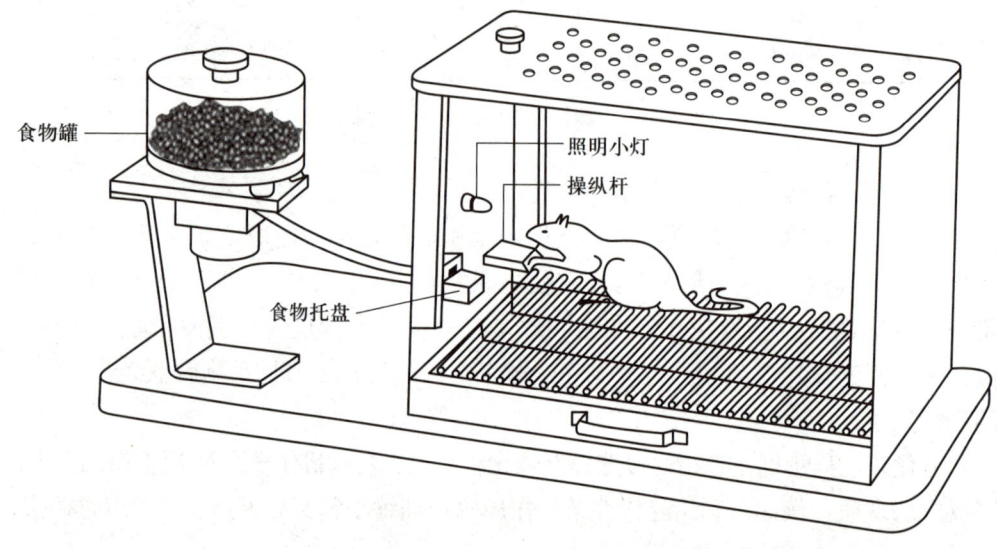

食物罐

照明小灯
操纵杆

食物托盘

图 3-6 斯金纳箱

斯金纳箱是一个高约 0.33 m 的长方体，底部是可产生电击的金属网，其中一面是单向玻璃，用于观察动物的行为。箱内装有照明小灯、食物托盘以及一根连接箱外食物罐的操纵杆或踏板。在实验过程中，将一只饥饿的小白鼠放到箱里，由于没有食物，小白鼠会表现出典型的觅食行为：仓皇窜动，到处嗅闻，偶尔会碰到墙壁。当它偶然碰到操纵杆时，便可得到一点食物。随后小白鼠会继续四处乱窜，再次偶然地碰到了操纵杆并获得食物。经过多次重复，小白鼠行为的随机性开始减少，逐渐变得能协调地按压操纵杆。最终小白鼠学会尽可能快地按压操纵杆，以获得食物。在整个实验过程中，按压操纵杆的行为是自然现象，是获得食物的手段和工具，因此，操作性条件作用也称为工具性条件作用。

斯金纳利用斯金纳箱开展了 5 类实验。第一种是行为与奖励实验：将一只饥饿的小白鼠放入箱中，每当小白鼠按压操纵杆时，就会掉落食物，结果小白鼠自发地学会了按压操纵杆。第二种是行为与惩罚实验：将一只小白鼠放入箱中，每当小白鼠不按压操纵杆时，就会受到电击，结果小白鼠学会了按压操纵杆。第三种是固定时间奖励实验：将一只饥饿的小白鼠放入箱中，由开始每次按压操纵杆都会掉落食物，逐渐变为间隔 1 min 后按压操纵杆掉落食物；小白鼠一开始会不停地按压操纵杆，过了一段时间后，小白鼠学会了间隔 1 min 按一次操纵杆。第四种是概率型奖励实验：将一只饥饿的小白鼠放入箱中，当小白鼠多次按下操纵杆后，概率性地掉落食物，结果小白鼠学会了不停地按压操纵杆。第五种是"迷信的小白鼠"实验：借助概率型奖励实验原理，能将小白鼠培养出奇特的行为习惯，如撞箱子、作揖、转圈跳舞等。

通过系列实验研究，斯金纳将行为分为应答性行为和操作性行为两类：前者是由已知刺激引起的反应，巴甫洛夫的经典性条件作用属于此类行为；后者则没有可觉察的刺激，而是由有机体本身发出的自发性反应，也称为自发性行为，如觅食、游泳、写字、读书等，斯金纳的操作性条件作用则属于此类行为。

（二）主要观点

1. 强化与惩罚

强化是指通过强化物增加某种行为发生的过程，强化物是指增加反应发生概率的任何刺激。根据强化物的性质，可将强化分为正强化和负强化。其中，正强化是指有机体产生某种反应后，通过呈现积极刺激以增加该反应发生概率的现象；负强化是指有机体产生某种反应后，撤销某一厌恶刺激以增加该反应发生概率的现象。

值得注意的是，强化与惩罚不同，如表 3-2 所示。惩罚是指当有机体作出某种反应后，得到一个厌恶刺激或失去一个愉快刺激，以消除或减少该反应发生概率的过程。惩罚物是指能够使被惩罚行为发生概率减少的任何刺激或事件。惩罚可以分为正惩罚和负惩罚。其中，正惩罚是指当有机体作出某种反应后，呈现厌恶刺激以消除或降低该反应的现象；负惩罚是指当有机体作出某种反应后，撤销愉快刺激以消除或降低该反应的现象。

表 3-2 强化与惩罚的比较

	行为发生概率增加	行为发生概率减少
呈现刺激	正强化（呈现愉快刺激）	正惩罚（呈现厌恶刺激）
撤销刺激	负强化（撤销厌恶刺激）	负惩罚（撤销愉快刺激）

2. 一级强化物与二级强化物

根据行为受强化影响的程度，可将强化物分为一级强化物与二级强化物。一级强化物是指满足人和动物生存、繁衍等基本生理需要的刺激，如食物、水、安全、温暖等。二级强化物是指一个中性刺激经常与一级强化物联系在一起，从而获得强化性质的刺激，如金钱、学历、关注、赞同等。例如，在小白鼠按压杠杆的实验中，灯光刺激和食物刺激反复结合出现，结果原为中性的灯光刺激变为具有强化作用的刺激，即二级强化物。

3. 强化程式

根据行为发生与强化物出现之间的时间间隔，可将强化分为连续式强化（也称即时强化）和间隔式强化（也称延缓强化）。连续式强化是指对每一次或每一阶段的正确反应予以强化。间隔式强化是指行为发生与强化物的呈现或撤销之间有一定的时间间隔。依据斯金纳的观点，间隔式强化又可分为四种程式——固定时距程式、不定时距程式、固定比率程式和不定比率程式，不同类型的强化会产生不同的行为模式（见表 3-3）。

表 3-3　间隔式强化的类型

类型	定义	举例
固定时距程式	对经过固定时间间隔后的正确反应给予强化	每月 10 号进行月考
不定时距程式	对经过不定时间间隔后的正确反应给予强化	随堂测试
固定比率程式	对一组固定次数的正确反应给予强化	连续 3 次月考都有进步，给予一次奖励
不定比率程式	对一组不定次数的正确反应给予强化	每周坚持 2~5 天准时起床后，给予一次奖励

四、潜伏学习

（一）实验研究与原理

潜伏学习是由美国心理学家托尔曼（E. C. Tolman，1886—1959）提出的。托尔曼认为，强化在学习中只能起很小的作用，动物在没有强化的条件下也能完成学习。他以白鼠为实验对象，用位置学习实验和潜伏学习实验证明了他的观点。

1. 位置学习实验

该实验设计了一个有 3 条长度不等的通道的迷宫（如图 3-7 所示）。实验分为预实验和正式实验两部分。在预实验中，托尔曼将白鼠置于迷宫起点，让它们自由探索。结果发现，白鼠对从起点到食物点的通道有一定偏好：通道 1 > 通道 2 > 通道 3。正式实验开始后，他在通道 1 的不同位置设置"隔墙"以检验白鼠的学习结果。当 3 条通道都通达时，白鼠选择长度最短的通道 1 前往食物点；当在 A 处设置"隔墙"时，白鼠会选择通道 2；而当"隔墙"设置在 B 处时，白鼠会直接选择通道 3。

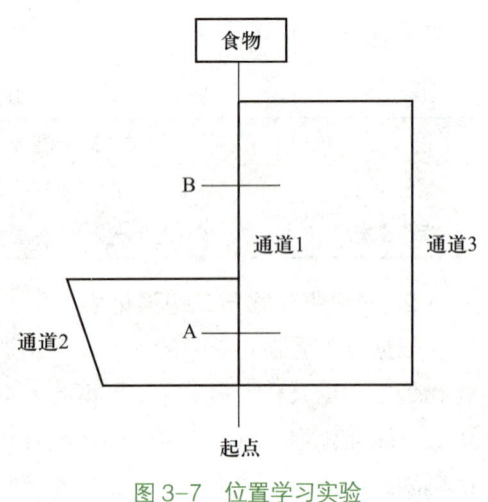

图 3-7　位置学习实验

2. 潜伏学习实验

托尔曼将白鼠分为甲、乙、丙三组走迷宫。乙组始终不给食物（始终不受奖励组），丙组每天给食物（始终受奖励组），乙、丙两组均为控制组。甲组为实验组，前10天不给食物，第11天才开始给食物奖励（第11天开始受奖励组）。实验结果显示，丙组从起点到达终点的过程中犯错误的次数减少得比乙组快；甲组前10天的表现与乙组无异，但甲组在被给予食物奖励后，其犯错误的次数减少得比丙组更快（如图3-8所示）。由此，托尔曼得出结论：甲组白鼠在前10天的练习中探索了迷宫各处，形成了认知地图，只是未表现在外部行为上；第11天开始，甲组白鼠的表现正是有机体在追求目的时运用已有的认知地图的结果。

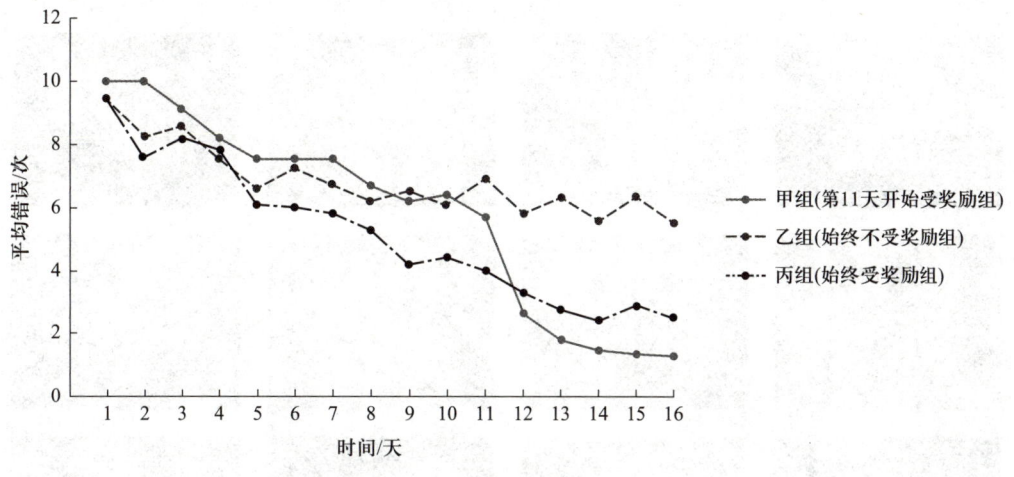

图 3-8　潜伏学习实验结果图示

（二）主要观点

1. 学习是有目的的行为，是期待的获得

托尔曼认为，有机体的行为总是为了获得或避免某些事物，只有目的才能使行为完整且具有意义。有机体为了达到目的，必然要对目的有所期待。期待是个体根据已有经验而建立起来的一种内部准备状态。有机体的行为受其对行为结果期待的支配。只有对即将到达的目的建立了某种期待，有机体才会对不同目标作出实际的不同行为。

2. 认知或心理在外部刺激和行为反应之间起重要作用

托尔曼认为，从刺激到作出反应，这中间需要通过一些中介变量。行为不是对一种刺激的反应，而是对某种刺激模式的认知。例如，在位置学习实验中，白鼠在迷宫中经过到处游走之后，学到了整个迷宫的"认知地图"，即关于整个迷宫环境的内部表征，而不是一些简单的"刺激—反应"配对（如在位置学习实验中"食物—找到食物"）。白鼠在迷宫中的行为是根据其获得的"认知地图"，而不是根据游走时形成的习惯作出的。

3. 学习是对情境整体的领悟，从而形成情境的认知地图

托尔曼认为，学习只是导致有机体对某个情境的理解，并不完全表现在外显的行

为上。个体只有认知这些情境条件，才能克服困难，达到目的。这种对情境条件的认知是达到目的的手段和途径，而目标—对象—手段三者联系在一起即为认知地图。有机体学习的不仅是简单的反应，还要学习达到目的的符号及其所代表的意义。

五、观察学习
（一）实验研究与原理

观察学习是由美国社会学习理论创始人班杜拉（A. Bandura，1925—2021）提出来的。20 世纪 60 年代，班杜拉和他的学生在斯坦福大学开展了一系列社会学习实验，以考察儿童是如何通过观看暴力影像学会攻击的。其中一个经典实验被称为波波玩偶实验（如图 3-9 所示）。

图 3-9　波波玩偶实验图示

班杜拉等人从斯坦福大学幼儿园选取了 36 名男孩参与实验（年龄为 3—6 岁，平均年龄为 4 岁零 4 个月）。这些儿童被分成三组，每组儿童分别观看主题相同但结局不同的电影片段。影片的前半段讲述了一名成年女性在痛打一个充气娃娃：用木棍敲打、坐到娃娃身上、将娃娃抛向空中等。影片后半段讲述了三种不同的结果：（1）成年女性的攻击行为受到了奖励。（2）成年女性的攻击行为受到了惩罚。（3）成年女性的攻击行为没有得到任何反馈。

看完影片后，实验者将三组儿童分别领到一个放有波波玩偶等玩具的房间里，并让每名儿童单独与波波玩偶待在一起。实验者则通过单向玻璃观察每名儿童的行为，评价其攻击性行为的等级。评分主要包括四个方面：（1）儿童对攻击性行为的模仿（用木棍敲打、坐在玩偶身上、用脚踢、将玩偶抛向空中）。（2）儿童对攻击性语言的模仿。（3）儿童用工具进行的其他攻击性行为（如用锤子击打玩偶以外的其他东西）。（4）成年女性未实施而儿童自发作出的各种攻击性行为。

实验结果显示：（1）三组儿童都对波波玩偶表现出了不同程度的攻击性行为。（2）看到成年女性受到奖励的儿童表现出的攻击性行为最多，看到成年女性受到惩罚的儿童表现出的攻击性行为最少。据此，班杜拉提出儿童可以通过观察与模仿榜样行为而产生学习。无论榜样行为是否受到奖赏，观察学习都会发生。

（二）主要观点

1. 什么是观察学习

观察学习是指个体通过观察他人的行为及其结果而习得新行为的过程。在观察学习中，观察学习的对象被称为榜样或示范者。

观察学习的分类见表3-4。

表3-4 观察学习的分类

类型	定义	举例
直接的观察学习	对示范行为的简单模仿，即对外部行为的复制	小兰发现同学举手发言会受到表扬，于是上课时也积极举手发言
抽象性观察学习	从示范者的行为中习得一定的行为规则或原理，表现出类似行为	小兰发现哥哥帮助妈妈扫地后受到表扬，于是主动洗碗
创造性观察学习	从不同示范行为中抽取出行为特点，并组合成一种新的行为方式	小兰学会了几种舞蹈后，自己编了一支新的舞蹈

2. 观察学习的过程

班杜拉认为，一个完整的观察学习应包括四个相互关联的过程，即注意过程、保持过程、再现过程、动机过程（如表3-5所示）。

表3-5 观察学习的过程

过程	定义	举例
注意过程	学习者注意到榜样的示范活动	小兰看到哥哥主动帮妈妈扫地后被妈妈夸赞
保持过程	学习者记住观察到的示范行为	小兰记住了帮妈妈扫地这一行为
再现过程	学习者将大脑中有关示范行为的表象和符号转化为相应的外显行为	第二天，小兰主动帮妈妈扫地
动机过程	学习者行为表现后的结果	小兰也被妈妈夸赞了

（1）注意过程。学习者注意到榜样的示范活动，并倾向于观察与自身相似的或被认为是优秀的榜样。值得注意的是，依赖性强、自我概念低或焦虑水平高的观察者更容易产生模仿性行为。

（2）保持过程。学习者记住观察到的示范行为，并将这种行为在记忆中转化为表象（即将示范行为记下来）或语言（即用语言描述示范行为）两种符号概念，以形成示范活动的内部表征，进而将示范行为保存在记忆系统中。

（3）再现过程。学习者以内部表征为指导，再现观察到的榜样的示范行为。在此过程中，学习者会进行自我观察和矫正反馈，即选择和组织反应要素，并在信息反馈的基础上精练自己的反应。

（4）动机过程。学习者因表现观察到的行为而受到激励。此过程将决定哪种经由观察习得的行为会得以表现。动机是联系知（保持）与行（再现复现）的重要桥梁，该过程需要不断强化。班杜拉认为，对于有机体行为的强化主要有直接强化、替代性强化和自我强化三种类型（如表 3-6 所示）。

[知识窗]
曾子烹彘

表 3-6　动机强化的分类

类型	定义	举例
直接强化	在学习者模仿行为后直接给出的强化	小兰上课举手发言受到老师表扬
替代性强化	学习者因看到榜样行为获得的结果而受到的强化	小兰因为帮助同学受到老师表扬，于是同学之间互帮互助
自我强化	学习者依照自己的标准对行为作出判断后而进行的强化	小兰因为考试成绩达到了自己的预期而进行自我奖励

第三节　学习策略

一、学习策略的概念与类型

（一）什么是学习策略

目前，国内外学者对学习策略的概念尚未有统一的定论。不同学者从不同角度对学习策略进行界定。例如，梅耶（R. E. Mayer，1927—　）认为，学习策略是"在学习过程中用以提高学习效率的任何活动，是使学习者有目的地影响自我信息加工的活动"。陈琦（1935—2020）认为，学习策略是"学习者为了提高学习效果和效率，有目的、有意识地制定的有关学习过程的复杂的方案"。综合已有观点，本书认为学习策略是个体旨在有效提高学习效率而采取的任何规则、方法和调控方式等。

（二）学习策略的类型

由于不同学者对学习策略的理解不同，其对学习策略的分类也不尽相同。目前，主要有以下两种代表性观点。

1. 基本策略与支持策略

丹瑟洛（D. F. Dansereau）将学习策略分为基本策略与支持策略：

基本策略为主导性策略，是指直接操作材料的各种学习策略。例如，拿到一份单词表如何快速进行记忆。基本策略主要包括获得和储存信息的策略、领会与保持策略、提取和利用原有信息的策略。

支持策略为辅助性策略，是指帮助学习者维持适当的认知氛围，以保证基础策略有效的策略。例如，在什么时间记忆单词或记单词时保持什么心态等。支持策略主要包括计划与时间安排、注意管理、监控与诊断三个子策略。在上面的分类基础上，丹瑟洛进一步提出了 MURDER 学习策略。其中，M 代表心境设置（mood-setting）和心境维持（maintenance），U 代表理解（understand），R 代表回忆（recall），D 代表消化（digest）和细述（detail），E 代表扩展（expand），最后一个 R 代表复查（review），如图 3-10 所示。

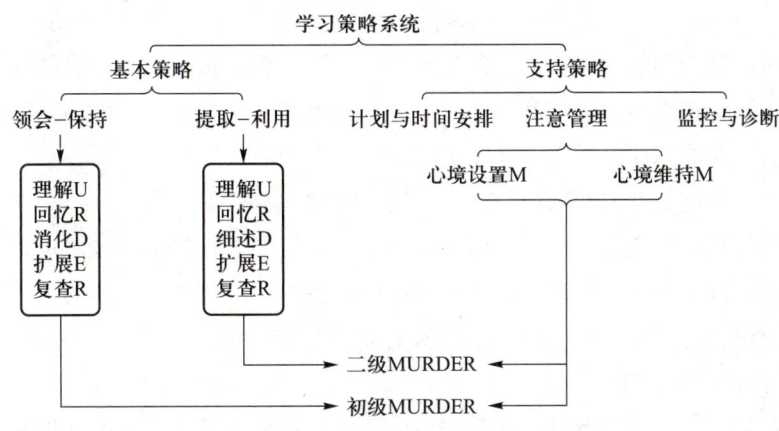

图 3-10　丹瑟洛的学习策略分类图示

2. 元认知策略、情感策略、记忆与认知策略、社会策略与补偿性策略

奥克斯福德（R. L. Oxford）将学习策略分为元认知策略、情感策略、记忆与认知策略、社会策略与补偿性策略。

元认知策略是指用以计划、监控和评估学习过程的策略。例如，小明为了学好英语，规划了自己每天要记多少个英语单词、看几篇英文文章，听多长时间英语新闻。

情感策略是指用以提高学习兴趣和态度的策略。例如，父母为了激发小明学习数学的兴趣，承诺小明如果下次数学考试成绩进步，就可以买他最喜欢的玩具。

记忆与认知策略是指用以增强记忆能力的策略。例如，小明发现每天早晨的记忆力最好，于是选择每天早晨背单词。

社会策略是指用以促进学习合作的策略。例如，小明向班级内数学成绩好的同学请教学习数学的方法。

补偿性策略是指用以交流沟通的策略。例如，数学老师帮助小明分析错题，复习相关知识。

二、认知策略

认知策略这一术语最初是由布鲁纳（J. S. Bruner，1915—2016）提出来的。20世纪70年代，加涅将认知策略划分为单一的学习策略。认知策略是个体用以优化信息加工效果、提高信息加工效率的认知技能，主要由复述策略、精细加工策略和组织策略三种构成。

（一）复述策略

复述策略是指个体为了在工作记忆中保持信息，借助内部语言在大脑中重现学习内容，以便将注意维持在学习内容上的策略。复述是保证信息处于活跃状态，并由短时记忆转入长时记忆的基本条件。因此，复述策略通常是学习过程中必不可少的环节。

常见的复述策略主要有三种：一是默读、朗读和背诵。也就是不出声或出声地反复诵读学习内容，且在诵读过程中尝试着回忆学习内容，通过不断地诵读与尝试回忆达到记忆的目的。二是抄写。抄写由看与写两个过程组成。其中，看的过程依赖短时记忆系统，只有将需要抄写的内容保持在短时记忆中，才能产生写的动作。简言之，写是对短时记忆内容的描摹；而写的过程又进一步加深个体对学习内容的印象。三是意象练习，即心理模拟，具体是指在大脑中想象操作行为。例如，跳高运动员在做实际动作之前，会像"放电影"一样回想跳高的一系列动作。

为了保证复述策略的有效性，在实际运用时应注意以下七点：

（1）及时复述。从开始复述的时间上来看，对已经识记的信息及时进行复述，识记效果更好。这是因为人们的遗忘从识记结束时就开始了，并且遗忘的速度呈先快后慢的趋势。这对记忆意义性不强的学习材料效果更加明显。例如，每晚对白天学习的新课程内容进行复习记忆。

（2）限时复述。即限定复述任务完成的时间，使个体产生一定的紧迫感，有利于大脑机能的充分调动，增强复述的效果。例如，背诵一首古诗，规定 0.5 h 内完成。

（3）试图回忆式复述。稍加复述便尝试背诵，背不出再复述，复述了再尝试背诵，如此交替，直到能完整地背诵。这样能有效集中注意力，将注意力集中指向自己未掌握的部分，并有助于更好地发挥复述过程中的自我监控作用，大大优化记忆效果。例如，背诵古诗时，可以闭眼背诵，每当记不起下一句时便睁开眼睛看一下，如此循环反复，直至能够完整背诵全篇。

（4）分散复述。对要复述的信息应注意分散复述。分散复述是相对集中复述而言的，集中复述是集中一段时间一下子复述多次；分散复述则是将集中的一段时间分为若干小段时间，每隔一段时间复述几次，其效果比集中复述要好。例如，记忆一张单词表，可以在早、中、晚分三次进行复述记忆。

（5）过度学习。复述的次数以刚好达到背诵所需要的复述量的150%左右最为适宜。也就是说，如果一篇材料需复述 10 遍才能背出，那么最好再复述 5 遍左右为宜。复述少了不容易巩固记忆效果，复述多了则消耗精力，于记忆效果无更大增益，反而降低效率。

（6）多种形式复述。从复述的形式上来看，要避免单一形式所导致的单调、厌烦感，宜采取多种形式相结合的复述，这样既有利于调动个体复述的积极性，又有利于多角度理解复述内容。例如，复述相关材料时，除了采用自我复述的方式外，还可以让他人检查复述。

（7）多种感官协同复述。从复述的感官通道上来看，采用多种感官通道同时启用的方式进行复述，有助于提高复述效果。例如，背诵英语单词时，除了采取口头说出单词的方式外，还可以结合听单词的方式进行复述。

（二）精细加工策略

精加工策略，也称精制策略，是指个体主动将新学习的信息同记忆系统中已有的知识联系起来，以增加新知识的意义、促进新知识的记忆与理解的策略。根据学习材料意义性的强弱，可以将精加工策略分为人为联想策略与内在联系策略。

1. 人为联想策略

人为联想策略也称记忆术，是对意义性不强的学习内容进行精加工的策略。该策略的要点是：通过将枯燥无味的学习内容"牵强附会"地赋予意义，以使记忆过程变得生动有趣，进而提高学习效果。这种策略对学习外语单词、物理化学符号、植物名称等学科基础知识非常有用。

常用的人为联想策略主要有以下三种：

（1）形象联想法。这种方法是通过人为联想，使无意义的难记材料和想象的鲜明奇特的形象（视觉表象）相结合，从而提高记忆效果。想象的形象越鲜明具体、夸张奇特，逻辑联系越密切，记忆效果就越好。例如，将英文字母 h 的形象想象成椅子，s 的形象想象成蛇。

（2）谐音联想法。这种方法是通过谐音线索，运用视觉表象，假借意义进行人为联想。例如，学习英语单词"tiger"时，可想象为"泰山上有一只老虎"。需要注意的是，关键谐音词主要是帮助学习者在谐音与原本意义之间建立一种人为的联系，为真正的学习内容提供一种提取线索。

（3）首字连词法。首字连词法是利用每个词语的第一个字形成缩写，或者用一系列词语描述某个过程的每个步骤，然后将这一系列词语提取首字作为记忆的支撑点。值得注意的是，当学习内容是操作程序时，需要按顺序记住材料。例如，将大西洋、北冰洋、印度洋、太平洋按面积从大到小排序记忆，可以记忆为"太大印北"。

2. 内在联系策略

内在联系策略是对意义性较强的学习内容进行精加工的策略。该策略的要点是：通过新旧知识之间的联结，借助大脑中已有的图式使新信息合理化。该策略首先要求个体理解新信息，其次强调在新旧知识之间建立联结。大量实证研究表明，个体对新知识的掌握程度在很大程度上依赖已有相关知识的多寡。已有相关知识在学习中的作用主要体现在两个方面：一是促进个体对新知识的理解；二是为新知识的记忆保持提供支撑。

在运用已有的相关知识时，个体应注意以下三方面：（1）建立有意义学习的心向，即学习应该建立在对新知识理解的基础上，而不是机械式地学习。（2）建立类比。例如，在学习合并同类项时，个体可借助生活常识将 a、b、c 比喻为鸡、鸭、鹅，合并同类项就像商贩算账一样，先分别计算卖鸡、鸭、鹅各自收入多少，然后再算总价。（3）利用先行组织者。先行组织者是新材料学习之前所温习的、与新材料有关的已有背景知识，它通常是教师在讲授新课之前所呈现出来的、用来同化新知识的熟悉的认知框架，能有效帮助学生理解和记忆新知识。

（三）组织策略

组织策略是指整合新知识与新知识、新知识与旧知识之间的内在联系，以形成新知识结构的策略。组织策略是将信息由繁到简、由无序到有序处理加工的一个重要手段。它能有效地提高对学习内容的理解、记忆与表述。从某种意义上讲，组织策略是一种简约策略。

常见的组织策略主要包括以下两种：

1. 归类策略

归类是把材料分成小单元，再把这些小单元归到适合的类别里。例如，要外出购买的东西很多：酱油、葡萄、蒜、苹果、胡萝卜、橘子、胡椒、豌豆、辣椒粉、姜，可以将它们归在水果、蔬菜和佐料的概念下，再分门别类地记忆。运用这种策略能大大减少识记与回忆的负担。

2. 纲要策略

纲要策略也称提纲挈领，是掌握学习材料纲目的方法。学习者学习教材的根本任务是抓住教材的中心思想和支持中心思想的重要细节，以及它们之间的联系。纲要策略不仅能够减轻短时记忆的负担，有助于阅读和记忆，还有助于提高创造性解决问题的能力。

纲要不仅是可以用语词或句子表达的主题纲要，还可以是用符号、图式等形式表达的符号纲要。（1）主题纲要法。用简要的词语写下主要和次要的观点，也就是以金字塔的形式呈现教材的要点，将每一个具体的细节都包含在高一级的类别中。使用主题纲要法可分为四个步骤：首先判断教材学习的主要目标，理解基本思想；接着勾画或摘录要点；然后考虑信息之间的关系，可用数字表达它们之间的层次结构；最后记住提纲，使用提纲解答问题。（2）符号纲要法，即做关系图。符号纲要法比主题纲要法更直观形象，但要求学习者对符号相当熟悉。符号纲要法主要有两种形式：一是层次网络法，它是由节点（观点）和连线（观点之间的关系）组成。节点的排列分层似金字塔，而连线具有不同的形式，可以表达不同性质的关系。二是流程图，它着重说明某个过程之间的要素是如何联系的，具有方向性和时间顺序，易于表达程序性知识的结构。

三、元认知策略

元认知是指个体对自己认知活动的过程和特点的认识，即"对认知的认知"，由美国心理学家弗拉维尔（J. H. Flavell，1928— ）明确提出。元认知策略是指个体对自己认知过程的认知策略，包括对自己认知过程的计划策略、监控策略和调节策略。

（一）计划策略

计划策略是指在认知活动前，根据特定目标制订计划、预测结果、选择合适的策略并评估其有效性、存在的问题以及如何解决问题等。一般而言，学习计划的内容主要包括学习目标、学习时间、学习措施等。

在制定学习目标时，应注意以下两个要点：第一，要合理选择目标，既不能选择那些可望而不可即的目标，同时也不能选择那些轻松就可以完成的目标；第二，要将目标分成几个小目标并一步步完成，学习者每完成一个小目标就会从中获得成功的体验，这样能给予其鼓励，不断推动其前进，从而增强总体目标实现的可能性。例如，在制订数学这门学科的学习目标时，可将目标定为一个月后的考试中将成绩提高 10 分，并在这一个月内分别针对算术题、应用题等进行专题训练。

在规划学习时间时，应注意以下四个要点：第一，要相对准确地确定自己每天的活动内容及所需的时间。第二，合理分配不同学习任务所需的时间，比如可依据学习任务的轻重缓急，优先将时间分配给重要且紧迫的任务，而不重要且不紧迫的任务可安排在之后完成。第三，充分利用分配给每个任务的时间，在规划的时间内，集中精力专心完成手头的任务，在保证任务顺利完成的基础上，要尽量使所用时间等于或少于所规划的时间。第四，要为学习计划留有一定的时间余地，以便应对遇到突发事件而不得不对计划作出更改的情况。

（二）监控策略

监控策略是指在认知过程中，根据认知目标及时评价认知过程，了解计划目标所达到的程度，并及时反馈认知过程的结果与不足，从而实现高效率学习的策略。具体而言，监控策略主要包括领会监控与集中注意两种策略。

1. 领会监控

领会监控是指学习者在阅读过程中将自己的阅读领会过程作为监控意识对象，不断进行积极的监视和调整。

有研究者提出了一系列用以提高领会监控的具体策略：第一，变化阅读速度。对于容易理解的文章可加快阅读速度，整体把握文章主旨；对于理解困难的文章则需放慢阅读速度，认真领会文章的每处细节。第二，中止判断。当读到某处不太理解时，可继续读下去，因为作者可能会在后面对此处信息进行补充和说明。第三，猜测。当对文章某处不太清楚时，可进行一定的猜测和假设，并带着自己的假设继续阅读，进而验证自己的假设是否正确。第四，重读较难的段落。当文章信息不清楚或自相矛盾时，对其进行重读是最简单也最有效的策略。

2. 集中注意

研究发现，在人类认识外界事物的过程中，只有获得注意的信息才能够得到进一步加工，从而被个体所学习，而没有获得注意的信息则会被忽视，不为个体所感知。

在教育教学过程中，教师可以采用以下五种方法来保持学生的注意力：第一，设置教学目标。例如，上课前告知本节课重点，这样方便学生将注意力集中于此。第二，使用重点标识。例如，教师在讲课时使用不同音高的声音和不同的手势，用不同颜色的笔标识出重点内容。第三，增强学习资料的情绪性。例如，情绪色彩较浓的语句往往比中性语句更能调动学生的主动性，更能吸引其注意力。第四，使用独特或新奇的刺激。例如，通过亲身实践获得和平时上课不一样的心理感受，可以有效引起学生的好奇心，吸引其注意力。第五，告知所讲内容的重要性。例如，教师告知学生之后所讲的内容将在考试中出现，学生通常会更加集中注意力。

（三）调节策略

调节策略通常与监控策略有关，是指在学习过程中根据对认知活动监控的结果，调整、修正认知策略目标，并及时采取相应的补救措施，修正错误，总结经验教训等。例如，当不理解文章中的某段时，会退回去重新阅读；考试时，跳过困难的题目，先做简单的题目；在阅读理解文章遇到困难时，放慢阅读速度等均属于调节策略。调节策略可以帮助学生及时调整学习过程中的不足，矫正学习习惯，提高学习效率。

反思·实践·探究

【反思】

1. 记忆的基本类型有哪些？

2. 工作记忆的测量方法是什么？

3. 在日常生活学习中，我们应该如何对待机械记忆？

4. 如何理解学习？

【实践】

请选择一种你感兴趣的学习理论，并试着列举几种该理论可以解释的常见的生活现象。

【探究】

遗忘是日常生活中十分常见的心理现象。除了本章中列出的几种典型的遗忘理论之外，你认为还有哪些理论可以科学合理地解释遗忘现象？

推荐读物

1. 刘希平，唐卫海，钟汝波.记忆与元记忆心理学［M］.北京：北京师范大学出版社，2022.

该书是一本深入浅出的心理学教材，先系统地介绍了记忆的基本概念、分类、生物学基础等，然后深入地阐述了记忆和元认知在教育、临床以及人机交互中的应用，并结合具体案例进行分析和解释，有助于读者更好地理解当前记忆与元记忆领域的发展现状和未来趋势。

2. 刘旭.提取诱发遗忘：记忆提取研究的新视角［M］.长沙：湖南师范大学出版社，2021.

该书是一本系统介绍提取诱发遗忘研究的专著。书中先从艾宾浩斯的经典遗忘研究入手，然后分别从理论、特性、影响因素和研究现状等方面对提取诱发遗忘进行了系统详细的梳理。书中涉及的系列实证研究的理论支持充足，实验逻辑清晰，实验设计缜密，结果科学可靠。

3. 杨治良，孙连荣，唐菁华.记忆心理学［M］.3版.上海：华东师范大学出版社，2012.

该书是一本权威可靠、通俗易懂的心理学教材，从多个角度深入探讨了人类记忆的心理和生理机制，既有深厚的理论阐述，又包含大量的实证研究、案例分析以及丰富的图表，使得抽象概念更加形象直观。

第四章　思维

中国电焊第一人

高凤林是中国航天科技集团有限公司的特种熔融焊接工、特级技师，被称为焊接火箭"心脏"的"中国第一人"。长征系列火箭是我国最重要的运载火箭，"神舟"飞天、"北斗"组网、"嫦娥"落月，都离不开它的大力托举。泵前组件是火箭心脏的最核心部件，过去它的合格率只有29%，成为我国航天事业快速发展的最大瓶颈。然而攻克这个难关，涉及30多道精加工工艺，处处挑战极限。高凤林经过高密度的反复实验，终于找到了隐藏的难点，"拦路虎"被拿下。泵前组件合格率从29%提升到92%。火箭生产的提速让中国迎来了航天密集发射的新时代。30多年来，高凤林攻克了200多项难关，为90多台火箭焊接过发动机，可在0.33 mm的管壁上，焊接次数超3万次，成为名副其实的中国电焊第一人。在2014年德国纽伦堡国际发明展上，他凭借高超的焊工手艺一举拿下3项世界金奖，震惊了当时在座的评委，为中国增添了许多光彩。

高凤林工作时一个焊点的宽度只有0.16 mm，相当于2根头发丝的直径；他需要在极短的时间内完成焊接，时间误差不能超过0.1 s，而人眨一下眼的时间只有0.2 s，如果超过了这个时间误差，就可能把要焊接的管线焊破或者焊漏。

"冰冻三尺，非一日之寒"，任何问题的解决都不是轻而易举的。

「小活动」依据什么做决定？

将全班同学分为两组，先请第一组同学回答下面两个问题：

1. 土耳其的人口超过 3 500 万了吗？

2. 你猜土耳其的人口有多少？

再请第二组同学回答两个类似的问题：

1. 土耳其的人口超过 1 亿了吗？

2. 你认为土耳其的人口有多少？

分别计算两组同学对土耳其人口数量的估计值，比较哪一组数字更大？

活动要点：每组同学在回答第 2 个问题时是否受到第 1 个问题中数值大小的影响？

科学原理：锚定效应，也可用成语"先入为主"来表达这个意思，是指在不确定情境中，人们在做出决定时，思维往往会被得到的初始信息左右，初始信息或第一印象就像沉入海底的锚一样，把思维固定在某一处。

现实生活中的应用：商务谈判、市场策划。

第一节　思维、概念与推理

思维是人类特有的高级心理活动，人类所创造的一切物质和精神财富，都是在实践中通过思维活动积累起来的。概念是思维的基本单元，没有概念就不可能有成熟的思维。推理是一个由已知确立未知的思维过程，它往往借助概念使思维摆脱具体的事物，帮助我们掌握看不见、摸不着的知识和规律。在日常生活中，我们每时每刻都离不开思维，我们用思维学习知识、解决问题；辨别真伪、审视美丑；探索新知、创造未来。

由阎肃作词的歌曲《雾里看花》，表达了人们面对现实生活中遇到的各种现象进行真假判断时的困惑。歌词如下：

雾里看花　水中望月

你能分辨这变幻莫测的世界

涛走云飞　花开花谢

你能把握这摇曳多姿的季节

烦恼最是无情夜

笑语欢颜难道说那就是亲热

温存未必就是体贴

你知哪句是真哪句是假

哪一句是情丝凝结

借我借我一双慧眼吧

让我把这纷扰

看个清清楚楚明明白白真真切切

客观世界变幻莫测，拥有一双"慧眼"，看到事物的本质，避免"雾里看花"的模糊认识，是我们认识世界的目的所在。从心理学的角度看，认识事物离不开思维的参与，由于思维的重要性，长期以来，心理学家对人类智慧的这颗明珠进行了长期不懈的研究。

一、思维

思维是人脑借助语言、表象或动作实现的，对客观事物本质属性及其规律能动的、间接的、概括的反映过程。例如，从种族、性别、身高、国籍等特征中，可以提取出有语言、能思考、能从事社会活动等人类所具有的本质特征，再把具有这些本质特征的物种归为人类，这就是思维的反映过程。科学概念的形成、具体问题的解决以及各种决策、发明创造等都离不开思维活动。

（一）思维的特征

1. 概括性

思维的概括性是指个体在大量感性材料的基础上，把一类事物的共同特征和规律提取出来，加以概括。例如，当我们说"狗"的时候，并不是指特定的某一只狗，而是把所有狗的共同的本质特征概括出来，在大脑里映现出的模糊的表象。概括性在个体思维活动中具有重要作用，随着年龄的增长，人们的认识活动逐步摆脱了具体事物的局限性和对事物的直接依赖，个体所概括的范围越来越大，水平越来越高，从而能学习更多的知识文化经验，加深对事物的了解。

2. 间接性

思维的间接性是指人们借助一定的媒介和知识经验对客观事物进行间接的认识。例如，有经验的火车检修师傅通过听敲击车辆部件发出的声音，就能初步判断可能存在的故障。正是由于思维的间接性，人们才有可能超越感知觉提供的基本信息，认识那些没有直接实践和探索的客观事物和属性，进而揭示事物的本质和规律。

3. 对经验的改组

思维是一种探索和发现新事物的心理过程，它常常指向事物的新特征和新关系，需要人们对头脑中已有的知识经验不断进行更新和改组。正是这种不断更新和改组，才能推动人们不断发现新事物、创造新成果。例如，人们过去认为世界上最小的物质是原子，后来发现原子还可以分成质子、中子、夸克等。

（二）思维的类型

思维活动极其复杂，为了适应不同实践活动的需要，思维具有多种类型。

1. 直观动作思维、具体形象思维和抽象逻辑思维

根据抽象程度，思维可分为直观动作思维、具体形象思维和抽象逻辑思维。

直观动作思维又称实践思维，其思维任务具有直观的形式，解决问题的方式依赖实际动作。例如，汽车出现故障不能行驶，可以通过检查相应的部件，判断是发动机问题还是电路问题，找出具体故障部件并进行修理。直观动作思维对机械制造等操作

技能型任务的完成具有重要意义。

具体形象思维是指人们利用头脑中的具体形象来解决问题的思维活动。例如，人们计划去旅游，会事先在头脑中想象出可能的出行方式和交通方式，经过分析比较后选择最优的方式出行。具体形象思维对作家、艺术家、设计师、演员等职业具有重要意义。

抽象逻辑思维是在实践和感性经验的基础上，以抽象概念为形式的思维。例如，当我们思考"什么是道德""社会主义核心价值观具体包括哪些内容"等理论问题，以及面对数理定理证明、产品设计等实际问题时，都要运用抽象逻辑思维。抽象逻辑思维主要以概念、判断、推理等形式表现出来，是人类思维的核心状态。哲学家、数学家经常运用抽象逻辑思维来解决在实践中遇到的问题。

2. 直觉思维和分析思维

根据是否有明确、清晰的思维过程，思维可分为直觉思维和分析思维。

直觉思维是人们在面临新问题、新事物和新现象时，能迅速理解并作出判断的思维活动。这是一种直接的、领悟性的思维活动。例如，警察在嘈杂的人群中能迅速辨别出罪犯；科学家对某些偶然出现的现象提出猜想或假说；等等，主要依靠的就是直觉思维。直觉思维具有快速性、跳跃性等特点。

分析思维也就是抽象逻辑思维，它遵循严密的逻辑规律，逐步推导，最后得出合乎逻辑的正确答案或作出合理的结论。

3. 聚合思维和发散思维

根据解决问题的数量不同，思维可分为聚合思维和发散思维。

聚合思维是指从已知信息中产生逻辑结论，从已有资料中寻求正确答案的一种有方向、有条理的思维活动。例如，在考试过程中，面对试卷上的题目有多种解题方法和策略，通过分析得出正确答案的过程就是聚合思维。聚合思维的主要功能是求同。

发散思维是指个体在思考问题时，沿着不同的方向重新组织当前信息和记忆系统中储存的信息，产生出大量、独特的新思想的过程。例如，列举出直尺的各种用途，可能的答案是：画线、代替小刀裁纸、做书签等。发散思维的主要功能是求异与创新，这也是发散思维最主要的特点。

4. 常规思维和创造性思维

根据创新程度，思维可分为常规思维与创造性思维。

常规思维是指人们运用已经获得的知识经验，按照现成的方案直接解决问题的思维活动。例如，学生运用已掌握的某一数学公式来解答同一类型习题时的思维活动。常规思维的创造性水平低，不需要对原有的知识进行明显的改组，也没有创造出新的思维成果。

创造性思维是重新组织已有的知识经验，提出新的方案或程序，并创造出新的成果的思维活动。例如，我国古代四大发明就是创造性思维成果。创造性思维是人类思维的高级形式，也是多种思维的综合表现。

（三）思维的过程

思维是一个相当复杂的心理过程，它能对进入头脑的各种信息进行深入的加工与处理。主要包括分析与综合、比较与分类、抽象与概括、系统化与具体化等过程。

1. 分析与综合

分析是人脑将客观事物的整体分解为各个组成部分，或把整体事物的个别特征、个别方面区别出来的过程。例如，我们可以把食物的色、香、味、形分离出来，或者把植物分解成根、茎、叶、种子等。综合是人在大脑中把事物的各个部分或各个方面联系起来，形成统一整体的过程。例如，我们可以把一堆零散的零件组合成一个实用的工具。

分析与综合是相互依存、不可分割的两个方面。分析既是从整体开始的（最初的综合），又是达到认识整体的手段、途径和方法，只有通过分析才能对整体进行更深入和更充分的认识（再次的综合）。人类的思维活动总是遵循着"最初的综合—分析—再综合"的过程而进行的。

2. 比较与分类

比较是人在大脑中对不同事物的个别部分、个别方面或个别特征加以对比，确定它们之间的异同及其关系的思维过程。比较必须根据一定的标准，不同的对象有不同的比较标准。例如，不能以一个人的高矮去比较另一个人的胖瘦。

分类是人在大脑中根据不同事物之间的相同点和相异点，把它们区分为不同种类的思维过程。由于事物有多种多样的属性和联系，分类的标准也是多种多样的，因此必须明确分类的标准。例如，根据我国现行的《公路工程技术标准》，公路按使用任务、功能和适应的交通量分为高速公路、一级公路、二级公路、三级公路、四级公路五个等级。

3. 抽象与概括

抽象是人在大脑中提取出各种事物或现象的共同属性和特征，舍弃其个别属性和特征的过程。抽象是在分析、综合、比较的基础上，将事物的本质属性同事物本身，以及事物的其他属性分离出来，并把本质属性提到首要地位加以认识的过程。

概括是人在大脑中将提取出来的客观事物的共同特性或本质特征联系起来，应用推广到同类其他事物中的思维过程。例如，我们把各种类型的笔进行比较后，提取出其本质属性——书写工具。当把这一本质属性推广到同一类事物中，即无论是毛笔、钢笔、圆珠笔、粉笔等，凡是能写字的工具就是笔，这一思维过程就是概括。

4. 系统化与具体化

系统化是在概括的基础上，人在大脑中把一类事物按不同顺序与层次组成一定系统的思维过程。例如，把生物学按界、门、纲、目、科、属、种进行分类；把人按年龄、性别、民族、职业、性格等方面进行分类，都是系统化的过程。

具体化是通过分析、综合，将抽象出来的一般特点应用到具体对象上的思维过程。例如，学习"圆"的概念时，举例说篮球是圆的，就是具体化的过程。

解决问题的过程中，上面的各种思维过程是相互联系的，并且是利用概念、判断、推理等思维形式进行分析、综合、比较、分类、抽象和概括的过程，借助这些过程的不同组合，我们才能认识世界，有所创新，有所创造。

（四）思维的品质

在现实生活中，有的人思维反应敏捷，有的人思考问题比较全面，有的人思考问题逻辑性强，等等，这些个体在思维活动方面表现出的稳定的心理特征就是思维的品质。

1. 思维的广阔性

思维的广阔性，即思维的广度，指思维所涉及的范围和广阔程度。广阔性强的人思考问题较为全面，既能抓住主要方面，又不放过次要、支流、细节方面。例如，在公路施工设计时，既要考虑土木工程的问题，又要考虑生态环境、经济贡献、社会民生等多方面的问题，体现了思维的广阔性。

2. 思维的深刻性

思维的深刻性，指思维的深刻程度。思维深刻的人能透过事物的现象深入到问题的本质，揭示事物的原因和结果，把握事物发展规律，预见事物发展趋势、进程和后果。思维肤浅的人通常只看到事物的表面联系和外部特征，抓不住事物的本质和规律，缺乏预见性。例如，牛顿（I. Newton，1643—1727）从苹果落地，想到宏观物体之间都存在引力，推导出万有引力定律，就是思维深刻性的具体表现。

3. 思维的敏捷性

思维的敏捷性是指发现问题和解决问题的敏捷程度和迅速程度。敏捷性强的人能迅速发现问题，解决问题准确又迅速。敏捷性弱的人通常表现为思维迟缓，反应较慢，还有的人虽然反应较快，但考虑问题马虎，思维轻率。例如，司马光砸缸，就是思维敏捷性的体现。

4. 思维的灵活性

思维的灵活性是指思维活动的灵活程度。灵活程度高的人思维活动处于灵活、活跃的状态，能够从实际出发，善于根据事物的发展变化机智地解决问题。思维缺乏灵活性的人，解决问题常常墨守成规、机械呆板，不能随时间、地点和条件的转移而随机应变地解决问题。比如常说一个人能举一反三、具体问题具体分析，就是说其思维比较灵活。

5. 思维的逻辑性

思维的逻辑性，主要指思维是否遵循逻辑规则，具体包括提出问题是否明确，思考问题是否连贯，论证问题是否有条理，表述问题是否清楚等。逻辑性强的人提出问题明确，思考连贯而不跳跃，论证有条理而不混乱，表述清晰而不矛盾。缺乏逻辑性的人思维往往混乱而跳跃，思考无层次且不连贯，判断无确凿证据，推理存在逻辑错误，表述常常语无伦次。

6. 思维的独立性

思维的独立性是指独立地发现问题、分析问题和解决问题的程度。思维独立性强的人能够从实际材料出发，严格地根据客观标准辨别是非，不容易受别人的暗示和影响，不盲从别人，也不排斥别人的观点，而是自己独立思考得出结论。缺乏独立性的人往往人云亦云，迷信盲从，因循守旧。比如看到别人考取某种资格证书，自己不基于职业生涯规划也跟着考，往往就是缺乏思维独立性的表现。

7. 思维的批判性

思维的批判性是指在思维活动中对信息的筛选、估计以及对思维活动检查的精密程度，还包括对已有观点以及自我意识中的已有观念的评判程度。批判性高的人能够不拘泥于现成的结论，大胆推翻原有结论，提出新思想，对整个思维过程持审慎的态度。缺乏思维批判性的人往往恪守原有观点，不敢超越已有结论，提出自己的见解，对思维过程缺乏审视力。

二、概念

概念与思维有着不可分割的内在关系，概念是思维活动的结果和产物，同时又是思维活动的重要工具。科学概念的形成与掌握是复杂的心理过程。

（一）什么是概念

概念是具有共同属性的一类事物的总称，并用词予以表达和记载。例如，鸟就是"有羽毛，无齿有喙"的一类动物的总称。概念反映事物的本质属性，人们掌握概念，其认知就能超越眼睛看到的、耳朵听到的具体刺激的范围，能够透过事物的表面现象，更好地认识事物的本质。

概念包括内涵和外延两个方面。内涵是概念对事物特有属性的反映。外延是具体的、具有概念所反映的特殊属性的事物。如"脊椎动物"概念的内涵是有生命和有脊椎，它的外延包括一切有脊椎的动物，如鸟、鱼、蛇、兔、马、豹等。概念的内涵增加，外延往往就减少。

（二）概念的类型

概念可以从以下角度进行分类：

（1）根据概括程度，概念可分为具体概念和抽象概念。具体概念指按照事物外在的、非本质特征形成的概念。抽象概念指按照事物内在的、本质特征形成的概念。例如，给幼儿呈现皮球、橘子、三角形积木、三角形蛋糕四种物品，让他们进行分类。如果幼儿根据形状把皮球与橘子归为一类、积木与蛋糕归为一类，则说明形成的概念为具体概念。如果幼儿根据事物的本质特征把皮球与积木归为一类，橘子与蛋糕归为一类，则说明形成的概念为抽象概念。

（2）根据反映事物属性的数量及其相互关系，概念可分为合取概念、析取概念和关系概念。合取概念指根据一类事物中单个或多个相同属性形成的概念，这些属性在概念中必须同时存在，类似于集合中的交集。例如，"青年学生"的概念必须同时具有"年龄处于青年期"和"职业为学生"两个属性。析取概念指根据不同的标准，由单个或多个属性相结合而形成的概念。这些属性在概念中不必同时存在。例如，"好学生"的概念可以结合多种属性，"刻苦努力，成绩优秀"是好学生，"关心集体，乐于助人"也是好学生，这些属性同时存在，如"品学兼优"，更是好学生。关系概念指根据事物之间的相互关系，如高低、上下、大小等，而不是根据事物的特征、属性而形成的概念。

（3）根据形成的自然性，概念可分为自然概念和人工概念。自然概念指在人类历史发展过程中自然形成的、有关现实事物的概念。这种概念的内涵和外延由现实事物自身的特征决定，如学生、遗传、国家等。人工概念指在实验室条件下，为模拟自然概念的形成过程而人为制造出来的概念。由于人工概念只是对自然概念的模拟，与人们的实际生活相距甚远，因而有很大的局限性。

（4）根据包含水平的高低和层次，概念可分为基本概念、上位概念和下位概念。基本概念处于概念系统结构层次的中间地带；上位概念是概念系统结构层次的较高水平；下位概念处于概念系统结构层次的较低水平。例如，"椅子"是一个基本概念，比它水平更高的概念是"家具"，比它水平更低的概念是"有扶手的椅子"。一般来说，基本概念能以最小的代价包含最多的信息，具有最佳的信息量和区分度。研究表明，基本概念在人类概念结构中具有特权。表达基本概念的术语在语言中最简短，在成人对话中占主导地位，儿童更易获得，具有更大的跨文化一致性，更容易被分类。

（三）概念的形成与掌握

1. 概念的形成

概念是在人类社会历史发展过程中形成的，是人类经过曲折、复杂的认识世界的过程所得到的结果。概念的形成是指个体掌握概念本质属性的过程。随着历史的发展，人们对客观存在的认识不断深入，概念的内涵也在不断变化与发展。例如，在古代，人们认为物质是不可分的，后来人们将物质分解为元素，再后来认为原子是构成物质的最基本的粒子。到了现代社会，原子还可以继续分解为更基本的粒子，并且形成了物质无限可分的概念。

[知识窗]
概念的激活
扩散模型

2. 概念的掌握

个体对人类社会历史中形成的概念的再认识和把握就是概念的掌握。掌握概念主要有两条途径：第一条途径是不经过专门的教学而在日常生活中积累个人经验所形成的概念。这类概念称为日常概念或前科学概念。例如，儿童在学习"鸭"这一概念时，每当鸭子出现，儿童若说出"鸭"，成人就说"对了"，并给以强化鼓励。当鸡、鹅出现时，儿童若再说"鸭"，成人就说"错了，不是鸭"，予以纠正。经过多次反复，儿童就掌握了"鸭"这一概念。第二条途径是通过专门的教学和学习过程掌握概念，这类概念一般属于科学概念。这是现代人掌握概念的最主要的途径。

对学习者来说，掌握概念是一个积极主动的认识过程。科学概念的掌握受多种因素的影响，准确地掌握概念可以关注以下四个方面。

（1）注意日常概念对掌握科学概念的影响。日常概念有时有利于科学概念的掌握，有时则起阻碍作用，主要看日常概念的内涵与科学概念的内涵是否一致。例如，儿童在生活中总结出，凡是长翅膀、会飞的动物就是鸟类，并将蝙蝠归为鸟类，这就是日常概念。当学习了生物学知识后，儿童才明白蝙蝠不是鸟类，而是唯一一类进化出飞翔能力的哺乳动物。学习中若遇到不一致的情况，应注意日常概念与科学概念的区别，在大脑中把两者区分开，从而顺利掌握科学概念。

（2）利用变式和对比促进科学概念的掌握。所谓变式就是在学习概念时，运用多种感性材料的实例，更好地把握概念的内涵。例如，在学习"两条直线垂直相交成直角"时，在教科书和一般教学中通常都是以"⊥"来表示，这与日常概念的"垂直"相一致。然而，对于 ⊥ ⊾ ⊤ ⊿ ⊿ 等垂直形式，学生往往不能得出垂直相交的结论，这就是没有充分利用变式的结果，此时，日常概念起到了干扰作用。

（3）给概念下定义有利于概念的掌握。下定义就是利用简明的语言表达概念的内涵。掌握概念的定义，就可以根据定义去辨别事物，从而理解概念的实质。下定义要指出概念所包含的本质特征，常用的一种方法是"类＋种差"。例如，人这一概念的定义是："人是能制造和使用劳动工具的动物"，其中"动物"就是类，"能制造和使用劳动工具"就是人这种动物与其他类动物的差别，即种差。

（4）形成概念体系有助于概念的掌握。世界上的事物普遍相互联系、相互对应，人类形成的概念与概念之间也存在着普遍联系，一般表现为并列关系和从属关系。在大脑中建立概念间的联系，也就形成了概念体系。概念体系的形成有助于知识的系统化，有助于学习者更深刻、更全面地理解新概念。

三、推理

人们对事物属性的认识通常是有限的，需要超越事物的已知信息来推知事物未知的方面，这就必然需要推理的参与。推理是人们在社会实践和科学研究中广泛存在的一种思维活动。

（一）什么是推理

推理是指根据一般原理推出新结论，或者从具体事物或现象中归纳出一般规律的思维活动。例如，"铁受热会膨胀吗"，根据"一切金属受热都会膨胀"的原理，推出"铁是金属，铁受热也会膨胀"的结论。

判断是推理的组成部分。判断是对客观事物作肯定或否定评定的思维活动。例如，"铁是金属，铁不是液体"，通过肯定与否定两个判断，说明了铁的性质，揭示了"铁"与"金属"间的关系。

推理由两个以上的判断组成，并以几个相关联的句子表现出来。推理中所依据的判断称为前提，分为大前提和小前提。例如"一切金属受热都会膨胀"是大前提，"铁是金属"是小前提。对这两个前提进行推论，得出"铁受热也会膨胀"的结论。因此，推理是对已有判断进行分析和综合，进而得出新判断的过程。

（二）推理的类型

（1）根据推理时思维的方向，分为归纳推理和演绎推理。归纳推理是从许多具体事例中得出一般结论的推理。例如，从金、银、铜、铁等金属受热膨胀这些事例得出"一切金属受热都会膨胀"的结论。演绎推理是从一般原理到特殊结论的推理。如由"一切金属受热都会膨胀"这一原理，得出"铁受热也会膨胀"的结论。归纳推理本质上就是概念的形成，而演绎推理本质上属于问题解决。

（2）根据推理的性质和推理的逻辑项之间的关系，分为三段论推理、线性推理、条件推理。三段论推理由两个假定真实的前提和一个可能符合也可能不符合这两个前提的结论组成。例如，有两个前提：① 所有计算机系的学生都学过高等数学。② 王强是计算机系的学生，可以推理得出"王强学过高等数学"的结论。线性推理又称关系推理，在这种推理中，所给予的两个前提说明了三个逻辑项之间的可传递关系。例如，张三坐在李四左边，李四坐在王五左边，因此，张三坐在王五左边。条件推理指人们利用条件性命题来推理。例如，"如果明天下雨，活动就取消"，明天有雨，所以活动取消。

（三）影响推理的因素

推理的前提和规则是制约推理正确性的重要因素，除此之外，推理的正确性还受到材料的性质和一些心理因素的影响。

1. 材料的性质

推理的正确性常常受到材料性质的影响，材料越具体，推理越容易，对于抽象的材料，推理往往比较困难。例如，一项研究中要求两组被试分别完成下面两个三段论：（1）所有的 P 都是 M；有些 M 是 S。（2）所有的马都是动物；有些动物会飞。在第一个三段论中，约 80% 的人都错误地给出了"有些 P 是 S"的结论；而在第二个三段论中，大多数人却认为并不能得出"有些马会飞"的结论。虽然两个三段论拥有相同的逻辑形式，但后者的内容更具体，所以推理的正确性更高。

2. 前提所形成的气氛

推理常常受到"气氛效应"的影响而导致错误。气氛效应主要是指人在推理时由于前提所造成的气氛，形成了一种定势。在这种气氛或定势下，人们往往不顾逻辑步骤，而得出错误的结论。例如，"所有的鱼都生活在水里"，而"鲸鱼也生活在水中"。由于前提气氛的影响，使有些人很容易作出"鲸鱼是鱼"的错误结论。

3. 赌徒谬误

研究发现，不少人会出现类似赌徒的惯常想法，即"赢多了就要输，输多了就要赢"。这种赌徒谬误是人们在进行概率推理时的一种常见现象。举例来说，如果以一元硬币为赌具，随便一丢，正面向上的概率是 50%。假如连丢三次的结果都是正面向上，无论这三次下注的结果是输或赢，在对第四次结果进行推理时，赌徒们大多不再下正面的赌注。显然，这种只凭经验的概率推理方式是错误的，因为事实上第四次出现正面向上的概率仍然是 50%。

4. 题外知识的介入

题外知识的介入，往往会使人偏离逻辑规则，产生不正确的推理。此外，不能冷静地估量事实的结果，从数量少的事例或不典型的情境中仓促下结论等，都可能导致推理错误。

第二节　问题解决与决策

在日常生活中，人们会遇到各种各样的问题：学生要完成教师布置的作业；工程技术人员要解决生产过程中遇到的难题；科研人员要发表高水平的论文。面对各种问题，人们总是试图找到多种解决方案，并从中选择认为最好的一种方案，这就面临决策过程。人类掌握知识的主要目的在于解决问题；人类的文明史，从火的发现到宇宙飞船上天，就是一部问题解决史。

一、问题解决

（一）问题与问题解决

虽然我们每天都会碰到各种各样的问题，但这里所讲的问题是指疑难问题[①]，是科学意义上的问题，而不是仅凭个人经验就可以直接加以处理的问题。例如，像"你去过草原吗？"这类问题只要从记忆中提取出信息即可，无须有思维活动的参与。但像"如何有效地保护草原生态环境？"这类问题，记忆中未必有现成的答案，于是个体会感到困惑并设法寻求答案。为了解决新问题，达到新目标，过去的方式和手段不起作用时就产生了解决问题的思维活动。

问题解决是由一定情境引起的，按照一定的目标，应用各种认知活动、技能等，经过一系列的思维操作，使问题得以解决的过程。问题解决者的最初状态称为当前状态，所要达到的目标称为目标状态，而问题解决就是从当前状态，经过一步一步的中间状态，最后达到目标状态的过程。例如，几何证明题就是一个典型的问题解决过程。几何证明题中的已知条件和求证结果构成了问题解决的情境，而要证明结果，必须应用已知条件进行一系列的认知操作。只有操作成功，问题才得以解决。

（二）问题的类型

根据问题的明确程度，问题可分为结构良好问题和结构不良问题。

结构良好问题是指那些具有明确的初始状态（或起点）、目标状态（或终点）和解决方法的问题。例如，"从天安门怎么乘公共汽车到颐和园？""求边长为 2 cm 的正方形的面积"。针对这类问题，个体可以根据给定信息和目标，选择明确的解决方案来达到问题解决的目的。

结构不良问题是那些没有明确的初始状态、目标状态和解决方法的问题。例如，"怎么有效预防呼吸道疾病的传染？""考察当地城市的生态环境状况，并写出调研报告"。

［知识窗］
你能解决这一密码算题吗？

（三）问题解决的过程

问题解决是如何展开的？其过程可以归结为四个阶段。此外，问题解决过程还受

---

① 黄希庭，郑涌. 心理学导论［M］. 3 版. 北京：人民教育出版社，2015：422.

诸多因素影响，实际过程中要采取一定的策略。

1. 识别和理解问题阶段

问题解决的第一步是确定问题到底是什么？这就意味着，首先要找出相关信息而忽略无关的细节，把已知条件和未知条件区分开，使问题明确并从问题情境中区分出来。识别和理解问题要求确定问题的初始状态和目标状态，并能在大脑中表征问题，在适当的条件下能够用准确的概念表达出来。准确地识别和理解问题是问题解决的前提。

2. 分析问题与寻求解答阶段

分析问题有两方面的工作：一方面是把要解决的问题分解为局部问题，并分析出矛盾的主要方面、关键性因素，然后逐步解决；另一方面是把问题中的因素放在多种新的联系中，以揭示该因素的新属性和新品质，从而顺利解决新问题，这种分析称为综合分析。问题分析清楚后，就可以考虑寻求解答的相关策略，人们经常会使用不同的策略，包括最简单的"尝试错误"策略和复杂的类比推理。选择一种有效的策略要求个体利用各种有关的知识，包括问题类型的知识、某种特定策略取得成功的可能性的知识等。

3. 执行策略或提出假设阶段

当问题识别清楚并寻求到解决策略后，接下来就是执行策略、尝试解决。如果问题比较清晰且简单，执行策略过程往往比较容易。但是在遇到复杂问题时，根据分析问题的结果，人们会提出一系列由因果关系决定的推测，即针对问题的解决，提出方案、原则、途径和方法的假设，推测性假设是沟通已知到未知的桥梁。假设常常是在分析问题的过程中，随着认识的深入和条件的变化而逐渐构成的，并经受着不断的修改和矫正。个别情况下，假设也可能由直觉得出，或由尝试错误的方式得出。无论何种方式得出的假设都需经过检验。

4. 评价问题或检验假设阶段

当执行策略之后还需要对结果进行评价，即评价问题是否得到有效解决，当前的解决方案是否正确等。检验假设既可以通过实验来进行，也可能通过思维推论来检验。例如，有3个人一起下象棋，每人下了2盘，问总共下了几盘棋？有人可能会脱口而出："6盘"。这个答案就是没有准确识别问题，认真理解"3个人一起"的关键信息，就会发现是3个人互相下棋。通过检验马上会发现，正确答案是3盘。

二、有效利用问题解决的策略

采用什么策略解决问题，是影响问题解决效率的一个很重要的因素。好的策略有利于问题解决。心理学家认为，在问题解决过程中，有几条通用的策略。

1. 算法式策略

算法是指为达到某一目标或解决某个问题而采取的一步一步的程序。算法式策略就是个体在问题情境中随机搜索出所有可能解决问题的方法，直至选择一种有效的方法解决问题。简单来说，就是把问题解决的方法逐个进行尝试，找到最终解决方案。例如，一只密码箱有3个转钮，每一个转钮有0~9十个数字，现要采用算法式策略找出密码打开箱子，就要逐个尝试 3 个数字的随机组合，直到找到密码为止。这种方法的优点是能够保证问题解决，缺点是耗时费力，甚至有时会弄不清楚问题到底是如何解决的。对于复杂问题，这种策略往往是行不通的。

2. 启发式策略

启发式策略是人们根据一定的经验，在问题空间内进行较少的搜索，以达到问题解决的一种方法。运用启发式策略可节省时间，也很方便。启发式策略不能保证问题都能成功解决，但在多数情况下能够使问题得到较好的解决。日常生活中的许多问题扑朔迷离，问题结构不清晰，也没有明显的算法，这时采用启发式策略就尤为重要。下面是常用的三种启发式策略。

（1）手段—目的分析法。这种方法把要解决的问题分为一系列子目标，分析当前状态与目标状态的差别，通过解决一个个子目标，最终达到总目标。例如，要参加大学生创新创业大赛，不可能一下就拿出参赛作品，一般是把任务划分成几个子任务，如确定选题、查找信息资料、初步设计方案、设计调试产品、总结申报等。

（2）逆向搜索法。逆向搜索法就是从问题最后的目标状态开始逐步倒推到初始状态的策略。例如，不小心把钥匙丢了，往往是回想最后去了什么地方、做了什么事，然后再想更早以前去了哪里，最后想到从哪里出发、做了什么。逆向搜索法更适合解决那些从初始状态到目标状态只有少数几条通路的问题，在解决一些几何证明题时比较有效。

（3）爬山法。爬山法是一种类似于手段—目的分析法的问题解决策略。它是采用一定的方法逐步降低初始状态与目标状态的距离，以达到问题解决的一种方法。这就像爬山，为了登顶，需要从山脚下开始一步一步向上攀登。日常生活中不少实际问题都采用爬山法来解决。例如，医生在给慢性病人用药时常常用这种方法来确定用药的剂量。

［知识窗］
怀丙和尚捞铁牛

三、问题解决的影响因素

问题解决除受策略因素的影响外，还受到其他因素的影响。

（一）专业知识与经验

大量有关专家和新手问题解决的研究表明，知识经验在问题解决中起着重要的作用。所谓专家，是指在某一领域具有丰富知识的人，如数学家、医学家、象棋大师、高级工程师等。在解决复杂问题时，专家能迅速识别熟悉的模式，再从记忆中找出解决问题的现成方法，他们的搜索活动较少，解决问题速度快、正确率高。没有经验的新手解决问题则以尝试易变为特征，由于知识经验不足，往往反复不断地进行搜索、检验和改正，采用粗略、麻烦的方法解决问题。

（二）问题表征的方式

问题表征是大脑中表示有关知识内容与结构的方式。问题表征的方式能影响问题解决。

例如九点连线问题，要求用一笔连续画四条直线，把图中的九个点连在一起（如图 4-1 所示），请注意是用一笔连起来。

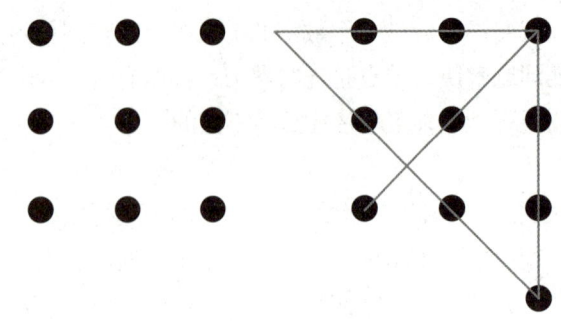

图 4-1　九点连线图

人们常常不能成功地解决这一问题，因为很多人在大脑中把九个点想成了正方形，总是试图在正方形的轮廓中连线，此时问题表征的方式阻碍了问题解决。

（三）功能固着

人们把某种功能赋予某种物体的倾向称为功能固着。例如，直尺是用来画线的，把画线这种功能赋予直尺。在问题解决过程中，个体能否改变对事物固有功能的观念以适应新问题、新情境，常常成为问题解决的关键。受功能固着的影响，人们常常难以摆脱事物固有功能的观念，因而直接影响问题解决的灵活性。假设手工课上要裁纸，非要找小刀不可吗？你是否想到直尺也可以裁纸。

（四）思维定势

思维定势是指重复先前的心理操作所引起的对活动的准备状态。由于受过去经验的影响，个体解决新问题时带有一定的倾向性。思维定势有时有助于问题解决，有时则起妨碍作用。

突破思维定势：请你用 6 根火柴摆成 4 个等边三角形，自己试试看。

（五）动机和情绪

人们对活动的态度、社会责任感、认知兴趣等，都可以成为发现问题的动机，影响问题解决的效果。动机强度不同，影响大小也不同。动机强度与工作效率之间的关系并不是一种线性关系，而是呈倒 U 形关系。

心理学家耶基斯（R. M. Yerkes，1876—1956）和多德森（J. D. Dodson，1908—1955）的研究表明，各种活动都存在一个最佳的动机水平。动机不足或过分强烈，都会使工作效率下降。动机强度适中时，才是解决问题的最佳心理状态。他们的研究还发现，动机的最佳水平随任务难度的不同而变化。在容易或简单的任务中，工作效率随动机水平的提高而上升；随着任务难度的增加，动机的最佳水平有逐渐下降的趋势，也就是说，在困难或复杂的任务中，较低的动机水平有利于问题解决。这就是著名的耶基斯-多德森定律，如图 4-2 所示。

情绪对问题解决也有一定的影响，紧张、惶恐、烦躁、压抑等消极情绪会阻碍问题解决，而乐观、平静、积极的情绪则有助于问题解决。

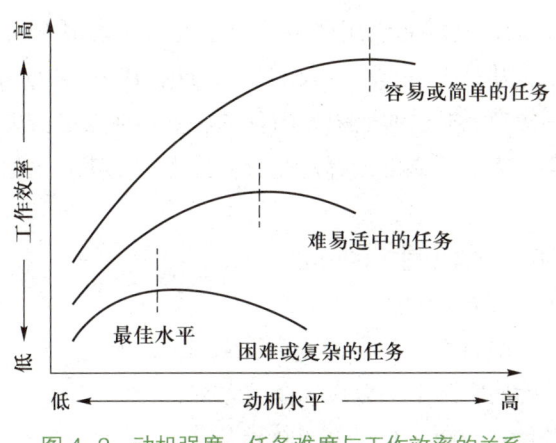

图 4-2　动机强度、任务难度与工作效率的关系

四、决策及其类型

（一）什么是决策

决策是指在几种备选的方案中进行选择的思维过程。日常生活中，决策时刻发生并影响着人们的行为。例如，高考后填报志愿时选择哪所大学、学习哪个专业？购买一件衣服时选择哪一品牌、什么价位、何种款式？这些都需要进行决策。决策的过程，实际上就是问题解决的过程。

决策直接影响到行为效果。例如，企业领导者的决策直接影响企业效益；国家的宏观决策直接影响国民经济的发展及走向。因此，研究人们如何决策，决策受到哪些因素的影响，如何克服决策中的偏差等具有现实意义。

（二）决策的类型

根据决策的风险高低，可以将决策分为确定性决策和风险决策。

1. 确定性决策

确定性决策是在确定的条件下，对备选方案作出选择的过程。例如，购买运动鞋时选择品牌 A 还是品牌 B？目前已知两种品牌的运动鞋的价格、款式、颜色、性能等，你只需要根据自己的喜好选择一种牌子就可以了。这就是在确定的条件下作出的决策。

2. 风险决策

风险决策是在不确定的条件下作出选择的过程。在风险决策中，决策者不仅对各种备选方案成功的概率不清楚，而且还可能不知道存在哪些备选方案。例如，在产品开发中，开发什么样的产品能盈利，就属于风险决策。相对于确定性决策，风险决策更难，心理学的许多研究更多是针对风险决策进行的。

五、决策的完全理性与有限理性

人们在决策过程中究竟是完全理性的还是非理性的？这是从心理学角度研究决策所关注的热点问题。

（一）决策的理性观

传统的决策研究者通常持有完全理性的观点，认为人们作出的决策都是经过严密推理、深思熟虑的，且倾向于用严格的数学方法来模拟人的决策过程。最具代表性、影响最大的是冯·诺依曼（J. von Neumann，1903—1957）和摩根斯坦（O. Morgenstern，1902—1977）提出的期望效用理论。主要观点是：决策者能够全面权衡信息并作出最后决策；人们所做的选择总是具有最大的期望效用值。例如，下面的两种方案你会如何选择？

方案一：你有 80% 的概率赚 8 000 元。

方案二：你肯定会赚 6 000 元。

你会选择方案一还是方案二？根据期望效用理论，人们会选择方案一，因为方案一的主观效用较高，然而实际上多数人选择了方案二。

方案一的期望效用：8 000×80%=6 400 元。

方案二的期望效用：6 000×100%=6 000 元。

再看下面的两种方案，你会如何选择。

方案一：你有 80% 的概率赔 8 000 元。

方案二：你肯定会赔 6 000 元。

你会选择方案一还是方案二？根据期望效用理论，人们会选择方案二，因为方案二的损失较少，但实际上多数人选择了方案一。

方案一的期望效用：（-8 000）×80%=-6 400 元。

方案二的期望效用：（-6 000）×100%=-6 000 元。

很显然，人们实际进行的选择不能用期望效用理论来解释。后来的许多研究发现，人们的实际决策并非完全遵循期望效用理论的观点。

（二）决策的有限理性观

决策者的理性是有限的理性。因为人的认知能力是有限的，加之决策情景的复杂性，决策者不可能找到所有的备选方案，也不可能准确预测所有备选方案的结果。因此，决策者是介于完全理性和非理性之间的"有限理性"的个体。最具代表性、影响最大的有限理性决策理论是卡尼曼（D. Kahneman，1934—）和特沃斯基（A. Tversky，1937—1996）提出的前景理论。该理论认为，人们决策时并非如期望效用理论所描述的那样理性，而是与期望效用理论的预期存在偏离，且这些偏离都是系统的、有规律的。

前景理论的内容非常丰富，其基本观点之一是：大多数人在面临获得的时候是风险规避的，而在面临损失的时候是风险偏好的。这一观点很好地解释了上面例子中的决策行为。为什么人在面临损失时会出现风险偏好？前景理论提出了损失厌恶的观点，即人们对损失比获得更敏感。也就是说，人们总是尽量避免损失，因为损失使人感到痛苦。例如，丢失 100 元时的痛苦感要高于获得 100 元时的快乐感。

［知识窗］
卡尼曼与诺贝尔奖

六、有效决策的策略

由于决策的"有限理性"，人们往往无法找到解决问题的所有方案，因此，最优的决策是不太可能实现的。特别是在不确定的条件下，人们更多的是根据某种固有的策略进行判断和决策。正确认识决策的方法或策略有助于个体利用已有的知识经验快速地作出决策。但是也要意识到，采用这些方法或策略可能导致决策的错误或偏差。

(一) 代表性启发法

代表性启发法是指人们估计事件发生的概率时，会受到其与总体的基本特征的相似性程度的影响。[1]通俗来讲，样本与总体的特征越相似，就越容易被归入该总体。例如，请你根据下面的情景进行决策：

心理学家对 100 名工程师和律师进行了访谈和人格测试，其中，30 人是工程师，70 人是律师。现从中随机抽出一位的描述，请判断他是工程师还是律师。

"约翰，男，45 岁，已婚，有子女，他比较保守、谨慎、有进取心，对政治、社会问题没有兴趣，大部分休闲时间从事他爱好的活动，包括家庭、木艺和猜数字谜语。"

在调查对象中，多数人选择了"约翰是一位工程师"。但是根据上文的描述，约翰更有可能是一位律师。因为 100 人的总体中有 70 名律师。为什么多数人会选择约翰是工程师，而不是律师？因为人们对概率论不是很熟悉，或是没有进行严密的概率推理，而是使用代表性启发法来作出直观的判断。尽管工程师的基础概率较低，但约翰的特点与人们印象中工程师的人格代表性特征很相似，例如，"谨慎、有进取心，对政治、社会问题没有兴趣等"，因此，把约翰归入工程师的范畴。

(二) 易得性启发法

易得性启发法是指人们倾向于根据事件或者现象在形象记忆中获得的难易程度来评估其概率的现象，容易觉察到或者回想起的常被判定为更可能出现。例如，请你对下面的问题作出决策判断：

"英文中以 R 开头的单词多，还是以 R 是第三个字母的单词多？"

人们通常会认为以 R 开头的单词多，但实际上后者要比前者多。这是因为人们更容易从记忆中提取到以 R 开头的单词，于是根据易于想起来的例子作出判断。根据易得性启发法，个体可能作出精确的判断，但也可能使个体产生判断的决策偏差。事实上，事件本身发生概率的大小并不影响易得性。易得性并不一定表示事件容易发生，而是受其他心理因素的影响。

(三) 锚定和调整启发法

锚定和调整启发法是指人们根据给定的信息作出最初的估计后，根据当前的问题对最初的估计作出调整，但是调整的幅度不大。这里最初的估计值相当于锚定，之后的调整都是在锚定基础上的微调。

有研究者给两组高中生分别呈现下面两个算式，请他们在 2 s 内估计结果是多少。

A：$1 \times 2 \times 3 \times 4 \times 5 \times 6 \times 7 \times 8$

B：$8 \times 7 \times 6 \times 5 \times 4 \times 3 \times 2 \times 1$

[1] 彭聃龄. 普通心理学 [M]. 5 版. 北京：北京师范大学出版社，2019：291.

117

尽管两个算式的结果是一样的，但是 A 组报告的平均结果是 512，B 组报告的平均结果是 2 250。为什么会出现这么大的差异呢？心理学家认为，在时间紧迫的情况下，人们往往只计算前几项，得到一个初始的计算值（锚定），然后在此基础上推算。算式 B 的初始值大，估计结果就会大些。但是这些估计结果都比算式的实际乘积（40 320）小得多。因此，即使对初始值有所调整，调整幅度也不会高。根据锚定和调整启发法，最初的估计是非常重要的。

（四）框架效应

框架效应是指客观上相同问题的不同描述导致个体作出不同的决策判断。具体来说，在决策判断过程中，人们会根据实际情境对行为结果作出预期评估，在内心设置一个类似于"框架"的评判标准，该"框架"限制了个体的决策。框架效应在本质上可以看作决策中的情境效应，问题用不同的方式呈现，人们内在的行为就会发生改变。我们来看下面这个例子：

你发现自己的汽车快没油了，你看到两家加油站。加油站 A，每升汽油 8.6 元，但如果用现金支付每升优惠 0.6 元；加油站 B，每升汽油 8.0 元，但如果用信用卡支付则每升要多付 0.6 元。在汽油品质等其他条件都相同的情况下，你会选择哪家加油站？研究表明，许多人会选择加油站 A。

显然，无论用现金还是用信用卡支付，从任何一个加油站购买的成本都是一样的。为什么人们会作出带有倾向性的选择？研究发现，在决策过程中，人们对"损失"的重视程度要远远大于同等额度的"收益"。加油站 A 是与某种"收益"（有优惠）联系在一起，而加油站 B 则是与某种"损失"（要加价）联系在一起。个体从加油站 A 购买汽油所产生的心理上的不舒服程度要比从加油站 B 购买少一些。

[知识窗]
两难选择：
博弈效应

第三节　创造性思维与批判性思维

创新是民族进步的灵魂，是一个国家兴旺发达的不竭源泉，也是中华民族最深沉的民族禀赋，正所谓"苟日新，日日新，又日新"。习近平指出："生活从不眷顾因循守旧、满足现状者，从不等待不思进取、坐享其成者，而是将更多机遇留给善于和勇于创新的人们。青年是社会上最富活力、最具创造性的群体，理应走在创新创造前列。"[①] 创新的本质是突破，即突破旧的思维定势和常规，创新离不开创造性思维与批判性思维。

---

① 习近平.习近平谈治国理政［M］.北京：外文出版社，2014：51.

一、创造性思维与批判性思维概述

（一）创造性思维

1. 什么是创造性思维

创造是人类智慧的最高表现。新机器的发明、科学中的新发展和文学艺术作品的创作等，都是不同实践领域中的创造活动。创造性思维是指运用新颖的、独创的方法，创造地解决问题，产生新思想、新假设、新原理的思维过程。它是人类思维的高级形式，也是智力水平高度发展的表现。创造性思维不仅能揭示客观事物的本质和规律，还能引导人们去获得新知识或以前未曾发现的问题的新解释，从而产生新颖的、前所未有的思维成果。创造性思维能力是创新型人才的重要标志。[①]一项创造性思维成果往往要经过长期探索、刻苦钻研，甚至历经多次挫折方能取得，具备创造性思维能力也要经过长期的知识积累、素质磨砺。

2. 创造性思维的特征

（1）变通性。变通性是指思维变化多端，触类旁通，能举一反三，不容易受功能固着和思维定势等因素的消极影响，能大胆想象，创造出奇特而又有价值的事物。例如，请说出报纸的各种用途，可能有学习、包东西、当坐垫、折纸飞机、引火等各种答案。富有创造力的人，其思维往往涉及的方面多、范围大。

（2）独创性。独创性是指个体对问题有独特的见解，在思考问题时能摆脱思维惯性，阐发自己的独到见解。例如，"你能想到的所有圆形的东西有哪些"，有的人回答"纽扣、盘子、皮球等"，这些答案极为平常，缺乏独创性；而有的人则回答"救生圈、老鼠洞、水滴等"，这些答案的独创性显然比前一类要强。

（3）流畅性。流畅性是指个体能在较短的时间里表达较多的观念，即反应迅速而且产生的观念数量多。其主要衡量标准是单位时间内产生观念的数量。例如，用汉字组词，要求用最后一个字组成下一个新词，如从国家一词开始，可以自由回忆为家庭、庭院、院落、落雨、雨水、水果、果树、树立、立正、正确、确认、认真、真理等。想起的词汇越多，则说明思维的流畅性越好。

（二）批判性思维

1. 什么是批判性思维

批判性思维是指对所学内容的真实性、精确性、性质与价值进行判断，从而对做什么和相信什么作出合理决策。[②]例如，识破误导顾客的广告，衡量竞争双方的实力，洞见辩论中的假设或谬误，考察文章或演讲中的前后逻辑性等。如果说创造性思维是所谓的多谋，那么，批判性思维就是所谓的善断。

2. 批判性思维的特征[③]

（1）质疑。即提出疑问，而不是无条件地接受专家和权威的结论。能够提出问题并且善于提出问题是批判性思维的起点。例如，孩子回到家里，家长不是问"你今天

---

① 周耀烈，刘艳彬.创造性思维：创意生成的智慧［M］.长春：吉林大学出版社，2010：9.
② 刘儒德.论批判性思维的意义和内涵［J］.高等师范教育研究，2000（1）：56-61.
③ 钱颖一.批判性思维与创造性思维教育：理念与实践［J］.清华大学教育研究，2018（4）：1-16.

学到了什么新知识",而是问"你今天提出了什么新问题",甚至还可以接着问"你提出的问题中有没有老师回答不出来的",这就是批判性思维的起点。

（2）解释与判断。提出疑问之后，要能够用有说服力的论证和推理给出解释与判断，包括新的、与众不同的解释与判断，而不是简单地接受各种不同的解释与判断。此时批判性是很重要的，通过取证、分析、推理等方式，作出决策，明确哪一种说法更有说服力，避免出现"公说公有理、婆说婆有理"的现象。

批判性思维是以提出疑问为起点，以取证、分析、推理为过程，以提出有说服力的答案为结果。在这个意义上，"批判性"不是"批判"，因为"批判"总是否定的，而"批判性"则是指审辩式、思辨式的评判，是建设性的。

二、创造性思维与批判性思维的培养

2005 年，钱学森（1911—2009）曾发问："为什么我们的学校总是培养不出杰出的人才？""钱学森之问"是一道关于中国教育事业发展的命题，需要整个教育界乃至社会各界共同破解。比"钱学森之问"更为一般、更明确的问题是：相对于我们的人口规模、经济总量、教育投入，培养出的具有创造性思维和批判性思维的人才，为什么这么少？那么，怎样才能培养创造性思维和批判性思维呢？

（一）创造性思维的培养

创造性思维是在一般思维的基础上发展起来的，它是后天培养与训练的结果。因此，我们可以运用心理学上的"自我调节"，有意识地从下面五个方面培养创造性思维。

1. 展开"幻想"的翅膀

想象力是人类运用储存在大脑中的信息进行综合分析、推断和设想的思维能力。在思维过程中，如果没有想象的参与，思考就很难发生。郭沫若（1892—1978）说过："科学也需要创造，需要幻想，有幻想才能打破传统的束缚，才能发展科学。"众所周知，世界上第一架飞机，就是从人们幻想造出"飞鸟"的翅膀而开始的。幻想不仅能引导我们发现新的事物，而且还能激发我们作出新的努力和探索，去进行创造性劳动。

2. 培养发散思维

在问题解决过程中，倘若可能有多种答案，那就以问题为中心，将思考的方向发散，找出适合的答案越多越好，而不是只找到一个正确答案，这就是发散思维的体现。个体在发散思维中可左冲右突，在所适合的各种答案中充分表现出思维的创造性成分。我国著名数学家陈景润（1933—1996）曾说过"做研究就像登山，很多人沿着一条山路爬上去，到了最高点就满足了，可我常常要试十条路，然后比较哪条山路爬得最高"。比如我们思考"砖头有多少种用途"。我们至少有以下各式各样的答案：造房子、砌院墙、铺路、刹住停在斜坡的车辆、作锤子、压纸头、代尺划线、垫东西、搏斗的武器等等。

3. 发展直觉思维

直觉思维在学习过程中，有时表现为提出怪问题，有时表现为大胆的猜想，有时表现为一种应急性的回答，有时表现为解决一个问题，设想出多种新奇的方法、方案，等等。青年人感觉敏锐，记忆力好，想象力极其丰富、跳跃，在学习和工作中面对解决问题时，可能会产生突如其来的新想法、新观念。我们要及时捕捉这种创造性思维的产物，善于发展自己的直觉思维。

4. 发展思维的流畅性、灵活性和独创性

心理学家曾采用急骤的联想或暴风雨式的联想的方法来训练大学生思维的流畅性。训练时，要求学生像夏天的暴风雨一样，迅速地抛出一些观念，不容迟疑，也不要考虑质量的好坏或数量的多少，评价在结束后进行。速度越快、讲得越多表示流畅性越高。这种自由联想与迅速反应的训练，无论是对于思维的质量还是流畅性，都有很大的帮助，可促进创造性思维的发展。

5. 培养强烈的求知欲

人的欲求是在需要的基础上产生的。没有精神上的需要，就没有求知欲。我们要有意识地为自己出难题，或者主动去"啃"前人留下的不解之谜，激发自己的求知欲。求知欲会促使人去探索科学，进行创造性思维，而只有在探索过程中，才会不断地激起好奇心和求知欲。

[知识窗]
京张铁路的
创新

（二）批判性思维的培养

现实生活中，如果离开了批判性思维，我们就可能被信息的汪洋大海所淹没，被各种似是而非的解决方案所迷惑，被他人别有用心的谎言所误导。正因为如此，批判性思维被列为未来社会公民必须具有的五大技能之一，另外四项技能是处理信息的能力、解决问题的能力、学习能力和全球意识。那么，在日常生活中应该怎样培养个体的批判性思维能力呢？

1. 平等地审视每一种观点

我们总是对自己认定的事物深信不疑。在出现与自己认知不同的观点时，很难做到抛却偏见来平等地看待他人的观点，有时甚至会有意识地忽略不同的观点。但是从本质上来说，自己的观点和他人的观点并没有什么不同，这就要求我们在思考问题时尽量排除个人情感和立场的影响，坚持公平客观的思维标准。

2. 敢于质疑和挑战权威

人类文明的发展源于始终在前人的基础上进行探索和发展，但是事实上并不是所有前人的经验和教训都是正确的。很多人都有思维惰性，对于一些信息和知识采用全盘接受的方式。但是人类历史上很多重大的科学发现都源自敢于向权威发起质疑和挑战。例如，20世纪三四十年代，全世界都认为中国是贫油国家，甚至国内的一些所谓专家也都对"中国贫油论"表示赞同。新中国成立后，我国杰出的地质学家李四光（1889—1971）用科学的理论与实践，在很短的时间里，先后发现了大庆油田、胜利油田、大港油田等，彻底否定了"中国贫油论"。

3. 经常进行换位思考

换位思考指的是站在他人的角度和立场去看待和思考问题，它要求我们置身于对方的情境中，从他人的前提、假设和观点进行分析和推理，从而发现双方看待同一个事物的不同之处。真正理解对方的观点，有助于双方之间的沟通，也能够让解决方案

更加合理和完整。

4. 重视证据和事物间的逻辑性

要想从繁杂的事物中抽丝剥茧，拨开重重迷雾发掘真相，我们就必须重视证据和事物间的逻辑性。不管任何时候都不要人云亦云，在没有任何证据和逻辑理论支撑的情况下贸然决断。我们要学会利用证据和逻辑，对事物进行清晰准确的思考，从而理性地决策。

5. 保持思考的独立性

在形成对一件事物的看法和观点时，批判性思维要求我们不是被动接受他人的观点，而是保持自己思考的独立性，积极地去看待问题，这样有利于得出更加客观和准确的判断。如果不能保持思考的独立性，就很容易被不同的声音所干扰，出现决策上的失误和犹豫不决。在日常工作和生活中，思维陷阱层出不穷，如果我们不加筛选和判断而直接吸取和采纳，那么很容易就会被他人所利用。拥有批判性思维，可以使我们在面对海量信息时，做到从容淡定，知道什么是正确的选择，从而帮助我们解决遇到的困难，掌控自己的人生。

反思·实践·探究

【反思】

1. 思维、概念与推理三者之间的关系是什么？
2. 结合专业实际，说明如何应用问题解决策略。
3. 如何理解决策的完全理性与有限理性？
4. 培养批判性思维的主要途径是什么？

【实践】

组织 3~5 名同学召开一次小型讨论会，主题为"如何提高手机界面操作的舒适度"。

讨论过程中要注意：（1）不做评价，等活动结束时再做评价。（2）要求创新，说出想到的任何主意。（3）越多越好，尽可能把所有想到的观点都说出来。（4）见解无专利，鼓励综合各种见解或在他人见解的基础上进行发挥。

通过讨论，你是否发现自己的观点和想法很有限？你还可以给手机生产商提供哪些建议？

【探究】

"非常规用途测验"经常用来测量发散思维的变通性。其基本要求是在一定时间内尽可能多地说出某个物品的用途，通过说出物品用途的维度来衡量发散思维。

找 3 名同学试做一个"非常规用途测验"，根据结果你认为谁更有创造性？

1. 俞文钊 . 创造心理学：从创业到创新［M］. 上海：同济大学出版社，2020.

该书结合创新学的特点，完善了创造心理学的研究体系，并在新的高度上将两者结合。内容涵盖丰富，涉及创新与创造力的基本理论、不同领域创造性人才的人格特征、团队创造性的挖掘与训练、领导者的创造力开发等。全书的重点与特点放在开发与实际操作上，为促进读者的创业和创新提供了重要的参考依据。

2. 段媛，徐慧远 .5 分钟思维训练：逻辑与创意思考法［M］. 北京：北京大学出版社，2020.

该书是一本脑力开发读本，最大的特点是"思维是训练出来的"，能让读者感受到思维经过训练后所带来的益处。这本书犹如一本行动指南，通过 100 个注重过程而非结果的思维训练题，锻炼读者的逻辑思维与创新思维能力。

3. 郑毓煌，苏丹 . 理性的非理性：生活中的怪诞行为学［M］. 北京：中国友谊出版公司，2022.

该书将行为经济学中的非理性决策研究与心理学和营销学完美地结合起来，为解释人们看似"非理性"的行为提供了重要的洞察和清晰的阐述，让读者看到，无论人们多么崇尚理性，还是会作出一些出人意料的举动，而这些看似出人意料的非理性行为背后，总有共同的规律在发挥作用。

第五章　能力

木雕精度

　　福建腾晖工艺有限公司高级工艺美术师郑春辉自幼对艺术创作感兴趣，小时候家里没钱买纸笔，他就在地上画画，后来才开始学习木雕技艺，逐渐成为一名木雕匠人。以前他的木雕多以人物为题材，山水只是陪衬。可是故乡的青山绿水和儿时识记的古诗词总是让他念念不忘，于是他开始尝试用山水画构图，并将中国古典诗词等文化元素融入木雕创作中。他不止步于传统的木雕技艺，而是一直在思考，木雕如何让传统山水画立起来、活起来的同时，更能反映现实、记录时代。后来，他用了几年的时间，自己摸索、创立了一套镂空雕、透雕和莆田精微透雕相结合的技法：在一根长 12 m、宽 2 m 多、高 3 m 多的香樟木上，创造了一幅具有特殊意义的《清明上河图》。因为体量巨大，该作品还获得了一项吉尼斯世界纪录。

　　郑春辉用一件木雕作品向世界展示了超高水平的中国传统木雕技艺，展现了新时代大国工匠勤勤恳恳、精益求精的时代风采。郑春辉能在一块普通的香樟木上雕刻出《清明上河图》，这背后既体现出他的雕刻天赋，更得益于他坚持不懈、日复一日地练习。"勤勤恳恳、精益求精"方是成才之道。

「小活动」橡皮雕刻

第一步：请找一块橡皮。

第二步：回想一位你喜欢的卡通人物形象。

第三步：用刀在橡皮上雕刻出它的形象。

第四步：与周围的同学比较一下，看看谁雕刻得更细致、更像呢？

活动要点：除了掌握橡皮雕刻中线条的刻制方法、提高细节处理的技巧外，要想雕刻得更细致、更像，还需要具备哪些能力呢？

科学原理：能力不等于知识，也不等于技能，但能力与知识和技能之间又密不可分。

现实生活中的应用：橡皮印章的制作。

第一节　能力概述

什么是能力？是不是有能力的人就一定有很高的智力？与人们常识中的能力概念不同，心理学中的能力是指个体能够顺利完成某项活动所必须具备的个性心理特征。智力属于能力的一种类型，也是让个体变成有能力的人的前提条件。

一、什么是能力

能力是直接影响活动效率，使活动得以顺利完成的个性心理特征。个体在完成某项活动时，必须以一定的心理和行为方面的条件作为保证，这种基本的条件就是能力。

能力包含两层含义：成就和能力倾向。成就是指个体在某一领域所具有的知识、技能或取得成绩的水平，指向已经获得的成果或已经完成的事件。能力倾向是指个体接受必要的培训和实践后获得成功的可能性，是一种潜在的、特殊的能力。个体在某项活动上的能力，不仅取决于其现有的成就水平，还取决于其所具有的潜力和可能性。

能力与活动密切相连，表现在所从事的各种活动中，并在活动中得到发展。一个有绘画能力的人，只有在绘画活动中才能施展自己的能力；一个有管理才能的人，只有在担任领导的活动中才能展现出来。当一个人顺利完成某项活动时，就能表现出其能力水平。

能力是顺利完成某项活动的直接有效的心理特征，而不是顺利完成某项活动的全部心理条件。例如，在学生的学习活动中，不仅注意力、观察力、记忆力、思维力和想象力等在起作用，动机、情绪、性格等也在起作用。前者直接决定学习的进程和效率，是学习活动必备的心理条件，后者则是影响学习的间接的、辅助性的心理条件。

能力的产生与发展是与人类的社会生活分不开的。以人类发展早期阶段抽象思维能力的形成为例，原始人在修建窝棚、缝制兽皮衣服等实践活动中，一方面不断地把各种物体分解为部分，另一方面又把各个部分联合成一个新的统一的整体。人们在这个过程中逐渐学会了在大脑中进行分析和综合，即思维的分析和综合。这种思维的分析和综合，是在亲身实践、实际分析和综合物体特征的基础上发展起来的。人类较复杂、较高级的能力正是随着社会的进步、人类实践的需求逐步发展起来的。

二、能力与相关概念的辨析

（一）能力与智力

人们通常把能力与智力这两个概念等同起来使用，但能力与智力在严格意义上是有区别的。能力一般分为认知能力和操作能力。认知能力是指完成某项活动最基本的心理条件，在各项活动中都不能缺少它。例如，不能辨别颜色和失去空间知觉的人很难成为画家。操作能力是指身心并用去完成实际工作的能力，如从事各项体育运动或劳动活动的能力都属于操作能力。智力一般是指个体在认知过程中所表现出来的能力，包括注意力、观察力、记忆力、思维力和想象力等。可以说，智力是能力的重要体现，是认知活动中的综合能力。

（二）能力与知识、技能

知识是人类社会历史经验的概括和总结，是人脑对客观事物的主观表征。知识以概念和思想的形式为人们所掌握，是活动的自我调节机制中一个不可缺少的构成要素，是能力基本结构中不可缺少的组成部分。例如，物流服务与管理知识、酒店服务与管理知识、汽车制造与检修知识、土木工程检测技术知识等。

技能是一种个体经验，是在练习的基础上形成的自动化的动作系统。技能直接控制活动的动作程序的执行，以行动方式为人们所掌握，是活动的自我调节机制中的一个组成要素，也是能力结构的基本组成部分。

知识不等于能力，知识和技能是能力的基础，只有那些能够广泛应用和迁移的知识和技能，才能转化为能力。战国时期，赵国名将赵括从小熟读兵法，对军事总能侃侃而谈，秦赵两国在长平交战，赵孝成王任命赵括为将军，以期击溃秦军，谁知赵括一上战场就落入秦军的天罗地网，最终导致四十余万赵军全军覆没。可见，停留在书本层面的知识，如果既不能广泛迁移，又不能用来解决实际问题，那么这种知识就很难转化为能力。因此，知识和能力是有区别的。

能力不等于技能。能力是人们成功完成某种活动所必需的个性心理特征，技能是个体在某一领域的实际操作水平和熟练程度。能力是通过遗传、环境和个人努力等多种因素共同作用形成的，而技能则是通过长时间的学习和实践积累形成的。能力是一个较为宽泛的概念，它可以涵盖多个领域，如智力、体力、创造力等。技能则是一个相对具体的概念，它通常针对某一特定领域或任务，如编程、绘画、驾驶等，是从知识掌握到能力形成的中间环节。当一项技能被反复操练，会进一步内化为一种能力，而当个体具备一定能力时，可以迅速迁移到其他技能领域。

能力与知识、技能之间又密不可分。首先，知识、技能是能力形成的基础，并推动能力的发展。随着知识、技能的积累，个体的能力会不断提高。其次，掌握知识、技能要以能力发展为前提。能力制约着掌握知识、技能的速度、广度、难度和巩固程度，并影响对知识、技能的运用。由此可见，能力是掌握知识、技能的前提，又是掌握知识、技能的结果。两者是互相转化、互相促进的。正确理解能力与知识、技能的关系，有助于科学地传授知识、培养技能、发展能力，对社会进步和个人发展都具有重要意义。

梁攀：从中考落榜生到世界技能大赛冠军

从中考失利、四处打工到担任技师学院教师，再到成为世界技能大赛冠军，梁攀用技能改变了命运，用奋斗书写了崭新的人生。

中考失利后，梁攀在农村工地搬过砖、在餐厅做过服务员、进过电子厂，经过社会磨炼，梁攀更坚定地认识到拥有一技之长的重要性。

2013 年，梁攀进入重庆市机械高级技工学校，学习电机电器装配与维修专业，两年后又进入重庆铁路运输技师学院深造。重回校园的梁攀倍加珍惜学习机会，不浪费一分一秒。只需上半天的实操课，他从来都是上一天；别人下课休息了，他还常常在用心钻研。

天道酬勤，凭借远超同龄人的努力，梁攀得到了一个入选校竞赛集训队的机会，并成功进入第 44 届世界技能大赛电子技术项目重庆集训队，但在参加全国选拔赛时，他遗憾止步。暗暗憋着一股劲的梁攀没有放弃，终于在第 45 届世界技能大赛全国选拔赛上，他以第一名的成绩获得了代表国家出征有着"世界技能奥林匹克"之称的世界技能大赛的入场券。

2019 年 8 月，俄罗斯喀山，在四天的时间里，梁攀出色地完成了电路设计与仿真、嵌入式程序设计、印制电路板组装 3 个模块，一举夺得了中国在世界技能大赛电子技术项目上的首枚金牌。站在最高领奖台上的梁攀，将披在身上的五星红旗高高举起。获得世界冠军后，梁攀放弃了许多大企业抛出的橄榄枝，选择回到母校重庆铁路运输技师学院任教。他想用自己的经历和技艺，帮助更多像他一样的孩子走上技能成才之路。

（三）能力与才能、人才、天才

要顺利完成某项活动，单凭一种能力是不够的，必须靠多种能力的结合。例如，只利用色彩感受能力进行绘画活动是不可能的，还要依靠观察力、想象力、线条感、形态感等多种能力。多种能力的有机结合即为才能。才能不是各种能力的简单排列，而是各种能力的独特结合，是相互联系、相互影响、相互融合的。例如，有音乐才能的人需要具备三方面的基本能力：曲调感、音乐表象和节奏感。不同的人在音乐活动中，这三种能力的结合是不一样的。同样是音乐成绩优秀的学生，有的可能曲调感比较强，有的可能音乐表象比较强，每个人能力的独特结合就表现出其某方面独特的才能。

能力是完成一项目标或者任务所体现出来的综合素质，是为他人所知的；而才能是指一个人已经具备但未表现出来的知识、经验、体力和智力。拥有某种才能或能力的人称为人才。人才是指具有一定的专业知识或专门技能，进行创造性劳动并对社会作出贡献的人，是人力资源中能力和素质较高的劳动者。

当一个人的各种能力在活动或任务中达到了最佳结合，能创造性地完成某一领域的复杂活动或任务时，通常被称为天才。人并非生来就是天才，天才是在良好素质的基础上，通过后天环境、教育的影响，加上个人主观努力发展形成的。

第二节 能力理论

能力具有复杂的心理结构，心理学家对能力的类型和结构展开了丰富且深入的探究。根据不同的标准，将能力分为一般能力和特殊能力、模仿能力和创造能力；根据不同的理论观点，心理学家提出了智力的因素理论和结构理论两大范式，将智力分为了多种组成结构。

一、能力的类型

（一）一般能力和特殊能力

根据能力发挥作用的范围不同，能力可分为一般能力和特殊能力。

一般能力是指在不同类型的活动中表现出来的能力，如观察力、记忆力、抽象概括能力、想象力、创造力等。其中，抽象概括能力是一般能力的核心。平时人们所说的智力，就是指一般能力，是人们在一切活动中都需要具备的普通能力。

特殊能力是人们在某项专业活动中表现出来的能力。特殊能力是顺利完成某项专业活动的心理条件。例如，木雕师需要高超的形象记忆能力、精湛的刻刀操控能力和空间抽象能力等。

一般能力是特殊能力的重要组成部分。人的一般听觉能力既存在于音乐听觉能力中，又存在于言语听觉能力中。没有一般听觉能力的发展，就不可能发展音乐和言语听觉能力。同时，特殊能力的发展有助于一般能力的发展。例如，音乐听觉能力的发展会提高一般听觉能力，并进而影响言语听觉能力的发展。

（二）模仿能力和创造能力

根据能力所包含创造性的大小，能力可分为模仿能力和创造能力。

模仿能力是指人们通过观察，效仿他人的言行，建立与之相似的言行方式的能力。模仿是人类的天性和本能。模仿是3—4岁儿童主要的学习方式，他们通过模仿父母的说话方式和表情，建立自己的言行方式。模仿能力是人类和动物共有的一种重要能力。

创造能力是指人们在习以为常的事物和现象中发现新的联系，提出新思想、新方法和新产品的能力。创造能力意味着个体要在已有发现或旧思想的基础上，打破传统或已有的规则和束缚，跳出思维的牢笼，去探索事物间新的联系和关系，提出新的思想，产生新的产品。例如，作家在头脑中构思新的人物形象，创作新的作品，科学家提出新的理论模型并用实验证实，这些都是创造能力的具体表现。

模仿能力与创造能力是两种不同的能力，模仿能力只能按已有的方式解决问题，而创造能力能提供解决问题的新方法与新途径。模仿能力与创造能力有着密切的关系，人们常常是先模仿，然后再进行创造。可以说，模仿能力是创造能力的前提和基础，但具有模仿能力不一定就会有创造能力。

在创造能力中，思维的创造性是人类思维的高级形态，也是智力的高级表现。它是个体在新异情况或困难面前采取对策，独特新颖地解决问题的过程中表现出来的智力品质。

创造性思维可以分为聚合思维和发散思维，聚合思维是指从已知信息中产生逻辑结论，从已有资料中寻求正确答案的一种有方向、有条理的思维方式。例如，当你参与一项多选测验时，需要不断尝试排除错误选项直至找到正确答案。大多数学校鼓励学生发展聚合思维。发散思维是指大脑在思维时呈现的一种扩散状态的思维模式。它表现为思维视野广阔，思维呈现出多维发散状。例如，想象你是一个广告公司的员工，要帮客户产品想出尽可能多的广告标语，这时你采用的就是发散思维。

[知识窗]
情绪智力

守 正 创 新

习近平总书记指出：中华民族是守正创新的民族，有着守正创新的传统，无论时代如何发展，我们都要激发守正创新、奋勇向前的民族智慧。

在历史的长河中，我们的先人们发明了造纸术、印刷术、指南针和火药，在天文、数学、医学、农学等多个领域创造了累累硕果，为世界贡献了无数科技创新成果，对世界文明进步影响深远、贡献巨大，也使我国长期居于世界强国之列。在中华文明发展进程中，曾出现过阻碍进步的消极主张，也经历过历史低潮和剧烈阵痛时期，但它们不是主流，中华民族总能以强大的自我更新能力，迸发出求存图强、创新奋进的强大力量，一次又一次战胜了各种挑战，焕发新生，继续前进。世界四大文明古国唯有中华文明绵延传承至今未曾中断，始终不渝地坚持弘扬守正创新的传统，无疑是重要原因。

二、智力的结构

能力是具有复杂结构的各种心理品质的总和。其中分析智力的结构，对深入了解能力的本质、合理设计能力的测量手段、科学设定培养的原则等都有重要的意义。而智力究竟由哪些心理因素构成，它们呈现什么样的组合结构，历来是智力理论研究和应用研究的争论焦点，不同学者有着不同的看法，形成了关于智力结构的不同主张。以下所介绍的智力理论，分为因素理论和结构理论两大范式。在每一个范式下，分别介绍几种在国内外较有影响力的智力理论。

（一）智力的因素理论

1. 二因素理论

1904 年，英国心理学家斯皮尔曼（C. E. Spearman，1863—1945）根据人们完成智力任务时成绩的相关程度，提出人的能力由一般能力和特殊能力两个因素组成。一般能力也称一般因素，是所有智力活动的基础，是个体在遗传过程中都会得到的基本能力，是决定一个人能力水平的主要因素，具体包括认知能力、理解能力、言语能力、自理能力等。特殊能力也称特殊因素，是指个体完成某些特殊活动所必需的能力，如运动能力、音乐能力、绘画能力等。这种能力是个体在某方面表现出来的、异于他人的能力。一般能力与特殊能力密切相关。例如，人们在语词和数学中表现出来的特殊能力与其认知能力、理解能力等一般因素密切相关。

2. 多因素理论

1938 年，美国心理学家瑟斯顿（L. L. Thurstone，1887—1955）通过研究发现，人的智力除了一般因素外，还有很多特殊因素，分别是言语能力、数学能力、空间能力、知觉能力、记忆能力、推理能力和语词流畅能力 7 种彼此独立的基本心理能力。这些基本心理能力的不同搭配，便构成了个体独立的智力。

3. 流体智力和晶体智力理论

1963 年，美国心理学家卡特尔（R. B. Cattell，1905—1998）提出智力分为流体智力与晶体智力。

流体智力是指个体在信息加工和问题解决过程中所表现出来的能力。流体智力主要是先天的能力，是随神经系统的成熟而提高的，如类比、机械记忆、演绎推理能力、形成抽象概念的能力等，不受教育与文化影响的能力都属于流体智力。流体智力几乎可以转换到一切活动中。

晶体智力是以习得经验为基础的认知能力，是个体获得语言、数学等知识的能力，如词汇、言语理解、常识等。晶体智力是通过学习和经验获得的，与社会文化有密切的关系，主要表现为运用已有知识和技能去吸收新知识和解决新问题的能力。

通常在任何一项智力活动中都包含这两种智力，二者很难分开。其中，流体智力是晶体智力的基础，较强的流体智力有助于晶体智力的发展，个体的接受能力取决于流体智力的水平。此外，两种智力的发展模式不同。流体智力在青年期后开始缓慢下降，较早地表现出衰退。晶体智力在青年期后仍处于上升阶段，并保持到老年期，如图 5-1 所示。

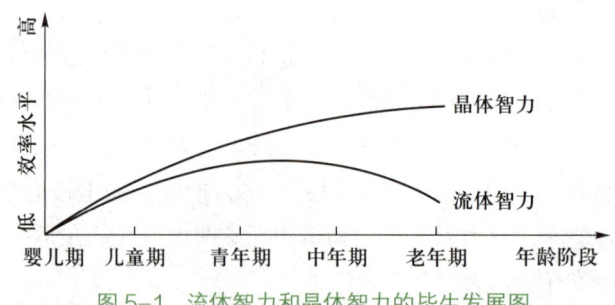

图 5-1 流体智力和晶体智力的毕生发展图

4. 多元智力理论

多元智力理论由美国心理学家加德纳（H. Gardner，1943— ）在 20 世纪 80 年代提出。加德纳认为，人的智力是多元的，它由 9 种相对独立的智力成分构成。这 9 种智力在每个人身上以不同的方式、程度组合，从而使每个人的智力各具特色。

（1）言语智力：对语言的掌握和灵活运用的能力。这种智力在记者、编辑、作家、演讲家和律师等人身上有比较突出的表现。

（2）数学 – 逻辑智力：数学运算及逻辑思维推理的能力。这种智力在科学家、会计、计算机程序员等人身上有比较突出的表现。

（3）空间智力：对色彩、形状、空间位置等要素的准确感受和表达的能力。这种智力在画家、雕刻家、建筑师、航海家等人身上有比较突出的表现。

（4）音乐智力：对音乐的感受、辨别、欣赏及表达的能力。这种智力在作曲家、指挥家、歌唱家、演奏家等人身上有比较突出的表现。

（5）身体－运动智力：身体协调、平衡能力和运动的力量、速度、灵活性等。这种智力在运动员、舞蹈家、外科医生、赛车手和杂技表演艺术家等人身上有比较突出的表现。

（6）人际智力：对他人的表情、言语、手势、动作的敏感程度以及个人觉察、体验他人的情绪、情感并作出适当反应的能力。这种智力在教师、心理治疗师、律师、推销员、公关人员和政治家等人身上有比较突出的表现。

（7）自知智力：认识、洞察和反省自身的能力。这种智力在文学家、小说家、诗人等人身上有比较突出的表现。

（8）自然感知智力：观察自然界中的各种形态，对物体进行辨认和分类，能够洞察自然或人造系统的能力。这种智力在植物学家、博物学家、生态学家、医药人员、庭院设计师等人身上有比较突出的表现。

（9）对精神和存在的思索智力：陈述、思考有关生与死和终极世界的倾向性，即思考人们的生存方式及其潜在的能力。这种智力在哲学家、天文学家、人类学家、幻想家等人身上有比较突出的表现。

5. 智力三元理论

美国心理学家斯滕伯格（R. J. Sternberg，1949—　）认为，一个完备的智力理论必须说明智力的三个方面，即智力的内在成分、智力成分与经验的关系以及智力成分的外部作用。这三个方面构成了智力成分亚理论、智力经验亚理论、智力情境亚理论，即三元智力理论，其模型如图5-2所示。

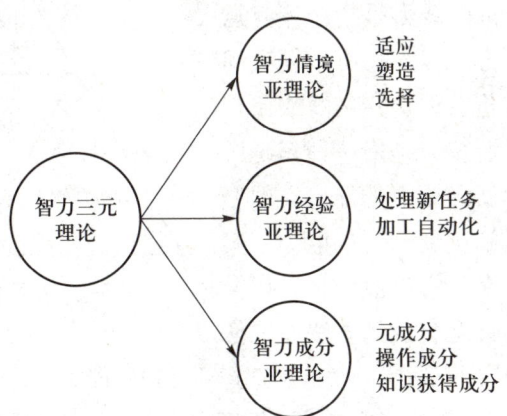

图 5-2　斯滕伯格的三元智力理论

智力成分亚理论与个体的内部世界相联系，主要考察思维和问题解决等所依赖的心理过程。斯滕伯格认为，智力包括三种成分及相应的三种过程，即元成分、操作成分和知识获得成分。元成分是用于计划、控制和决策的高级执行过程，如确定问题的性质、选择问题解决的步骤、调整问题解决的思路、分配心理资源等；操作成分表现在任务的执行过程中，是接收刺激、将信息保持在短时记忆中并进行比较，负责执行元成分的决策；知识获得成分是指获取和保存新信息的过程，负责接收新刺激，做出判断与反应以及对新信息的编码与储存。在智力成分中，元成分起着核心作用，它决定人们问题解决时所使用的策略。

智力经验亚理论涉及个体的内部和外部世界，经验是联结内部和外部世界的桥梁。斯滕伯格认为，处理新任务能力和加工自动化能力是完成复杂任务时两个紧密相连的方面。当个体初次遇到某项任务或某一情境时，处理新任务能力就开始发挥作用；在多次实践后，人们积累了关于任务或情境的经验，加工自动化能力才开始发挥作用。

智力情境亚理论涉及个体的外部现实世界，主要强调适应环境、塑造环境和选择新环境在个体对生活环境适应过程中的作用。在日常生活中，个体总是努力适应所处的环境，力图在个体及环境之间达到一种和谐，这些有目的地适应环境、塑造环境和选择新环境的能力统称为情境智力。

6. 成功智力理论

1996 年，斯滕伯格在三元智力理论的基础上，提出了更具实用和现实取向的成功智力理论，强调智力不应仅涉及学业，更应指向真实世界的成功。斯滕伯格认为，"成功"是指个体能在现实生活中实现自己的目标，这种目标是个体通过努力最终能够达成的人生理想。因此，成功智力就是用以达到人生中主要目标的智力，它能使个体以目标为导向并采取相应的行动，是对个体的现实生活有举足轻重影响的智力。

斯滕伯格认为，成功智力是由分析性智力、创造性智力和实践性智力三个相对独立的能力组成的，这三个方面是彼此联系的（如图 5-3 所示）。分析性智力是指个体有意识地确定心理活动的方向以发现有效解决问题的办法，即进行分析、评价、判断或比较和对照的能力。创造性智力是指一种超越已知给定的内容而产生新异观点的能力，即产生新想法和创造性地解决新问题的能力。实践性智力是指一种可在日常生活中将思想及其分析的结果以一种行之有效的方法加以使用的能力，即把经验应用于适应、塑造和选择新环境的能力。

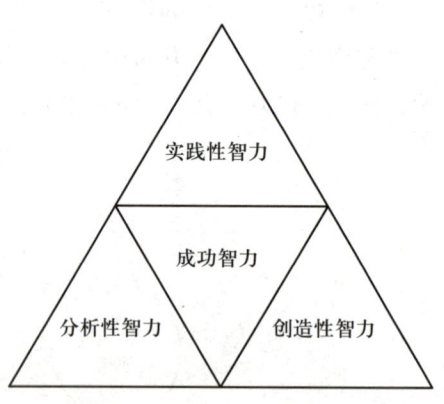

图 5-3　斯滕伯格的成功智力理论

斯滕伯格认为，成功智力只有在分析性智力、创造性智力和实践性智力三方面协调、平衡发展时才最为有效。知道什么时候以何种方式来运用成功智力的三个方面，要比仅具有这三个方面的能力更为重要。成功智力高的人不仅具备这些能力，而且还会思考在什么时候、以何种方式来有效地运用这些能力。

（二）智力的结构理论

1. 吉尔福特的三维结构理论

美国心理学家吉尔福特（J. P. Guilford，1897—1987）采用因素分析法检验了许多与智力相关的任务，提出了智力的三维结构理论。吉尔福特认为，智力可分为内容、操作和结果三个维度，其中，内容是智力活动的对象或材料，操作是指由对象或材料引起的智力活动的过程，结果是指运用智力操作所得到的结果。每一项智力任务都包含内容、操作和结果三个维度，每一个内容—操作—结果的结合都代表了一种独立的智力，一共可以得到120（4×5×6）种组合，即120种智力因素，如图5-4所示。之后，吉尔福特对这个三维空间结构不断充实，从最初的120种智力因素，增加到180种智力因素，后来又增加到240种智力因素。

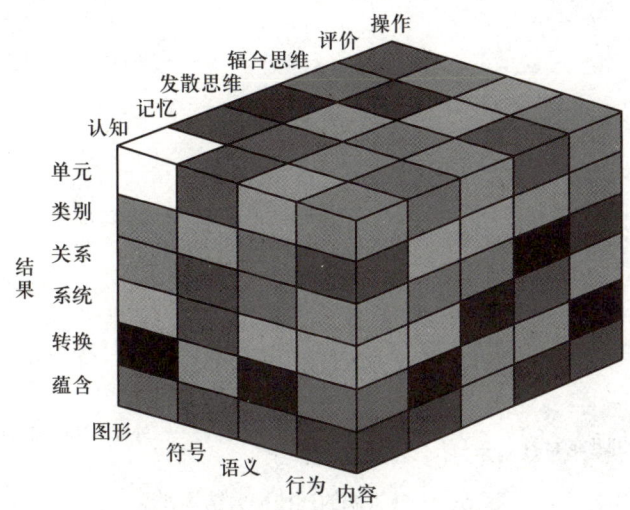

图5-4 吉尔福特的三维结构理论

2. 弗农的智力层次结构理论

英国心理学家弗农（P. E. Vernon）继承和发展了斯皮尔曼的二因素理论，提出了智力层次结构理论。他认为智力的结构是按层次排列的，并把它分为四个层次：最高层次为一般因素；第二层次分为两大因素群，即语言和教育因素、机械和操作因素；第三层次为较小因素群，包括语词、数量、教育、机械、空间、操作等；第四层次为特殊因素群，即各种各样的特殊能力。弗农的智力层次结构理论如图5-5所示。

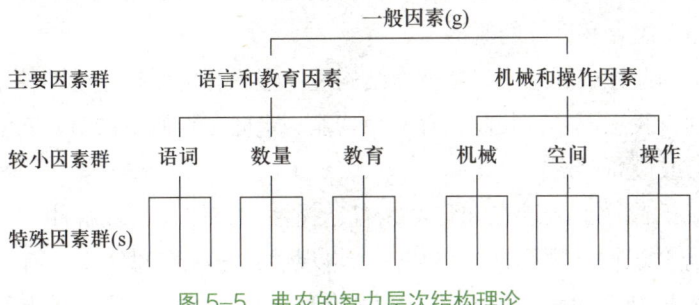

图5-5 弗农的智力层次结构理论

3. 林崇德的三棱智力结构理论

三棱智力结构理论是由我国心理学家林崇德（1941—　）提出来的。林崇德认为，智力属于个性的范畴，可以将智力定义为"成功地解决某种问题（或完成任务）且表现出良好适应性的个性心理特征"。智力的核心是思维，从这个定义出发，林崇德认为人类个体之间存在智力差异的根本原因在于其思维结构存在差异。在此基础上，他通过对专家和教师的访谈研究，提出了三棱智力结构理论。该理论包含了思维的监控、思维活动中的非智力因素、思维的品质、思维的过程、思维的目的、思维的材料六个内部因素和一个外部环境因素。林崇德的三棱智力结构理论说明智力主要是人们在特定的物质环境和社会历史文化环境中，在自我监控的控制和指导下，在非认知因素的作用下，为了达到某种目的，识别问题、分析问题和解决问题时所需要的思维能力。如图 5-6 所示。

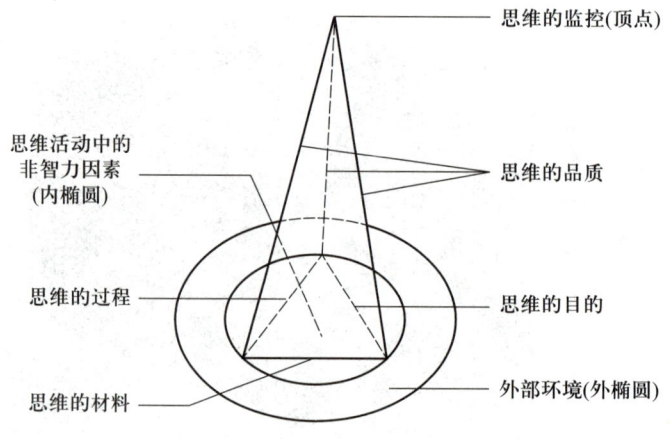

图 5-6　林崇德的三棱智力结构理论

该理论有以下六个方面的含义：

（1）思维的目的：三棱智力结构理论强调智力是人类特有的、成功解决问题的、有目的的活动。智力的目的性是智力的根本特点，反映了智力的自觉性、有意性、方向性和能动性。

（2）思维的过程：三棱智力结构理论强调智力活动的框架是确定目标—接收信息—加工编码—概括抽象—操作运用—获得成功。

（3）思维的材料或内容：三棱智力结构理论强调两种材料或内容，即感性的材料或内容（感觉、知觉、表象）和理性的材料或内容（主要是指概念，即用语言对数和形的各种状态、组合和特征的概括）。

（4）思维的监控或反思：三棱智力结构理论强调智力结构中的监控结构，其实质是智力活动的自我意识。自我监控有三种功能：定向、控制、调节。自我监控是智力结构中的顶点或最高形式。

（5）思维的品质：表现在知觉上，有选择性、整体性、理解性、恒常性；表现在记忆上，有意识性、理解性、持久性、再现性；表现在思维上，有敏捷性、灵活性、创造性、批判性和深刻性。其中，思维品质特别重要，培养思维品质是发展智力的突破口。

（6）思维活动中的认知（智力）因素与非认知（非智力）因素之间存在着密切的关系：在个体的心理现象系统中，智力带有浓厚的非认知（非智力）因素色彩，非认知（非智力）因素具有动力作用、定型作用和补偿作用。

第三节　能力测量

能力作为一种心理特征，具有看不见、摸不着的特点，因而不能直接测量。但是，能力与行为有极为密切的内在联系，这就为间接测量人的能力提供了客观依据。测量能力的工具是按照标准化的程序所编制的各种能力测验。根据能力的类型可分为一般能力测验、特殊能力测验和创造力测验。实施这些测验的目的是要把能力用数量化的方法精确地表示出来。

一、一般能力测验

一般能力测验即智力测验。这是目前世界各国普遍流行的一类测验。研究者总是在一定的质和量的活动范畴内来定义智力的。因此，既可以对智力进行定性分析，又可以对智力进行定量分析。智力测验就是运用标准化的测量工具——智力测量量表来评估个体智力水平的一种科学方法。智力测验在因材施教、人才选拔、智力缺陷的早期诊断等方面具有重要意义。

智力测验的由来

用一定的手段和工具来测定人的智力古已有之。在我国古代，扬雄（前53—后18）用言语和书写的速度来判断人的智慧；刘勰（约465—约532）用左手画方右手画圆的方法来考察人的注意分配，这些都具有智力测验的性质。19世纪末，英国生物学家高尔顿（F. Galton，1822—1911）设计了高尔顿音笛和高尔顿棒，分别测定人的听觉和视觉辨别力，试图通过感觉辨别力来估计人们的智力。

系统采用测验方法来测量人的智力，是在20世纪初由法国心理学家比奈（A. Binet，1857—1911）和医生西蒙（T. Simon，1873—1961）提出来的。比奈早年就从事测验研究，曾花费三年时间测验了自己的两个女儿，并于1903年出版《智力的实验研究》一书。1904年，比奈受法国教育部委托，研究一套测定智力落后儿童的方法，以便把他们从智力正常儿童中区分出来。1905年，比奈在西蒙的帮助下，编制了一套包括30个项目的正式测验，每个项目的难度逐渐上升。根据儿童通过的项目数量来评定他们的智力水平。这就是最早出现的一个量表：比奈–西蒙智力量表，涉及的测验内容包括记忆、言语、理解、手工操作等。

1908—1911年比奈和西蒙又对测验进行了两次修订，即1908年量表和1911年量表。1908年量表将题目增加到59个，测验项目以年龄分组，智力评价方式以实际通过的项目组所代表的智力年龄作为被试的智力水平。1911 年量表增加了一个成人题目组，项目数仍为 59 个。

（一）斯坦福 – 比奈智力测验

1916 年，美国斯坦福大学教授特曼（L. M. Terman，1877—1956）将比奈 – 西蒙量表介绍到美国，并修订成为斯坦福 – 比奈量表。1937 年和 1960 年，斯坦福 – 比奈量表又经过两次修订，成为目前世界上广泛应用的标准测验之一。该量表有如下特点：

（1）该量表的智力测验项目是按照年龄分组编制的；每个年龄组的测验都由 6 个项目组成，内容包括绘画、折叠、给单词下定义、判断词义、回忆故事、进行推理活动等；随着年龄的增长，项目难度也逐渐增加。表 5-1 列举了斯坦福 – 比奈量表的部分内容。

表 5-1　斯坦福 – 比奈量表（节选）

年龄组	测验项目举例
5 岁组	1. 画一张缺腿人的画 2. 在测验者表演后，将一张方纸叠两层，呈一个三角形 3. 给下列单词下定义：球、帽子、炉子 4. 画一个正方形 5. 辨认两张图片的异同 6. 把两个三角形组成一个正方形
8 岁组	1. 从一张标准词汇表中给八个单词下定义：橘子、稻草等 2. 尽可能回忆一个简单的故事内容。发现故事表述中的荒唐、不合理之处。例如，一个人得了两次感冒，第一次使他一命呜呼，第二次很快就好了 3. 分辨单词：飞机与风筝；海洋与河流 4. 知道轮船为什么会开动；如果见到一个迷路的 3 岁儿童，应该怎么办
12 岁组	1. 给 14 个单词下定义：急速、功课、技能等 2. 看出下文的荒唐处：比尔·琼斯的脚太大，以致他必须从头上套下他的裤子。理解一个复杂图片上所描述的情景 3. 按相反顺序重复 5 个数字 4. 给抽象单词下定义：如遗憾、惊奇 5. 在不完整的句子中填入遗漏的单词，如一个人不能英雄……一个人总可以是一个人

（2）使用了比率智商的概念。所谓比率智商，就是用心理年龄与生理年龄的比值作为计算被试智力的方法，并把比值称为智力商数（Intelligence Quotient，IQ），简称智商。智商的计算公式为：

$$IQ（智商）= MA（心理年龄）/ CA（生理年龄）\times 100$$

例如，一名儿童的生理年龄为 8 岁，其智力测验分数相当于一名 10 岁儿童，那么，他的智商就是 $IQ = 10/8 \times 100 = 125$。从智商的计算公式不难看出，个体的心理年龄如果大于生理年龄，则智商就超过 100，说明智力水平较高；如果两者相等，则智商就等于 100，说明智力处于中等水平；如果心理年龄低于生理年龄，则智商就小于 100，说明智力水平偏低。

然而，比率智商有一个明显的缺陷：人的实际年龄逐年增加；而智力发展到一定阶段后可能稳定在一个水平。这一缺陷使得比率智商在衡量 18 岁以上的成人时，出现年龄越大、智商越低的现象，这是和智力发展的实际情况不相符的，也使得斯坦福－比奈智力测验一直无法在成人中使用。

1924 年，陆志韦对比奈－西蒙智力量表进行了修订，形成了中国比奈－西蒙智力测验，适用于江浙一带。1936 年，陆志韦和吴天敏对中国比奈－西蒙智力测验进行了第二次修订，使其适用于北方。1979 年，吴天敏主持第三次修订，1982 年完成《中国比奈测验》。该测试包括 51 个题目，具有大量的认知作业和操作作业，由易到难排列。被试的智力水平由其心理年龄与实际年龄的比值来表示，智商的计算采用离差智商的方法。适用年龄为 3—18 岁，最适年龄为 6—14 岁。

（二）韦克斯勒智力测验

斯坦福－比奈量表对个体智力状况的综合测量，只能提供相对笼统的概念。为了更真实地反应一个人的智力状况，韦克斯勒（D. Wechsler，1896—1981）编制了若干套智力量表：韦克斯勒成人智力量表（Wechsler Adult Intelligence Scale，WAIS），适用于 16 岁以上的成年个体；韦克斯勒儿童智力量表（Wechsler Intelligence Scale for Children，WISC），适用于 6—16 岁的儿童；韦克斯勒幼儿智力量表（Wechsler Preschool and Primary Scale of Intelligence，WPPSI）适用于 4—6.5 岁的儿童。

韦克斯勒智力测验包含言语和操作两个分量表，可以分别度量个体的言语能力和操作能力（表 5-2）。言语分量表包含的项目有：常识、理解、心算、两物相似、背数、词汇等；操作分量表包含的项目有：图像组合、填图、图片排序、积木拼图、译码等。应用韦克斯勒智力量表，不仅可以测量智力的一般水平（综合智力），而且可以测量智力的不同方面，即言语智商和操作智商。

表 5-2　韦克斯勒成人智力量表举例

测验名称		测验内容	举例
言语分量表	常识	知识的广度	水蒸气是怎么来的？ 什么是胡椒？
	理解	实际知识和理解能力	为什么电线常用铜制成？ 为什么有人不给售货收据？
	心算	数学推理能力	刷一间房子 3 个人用 9 天，如果 3 天内要完成需用多少人？ 一辆汽车 45 min 行驶 12.5 km，20 min 行驶多少 km？
	两物相似	抽象概括能力	圆和三角形有何相似之处？ 蛋和种子有何相似之处？
	背数	注意力和机械记忆能力	按次序复述以下的数：1，3，7，5，4； 倒数以下的数：5，8，2，4，9，6
	词汇	语词知识	什么是河马？ "类似"是什么意思？

续表

测验名称		测验内容	举例
操作分量表	图像组合	处理部分与整体的关系的能力	将拼图小块拼成一个物体，如人手、半身像等
	填图	视觉记忆及视觉的理解性	指出每张画缺了什么，并说出名称
	图片排序	理解能力	把三张以上的图片按正确顺序排列，并说出一个故事
	积木拼图	视觉与分析模式能力	在看一种图案之后，用小木块拼成相同的样子
	译码	学习和书写速度	学会将每个数字与不同的符号联系在一起，然后在某个数字的空格内填上正确的符号

（资料来源：韦克斯勒成人智力量表，1955。）

韦克斯勒智力测验采用了离差智商的计算方法。所谓离差智商，指的是以同年龄组被试测量成绩的总体平均数作为参考分数，来表示某一被试的智力偏离本年龄组平均水平和方向的程度。离差智商的计算公式为：

$$IQ = 100 + 15Z。$$

式中：$Z=（X-M）/S$。

公式中的 Z 代表标准分数，X 代表个体的测验分数，M 代表团体的平均分数，S 代表团体分数的标准差。离差智商提出的根据是：个体智力测验的分数是按正态分布的，大多数人的智力处于平均水平（IQ=100），智商分布的标准差为15，这样个体的智力水平就可以通过用他的测验分数与同一年龄组的平均测验分数相比较来测量。离差智商的常模（对照标准）是按年龄组取样和制订的，弥补了比率智商无法在成人中使用的缺陷。

我国学者对韦克斯勒编制的三个智力量表都进行过修订。1981年，由龚耀先（1923—2009）主持、全国56家单位协作修订的《中国韦氏成人智力量表》出版。1986年，龚耀先、林传鼎（1913—1996）和张厚粲（1927—2022）完成了对《韦克斯勒幼儿智力量表》的修订，即《中国韦氏幼儿智力量表》。2008年，张厚粲完成了对《韦克斯勒儿童智力量表》第4版中文版的修订工作。

（三）文化公平智力测验

文化公平智力测验是由美国心理学家卡特尔等人于1949年编制的。卡特尔提出的流体智力与斯皮尔曼的一般因素相似，且晶体智力与瑟斯顿的7种能力相关性较高。为了排除不同种族、国别或社会阶层等社会环境和文化的影响，卡特尔设计了非言语智力测验，这个测验利用几何图形组成知觉关系项目，包含序列、类别、矩阵和情景四个分测验，个体根据这些图形的关系作出回答，以此测量个体的流体智力。

测题节选：

哪一项与其余四项不同？

类别：

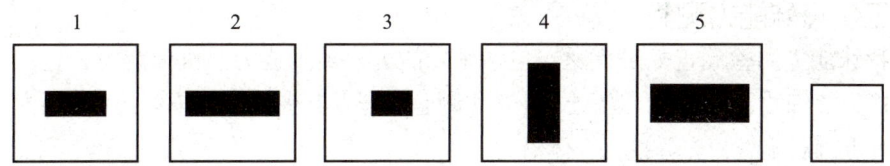

（四）瑞文推理测验

瑞文推理测验原名为"渐进方阵"，是由英国心理学家瑞文（J. C. Raven，1902—1970）于1938年创制的非文字智力测验，主要通过图形的辨别、组合和系列关系测量个体的智力水平，以及测量个体的观察力、思维能力、问题解决能力、发现和利用自己所需信息和适应社会生活的能力。经过不断研究和修订，瑞文推理测验已经发展出标准型、彩色型、高级型和联合型四套测验。瑞文推理测验的使用范围较广，从幼儿到成年老人都有对应使用的测试，既可以个别施测，又可以团体施测，还可以用于对语言障碍者的智力施测以及跨文化研究。

标准型瑞文推理测验包括A、B、C、D、E这5个黑白色单元，每个单元有12道测题，共60道测题。标准型瑞文推理测验测题示例如图5-7所示。

彩色型瑞文推理测验是为幼儿及智力落后个体设计的，将原有标准型的A、B两个黑白单元改为彩色，再加上一个彩色的AB单元，共3个单元，36道测题。

联合型瑞文推理测验是将标准型和彩色型联合使用，共6个单元，72道测题。

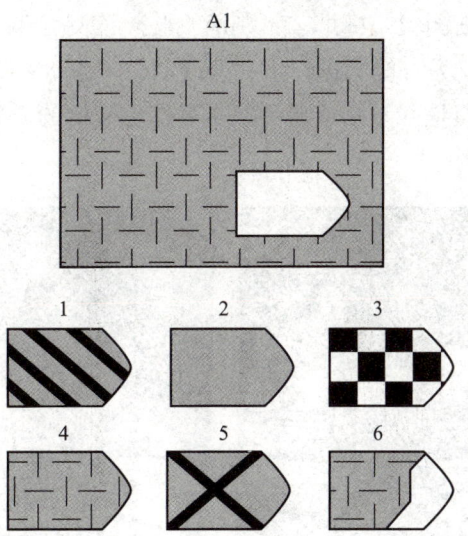

图 5-7　标准型瑞文推理测验测题示例

1985年，由张厚粲和全国27家单位组成的协作组完成了对《瑞文标准测验》的修订，出版了《瑞文标准测验》中国城市修订版；1989年，李丹、王栋等人分别完成了彩色型和标准型的合并本——《联合型瑞文测验》中国修订版的城市、成人、农村三个常模的制订工作；1996 年，王栋等人对《联合型瑞文测验》进行了再次修订。

[知识窗]
科学看待智力测验结果

二、特殊能力测验

特殊能力测验涵盖范围广泛，包括音乐能力、美术能力、机械能力、文书能力等细致、专业的能力测定。这些测验的开发有利于发现个体的特殊才能，帮助教育者因材施教，充分挖掘个体潜力。

（一）音乐能力测验

美国心理学家西肖尔（C. E. Seashore，1866—1949）等人于 1919—1939 年对音乐能力进行开创性的研究，并于 1939 年编制了最早的音乐能力测验，适用于小学四年级学生到成人。该测验用唱片和录音磁带呈现听觉刺激，主要测量听觉辨别力的 6 个方面：音高、响度、节拍、音色、节奏和音调记忆。西肖尔认为这些能力是音乐全面发展的基础。

后来的音乐测验采取更复杂的内容。例如，温格（H. D. Wing）等人编制的温格音乐能力标准化测验。该测验从 8 个方面计分：和弦分析、音高变化、记忆、节奏重音、和声、强度、短句和总体评价，适合 8 岁以上的儿童。戈登（E. U. Condon，1902—1974）等人编制的音乐能力倾向测验，测量 3 种基本音乐因素：音乐表达、听知觉和音乐情感动觉。

（二）美术能力倾向测验

美术能力倾向测验有两种：审美判断测验和美术创作测验。前者测量的是美术评论家所需要具备的能力，后者测量的是创作美术家的特征。

最知名的审美判断测验是梅耶艺术判断测验。该测验包括 100 组黑白图画，每一组中有一幅是名作，另一幅则进行了一些改动，图 5-8 给出了一个样例。被试被告知两幅图不一样，但是并不知道哪一幅是名作，被试的任务是指出他偏好哪一幅图画。

图 5-8　梅耶艺术判断测验样例

霍恩艺术能力倾向问卷是一个用来测量艺术创造力的测验。测验由三个部分组成——素描、随意画和想象画，包含两项任务，一项是速写任务，另一项是想象任务。在速写任务中，要求被试画出他熟悉的 20 个物体的草图，比如树、书和叉子。每幅画都必须在很短的时间内（3~10 s）完成。想象任务要求被试用 12 个矩形组成一幅有意义的图片。

（三）机械能力测验

1. 空间关系测验

使用最广泛的空间关系测验是明尼苏达书面形状测验，可以用于从 9 年级到大学的学生。该测验题目采用多重选择形式，每道题均由被分解了的几块几何图形组成，被试需要从给出的选项中选择出各部分组合以后的正确图形。图 5-9 展示了一个样例。

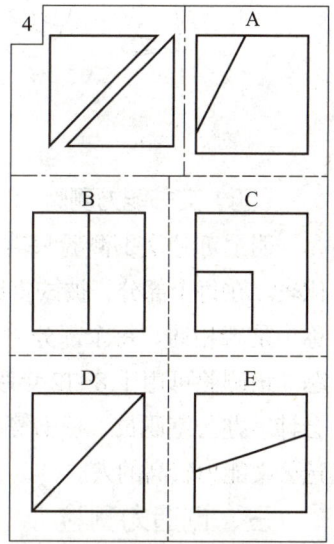

图 5-9　空间关系测验样例
（正确答案是 D）

2. 机械理解能力测验

机械理解能力测验以机械知识、机械推理等为主。机械理解能力是指被试理解现实生活中机械原理的能力。

（1）灵活性和装配测验

一些机械理解能力测验要求被试组装部件，被试的得分由给定时间内组装的部件数量决定。一些常用的灵活性和装配测验包括：

① 贝内特手工具灵巧测验，要求被试能够熟练地使用扳手和螺丝刀。

② 克劳福德小部件灵活测验，要求被试使用镊子完成任务，测量他们的手眼协调性。

③ 明尼苏达操作速度测验，评估通过多个分测验测量被试放置、翻转和移动圆盘（要求单手或者双手完成翻转、放置）的技能。

④ 斯特龙伯格敏捷测验，要求被试尽可能快地将圆盘分类，从中选取指定的圆盘或者移动圆盘。

⑤ 明尼苏达机械拼合测验，要求被试在给定的时间内把 33 个部件组装到一起。

灵活性和装配测验的缺陷是前期投入很高，因此初、高中教师几乎都不使用这类测验。

（2）机械推理测验

使用较广泛的机械推理测验是贝内特机械推理测验，该测验主要是为 11~12 年级的学生、工业公司的应聘者以及工业公司的职员设计的。测验由熟悉的物体照片和图片组成，被试需要回答问题，如指出并说明两把剪刀中哪一把更好用，指出并说明两个家具数量不一样的房间哪一个更容易产生回声，等等。图 5-10 展示了一个样例。

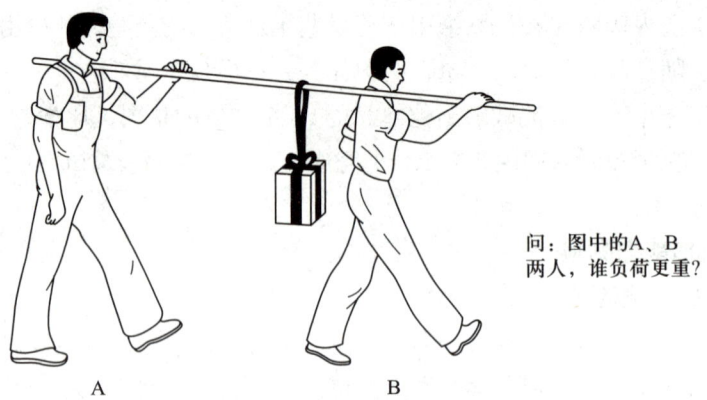

问：图中的A、B
两人，谁负荷更重？

A   B

图 5-10　贝内特机械推理测验样例

（四）文书能力测验

明尼苏达文书测验只需要 15 min 就可以完成，由两部分组成：数字比较和名称比较。在每个部分，被试要比较 200 对数字或者名称，并指出比较的两个数字（或名称）是否相同。每个部分单独记分时，可使用猜测校正公式来防止被试随机回答问题。该测验可用于 8~12 年级的学生，也可以用于那些从事文书工作的职业人员（如会计、办公室职员、秘书等）。可以通过同时使用明尼苏达文书测验和智力测验来筛选公文能力较高的人。

三、创造力测验

创造力也称创造性思维，指以新颖、独创的方法解决问题的思维过程。创造力测验可用来测量人们的创造性思维水平。常用的创造力测验有以下三种：

（一）创造性思维测验

托兰斯创造思维测验是由美国明尼苏达大学托兰斯（E. P. Torrance，1915—2003）等人于 1966 年编制而成的。该测验由语词创造性思维测验、图画创造性思维测验以及声音语词创造性思维测验构成。测验根据四个标准评分：流畅性（中肯反应的数目）、灵活性（由一种意义转到另一种意义的数目）、独创性（反应的罕见性）和精确性（反应的详细程度和特殊性）。被试从整个测验中得到一个总的创造力指数，即代表个体的创造性思维水平。该测验适用于幼儿至成年人，普遍采用团体测试的方法。对于小学四年级以下的个体，一般采用个别口头测试的方式。

1. 语词创造性思维测验

该套测验由七项活动组成，包括：（1）提问，提出与图片有关的问题；（2）猜测原因，猜测图中事情的起因；（3）猜测结果，列举图中行为可能导致的结果；（4）提出改进意见，列举改进意见，使一个物体更加好玩；（5）不寻常的用途，列举一个或者多个纸箱的不寻常的用途；（6）不寻常的问题，提出有关纸箱的有趣问题；（7）假设，假设发生了不可能发生的事件以后，将会出现什么样的结果。

2. 图画创造性思维测验

该套测验由三项活动组成，包括：（1）构造图画，在曲形彩纸上画一些不寻常的东西；（2）补全图画，完成图画并给出图画的名称；（3）平行线，在一对平行线的基础上画出不寻常的物体，并给出图片的名称。

3. 声音语词创造性思维测验

该套测验通过呈现两段录音来测量三年级以上学生的听觉/口语创造力。

（二）南加利福尼亚大学发散思维测验

美国心理学家吉尔福特和他的同事编制了一套发散思维测验，也称南加利福尼亚大学发散思维测验。它包括 14 个分测验：（1）语词流畅性；（2）观念流畅性；（3）联想流畅性；（4）表达流畅性；（5）非常用途；（6）解释比喻；（7）用途；（8）故事命题；（9）事件后果估计；（10）职业象征；（11）组成对象；（12）绘图；（13）火柴问题；（14）装饰。前 10 项要求作出言语反应，后 4 项要求用图形予以反应。该测验适用于初中文化程度以上的个体，主要从流畅性、变通性和独特性方面记分（有时也根据精确性记分）。例如，组成对象分测验要求被试用一些简单的图形（如圆形、长方形、三角形、梯形）画出指定的几个物体。在画物体时，可以重复使用任何一种图形，也可以改变其大小，但不能添加其他图形或线条。

（三）芝加哥大学创造力测验

美国芝加哥大学的心理学家盖泽尔斯和杰克逊等人根据吉尔福特的思想对青少年创造力进行了深入的研究，在 20 世纪 60 年代编制了芝加哥大学创造力测验。这套测验包括 5 个项目：语词联想测验、用途测验、隐蔽图形测验、完成寓言测验、组成问题测验。这套测验适用于小学高年级到高中阶段的青少年团体测试，并有时间限制。

第四节 能力培养

每个人都有远大的理想，要实现理想就要具备相应的能力。而能力的类型和组合在个体间差异明显，根据每个人的特点因材施教是教育的本义，同时高职学生可以根据自己的特点，寻找适合自己能力发展的途径和方式。

一、能力的差异

（一）能力的性别差异

能力的性别差异主要体现在智力差异上。第一，男女智力的总体水平大致相同，但男性智力分布的离散程度比女性大，即智力水平较高的男性和智力水平较低的男性都比女性多，智力水平中等的女性比男性多。第二，男女的智力结构存在差异，各自具有优势领域。男性的视知觉能力较强，尤其是空间知觉能力，男性明显优于女性。女性的听觉能力较强，特别是对声音的辨别和定位，女性明显优于男性。男性偏于抽象思维，擅长数学、物理和化学等学科。女性长于形象思维，擅长语言、历史、人文地理等学科。一般来说，女性比男性的口语发展早，在语言流畅性及读、写等方面均占有优势,但男性在语言理解、言语推理等方面比女性强。

(二)能力发展水平的差异

能力发展水平的差异通常表现为智力水平的差异,即个体之间的智力水平存在高低不同的现象。心理学的研究表明,人的智力水平是呈正态分布的。有些人的智力水平发展较高,有些人的智力水平发展较低,绝大部分人的智力处于中等水平。约68%的人智商在85~115,属于中等智力水平;智商极高或极低的人很少,智商超过130的人被认为是天才,但在总人口中占比不到1%;而智商在70以下的为智力低常者,其在总人口中的比例也很低。

华罗庚:天才出于积累,聪明在于勤奋

数学家华罗庚(1910—1985)仅有初中学历,但他一生发表了200余篇数学研究论文,数十种专著和科普性著作,为我国数学科学发展和普及工作作出了重要贡献。人们说他是数学天才,然而华罗庚自己认为:"天才出于积累,聪明在于勤奋。"

初中毕业后,家境贫寒的华罗庚开始了半工半读的自学生涯,他用5年时间完成了高中和大学的全部数学课程。1931年,他发表的文章得到了清华大学教授熊庆来(1893—1969)的赏识,被调到清华大学数学系任助理员。在清华人才济济的环境中,华罗庚立下一个宏愿:以过人的努力,追求自己的成就。"人家受的教育比我多,我必须用加倍的时间以补救我的缺失,所以人家每天8小时工作,我要工作12个小时以上才觉得心安。"

基于勤奋与努力,华罗庚在清华只用了5年时间,就从助理员成长为助教,进而到英国剑桥大学深造,并在进修的两年里完成了十余篇论文,深得著名数学家哈代(G. H. Hardy,1877—1947)的赞誉。

华罗庚不仅在治学上勤奋严谨,对于国家,他更是满怀一腔赤诚。新中国成立后,华罗庚放弃国外优越的待遇毅然回到清华任教,为新中国培养数学家和骨干队伍作出了杰出贡献。中国科学院数学研究所初建时他兼任所长,对年轻的研究人员严格要求。每天黎明,华罗庚会去研究人员的宿舍敲门,一起讨论问题或是讲课;有时睡到半夜,他会把学生叫起来,把白天题目中的问题再讲一遍。严师出高徒,在他的悉心培养下,以万哲先(1927—2023)、陆启铿(1927—2015)、王元(1930—2021)、陈景润(1933—1996)等为代表的一批年轻人迅速成长起来,共同开创了中国数学研究的新格局。

1985年,华罗庚到日本讲学,因过度劳累倒在东京大学的讲台上,他一直工作到了生命的最后一刻。

(三)能力表现早晚的差异

各种能力不仅在质或量的方面表现出明显的差异,而且能力表现的早晚也存在着明显的差异。

1. 少年早慧

能力的早期表现称为早慧现象,又称早熟。例如,李白"五岁诵六甲,十岁观百家";杜甫"七龄思即壮,开口咏凤凰";莫扎特(W. A. Mozart,1756—1791)3岁

时已在钢琴上弹奏简单的和弦，5 岁开始作曲，8 岁试作交响乐，12 岁创编歌剧；控制论的创始人诺伯特·维纳（N. Wiener，1894—1964），4 岁时能自由地阅读书籍，7 岁能阅读但丁和达尔文的著作，九岁破格升入高中，11 岁写出论文，14 岁大学毕业，18 岁获得哈佛大学哲学博士学位。

2. 中年成才

中年是成才和创造发明的最佳年龄，是人生的黄金时期。中年时个人的成就往往最多，对社会贡献最大。一般认为 30—45 岁是人的最佳智力年龄阶段。有人对 325 位诺贝尔奖获得者进行调查，发现其中 301 人在 30—50 岁之间取得研究成果。有人曾统计了公元 600 年至 1960 年间 1 243 位科学家、发明家作出的 911 项发明创造，绘出了人才成功曲线，结果发现，科学发明的高峰年龄为 35 岁左右。

3. 大器晚成

有的人的才能表现较晚。例如，我国医学家和药物学家李时珍（1518—1593）在 61 岁时才写成了《本草纲目》；画家齐白石（1864—1957）在 40 岁时才显露出绘画才能，50 岁时成为著名画家；达尔文（C. R. Darwin，1809—1882）在 50 多岁时开始有研究成果，写出著名的《物种起源》；遗传学家摩尔根（T. H. Morgan，1866—1945）发表基因遗传理论时已经 60 岁。这样大器晚成的情况在科学和政治领域中出现较多。可见，并不是所有取得重大成就的人都是早慧的。

（四）能力结构的差异

能力结构差异主要指由能力构成的基本因素因组合不同而产生的能力差异。有的人能成为"百科全书式的专家"，有的人只能成为某一领域或是某个问题的高级技术骨干……在同一个人的能力结构中，各种能力也不是同步发展的，而是各有优劣。有的人逻辑思维能力突出，善于观察，但是动手操作能力不足；有的人肢体协调能力、形象思维能力很好，但不善于人际交往。对于第一种能力组合的个体可能更适合从事理论研究类的工作，第二种能力组合的个体可能更适合从事艺术创作类的工作等。只有根据每个人所具备能力的优势和劣势，具体情况，具体分析，才能在人才培养过程中，扬长避短，开发潜能。同时，在工作中，只有将具有不同能力优势的员工进行优化组合，才能产生互补效应。能力结构的差异，不代表智力水平的差异，只影响个体获取知识经验的方式和过程。

二、影响能力的因素

（一）遗传因素

遗传是父母将生物性状传递给后代的现象，是一个人与生俱来的生理基础。美国心理学家特曼对一些超常者进行了 40 年的追踪研究表明，超常儿童的身心发展优于普通儿童，他们开始走路和说话的时间较早，身材较高，体重较大；他们的学习成绩比普通儿童好，学习兴趣广泛；他们的社交能力也比普通儿童强，多为团队中的领袖人物，情绪也比较成熟稳定；他们子女的智商也比普通人高，在他们的 1 571 名子女中，平均智商为 130，最高者竟达 200，这说明了遗传在其中的作用。

后来，心理学家通过对同卵双生子和异卵双生子的研究发现，血缘接近的人在智力发展水平上更接近，而且在不同环境中成长的同卵双生子，他们的智力相关度仍很高，进一步表明遗传因素对智力发展的确有影响。但选取同样类型被试的研究表明，在智力发展中，环境也有重要影响。

（二）环境因素

中国有"时势造英雄"的说法，认为客观环境对个体能力发展具有重要影响。在特定的客观环境下，有时候个体不得不主动提升自己的能力以适应环境的变化与发展，有时候个体会受到环境中一些因素的推动而激发出特殊能力与潜能。例如，三国时期，刘备祖上为汉室宗亲，但其父早亡，少年时与母亲以织草席、卖草鞋谋生。年少时的刘备不怎么喜欢读书，如果环境没有发生变化，刘备可能会一直靠卖草鞋度过一生。但东汉末年时局动荡，社会环境发生了巨大变化，刘备顺应环境变化趋势，充分发挥"以德服人"的能力，最终成就一番霸业。

（三）教育因素

1. 家庭教育

家庭是孩子的第一所学校，家长是孩子的第一任老师。家庭教育在个体能力发展过程中起到非常重要的作用，父母对孩子的循循善诱、积极引导，对个体能力的发展有重要影响。常见的父母教养方式主要包括：

（1）专制型教养方式。这种教养方式的特点是父母对孩子要求很严格，尤其是对孩子的日常生活习惯以及人际交往，甚至会干预孩子的学习、兴趣爱好和择业等。家长对孩子有很强的控制欲。

（2）溺爱型教养方式。这种教养方式的特点是父母对孩子提出来的各种要求都会给予满足，对孩子百依百顺，即使自身并没有合适的经济条件，也会想方设法地满足孩子的要求。在日常生活中即便孩子犯了错，父母也不进行批评教育。

（3）民主型教养方式。这种教养方式的特点是父母会尊重孩子，比较注重孩子的个人发展，对孩子充满爱心，并根据情况对孩子加以约束，遇事与孩子商量，孩子的独立性强。

2. 学校教育

学校教育在个体能力培养过程中起到重要作用。学校教育作为教育的重要组成部分，因为有明确的教育目标、集中的学习时间、明晰的教学理论和相对固定的教学场所，可以让个体在一定的学习群体中相互学习、共同进步，加速个体能力发展进程。此外，每个个体的能力特点各不相同，学校教育中还有各种兴趣培养的科目，每个人可以通过教师的指导，进一步挖掘、激发自己的天赋和能力，进而促进个体特殊才能和个性的发展。

3. 社会教育

社会教育是指学校和家庭以外的一切社会文化机构及社会团体、组织对个体进行的各种形式的教育活动。社会教育不受年龄、性别、民族等限制，包括职业技能培训、兴趣爱好培训、道德素养教育等丰富的教育内容，教学形式也不拘一格。良好的社会教育可以辅助和补偿家庭及学校教育，促进个体思想道德水平的提升和各种能力的发展。在学校教育中，同一个班级中不同学生的学业发展水平和兴趣爱好很难统一，家庭教育中又缺乏同伴的竞争和参与，但社会教育可以很好地弥合这两方面的不足，按照不同学业水平的层次、个体的兴趣爱好方向等，将个体按需匹配，进而使个体可以施展才华，发展能力，并且发展自己发现问题、分析问题、解决问题的能力。

（四）个人主观因素

"天行健，君子以自强不息"告诉人们，君子处事，应像天一样，自我力求进步，刚毅坚卓，发奋图强，永不停息。如果自己没有内生动力，每天得过且过，个人的能力就不会得到改变，更不会获得提升。其中，强健的意志是人们为达到预期目标而不断付出努力，克服困难的心理过程，是人们走向成功的重要组成部分，对人们能力的发展具有重要意义。

由上面内容可以看到，遗传素质是个体心理发展的生物前提和自然条件，为个体心理发展提供了可能性。环境和教育是个体心理发展的决定性条件，规定了个体心理发展的现实性。过分夸大先天的遗传素质或过分夸大后天的环境和教育对个体能力发展的作用，都是不可取的。

三、高职学生能力的培养

职业教育是国民教育体系和人力资源开发的重要组成部分。作为我国职业教育体系中高层次教育的高等职业教育肩负着为经济社会建设与发展培养人才的重要使命，大力弘扬工匠精神，着眼学生未来的职业发展以及社会和企业对职业人员的素质要求，加强高职学生职业能力的培养尤为重要。

[知识窗]
职业教育与
社会教育

（一）高职学生的职业能力

"职业能力"被国际劳工大会定义为劳动者在就业市场上能够有效获得某项工作并能持续进行此项工作的能力，还包括当职业环境发生变化时个人能够利用已学的知识和技能迅速适应新环境的能力。

职业能力从纵向与横向两个维度构成职业能力的基本结构。其中，职业能力在纵向的结构层面上可分为基本职业能力和综合职业能力，即关键能力。在横向的结构层面上包括专业能力、方法能力和社会能力。基本职业能力是指从业者在岗位工作中所具备的最基础的专业知识和技能，综合职业能力是超越基本职业能力的更高级别的能力，是指在变化的职业环境中快速获得新职业知识和技能的能力。专业能力是指从业者自身所具有的满足工作岗位需要的专业知识和技能。方法能力是指从业者为顺利完成工作岗位任务能正确选择和使用各种方法的能力。社会能力是指从业者在实际工作中所需要的各种行为能力，例如，语言沟通能力、统筹协调能力、组织管理能力等。从整体结构上看，综合职业能力概念下的专业能力、方法能力和社会能力要高于基本职业能力所包含的这三种能力。因此，综合职业能力是基本职业能力的发展和升华，其范围更广、内涵更丰富、能力和水平要求更高。职业能力结构如图 5-11 所示。

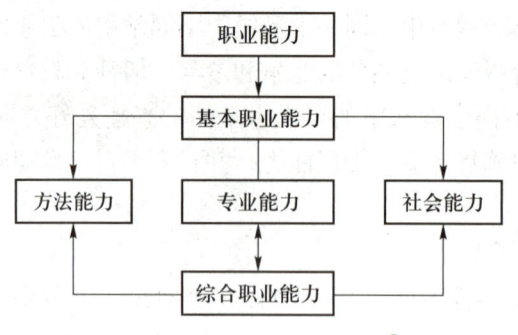

图 5-11　职业能力结构图[①]

职业教育区别于普通教育的一个最大特点在于职业能力的培养。随着我国高职院校的蓬勃发展，高职学生迅速增加，已成为国家经济社会发展的重要后备人才力量之一。在新形势下，职业教育既要注重高职学生基本职业能力和综合职业能力的培养，又要注重专业能力、方法能力和社会能力的发展，以便帮助高职学生较好地适应未来社会和技术变革的需要。

（二）高职学生职业能力培养的方式

中国职业教育源远流长，师徒制教学有着悠久的历史，主要有父业子承、合同式学徒制、行业学徒制等形式。19 世纪中叶，中国为了"自强""求富"，一批有识之士创建了福建船政学堂等实业学校，标志着中国近代学校职业教育的正式诞生。经过长期的实践探索，中国形成了独具特色的现代职业教育发展范式。高职学生因注重职业技术的培养，毕业后能直接投身生产实践中。高职学生的职业能力培养主要有以下三种模式。

1. "师带徒"培养模式

在高职学校规范、系统的专业教育培养下，尤其是高职教育中"师带徒"的教育模式中，教师能"手把手"地指导学生掌握专业基本功，树立学生的职业信念和职业操守，切实提高操作与应用能力。

《中华人民共和国职业教育法》中明确提出"国家推行中国特色学徒制"，学徒制成为国家层面的制度，以法律的形式予以确立，成为我国职业教育的基本模式之一。推行中国特色学徒制，单一培养主体的高等职业教育无法满足技术迭代对新技术、高端技术人才的需求，与企业合作开展中国特色学徒制培养尤为迫切。以此为依托，加强学徒制项目的设计与管理，形成可以推广的实施内容、路径和典型经验，是未来我国高技能型人才培养的重要模式。

［知识窗］"师带徒"培养模式案例

2. "厂中校"技能型人才培养模式

"厂中校"技能型人才培养模式是高等职业学校和企业加大合作培养技能型人才的双向发展模式，强调"工学结合"和"校企合作"，将高等职业学校学生定义为

---

① 赵锦，李名梁．"双创"背景下高职院校学生职业能力开发体系建设研究［J］．职教论坛，2020，36（11）：165-171.

"厂中学徒"和"校中学生"双重身份，按照国家行业标准和职业资格标准来规范学生的职业能力培养。把课堂搬进车间，技师直接授课，学校按照"学生—学徒—准员工"的三段式育人机制培养学生。"厂中校"技能型人才培养模式能进一步强化学生的动手能力，积累职业经验，提高学生适应企业工作的能力，实现学生实训、就业和企业零距离对接。

[知识窗]
"厂中校"技能型人才培养模型案例

3. 因材施教

多元智力理论为因材施教提供了坚实的理论基础。各种智力不是以整合的方式存在，而是具有相对独立且各自不同的发展规律。高职学生有自己的优势智力领域和适合的学习类型和方法，不是一味地追求与本科学生一致的培养方式。高职教育具有双重属性：一方面，高职教育的培养目标是以就业为导向的，让学生在学习过程中知道要做什么，并且学会怎么做，掌握相关工作的必备知识和熟练技能，具有分析问题和解决问题的能力。另一方面，高职教育属于高等教育，要培养学生具有较高的文化基础和专业理论知识，具有一定的技术改造、管理、研发和创新的能力，包括学习阅读能力、思考理解能力、表达写作能力和组织协调能力等，因此，要培养学生在工作中能回答"是什么"和"为什么"等问题。

自 2019 年 3 月国家提出高职扩招百万的目标以来，如何把农民工、下岗职工、退役军人、新型职业农民顺利招进学校，一直是社会热议的焦点话题。随着时间的推移，高职院校学生的年龄、教育背景、文化基础和学习需求等变得千差万别，以试卷评判人才培养质量，一把尺子量天下，既与多元智力理论相悖，又无法满足多元生源的需求，无法体现高等职业教育的特色与质量。因此，越来越多的高职院校结合校情，制定各种"接地气""见实效"的规章制度，包括实行弹性学制、"学分银行"制度，帮助不同类型和需求的学生顺利完成学业；在质量评判标准的掌握上，尝试"受益增量"的方式，通过学习完成自己个性化的求学目标，即可认定为合格毕业等。

[知识窗]
河南职业技术学院构建基于大数据的"分类培养、精准施教"育人模式

（三）培养高职学生职业能力的实践路径

1. 坚持立德树人、德技并修

人无德不立，育人的根本在于立德。中华民族历来崇尚道德修为，认为"德者，才之帅也"，重视个人的品德塑造。高等职业教育继承和发扬中华民族崇德的传统，需将社会主义核心价值观培养融入人才培养全过程，深入推进课程思政，推动专业课与思政课同向同行，传授基础知识与培养专业能力并驾齐驱，理论与实践并重，技术与人文融通，促进高职学生德智体美劳全面发展。增强高职学生的职业认同感、自豪感，使每一名高职学生掌握技术技能的同时，树立正确的劳动观和劳动态度，养成爱国敬业、诚实守信、勤勉尽责、精益求精、追求卓越、敢于创新等道德素养和工匠精神。

[知识窗]
林崇德的学习发展理论

元认知是指对认知的认知，具体包括三方面：一是元认知知识，即个体关于自己或他人的认识活动、过程、结果以及与之相关的知识；二是元认知体验，即伴随着认知活动而产生的认知体验或情感体验；三是元认知监控，即个体在认知活动过程中

积极进行监控，并相应地对其进行调节，以达到预定目标。高职学生的学习过程不仅是对所学知识的识别、加工和理解的认知过程，同时也是对认知过程积极进行监控和调节的元认知过程。元认知能力的发展是高职学生职业能力发展的重要内容，也是职业能力发展的重要途径。高职学生的职业能力发展应该同时重视认知能力和元认知能力两个方面，强调要从过程的角度深入分析学习过程，特别是学习过程中主体积极监控、调节自身学习活动的思维过程。因此，在高职学生的职业能力发展过程中，需要从更高的层次和角度加以深刻认识，积极体验，自觉地进行监督、控制和调节。教师要不失时机地观察、发现、指导和培养高职学生的元认知能力。

2. 坚持产教融合、校企合作

职业能力的形成需要高职学生长期系统地练习。因此，教师要加强对高职学生职业知识和技能的教学与指导。鼓励高职学生进行科学有效的练习，练习时必须注意以下三点：（1）明确练习的目的要求。有了明确的学习目的和任务，就可以激发高职学生强烈的学习动机和高涨的学习热情。在职业能力形成过程中，教师若能依据学习进程，不断引导高职学生提出适宜的练习目标，积极鼓励他们达到预期目标，就能加速其职业能力的发展。（2）掌握正确的练习方法。可以由教师通过讲解、动作示范等，使高职学生在理解的基础上加以练习。（3）练习要有计划、有步骤地进行。

在教学过程中，教师可以采用启发式教学、发现教学法、合作学习法等方式，培养高职学生自我发现问题、通过合作解决问题，以及独立解决问题的能力，促进其知识和技能向职业能力的转化。教师要教给高职学生思维的方法和策略，引导高职学生学会分类、比较、分析、综合，学会归纳、抽象、具体化、迁移、变通。高职学生也要学会提炼知识，努力使感性知识上升为理性知识，再用理性知识来指导实践活动，不断提高自身的职业能力。

此外，生产性实训基地是训练、培养高职学生职业能力的有效场所。心理资源论认为，随着实践与训练的深化，不仅职业劳动所必需的心理资源总量不断减少，而且资源的结构、运用资源的方式也得到了优化。因此，各级政府要同步规划高等职业教育与经济社会发展，将教育优先、人才先行融入各项政策，统筹高等职业教育和人力资源开发的规模、结构和层次，促进教育链、人才链与产业链、创新链有效衔接。高等职业院校需引企驻校、引校进企、校企一体，与企业共建共享生产性实训基地。通过科学系统的实践训练，高职学生最终能够形成扎实的职业技能和良好的职业能力。

3. 坚持面向实践、强化能力

实践是职业教育区别于其他类型教育的显著特征。中国职业教育遵循技术技能人才的培养规律，坚持产业、行业、企业、职业、专业"五业联动"创新教学模式，培养和造就了一大批支撑发展的高素质劳动大军。在经济全球化的浪潮中，随着经济社会发展需求的不断变迁，高职学生职业能力的培养仍需在实践活动中进行。高职学生的能力是在实践活动中形成和发展起来的。离开了实践活动，即使有再好的素质和环境，其职业能力也难以得到较好的发展。高职学生必须通过多种多样的实践活动来形成专业技能，发展智力、创造力和职业能力。高职学生不能闭门造车，不能仅满足于在学校、课堂和书本中进行单纯的知识学习，不能发展片面的应试能力，而要努力把自己塑造成为具有一定职业能力的人才。绝大多数高职学生都要以就业为主，因而更要努力走出学校，走进工厂、企业等实践场所，通过见习、实习等参与社会生产生活实践来发展自己的职业能力。

4. 坚持面向人人、因材施教

高等职业教育坚持有教无类、因材施教，为不同学生提供公平、合适的选择，努力使不同性格禀赋、兴趣特长、素质潜力的学生都接受符合自身成长需要的教育。高职学生职业能力的培养既要面向全体，即全面提高全体学生的职业能力和综合素质，又要兼顾个体差异，采取不同的教学措施，使每名高职学生的个性都能得到全面发展。教师要全面了解高职学生，熟悉高职学生在知识、能力、身体和心理等方面的差异，在教学中扬长避短、有的放矢地进行因材施教。教师还要帮助高职学生了解自己各方面能力的优点和不足，使他们能够做到取长补短、不断进步。对学习能力强的高职学生，教师要注意帮助他们端正学习态度，向他们提出更高的要求，以满足其学习与能力发展的需要。教师要帮助学习能力中等的高职学生克服缺点，向高水平转化。对少数学习能力偏弱的高职学生，教师要重点辅导，帮助其消除自卑，增强自信，逐步培养他们对学习的兴趣，发展自学能力，最终使全体学生的职业能力都能得到较好发展。

反思·实践·探究

【反思】

1. 什么是能力？能力与知识和技能有什么关系？

2. 能力有哪些类型？试说明各种能力的特点与作用。

3. 有关能力或智力的主要理论有哪些？其主要观点和理论价值是什么？

4. 能力发展的个体差异表现在哪些方面？

5. 遗传、环境和教育对能力发展分别起什么作用？怎样发挥主观因素在能力发展中的作用？

6. 你认为高职学生应该具备哪些能力？怎样提高自己的能力？

【实践】

活动名称：高空飞蛋

活动目的：体现小组成员的创造力及团队精神

活动时间：30 min

材料及场地：每组一枚鸡蛋，一个小气球，一个塑料袋，4 根竹签，塑料匙、叉各 2 支，6 条橡皮筋；3 层楼房及楼下空地。

操作程序：

（1）教师将班级学生随机分组，3 个人一组最佳。

（2）教师给每组发放材料，让小组成员在 25 min 之后到指定的地点把鸡蛋从 3 层楼的高度放下来，为了使鸡蛋不摔碎，可以用所给的材料来设计保护伞。

（3）25 min 之后，每组留一位成员在指定地点进行放鸡蛋，其他成员可以到楼下空地观看及检查落下的鸡蛋是否完好。

（4）鸡蛋完好的小组为优胜组，教师可以准备一些小礼品作为奖励。

有关讨论：

（1）你们小组的创意是怎么得来的？

（2）在小组合作过程中小组成员的协调程度如何？

【探究】

5G 技术是指第五代移动通信技术（5th Generation Mobile Communication Technology，简称 5G）。从 20 世纪 80 年代开始，移动通信领域共经历了从 1G 到 5G 的五代移动通信技术阶段，目前处于 5G 时代，5G 技术是目前世界上最先进的网络通信技术，它具有高速度、低功耗、低时延和大连接的特点。5G 技术的发展掀起了教育领域的变革热潮，也为人们的创新创造提供了无限的空间和持续供给的新手段。作为高职学生，你应该如何把握网络化、数字化、智能化的发展契机，充分利用信息技术，不断提高自身的创新创造能力？

推荐读物

1. 戴海琦 . 心理测量学［M］. 3 版 . 北京：高等教育出版社，2022.

该书以现代测量学观点全面介绍了心理测量学的理论与技术，突出测量理论与技术在实践中的应用。学生可从中学到系统的心理测量学基础知识，为未来的理论研究、继续深造积蓄力量；也可从中学到实用的心理测量学操作技术，为未来的实践应用打好基础。

2. 夏翠翠 . 高职大学生心理健康教育［M］. 2 版 . 北京：人民邮电出版社，2020.

该书围绕高职学生的自我意识、人格发展、学习心理、生涯规划、人际关系、情绪管理、生命教育等方面系统介绍了心理健康的理论知识、提高心理健康素质的方法与技巧等，可帮助高职学生更好地理解心理健康、更好地了解自己，学习心理自助与互助的方法，提高高职学生的心理素质，提升生命质量。

3. 李秀茹 . 大学生情绪智力与职业情商［M］. 北京：清华大学出版社，2019.

该书立足情商与职业情商这条主线，结合专业的心理学知识、中外情商理论和实践，力求让大学生及初入职场的人士学习和掌握情商与职业情商提升的基本知识及方法，在自我认知与认知他人、情绪觉察及管理、自我激励、同理心和人际关系等方面具有独立、平衡的意识与能力。

第六章　技能

火药雕刻师

徐立平是中国航天科技集团高级技师、发动机药面整形组组长，因其精湛技艺、敬业态度和奉献精神而被誉为"雕刻火药的大国工匠"。战略战术导弹装备是国之重器，其发动机作为"心脏"为导弹飞行提供强大推力，推进剂药柱是发动机的重要组成部分，药面整形是要求最高、最危险的生产工序之一。自参加工作以来，徐立平根据各类型面的整形需求，共设计、制作、改进30多种刀具。他发明的半自动整形专用刀具被命名为"立平刀"，使生产效率提升了50%。徐立平先后获得"感动中国"人物、"大国工匠年度人物"、中华技能大奖、全国五一劳动奖章、"时代楷模"等荣誉。何谓"工匠精神"？徐立平说："不慕浮华、甘于寂寞，不仅仅把工作当成赚钱、养家糊口的工具，而是对所做的事情始终耐心专注、精益求精、一丝不苟，这是'工匠精神'的核心。"严慎细实、匠心铸剑，徐立平将终其一生，为祖国的航天事业奉献一切。

「小活动」口头练习对动作学习有帮助吗？

第一步：请 10 名学生参加活动，平均分为两组，每组 5 人。

第二步：介绍游戏规则。"请同学们按照指示完成规定动作：红灯亮起时，鼓掌三下；绿灯亮起时，转一圈；黄灯亮起时，站起坐下。"

第三步：让 A 组 5 名学生口头练习"红灯——鼓掌三下"，"绿灯——转一圈"，"黄灯——站起坐下"的口令组合 10 次；B 组 5 名学生不单独进行口头练习。

第四步：请同学们按照指示完成规定动作。

活动要点：按照要求完成口头练习。

科学原理：语言－动作迁移是指事先的语言训练效果影响动作技能训练效果的现象。

现实生活中的应用：知识、技能的学习迁移。

第一节　技能概述

知识、技能、社会行为规范是高职学生在校学习的主要内容，学生通过对基础知识与基本技能的学习，以提高相应的能力与素养。技能是人们日常生活、学习、工作中不可或缺的，技能学习对于高职学生来说尤其重要，在建设技能型社会的进程中，国家重视技能、社会崇尚技能，高职学生通过动手动脑学习技能，以技能立身、用技能报国。

一、什么是技能

技能是个体通过练习而形成的合乎法则的活动方式。弹钢琴、打网球、开飞机等外显活动方式称为操作技能，又称运动技能、动作技能。心算、速记、解应用题等智力活动称为心智技能，又称智慧技能、认知技能。[①]

二、技能的特点

技能的形成和提高离不开以往的知识经验，技能通常以相关的知识经验为基础，提高的主要途径是练习，其作用在于可以完成某种任务，本质是合乎规则或操作程序的认知活动方式或身体活动方式。其特点表现为以下三方面：

（一）技能以知识经验为基础

从信息加工的角度，知识可分为陈述性知识和程序性知识。陈述性知识也称描述性知识，是关于"是什么"的知识，主要用来说明事物的性质、特征和状态，用于区分和辨别事物，是一种静态的知识。程序性知识也称操作性知识，是活动的一系列操作步骤，是关于"怎么做"的知识，如关于如何操作某种机器设备、声乐学习中如何

---

① 陈琦，刘儒德．当代教育心理学［M］.3 版．北京：北京师范大学出版社，2019：244.

发声的相关知识。

1. 陈述性知识与技能

陈述性知识是技能学习的起点，其目的是形成较宽泛的知识背景，并且个体能够明确地使用词汇或者其他符号系统表述出来，对程序性知识的学习及技能的形成起到帮助作用。例如，一个初学摄影技术的人，首先需要对摄影的基本概念与技术指标等陈述性知识有所了解并掌握。

2. 程序性知识与技能

程序性知识与技能密切相关，前者涉及动作序列的规则，后者涉及将动作序列规则转化为相应的动作方式。技能是一种合乎法则的活动方式，而程序性知识往往内隐于活动的动作方式之中。以游泳为例，人们在游泳时未必能对自己的游泳姿势、如何换气等相关内容以外显的方式表达出来，而是以内隐的方式体现于游泳这项技能中。

（二）技能通过练习而形成

任何技能的形成和提升都离不开练习，尤其是有目的、提供具体反馈信息的练习。技能不同于吮吸反射、膝跳反射这些与生俱来的本能行为，需要通过不断练习才能从无到有、由会到精。麦克唐纳（F. J. McDonald）认为技能的形成过程是练习次数与练习时间或正确率之间的函数，其形成过程可分为六个阶段：无进步阶段、迅速进步阶段、学习速度逐渐减慢阶段、高原阶段、缓慢进步阶段、再次进步缓慢并临近极限阶段

［知识窗］
新生儿的本能反射

练 习 曲 线

练习曲线，又称学习曲线，是把多次练习成绩与练习次数之间的关系采用统计方法进行处理，然后绘制成的曲线，用以描绘练习过程。通过练习曲线可以看出学习进程的效率、速度、准确性等方面的变化和特点。

练习曲线通常有如下四种情形：

1. 学习进程先快后慢

在多数情况下，个体练习初期进步较快，以后逐渐缓慢。这是因为：个体在初期可能有兴趣、情绪高，后期产生疲劳效应；练习初期有可供利用的已有经验，到了后期需要建立的新的神经联系增加；初期需要掌握的是局部动作，比较简单，成绩提高较快，后期需要协调完善成为动作系统，成绩提高缓慢。

2. 学习进程先慢后快

在有的情况下，练习初期的进步比较缓慢，以后逐渐加快。一些复杂的学习，在开始阶段需要掌握有关的基础知识和基本技能，所以进步较慢，但经过一段时间的练习后，由于个体掌握了有关的基础知识和基本技能，进步就加快了，如识字、游泳等就是如此。

3. 高原现象

个体在练习中期往往出现进步暂时停顿的现象，即练习曲线上的所谓的"高原期"。它表现为练习曲线保持在一定水平不再上升，甚至有所下降。高原现象产生的

主要原因有两点：一是由于学习成绩的进一步提高需要改变旧的学习活动结构和方法，而代之以新的活动结构和方法。在学生没有完成这种改造以前，学习进程就会处于停滞状态，学习成绩甚至还有可能暂时下降，当完成了改造过程，成绩又会提高。二是学生经过较长时间的练习和学习，学习兴趣降低，出现厌倦情绪、身体疲劳等，这也会造成学习进程的暂时停滞。必须指出，高原现象并不具有普遍性，也不能表明动作技能的掌握已临近学生身心发展的极限，相反它就像黎明前的黑夜，只要学生突破这一关，获得的将是一笔巨大的财富。创造性的成果往往发生在高原期之后。

4. 练习成绩的起伏现象

在各种学习过程中，都可以看到成绩时而上升、时而下降的现象。这种现象产生的原因有两个：一是客观条件的变化，如学习环境、工具和教师指导方式的改变等，二是主观状态的变化，如学习兴趣、注意力、情绪、意志力、学习方法以及身体状况的变化等。

5. 操作技能的极限

在技能学习的最后阶段，练习成绩相对稳定、不再提高，被称为技能发展的极限。但这不是绝对的，有研究发现这种极限是可以被突破的。

（三）技能是合乎规则的活动方式

技能由一系列合乎规则的动作或心智活动组成，在技能形成的过程中，各个动作要素及顺序都要遵循活动本身的要求，不是无意识、无规则的反应。例如，国标舞初学者开始必须遵循舞蹈的规则要求，按照一定的顺序严格执行各个动作，随着练习次数逐渐增加，最终达到熟能生巧的自动化水平，但一招一式始终是符合规则要求的。

三、技能的类型

根据技能的性质和表现形式的不同，可将其分为操作技能和心智技能。

（一）操作技能

操作技能是指由一系列外部动作以合理的程序组成的操作活动方式。从吃饭、穿衣、走路、写字这些较简单的活动到操纵机床、飞机、机器人等较复杂的活动，都包含着操作技能。操作技能由有组织的、协调而统一的肌肉动作构成，当各种动作被组织起来并构成一个连贯性的、整齐的、有明确时间性的完整动作系统时，即可认为形成了操作技能。操作技能的表现形式多种多样，根据技能完成的特点可分为以下几类。

1. 精细技能与粗放技能

根据动作涉及的空间大小及肌肉运动强度，可以将操作技能分为精细技能与粗放技能。

精细技能主要局限在较为狭窄的空间内，进行比较精细的手、脚、眼的协调动作，靠小肌肉群的运动来实现，一般不需要激烈的大运动，如打字、弹吉他、钟表修理等。

粗放技能是运用大肌肉群的运动来实现的，执行时伴有强有力的大肌肉收缩和全身运动的神经－肌肉协调动作。例如，玩飞盘、打球、机械锻造等。

2. 连贯技能与不连贯技能

根据动作的连续性，可以将操作技能分为连贯技能与不连贯技能。

连贯技能是指连续、不间断的一系列动作，动作之间没有明显的停顿，持续时间也比较长。例如，游泳、跑步、汽车驾驶等。

不连贯技能的持续时间比较短暂，具有明显可以感知到的开端和终点。例如，射击、投掷铅球等。

3. 封闭性技能与开放性技能

根据动作技能执行过程中与环境的互动性，可以将操作技能分为封闭性技能与开放性技能。

封闭性技能是一种完全依赖内部肌肉反馈作为刺激指导的技能，也称内循环技能，像自由体操、跳水、计算机盲打等都属于封闭性技能，对外界环境提供信息的依赖性较低。

开放性技能执行时主要靠外部反馈信息控制，也称外循环技能，例如，球类运动中的接传球、拳击运动中的进攻与防守、汽车驾驶等。这类技能在执行过程中，由于外部因素不断变化，执行者必须确切感受这些变化，并在此基础上控制自己的活动以适应这些变化。它要求个体对外界变化的情况有处理能力，并对由此而发生的事情有预见能力。

4. 徒手型技能与器械型技能

根据是否使用操作工具，可以将操作技能分为徒手型技能与器械型技能。徒手型技能是靠机体自身来实现的操作技能，如图书上架、自由体操等。器械型技能是靠一定器械来实现的操作技能，如打字、拧螺丝等。

（二）心智技能

心智技能是指个体借助内部语言在大脑中进行的认知活动方式，如默读、心算、写作、观察和分析等技能。根据心智技能的应用范围不同，可以将心智技能分为专门心智技能和一般心智技能。

1. 专门心智技能

专门心智技能是某种专门活动所必需的，并在相应的活动中体现的技能。例如，计算技能就是运用四则运算法则通过练习而形成的一种专门心智技能。

2. 一般心智技能

一般心智技能可以用在许多不同领域的活动中。例如，观察技能、认识技能、推理技能。在某种特定活动中，不仅可以体现某种专门心智技能，也体现着一般心智技能。对于完成任何一项任务来讲，都需要两种心智技能的协同合作，两者是在同一智力活动中形成和发展的。

（三）操作技能与心智技能的区别与联系

1. 操作技能与心智技能的区别

操作技能具有物质性、外显性和扩展性等特点，而心智技能具有观念性、内隐性和简缩性等特点。换言之，前者主要表现为外显的肌肉骨骼的操作活动，基本单位是动作，动作系列必须符合实际要求，不能省略。后者主要表现为内隐的认知操作活动，以认知规则为单位，借助内部言语实现，可以高度省略、简缩，甚至觉察不到智力活动的进行。

2. 操作技能与心智技能的联系

操作技能和心智技能都是一组按照特定步骤执行的活动方式，都是组织化的结构。操作技能往往是心智技能形成的依据，心智技能的形成常常是个体在操作技能的基础上，逐步脱离外部动作而借助内部言语实现的。同时，心智技能又是操作技能的支配者和调节者，复杂的操作技能往往包含认知成分，需要学生的智力活动参与，即手脑并用才能完成。因此，虽然技能可以分为操作技能和心智技能，但是在实际生活、学习和工作中完成某项任务时，需要同时用到操作技能和心智技能。

高职学生进行技能训练，一般也需要操作技能与心智技能相结合。例如，通过心智技能（感知、记忆、想象、思维等）掌握一定理论知识的同时，还要学会识别、使用各种工具与仪器以及加工各种器件等。因此，只有把操作技能和心智技能很好地结合起来，才能掌握各种复杂的技能。①

第二节　技能学习与技能竞赛心理

无论是操作技能还是心智技能的学习，都有着技能自身形成的阶段性和规律性，学习技能形成的标志、变化规律、影响因素及方法策略，不仅有利于学生学习掌握技能，还有利于教师对技能的传授教学。了解技能竞赛的常见问题及应对方法，有利于技能选手在技能竞赛中取得好成绩。

[知识窗]
一技之长，
能动天下

一、操作技能的学习

（一）操作技能的形成过程

对于操作技能形成内在机制的解释，心理学上最具代表性的是行为主义和认知心理学的理论。行为主义把操作技能的形成看成一系列刺激与反应联结的形成，是一个从简单到复杂、不断练习和完善的过程，是从低级到高级、局部到整体、初步学会到熟练掌握的过程。认知主义则强调操作技能的学习必须有感知、记忆、思维等认知成分的参与，通过多次练习形成关于动作程序的认知结构，这些认知结构在相似情境的激发下会自动调节和控制个体行为，并使活动进行下去。

1. 操作技能形成的三阶段论

（1）认知阶段。操作技能的学习初期，首先需要通过书面学习、指导者讲解或观

---

① 樊秀娟，宋文义.技能训练要心智技能和操作技能相结合［J］.中国职业技术教育，2007（15）：38-39.

察别人的动作示范等途径了解操作技能的相关知识及基本要求，然后在大脑中形成某种操作技能最初的动作表象。例如，初学驾驶的学员要先了解汽车的工作原理、车内的仪表装置以及如何操纵仪器设备等知识和要求，同时在大脑里形成具体操作步骤的一连串动作表象。此阶段的主要任务是认识到"做什么"和"怎么做"，通过观察和学习认识操作技能的结构、特点及各组成动作之间的联系，对线索和有关信息进行适当的编码，编码的过程类似于尝试 – 错误，并带有每个人不同的特点。这个阶段动作表象的形成非常重要，正确的动作表象能有效促进操作技能的形成，错误的动作表象则妨碍操作技能的学习。此阶段的注意范围相对狭窄，身心高度紧张，动作呆板而不协调，容易出现多余动作，不能察觉操作动作的全部情况，难以发现错误和不足。

（2）联系形成阶段。联系形成阶段的重点是使刺激与适当的反应之间形成联结，使各动作之间形成联系。在此阶段，学习者的注意力从认知转向动作，逐渐从个别动作转向动作的协调与组织，开始把部分动作结合起来，形成比较连贯的动作。经过反复练习，个别动作之间交替加快，技能结构层次不断增多，最终形成整体的动作系统。这个阶段视觉控制作用逐步减弱，动觉控制逐渐提高，动作间干扰减少，紧张程度减弱，多余动作趋于消失。

（3）自动化阶段。联系形成阶段之后，操作技能的学习进入自动化阶段。需要注意的是，达到自动化水平需要经过长期的练习和实践。在此阶段，操作技能的各个动作在时间和空间上已形成一个有机结合的整体并巩固下来，动作之间的连接已达到自动化水平，往往一个刺激信号就能启动一连串动作，意识对动作的控制降到最低，动作的连贯性主要由动觉反馈来调节。

2. 操作技能形成的四阶段论

中国心理学家冯忠良（1929—2023）把操作技能的形成分为操作定向、操作模仿、操作整合和操作熟练四个阶段。

（1）操作定向。操作定向，又称行动定向，是指在了解操作活动的基础上，在头脑中建立起操作活动的定向映象的过程。操作主体在进行操作活动时，必须了解做什么、怎么做，即在实际活动中进行定向。例如，烹饪专业的学生学习食品雕刻，首先要了解食品雕刻的基本要求和基本步骤，即做什么、怎么做，同时在脑中形成相应的活动映象。

（2）操作模仿。操作模仿，又称行动模仿，一般是指仿效特定的动作方式或行为模式，它是掌握行动方式或行为模式所特有的一种学习形式。操作模仿既可以是有意或无意的，也可以是再造或创造性的。操作模仿是操作技能掌握的开端。同样是学习食品雕刻的例子，学生在操作模仿阶段，都会有意无意地模仿老师的动作或行为模式，以习得各步骤各具体操作。

（3）操作整合。操作整合，又称操作综合或操作联结，它是指把构成整体的各要素依其内在联系，联结成为整体，即使相连的各要素组成整体，从而使各要素一体化。例如，学习食品雕刻的学生在掌握一些具体、局部的操作之后，通过学习和练习，逐步使各步骤、各操作之间依其内在联系成为一个整体，最终可以完整地完成食品雕刻过程。

（4）操作熟练。操作熟练也称行动方式的熟练，是指通过练习而形成的活动方式对各种变化的条件所具有的高度适应性，在执行方面可以达到高度的完善化与自动化。操作熟练是操作技能掌握的高级阶段。在这一阶段，操作行动的完成不仅高度完善，且个体意识水平大为降低，即不需要高度的意识控制，就能"自动"进行。例如，学生通过反复练习，食品雕刻操作不断熟练稳定，多余操作逐渐消失，准确性越来越高，达到自动化水平。

（二）操作技能形成的标志

学生在熟练掌握汽车喷漆这项技能后，其多余动作会逐渐消失，动作准确性会越来越高，最后达到工作要求。同时，学生的喷漆操作过程及水平逐渐稳定，各个步骤可以有机结合、长久保持、不易遗忘；喷漆的速度也会逐渐加快，同时还可以根据情况变化作出适当调整，以确保活动任务顺利完成；随着操作技能的不断熟练，操作需要的意识控制逐渐减弱，在工作过程中个体可以边操作边与合作者交流，达到自动化水平。

1. 动作的准确性

动作的准确性是指动作系统能很好完成相关操作任务，动作的正确率达到操作技能活动的预期目标和相关要求。

2. 动作的稳定性

动作的稳定性是指操作技能在长期的练习训练过程中使暂时性神经联系变得稳固，动作系统中各种动作的力量、方向、速度等要素能以合乎规则的方式结合并能长久地保持、不易遗忘。

3. 动作的敏捷性

动作的敏捷性是指动作的速度快，或者说单位时间内完成的工作量增加，这也是区别初学者和熟练者的标志之一。

4. 动作的灵活性

动作的灵活性是指当动作与情境的匹配达到一定水平的概括关系之后，人们可以根据情境的变化重新组合技能动作以顺利完成任务的特性。

5. 动作的自动化

动作的自动化是指操作中某些动作的意识控制减弱，操作过程似乎是自动进行。例如，一边看电视一边织毛衣，这时织毛衣往往是一个自动化的活动。

（三）操作技能形成的变化规律

操作技能在形成过程中会带来心理和动作两个方面的变化，下面将从心理变化和动作变化两方面阐述操作技能形成的变化规律。

1. 心理变化规律

（1）动作知觉变为动作表象。借助示范等活动，学习者首先掌握了动作的形象，即形成动作知觉，而后经过反复练习和矫正就会在学习者大脑中形成一个与该技能活动相符的动作表象。这个动作表象是在学习者的大脑中被重新唤起的关于过去动作知觉的形象。例如，汽车司机要凭借动作表象来调节变速杆。动作表象是当前动作进行的一个重要依据，是一系列动作的集合，是操作技能形成的必然结果。

（2）视觉反馈变为动觉反馈。当操作技能还不够熟练的时候，人们往往需要借助视觉监督，将动作执行信息反馈给大脑，继而调节动作的准确性。通过练习，动觉监督逐渐代替视觉监督，动觉反馈信息可以通过中枢神经系统来调节运动器官。例如，刚接触计算机键盘时，往往需要通过眼睛在键盘上寻找字母，而对于键盘使用熟练者来说，则完全可以做到不看键盘，只需要依靠动觉反馈信息就能娴熟地完成输入过程。

视觉反馈减弱，动觉反馈增强，这对职业技术活动非常重要。首先，这可以使操作者的视觉从动作控制中解放出来，而将其放在活动的其他环节或活动情境上，以保证全部活动顺利进行。例如，打字员的视觉可以放在文稿上，而不只关注键盘。其次，一些职业活动主要凭借触觉和动觉完成。例如，纺织女工接线头的工作就是主要以触觉控制为主。

（3）动作控制的意识性逐渐下降。在操作技能形成初期，每一个动作都需要注意力高度集中地去完成，动作控制表现为意识的高度参与性。例如，初学驾驶的人必须按照预定顺序注意每个驾驶动作，但即便如此，还时常发生错误。到了练习后期，练习者不需要对各个动作高度注意，这时意识的参与性降低，表现为技能的自动化。自动化就是在大脑皮层建立稳固的动力定型。在反复练习中，以一定顺序出现的刺激物在大脑皮质中形成了一种暂时性神经联系，即动力定型。当初始刺激出现时，会引起按确定顺序排列的一系列反应。例如，老司机开车时对那些常规动作只要稍加注意就行，注意力主要集中在路况等外界环境上。

（4）心理紧张感逐步下降。操作技能形成初期，练习者一个较为普遍的情绪反应就是紧张和焦虑。紧张具有双重意义：积极意义和消极意义。适当的紧张可以提高操作者的兴奋水平，使自己处于一定的觉醒状态，缩短动作的反应时间，这是操作活动所必要的。但当操作者过度紧张时，就会造成动作慌乱，动作的有效性明显降低。心理的过度紧张和焦虑会导致外周反应，例如心率加快、血压升高、肌肉紧张和肢体震颤等。紧张和焦虑的程度受到下列因素的影响：操作者完成操作活动的自信水平；完成操作活动可借鉴和迁移的过去经验；对操作错误可能带来的危险后果的预想；成功与失败对自我意义的影响；群体或权威人士的关注带来的心理压力；自我期望水平。由于过度紧张和焦虑一般是状态性而非特质性的，随着练习次数增加和成绩提高带来自信心的提高，可以使过度紧张和焦虑这些具有消极意义的情绪得以减弱或消除。

2. 动作变化规律

（1）动作协调性逐步加强。在练习初期，练习者只能注意个别动作，若同时进行两种动作，可能会发生动作间的相互干扰或根本无法进行；在练习后期，则可以同时完成几个动作。例如，熟练的汽车司机在倒车时，脚要踩油门，手要把握方向盘，头还要扭转着看后视镜，这一系列动作必须同时进行。而不太熟练的司机，往往会造成熄火，这就是踩油门的脚没有配合好的缘故。动作协调性的加强还表现在练习初期继时性动作的不连贯性，表现为一个动作过渡到另一个动作之间出现停顿。这是因为练习者要先集中注意力做一个动作，然后再集中注意力做下一个动作。到了练习后期，前后动作连贯起来，不再出现迟疑和停顿，同时性的局部动作和继时性的先后动作构成了一个完整的技能动作整体，大大提高了活动效率。

（2）多余动作逐步消失。在练习初期，练习者往往会出现许多多余动作。多余动作的出现，主要是运动分析器皮层部分的兴奋过程泛化的结果。在条件反射形成初期，对应皮层具体区域产生兴奋性扩散，即泛化现象，引起肢体无关部位的不必要动作。由于多余动作对整个活动不产生积极效果，甚至会产生干扰，因此在练习过程中逐渐受到抑制，进而逐步消失，而那些有效动作不断得到强化。

（3）反应和动作的敏捷性增强。反应的敏捷性是指当刺激物出现后能迅速地作出反应，动作的敏捷性是指肢体单位时间内移动的距离增加。当职业活动的复杂程度不变时，操作者反应越敏捷，速度越快，说明其技能的掌握就越熟练。在飞机驾驶模拟训练中，面对突如其来的情境变化，初学者往往不能迅速地作出适当的操作反应，而熟练的飞行员却能应对自如。手工插秧、流水线上的操作工种都对反应和动作的敏捷性有较高的要求。

（4）动作的准确性提高。动作的准确性对于所有职业都是重要的，而对于某些职业活动来说尤其重要。例如，精密机械加工要求高度准确，会计、出纳、售货员等职业都要求把准确性放在第一位。对于另一些职业活动，动作的准确性和敏感性并重，例如，驾驶超音速飞机，对于飞行员的反应速度和动作准确性都有很高的要求。在练习初期，练习者的动作准确性一般较低，通过训练，他们的动作流畅性提高，动觉反馈增强，不规范动作得到矫正，紧张感下降，进而准确性得到提高。

（5）动作强度趋于合理。动作强度指的是人在活动中克服动作阻力时肌肉收缩的紧张程度。在职业活动中，要求操作者的动作强度与操作中所需克服的阻力相匹配。在练习初期，练习者往往不能准确地把握自己的动作强度，不是用力过猛就是用力不足。比如初学木工者对于刨子的使用不是刨不动，就是把刨子一下子推出很远。经过一段时间的练习，练习者逐步认识了动作强度与工具、工件之间的关系，能根据工具、工件的变化来调节自己动作的强度。

（四）操作技能的保持

操作技能一旦形成，其记忆的保持率较高，像游泳、驾驶等技能熟练以后基本上会终生不忘。许尚侠（1930— ）对大学生徒手体操和无意义音节的遗忘曲线进行了比较研究，发现操作技能的遗忘进程和知识的遗忘进程有很大的区别（见图 6-1）。[1]弗雷西曼（E. A. Fleishman，1927— ）和帕克（J. F. Parker）设计了一个类似驾驶飞机的任务，让大学生被试练习多达 50 次，每次 6 min，历时 17 天，达到熟练水平，然后把被试分为 3 个组，分别在 9 个月、12 个月和 24 个月后进行测验，发现前两组

---

[1] 许尚侠. 动作操作遗忘进程的探讨［J］. 心理科学通讯，1986（1）：13-17.

被试的技能基本没有遗忘，24 个月不练习的被试有少量遗忘，但经过 20 min 的练习后可以完全恢复。①

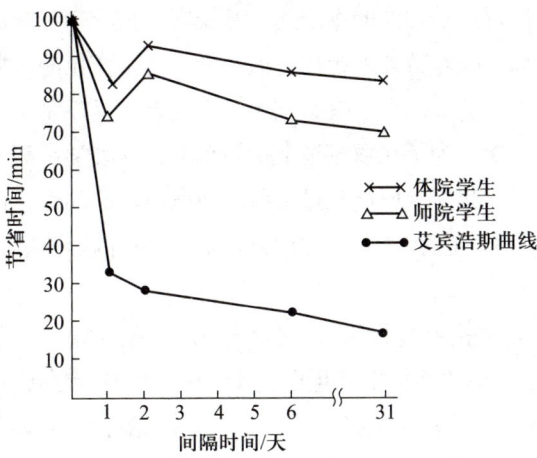

图 6-1　运动技能与无意义音节的遗忘曲线比较

为什么操作技能一经形成就不易被遗忘呢？这主要有以下四方面的原因：

（1）操作技能都是经过大量练习之后形成的，包含大量的过度学习，过度学习有利于技能保持。

（2）操作技能一般包含一系列局部动作，这些动作在空间与时间上存在相互关联，这些关联有助于记忆和回忆。

（3）操作技能的掌握可能符合分布式认知理论，分布式认知是指认知不仅分布在个体内，还分布在个体间、媒介、环境、文化、社会和时间等之中。操作技能中大量的任务通过外部动作分布出去，使个体的内在认知负荷减少。②

（4）操作技能的保持高度依赖小脑和脑的低级中枢，这些中枢可能比大脑的其他部位有更大保持动作痕迹的能量。

（五）操作技能的学习条件

操作技能学习过程的顺利进行需要一定的条件，具体包括内部条件和外部条件，对这些条件的了解有助于深入地认识操作技能的学习规律。③

1. 内部条件

在学习操作技能前，学习者必须具备或事先习得一些与所学习的操作技能有关的内容，缺少了这些内容，操作技能的学习便无法进行，这些内部条件称为"必要性的先决条件"，主要是指局部操作技能和执行性子程序。通常，一套完整的操作技能可以分解成同时或按先后顺序出现的局部操作技能。例如，游泳包括腿的打水和手臂的

① FLEISHMAN E A，PARKER J F. Factors in the retention and relearning of perceptual-motor skill
　　［J］.Journal of experimental psychology，1962，64（3）：215-226.
② 陈琦，刘儒德.当代教育心理学［M］.3 版.北京：北京师范大学出版社，2019：254.
③ 皮连生.教育心理学［M］.4 版.上海：上海教育出版社，2011：184-190.

划水，这是同时进行的，还包括转头、抬头和换气，这是在手臂划水之后进行的。学习游泳，既要学习局部操作技能，又要学习将局部操作技能综合起来的规则，这种规则称为执行性子程序。执行性子程序的本质是一套规则，它控制着局部操作技能执行的顺序，即先执行某一个局部操作技能，再执行另一个局部操作技能，哪些局部操作技能要同时执行等。例如，驾驶学员已经掌握了倒车、转动方向盘控制车的移动、以最小速度向前驾驶等局部操作技能，为了在双车道上掉转车头，驾驶学员需要学习将这些局部操作技能以恰当的顺序组合起来，以便通过某些向前或向后的动作，再加上恰当的转弯动作来完成掉转车头的行为，这里的局部操作技能的组合顺序就是执行性子程序。

2. 外部条件

（1）言语指导。言语指导是指导者在操作技能学习之初以言语描述或提示的方式向学习者提供的有关操作技能本身的重要信息，在操作技能学习中有重要作用。在操作技能学习早期，执行性子程序是必须习得的，言语指导可以有效地促进执行性子程序的习得。此外，言语指导还可影响学习者对操作技能学习的标准或目标的认识，并影响其最终习得的操作技能表现。

（2）示范。示范是将操作技能演示给学习者看。示范可以由教师来示范，也可以由学习者的同伴来示范，还可以用视频、照片等来示范。示范在操作技能学习的整个过程中都有重要的作用。示范通常是由榜样来完成的，不同类型的榜样对操作技能的学习效果也有影响。研究者区分了示范时的两种类型的榜样，一种榜样称为专家榜样，由专家将完美的动作技能示范给学习者；另一种榜样称为学习榜样，由初学者示范学习过程，包括学习动作技能中所犯的错误、所得到的纠正指导、所表现出来的进步等，这两种榜样对操作技能的学习有不同影响。如麦卡拉（P. McCullagh）和凯尔德（J. K. Caird）选择三组被试，让一组被试观察专家榜样完美执行任务的录像，另两组则观察学习榜样学习这项任务的录像。结果发现，观察学习榜样并获得榜样执行结果信息的一组成绩最好，这些被试在习得阶段，在没有得到有关其表现的任何信息的情况下，仍持续地改善了作业表现，而且和其他观察者相比，也很好地保持了作业水平，还能更好地迁移到新颖的任务中。在收看职业高尔夫选手的电视节目时，人们最大的受益是来自专家所犯的错误，这些错误很少见，评论员通常重新播放录像，并准确地指出错误之处，研究中真正的问题可能不在于榜样的水平，而在于展示的信息，人们从错误的表现中学到的比从正确的表现中学到的更多。

（3）练习。练习是学习者抱着改进技能的目的而对动作进行的重复。练习是影响操作技能学习的最重要的因素。研究发现，为学习者提供或安排不同形式的练习，对其操作技能的学习有直接影响。集中练习是指将练习时段安排得很接近，学生在一段较长的时间内对某种技能进行反复的练习，例如，酒店服务专业的学生连续3天练习托盘技能。分散练习是指用一定的时间间隔把总练习时间分隔成若干时间段，每次练习的时间较短，例如，驾驶学员1个月内每周练习1个小时的倒车。研究发现，对于大多数操作技能，分散练习的效果优于集中练习，但最终要从技能的性质、学生的学习能力以及如何平衡疲劳和遗忘的作用等多方面综合考虑。研究表明，当学生初学一种技能时，先进行集中练习后再进行分散练习，要比单纯的分散练习效果更佳。

区组练习是指每项任务按顺序完成固定次数的练习；随机练习是指当第一项任务练习完一次之后，转而进行其他项目的练习，且练习的项目随机。例如，练习羽毛球的三种发球动作（长球、短球和大力发球）各108次，如果按照区组练习就是按照顺序先练习长球108次，再练习短球108次，最后是大力发球108次；如果是随机练习，则可以在每次练习前随机确定练习动作。有研究表明，区组练习在操作技能的习得阶段有积极作用，但在保持和迁移阶段则不如随机练习。换言之，随机练习对动作技能的学习要比区组练习产生更持久的影响。

身体练习是身体实际进行活动的练习；心理练习是指仅在大脑内反复思考动作技能执行过程的练习形式，其不受时间、地点、器械的限制，且身体几乎不会产生疲劳。例如，驾驶学员需要练习路考，在没有汽车练习的情况下，在大脑中对起步、加减档、变道、超车、掉头等操作流程进行练习。需要指出的是，由于操作技能的重要特点之一是涉及实际的肌肉运动，因而真正的操作技能学习必须有身体练习。心理练习所练习的可能是与动作技能有关的操作步骤（一种心智技能），单纯进行心理练习对动作技能学习虽有促进作用，但不能代替身体练习。

（4）反馈。反馈是指练习者在操作技能过程中或之后接收到的与操作技能相关的信息，如感觉到、听到、看到及在环境中产生的结果。反馈在操作技能学习中的重要性仅次于练习。在操作技能的学习过程中，让学生能够及时掌握学习与练习情况，知道自己的成绩和错误、优点和不足等，就可以把符合要求、目的的操作保留下来，放弃不符合要求的动作，是提高操作技能学习效率的有力保障。操作技能学习中的反馈分为固有反馈和增补反馈两种。固有反馈，又称内反馈，是练习者不依赖外界帮助而自己获得的反馈，它可以是练习者在执行某个动作时肌肉中的动觉感受器提供的感受，如练习者在做了一个错误的潜水动作后产生的刺痛感，也可以是练习者对自己行为结果的直接观察，如练习者在投篮后可以看到球是否投中。增补的反馈是由教师、教练或某种自动化的记录装置提供给练习者的反馈信息，通常是在练习者得不到固有反馈信息时给予的，是对固有反馈的增加和补充。如在练习射击时，是否击中靶心，往往需要外在的反馈。增补反馈可以是对结果进行反馈，如"你这次加工的工件精度不够"，也可以是对表现过程的反馈，如"指出你在加工模具时手的动作存在的具体问题"。有研究表明，练习者将增补反馈作用信息构建成指导操作技能的内部计划或程序之后，就不需要增补反馈了，而是依据固有反馈判断正误并完成下一次的正确反应。①

二、心智技能的学习
（一）心智技能的学习过程

心智技能是一种借助内部言语在大脑中进行的认知活动方式。例如，在写作开始前，人们会在心中打腹稿；又如，小学生在进行计算的时候，在大脑中进行四则运算

① 皮连生.教育心理学［M］.4版.上海：上海教育出版社，2011：190-193.

的演算步骤。

心智技能研究的代表人物有加涅、安德森（J. R. Anderson，1947—　），冯忠良等，他们对于心智技能的学习过程提出了各自不同的理论。

1. 心智技能层次理论

加涅提出学习层级的思想，将心智技能分为五类：辨别、具体概念、定义性概念、规则和高级规则。其中，辨别指区分事物之间的不同点，例如，辨别不同的字母或汉字。具体概念是指识别具有共同特征的同类物体，不能通过下定义，只能从具体的实例中学，例如，把大小、酸甜和颜色不同的苹果，都看作"苹果"这个类别的实例。定义性概念是指运用概念的定义特征对事物进行分类，能够通过下定义揭示其实例的共同本质属性的概念。例如，将 2、4、6、8 等数分为偶数一类，1、3、5、7 等数分为奇数一类。规则即按照规则促进问题解决，例如，根据圆的面积公式求圆的面积。高级规则即运用规则组合去解决问题。加涅认为，心智技能的形成是从知觉辨别到高级规则学习的一个层次递进的过程。

2. 心智活动的五阶段理论

加里培林（P.Y.Galperin，1902—1988）认为，心智活动是通过实践活动"内化"实现的，这里的"内化"是指从外部物质活动转化为内在知觉、表象和概念水平的结果，这种转化包括五个阶段。

（1）活动的定向基础阶段。活动定向即在活动开始前形成的对于活动过程与结果的映象。例如，我们在完成某项任务时，先对任务内容以及过程进行整体把握，对任务的完成效果进行一定的评估，将有利于任务的完成。例如，在学习机械制图时，首先要了解机械制图的基本规则、具体程序与方法，并在大脑中形成完整的活动过程与结果的映象。

（2）物质活动或物质化活动阶段。物质活动是指运用具体事物的活动，而物质化活动是指运用实物的模拟品（模型、示意图、标本等）进行的活动。例如，小学生最初学习数字运算时，往往借助小木棍进行运算，利用小木棍运算就是物质活动，这可以帮助小学生掌握数字运算的实际操作步骤。

（3）有声言语活动阶段。有声言语是指不直接依赖实物或模拟品，而是利用出声的言语活动来完成活动。这一阶段是从外部物质活动转化为内部活动的开始。以学习数字运算为例，这一阶段的学生已经无需借助小木棍等外部工具，但往往会出声读出运算题目、运算规则和运算过程。

（4）无声的外部言语活动阶段。无声的外部言语活动阶段是以不出声的外部言语进行的，即可以看到嘴动，但是听不到声音，这是比有声言语阶段更高级的一个阶段，需要对言语机制进行改造，更多地运用内部活动的一个阶段。这种无声的外部言语阶段相当于"言语减去声音"，学习者虽然嘴动但并不出声，有声言语变成词的声音表象，运算过程以不出声的方式进行。

（5）内部言语活动阶段。这是外部活动转化为内部活动的最后一个阶段，具有两个特点：简缩和自动化。简缩是指不必将知识完整清晰地表达出来，只需要学习者自己知道即可；自动化是指学生进行该阶段时基本察觉不到，是自动进行的。此时学生进行数字运算时，已经不需要默念公式，而是在大脑中出现几个关键词，随之即可得出答案，此时心智技能已经被学生熟练掌握。

3. 心智技能形成三阶段理论

冯忠良经过长期"结构－定向"教学实验，提出了心智技能形成的三阶段理论。

（1）原型定向。原型定向是了解心智活动的外部实践模式，包括动作构成要素、动作执行顺序、动作执行要求等，从而使个体知道该做哪些动作和如何去完成这些动作，明确活动的方向。

（2）原型操作。原型操作是依据智力技能的实践模式，把在大脑中建立起来的活动程序计划以外显的操作方式付诸实践。

（3）原型内化。原型内化是指心智活动的实践模式和实践方式向大脑内部的转化，由物质的、外显的、展开的形式变为观念的、内在的、简缩形式的过程。原型内化阶段是心智技能形成的高级阶段。

（二）心智技能学习的影响因素

关于心智技能学习的影响因素，可以分为以下五个方面。

1. "原型"的特点

从心智技能的形成过程来看，其基础是个体对活动的定向。而这一定向并不是由个体决定的，而是通过对"原型"的观察分析得出的，"原型"是心智技能的主要影响因素。从心智技能的层面分析，其必须确保原型结构的完整性，即个体对自身的整个工作交流有一个全面的认识，从而确保心智技能的完整性。同时，提供的"原型"必须具有概括性和典型性的基本特征，从而确保活动的规范性。

2. 练习方式

作为一种需要经过反复练习形成的一类技能形式，要想形成合理的心智技能，必须确保个体具有足够的锻炼量。为了确保最终形成的心智技能的全面性，必须确保整个心智技能形成过程经过多种形式的练习。

3. 学习积极性

对于学生而言，学习积极性是影响心智技能学习的重要因素之一。学生的兴趣、爱好都会对他们的学习活动产生一定的影响。

4. 概括能力

对于心智技能来讲，概括能力是智力技能形成的中间桥梁，通常学生的概括能力与心智技能的形成呈正向关系。

5. 基本技能的熟练

无论心智技能的组成是否复杂，任何形式的心智技能都是由多种小技能共同组合而成的，进而推断基本技能是心智技能的基础。学生要想形成正确、合理的心智技能，必须熟练地把握基本技能。

（三）心智技能学习的方法与策略

1. 遵循智力活动按阶段形成的理论

心智技能按阶段形成的理论，充分体现了心智技能形成的一般规律。因此，在培养学生形成心智技能时应遵循这一理论，积极创造条件，帮助学生从外部的物质活动向内部的智力活动转化。

2. 根据心智技能的种类选择方法

心智技能要根据其不同的复杂程度而采用不同的途径。对于复杂的、由多种智力活动方式组成的心智技能，如写作技能、解题技能等，可以采用由部分到整体的训练方法，即先从单个智力训练开始，按一定顺序练习，最后构成一种复杂的心智技能。而对于简单的心智技能宜采用整体方法来训练。

3. 积极创造应用心智技能的机会

学生的实践活动是心智技能形成和发展的基础。只有经受实践的考验，应用自如，才能形成稳定有效的心智技能。要想促进学生心智技能的形成和发展，使其达到熟练掌握和灵活运用的水平，教师必须积极创设问题情境，让学生的心智技能在解决问题的练习中得到锻炼。此外，教师还应该加强指导，帮助学生正确运用心智技能来解决有关问题。

4. 注重思维训练

学生心智技能的核心是思维。因此，培养学生良好的思维方法和思维品质对学生心智技能的形成与发展具有特别重要的意义。为此，教师在教学过程中要重视学生的思维训练，培养学生思维的独立性与批判性、敏捷性与灵活性、流畅性与逻辑性以及敏感性等良好品质，养成认真思考的习惯。①

三、技能竞赛心理

技能竞赛是展现职业教育质量的重要平台。除世界技能大赛之外，我国国内举办的技能大赛主要有三类：（1）全国职业院校技能大赛、中华人民共和国职业技能大赛等综合技能竞赛活动。（2）全国体育行业职业技能大赛、全国一类工业设计职业技能大赛等全国行业职业技能竞赛活动。（3）"三区三州"职业技能大赛、全国乡村振兴职业技能大赛等职业技能竞赛专项赛事活动。

[知识窗]
世界技能大赛

在 2020 年 12 月举办的中华人民共和国第一届职业技能大赛上，习近平总书记致信祝贺并强调要"大力弘扬劳模精神、劳动精神、工匠精神""培养更多高技能人才和大国工匠"。在世界技能大赛效应的带动下，我国职业技能竞赛已成为高技能人才选拔、培养的重要途径之一。

技能竞赛不仅是职业技能的比拼，还是心理素质的较量。有机会参与技能竞赛的选手在赛前可能就处于一定的应激状态，精神高度紧张，致使部分选手出现学习和训练疲劳、意志力下降、自信心不足，更有严重者会出现免疫功能下降而引起各种身心疾病，严重影响身心健康的情况。同时，在技能竞赛过程中面对激烈的竞赛环境，参赛选手更易在竞赛心态、认知、情绪、动机等方面产生一些心理问题。

---

① 陈琦，刘儒德. 当代教育心理学［M］. 3 版. 北京：北京师范大学出版社，2019：262.

（一）技能竞赛中常见的心理问题

1. 消极的心理定向

心理定向是指比赛中的心理准备状态及注意的焦点，对参赛选手的参赛状态及临场发挥具有重要影响。心理定向分为积极的心理定向和消极的心理定向两种。积极的心理定向遵循过程定向、当前定向和主位定向原则；消极的心理定向将注意力放在过去或未来的比赛结果上，放在与他人进行的社会比较上。在竞赛过程中，有些选手觉得自己技不如人，既害怕连累大家，又担心拿不到好的名次对不起项目组的成员、学校、老师和家长，遭到同学耻笑，这就是一种消极的心理定向。①

2. 心理疲劳

心理疲劳是指由长时间认知活动或者长时间从事单调、厌烦的工作而引起的疲劳。在心理疲劳状态下，竞赛选手出现抱怨、注意力难以集中、畏难、情绪耗竭等问题，会使竞赛选手行为控制能力受损。②

3. 不良认知

对比赛的不良认知会阻碍选手正常水平的发挥。极端思维就是一种典型的错误认知，例如，有些学生在赛前会认为，"只有获得名次，我才是一个有用的人""如果我失败了，老师就不再认为我是优秀的"。这种极端思维不仅不利于选手发挥正常水平，也不利于选手自身发展。除此之外，还有任意推断、选择性概括、过分看重或轻视同学或教师的话、过度引申等。

4. 比赛焦虑

以高职院校技能竞赛为例，根据参赛选手心理波动规律可以划分为入围训练兴奋期、训练提高自豪期、适应训练平稳期、临近比赛焦虑期、进行比赛紧张期和比赛结束后悔期。③ 其中，临近比赛焦虑期和进行比赛紧张期最容易出现过度紧张和焦虑的情绪，并且可能伴随失眠、精力不足等现象。

5. 盲目自信或自信心不足

自信是指个人相信自己，对自己所知的事、能做的事或已做的事确信不疑。盲目自信表现出的心理特点有：身心懈怠，注意强度下降，知觉和思维迟缓；具有强烈的取胜愿望，但对获胜的途径和方法模糊不清；自以为有获胜的把握，但对竞赛准备不够积极；对即将来临的竞赛的复杂性和困难估计不足，过高地估计自己的力量。缺乏自信则表现为不相信自己能够成功应对各种状况、不敢与他人竞技、不认为自己可以完成训练计划等。

6. 习得性无助

习得性无助是指选手面对困难、压力或消极刺激等负性情境时自认为无能为力的

---

① 肖晓萍，李自胜.基于机创大赛的参赛学生心理特征的研究［J］.科技视界，2017（31）：1-3.
② 朱昭红，马骁，张俊峰.心理疲劳对认知控制和动机影响的外周生理机制［J］.心理与行为研究，2013，11（6）：752-758.
③ 张小兰.高职院校技能竞赛参赛选手心理调适与辅导研究［J］.济南职业学院学报，2015（6）：19-20，32.

感受。一些选手在赛前产生一些消极思想，例如"不管我怎么努力，到了赛场肯定还会失误"，就是习得性无助的表现。

7. 动机过强或缺乏动机

心理学家耶基斯和多德森的研究证实，动机强度与工作效率之间并不是线性关系，而是呈倒 U 形曲线关系，越复杂、越困难的工作任务越不适合过高的动机水平。因此，在面对不同难度的任务时，竞赛选手需合理调整自己的动机水平，来应对不同的竞赛项目。

（二）技能竞赛中心理问题的应对方法

1. 心理技能训练方法

心理技能训练是指通过心理学手段对参赛选手进行有意识、有目的的训练，以提高其竞赛水平，增进其身心健康的活动。

（1）赛前注意力转移。为了使参赛选手以良好的心态参赛，赛前需合理安排行程，可以采用封闭形式（如读书）或开放形式（如户外运动或活动等）转移参赛者的注意力。

（2）赛中注意力集中训练。注意力集中训练是全神贯注于一个目标，不为其他内外刺激所干扰分心的能力。例如，在竞赛前一周开始每天进行操作技能的心理演练，选手首先想象自己正在一个无人实验室进行操作，然后想象自己在有同伴观看的情况下操作，接下来想象在裁判注视着自己的情况下操作。经过注意力集中训练的选手在随后的竞赛中会更坦然面对各种应激情景，会尽量将注意力集中在完成技术动作上，从而更好地发挥竞赛水平。

（3）表象训练。表象训练又称念动训练、心理演练、想象训练等，是指训练者利用表象在大脑中有意识地再现某种技能操作的过程或竞技情境，从而完善技能或提高心理适应力的过程。冲刺阶段表象训练技术主要有成功情景表象训练和表象转移训练。成功情景表象训练在训练或比赛之前，表象自己成功地完成动作，能够增强竞技信心，使注意力更加集中于当前的任务，从而达到最佳竞技状态。表象转移训练是将选手从应激或失败的情景表象中转移至积极的情景表象中的训练。

（4）认知行为治疗。认知行为治疗认为，人的情绪来自对所遭遇事件的信念、评价和解释，而非来自事件本身。正如认知行为治疗的主要代表人物贝克（A. T. Beck, 1921—2021）所说："适应不良的行为与情绪，都源于适应不良的认知。"赛前、赛中由于压力过大，可能会产生消极认知，进而采取消极的应对方式。通过认知行为治疗，可以有效改善选手的不合理信念和想法，从而使其在比赛中取得优异成绩。

（5）放松训练。放松训练是一种有效应对焦虑等负面情绪的手段。放松训练的方式有很多，如冥想、渐进式肌肉放松训练、生物反馈训练等。其中，最简便、易行的放松训练是腹式呼吸法，腹式呼吸可以使注意力从负性刺激上转移，同时增加肌肉的供氧量，使身体更轻松。腹式呼吸可以帮助个体进行应激的干预训练，提高随机应变的能力。

（6）积极自我对话。积极自我对话是自己对自己采用激励的说话方式，具有改善情绪、增强自信的功能。通过积极自我对话技术，个体可以将负性自动思维转变为正性思维，从而产生成功自证预言假设。

2. 其他方法

（1）掌握学习策略。比赛准备阶段时间紧、任务重，理论知识量大、技能项目多，想要在众多强劲对手中脱颖而出，光靠刻苦努力学习是不够的，还要掌握学习策略并进行开发潜能训练，这样才能脱颖而出。例如，让选手掌握学习中的遗忘规律，保持学习的程度达到150%时，记忆效果最好；让选手掌握耶基斯-多德森定律，保持中等强度的动机最有利于任务的完成；问题解决能力训练主要是针对思维的广阔性、深刻性和灵活性的训练，提高选手的应变能力。掌握这些学习策略可以增强选手学习、训练的自信心和掌控力。

（2）目的性教育。加强目的性教育，可以有效激发选手的活动动机，提高活动过程中的意志力水平，从而更好地面对比赛。目的性教育包括形成目标观念和以目的调节行为两方面。形成目标观念，即选手首先必须确立一个明确且正确的目标；以目标调节行为，即发挥对目标的定向、调节、控制作用。选手要根据自己的训练成绩，实事求是地评估自己的实力，采取积极的行动，在竞赛中取得好成绩。

（3）人际支持。邀请技能大赛获奖选手到学校分享经验，给即将参赛的选手以信心和鼓励；邀请本校历届竞赛获奖选手现场交流心得体会，激发参赛选手的积极情绪，从而融入训练和比赛中，发挥出最佳的状态和水平。此外，教练员或者教师要充分发挥集体或团队对选手心理的支持作用，营造良好的人际环境。

（4）赛后心理恢复。赛后心理恢复是心理训练的重要内容，主要目的是使参赛选手尽快从兴奋状态恢复至平静状态，正确对待成功与失败，以合理归因的方式总结经验，将注意力指向今后的训练和比赛中。[①] 主要手段有：客观评价表现、进行心理放松等。

第三节 职业核心技能

职业核心技能的提出与世界工作结构的重组、职业变更的加快以及工作场所的变化密切相关。20世纪50年代，一些发达国家的经济结构和劳动力市场随着经济迅速发展而产生了深刻变化，这些变化引起了失业率的提高和职业流动性的加快，对从业人员的适应性提出了更高的要求。"核心技能"的培养曾经成为德国经济腾飞的"秘

---

① 国家体育总局人力资源开发中心.现役运动员心理指导手册［M］.北京：人民体育出版社，2020：209.

密武器"，受到了各国学者的广泛关注和各国政府的高度重视，成为欧美许多国家建构职业教育培养目标的基本框架。

大众汽车公司职业培训部的邦加尔德（Bongard）曾说过："因为我们生活在一个技术发展速度极其迅速的时代，企业和管理部门的工作人员必须着眼于未来，迎接伴随技术发展出现的挑战。这就要求从业人员具备一种直到今天还未被人们普遍了解的自我重塑和自我适应的技能，那就是核心技能。"

一、职业核心技能概述

（一）职业核心技能的界定

1998年，我国劳动和社会保障部将职业技能划分为三个层次，即职业特定技能、行业通用技能与职业核心技能。职业核心技能处于最底层，是指具体的专业技能以外，个体在职业生涯甚至日常生活中所必需的基本技能。它强调的是，当职业发生变更或劳动组织发生变化时，从业人员所具备的这种技能依然起作用。职业核心技能具有普遍适用性和广泛的可迁移性，影响着行业通用技能和职业特定技能的学习、形成、发展和深化，对人的终身职业发展至关重要。[①]职业核心技能还被形象地称为可携带的技能、通用技能、关键能力和软技能等。

（二）职业核心技能的作用

1. 适应职业变化

21世纪是"无边界职业生涯"时代和终身学习的时代。"无边界职业生涯"强调的是职业流动性和跨越性，要求劳动者具备可转移或可携带的技能以适应不同岗位、专业、职能、角色和组织等之间的转换。终身学习强调的是终身性和可持续发展，要求个体具备一定的基础性知识和技能，以支持各项专门性知识和技能的纵向及横向学习，并促进和提升其学习效率和效果。而职业核心技能的提出和发展无疑成为满足这些需求的重要手段，是复杂形势下的战略性选择，具有"以不变应万变"的哲学意味，也体现了异中求同、大道至简的高度提炼式的思维方式。[②]职业核心技能是基础性的、可迁移的技能，它能够使劳动者具有较好的职业适应性，促进其可持续发展。

2. 促进职业发展

高校大规模扩招使我国面临着结构性失业和知识性失业的问题，软技能不足已经成为当前毕业生就业的重要技能缺口。麦可思研究院曾在中国大学生就业报告中指出：毕业生在理解交流能力中最重要的是有效的口头沟通和积极学习能力；大学毕业生工作三年后认为重要的工作能力包括有效的口头沟通、积极学习、积极倾听、协调安排、科学分析等非专业能力，研究还发现：大学毕业生最重要的非专业技能满足度显著低于其他能力。麦肯锡在2005年的一份研究报告表明：中国每年新培养出约160万名工程师，是美国的9倍。然而，在这160万名年轻的工程师中，只有约16万名具备为跨国公司工作所需的沟通、协作等非专业技能。

① 陈宇. 标准导向的改革［J］. 中国人力资源开发，1999（3）：4-6.
② 柳阳，吴真."大职教观"视域下的职业核心技能［J］. 中国职业技术教育，2014（6）：17-21.

二、职业核心技能的维度

（一）我国的职业核心技能

1998 年，我国劳动和社会保障部根据我国实际需要和国际经验，将核心技能分为与人交流、信息处理、数字运用、与人合作、解决问题、自我提高、创新革新、外语应用技能 8 个模块。2007 年，有研究者对我国劳动者职业核心技能结构进行了实证研究发现，我国劳动者职业核心技能结构由信息收集与处理、问题解决、数字运算、自我提高与自我管理、沟通、言语表达、团队协作 7 个要素构成。这与 1998 年国家劳动和社会保障部提出的 8 项核心技能基本一致，但也有部分调整和增删。

1. 信息收集与处理技能

在生活、工作、学习过程中，个体能够在明确目标的前提下，清晰地知道应该通过哪些有效途径全面查阅、收集相关信息，并对信息进行加工处理、归纳总结，为实现目标提供有力支持。或者个体在面对大量信息时，能够迅速提取有利于实现目标的关键点。请看下面的例子。[①]

某快递公司提供两种快递服务：A 服务和 B 服务。A 服务是从周一到周五，包裹有重量的限制（不超过 30 kg），且保证在次日上午 10 点之前送到，周末和节假日没有 A 服务。该公司刚成立不久，因此仅在几个主要城市开展 A 服务。如果你决定使用，就可以在下午 2 点之前将包裹拿到邮寄服务部门。如果你决定使用 B 服务，那么最晚可以在下午 5 点之前将包裹送到邮寄服务部门，该服务可以邮寄大于 30 kg 的包裹，B 服务可以到达大城市和大部分乡镇，但必须提供详细的街道地址，包裹将于次日上午 10 点至下午 1 点之间寄到。周末和节假日没有 B 服务。问题：周三上午有一个大包裹，你必须连夜投递到外省大城市，在选择使用哪种邮寄方式时，以下哪个是决定性因素：（1）目的地；（2）今天星期几；（3）快递费用；（4）包裹重量；（5）包裹体积。

正确答案是（4）包裹重量。题目明确你周三拿到了包裹并且要求连夜寄出，所以，今天星期几不是决定性因素；因为包裹是寄到外省大城市，所以，目的地不是决定性因素；快递公司对包裹的邮递费用和体积限制都有详细规定，因此排除（3）和（5）；但 A 服务和 B 服务有重量限制区别，所以重量是决定性因素。

2. 问题解决技能

遇到一个具体问题时，个体能够根据问题情境和想要达到的目标，形成有效解决问题的思路，制订具体的实施方案，动态评估进度，及时调整改进方案，最终解决问题或高质量完成任务。中国古代有很多用智慧解决问题的故事，如司马光砸缸、田忌赛马、曹冲称象、草船借箭、乌鸦取水，等等。

3. 数字运算技能

个体具备基本的数学能力，能够在日常生活中运用数字运算技能消费、购物、解决常见问题。加拿大的必备技能——自我评估计算技能的测验中，有诸如完成简单的

---

① 吴真. 职业核心技能：测评与提升［M］. 天津：天津教育出版社，2010：92-93.

加减计算、接收现金支付并找零、计算账单上所有物品的费用、通过比较成本构成的差异来确定具有最大价值的同类产品、管理错综复杂的预算（如编制财务报表、预测材料）、在数据有限的情况下作出精确估计等。

4. 自我提高与自我管理技能

个体保持学习力、自控力，有持续学习、提高的愿望，能够有效进行自我约束，不断向新的目标前进，实现自我成长。

《大国工匠》中介绍的中国兵器工业集团高级技师、首席焊接技师卢仁峰（1963— ）在左手严重受伤后，毅然决然地选择继续从事焊接工作，经过长达五年的反复磨炼，以单手替代双手，再次达到了一流水平。遇到新的挑战潜心琢磨钻研，不断突破自己的技术峰值，最终达到了炉火纯青的境界。

麦格尼格尔（K. McGonigal）所著《自控力》一书中提到：如何训练大脑才能增强我们的意志力呢？答案是冥想，因为神经学家发现，如果经常让大脑冥想，它不仅会变得擅长冥想，还会提升我们的自控力，提高注意力、管理压力、克制冲动和认识自我的能力。长此以往，我们的大脑就会变成调试良好的意志力的机器。书中提到的冥想技巧就是专心呼吸，它不但能训练大脑，还能增强意志力，帮助我们减轻压力，抵制外界的干扰和诱惑。冥想主要有以下三个步骤：第一，安静地坐好。可以坐在椅子上，也可以盘腿坐在垫子上，背挺直，双手放在膝盖上，让自己放松放松，保持平和的心态，这时候一定不能烦躁，这是自控力的基本保证。第二，注意呼吸。这时可以闭上眼睛，或者盯着某处看，把注意力集中在呼吸上，吸气时在脑海中默念"吸"，呼气时默念"呼"，如果发现自己走神了，那就重新将注意力集中到呼吸上。第三，感受呼吸，弄清楚自己是怎么走神的。几分钟后，可以不再默念"呼"和"吸"了，试着专注于呼吸本身，你会注意到空气从鼻子和嘴巴进入和呼出的感觉，感受到胸腹部的扩张和收缩，如果这时候发现自己在想别的事情，那就再默念"呼"和"吸"，将注意力重新集中到呼吸上。

5. 沟通技能

沟通技能是指遇到困难问题或需要交流探讨时，能够有效与人沟通，了解他人的想法和情绪，同时传递自己的想法和情绪，达到和谐统一。沟通贵在主动、真诚，一定程度上也依托出色的言语表达技能。战国时期，赵国大将廉颇妒忌被赵王器重的蔺相如，扬言要使他难堪，而蔺相如却处处避免与之发生冲突，众人不解，蔺相如一句"以先国家之急而后私仇也"道出了他的用意，这句话亦使廉颇消除了对蔺相如的偏见，他主动负荆请罪，与蔺相如沟通化解误会，最终与蔺相如成为刎颈之交。

6. 言语表达技能

言语表达技能是指能够用准确、清晰、得体的语言表达自己的所思所想。令人钦佩的播音员、主持人，印象深刻的演讲人、报告人、讲座人，几乎都有着优于常人的言语表达技能。

7. 团队协作技能

团队协作技能是指能够在团队中找到自己的定位，发挥自己的作用，与其他成员相互配合、相互促进，形成和谐的团队氛围，共同完成团队目标和任务。经典的"三个和尚挑水"故事新解：庙里有三个和尚，水井离庙很远。第一个和尚挑了一天水就累得不干了。于是三个和尚商量，采用接力赛的方法，每人挑一段。第一个和尚从河边挑到半路，停下来休息；第二个和尚继续挑，又传给第三个和尚；第三个和尚把水倒入缸里，空桶给第二个和尚……这样的接力赛，大家都不累，水缸很快就满了。团队协作贵在有为他人着想的无私，发挥自我价值的空间，实现合作共赢的管理机制和方式方法。

（二）其他国家的职业核心技能

1. 德国的关键能力

职业核心技能的研究发端于德国。20 世纪 50 年代，德国作为发达的老牌工业化国家，市场的多变性以及产品品种和过程的多样性对传统生产方式提出了挑战。德国联邦劳动力市场与职业研究所所长梅腾斯（D. Mertens，1931—1989）在向欧盟提交的报告《职业适应性研究概览》中第一次使用了"关键能力"这一概念，将关键能力看作"进入日益复杂的和不可预测的世界的工具"，认为关键能力包括四大要素：基础能力、职业迁移能力、信息获取与加工能力、时代关联性要素。

后来，德国教育部提出了以下 6 种关键能力：智能知识、应用知识、学习能力、方法能力、社会能力、价值取向。

2. 英国的核心技能

20 世纪 70 年代末，英国提出了核心技能的概念。现在核心技能的培养已经成为英国职业教育课程开发和教学改革的基本指导思想，且已发展成为英国普通教育、职业教育等各种教育与培训途径中适用范围和目标受众最广泛的内容。

英国经过多年的开发研究，制定了核心技能国家标准体系，并不断修订完善。最新的核心技能标准体系由 6 项核心技能组成，即交流、数字应用、信息技术、与人合作、学习与业绩的自我提高以及解决问题的技能。6 项核心技能皆分别设置了5 个等级。[1]

3. 美国的基本技能

美国对基本技能的研究始于 20 世纪 90 年代初期，由美国劳工部发展基本技能秘书委员会最先发起了一项针对各类职场人群的调查，并随后于 1991 年正式提出了基本技能的基本结构及内涵。

基本技能包含五种基础技能（资源、人际交往、信息、系统、技术）和三种基础能力（基本能力、思维能力、个体素质）。

4. 加拿大的必备技能

加拿大对核心技能的研究始于非官方研究机构——加拿大咨议局，将其命名为就业技能。随后加拿大人力资源部对核心技能进行了系统研究，并将其命名为必备技能，最终在《必备技能简述》中确认了 9 种必备技能，并列出了每种必备技能的典型应用实例、工作实例和生活实例。这 9 种必备技能包括阅读、文件使用、计算能力、

---

① 吴真.职业核心技能：测评与提升［M］.天津：天津教育出版社，2010：57.

写作、口语交际、协同工作、思考、继续学习、电脑使用。

5. 澳大利亚的关键能力

澳大利亚基于能力本位与终身职业教育思想提出了关键能力思想。1992年，澳大利亚梅耶委员会把关键能力称为"为工作、为教育、为生活的关键能力"，共包括7种能力：收集、分析、整理思想与信息的能力；交流思想和分享信息的能力；筹划和组织活动的能力；与他人或团队合作的能力；解决实际问题的能力；运用数学概念和方法的能力；运用技术手段的能力。

6. 新加坡的就业必备技能体系

2004年，新加坡劳动力发展局启动了劳动力技能资格（WSQ）系统，这是一个涉及技能、课程和资格的综合框架，以支持新加坡对技能人才的培养和继续教育与培训。劳动力技能资格系统包括两大技能体系，即就业必备技能体系和产业技能系统。前者包括工作读写能力、工作计算能力和工作技能三部分，工作技能部分又包含8项具体的能力，分别是：基础信息与通信、在工作领域应用信息和通信、个人成效、积极进取、沟通与人际关系管理、解决问题与作出决策、工作环境安全与健康以及学习与个人发展。

7. 日本的社会人基础力

日本经济产业省为促进劳动者职业技能的全面发展，在传统的基本学习能力（听、说、读、写、计算等能力）和职业资格类技能（专业知识技能）等职业技能的基础上，提出了第三类职业技能，由于这种技能的前提是与社会人接触，并在接触中成功地成为一名社会人，因此被命名为"社会人基础力"，它包括行动的能力、思考的能力、团队合作的能力3大要素及12种具体要素：主动性、动员力、执行力、问题发现力、计划力、创造力、表达力、倾听力、调节力、情况把握力、自律性、压力控制力。

三、职业核心技能的培养与提升

（一）高职院校职业核心技能的培养模式

有研究者基于我国高职院校职业核心技能的培养现状及国外职业核心技能培养信息化的发展趋势，提出我国高职院校职业核心技能的培养模式，即旨在充分体现灵活性、自主性和个性化的"双平台互动、全方位分层次培养"模式。"双平台互动"即以信息化虚拟平台与学校现实平台的互动为支撑，拓展学习的时间和空间，以自主选择为运作机制盘活整个模式。"全方位分层次培养"即从课程、教学、评价方式、实践活动、师资培训、科研等各方面全方位展开部署，给予其不同的定位和侧重，分层次培养。以开发实践活动为重点任务，有效提升学生的职业核心技能水平；以渗透式学习为主要形式，将职业核心技能的培养融入各种教育教学活动中；以教学方法与评价方式的转变为基石，将职业核心技能的培养落到实处。

（二）职业核心技能的提升与测评

1. 职业核心技能的提升

（1）努力进行刻意练习。刻意练习是提升个人技能水平的有效途径。来自艾利克森（A. Ericsson，1948—2020）和普尔（R. Pool，1953—　）在《刻意练习》中指出，刻意练习是有目的地练习，还需要获得反馈，并且根据反馈进行相应的调整。

10 000 小时定律的真相是：10 000 小时的努力，每一次的努力都应该最大限度地吸取上次努力的结果、经验、教训，在上一次的结果上进行改进。通俗而言就是这 10 000 小时不是单纯的时间叠加，而是有计划、有目的地训练。在职业核心技能中，言语表达技能和数字运算技能是最适合刻意练习的技能，可以在口头演讲、针对性题目训练等方面进行刻意练习。

（2）充分利用教学手段。美国新职业主义认为基于真实情境中的教学方法是最有效的教学方法，所有核心技能的掌握都无法依赖单纯的学校课堂教育。与人合作能力、高级思维能力、交流能力以及对职业全面的接触和了解，都依赖一定的工作经历。模拟情境教学法即指在一种人造环境或虚拟情况下进行教育活动，主要是根据学习要求，模拟社会场景，在这些场景中具有与实际环境相同的功能及工作过程，只是活动过程是模拟的。①

案例教学法最早起源于美国哈佛大学商学院，目前已广泛应用于世界各国的现代教育之中。此方法是指在教学中根据教学目标和教学内容的需要，就某个现实问题提供情况介绍，个体通过参与案例研究，提升核心技能中的分析问题能力、解决问题能力、独立判断能力、决策能力，进而达到举一反三、迁移应用性知识与技能的目的。

项目教学法是指个体通过承接和完成某个具体项目或任务，来掌握专业技能、方法技能和社会技能。德国职业教育中非常注重行动导向教学法，核心技能的提升与培养也融入了这种教学法，其中以项目教学法最为典型。

在课程学习过程中，学生个体应当主动融入并充分利用教学手段，认真参与课堂讨论，全力完成小组作业，专注投入课业学习和自我提升，持续反思、总结、提炼、进步，在细节和点滴中逐步沉淀，有针对性地锻炼职业核心技能。

（3）注重生活工作实践。职业核心技能是工作中的可迁移性技能，也是生活中的必备技能。日常生活中也往往能体现出职业核心技能。同时，消费购物、与人相处、集体活动、出行规划等活动又为个体的职业核心技能发展提供了广阔的学习锻炼空间。如果个体在学习、生活、工作实践中善于发现、乐于请教、勤于积累经验，必将收获宝贵的成长财富。作为大学生，实习实践是做好职业准备的重要途径，真实的工作场景和任务，真切的职场人际交往和团队合作，是提升职业核心技能的重要资源。

2. 职业核心技能的测评

不同国家对于职业核心技能的测评方法不同，有的依托于国家职业技能标准体系，有的通过第三方测评，有的基于自我评估。有研究者收集和梳理出不同国家和地区（包括澳大利亚、美国、英国、日本等）职业核心技能的结构和类型，作为本土研究的理论依据，采用实证研究方法确立了

［知识窗］
高职学生职业核心技能测评

---

① 吴真.职业核心技能：测评与提升［M］.天津：天津教育出版社，2010：343.

我国劳动者核心技能结构，参考国外测评指标和我国劳动者职业核心技能结构编制了我国劳动者职业核心技能评估量表，该量表的项目分析、信度指标均达到统计学要求，结构效度符合理论构想，达到量表使用的质量标准，可以作为我国劳动者职业核心技能的测评工具。在此基础上，根据高职学生的特点，又编制了高职学生职业核心技能评估量表。

反思·实践·探究

【反思】

1. 请思考练习在技能形成中的作用。
2. 操作技能形成的标志有哪些？
3. 技能竞赛中常见的心理问题有哪些，应如何应对？
4. 提升职业核心技能的价值与意义何在？

【实践】

组织一次以班级为单位的技能竞赛，理解技能竞赛中常见的心理问题，并尝试用心理学的方法进行解决。例如，利用积极自我对话，体会是否缓解了自己的焦虑情绪，是否提升了自信心。

因为美国密歇根大学心理学教授、实验心理学家兼神经科学家伊桑·克罗斯（E. Kross）发现，积极的自我对话可以远离精神内耗。

【探究】

选择一门自己喜欢的课程，记录自己每次上课时遇到的困难、解决办法和心得体会。记录时间为每次课后7分钟内。与未做记录的其他课程比较，体会做记录这种即时反馈的方法是否会提高自己的学业成绩。

具体方法：将自己的课程成绩转化为标准分数进行比较。

推荐读物

1. 陈琦，刘儒德.教育心理学［M］.3版.北京：高等教育出版社，2020.

该书是一本经典权威的教育心理学教材，内容丰富、结构完整，尤其是有关技能学习部分的内容系统而全面。书中结合了最新的研究成果和实际案例，使理论与实践相结合，具有极高的实用性。该书语言通俗易懂，适合广大教育从业者、学生和研究者阅读。

2. 吴真.职业核心技能：测评与提升［M］.天津：天津教育出版社，2010.

该书不仅系统梳理了世界职业核心技能的相关测评与提升方法，而且报告了我国劳动者职业核心技能的实证研究成果，为读者了解职业核心技能提供了一个全面深入的视角，也为提高技能人才的职业适应性和核心竞争力提供指导和帮助。

3. 世界技能大赛中国（天津）研究中心 . 中国世赛十年［M］. 北京：中国劳动社会保障出版社，2020

世界技能大赛不仅是展示国家和地区技能水平和竞争力的重要方式，也是提升技能人才素质的有效途径。了解和学习世界技能大赛的经验和教训，可以有效提升高职学生技能水平和职业竞争力。通过阅读该书，读者可以充分了解世界技能大赛的发展历程、技能人才培养的重要性和方法、实际参赛经验等方面的内容，对于提升高职学生自身的技能素质和职业竞争力具有重要意义。

第七章　动机与意志

以匠心造钣金

　　孙滨生是航空工业昌河飞机工业（集团）有限责任公司的飞机钣金工，于 2020 年获得"全国劳动模范"荣誉称号。他个子不高，戴着黑框眼镜，透着一股书卷气。熟悉他的人都知道，他身上有股子精益求精的"倔劲儿"，平时话不多的他在谈到工作的时候却两眼放光、滔滔不绝。他多年来扎根钣金制造一线，以过硬的技能成为钣金车间关键件、重要件、特急件任务的"119"。由他牵头完成技术攻关 13 项，获得国家专利 20 项，多项课题获得航空工业、省、市及公司科技进步奖。他曾参与国家重点机型及对外合作项目的研制工作，为国产直升机翱翔蓝天立下汗马功劳，用实际行动践行着劳模精神与工匠精神。孙滨生，一把锤头，半生追求；有限的时间，无限的可能。正所谓世上无难事，只怕有心人！

[小活动] 拼拼图

请找两个拼图，一个简单，一个复杂。两组学生分别完成拼图。

第一步：一组学生在有限时间内完成简单拼图，完成之后有奖励。

第二步：另一组学生也完成简单的拼图，没有时间限制，也没有奖励措施。

第三步：把简单拼图换成复杂拼图，规则不变。

第四步：比较不同组别的学生在完成简单和复杂拼图时的时间差异。

活动要点：拼图难易程度和奖励水平会如何影响活动效率。

科学原理：耶基斯-多德森定律是指活动动机的最佳水平不是固定的，而是依据任务的不同性质会有所改变。在完成简单的任务时，在较高的动机水平下，可达到最佳效率，在完成难度较高的任务时，在较低的动机水平下，可达到最佳效率。

现实生活中的应用：员工管理。

第一节　动机与意志概述

2022 年 2 月 15 日，北京冬奥会单板滑雪男子大跳台决赛，苏翊鸣勇夺金牌，第一次参加冬奥会就取得了一金一银的好成绩。他是滑雪天才，他成功应对了其他人难以完成的挑战，成为世界上第一个完成单板滑雪内转 1980° 抓板动作的人。一时间，苏翊鸣的名字响彻世界。那么，是什么让他能有此成就呢？

"我对单板滑雪只有一个词来形容，那就是热爱，发自内心的热爱。站在雪板上就是我最开心的时候。不管训练有多累有多苦，一连七八个小时，对我来说都是享受。"从新华网对苏翊鸣的采访之中我们不难找到答案，即热爱和坚持。当用心理学的视角和术语来重新解读时，则能剖析出更为本质的内容：动机和意志。

动机顾名思义，是指人的行为的内在动力。人的感知、记忆、学习和问题解决等是受什么力量的推动、调节和控制的？人为什么会对某些事物感兴趣，而对另一些事物不感兴趣？这些都是动机研究中探讨的问题。意志则是反映了个体对追求内心目标坚定的决心和不屈的韧劲。是什么使人们在艰苦的条件下，仍然可以继续坚持学习和工作直到完成目标？这些问题可以在意志的研究中找到答案。动机和意志两者相辅相成，无论是完成一个生活中的小目标还是度过一个有意义的人生，两者都起着至关重要的作用。

一、动机

（一）什么是动机

动机一词来源于拉丁语 movere，意思是趋向于（to move）。韦纳（B. Weiner, 1935—　）提出动机是构成人类大部分行为的基础。所有的生物有机体都会趋向于某些刺激而远离某些刺激，这是由他们的喜好和厌恶而决定的，是生物进化的结果。

动机是指个体追求某种目标的主观愿望或意向，是个体为追求某种目标的自觉意识。动机可以很基础、很原始，比如渴了想要喝水，遇到困惑的事情想要弄清真相，也可以很宏伟，例如，周恩来总理少年时便提出了为中华之崛起而读书。

（二）动机的作用

引发作用。动机是个体能动性的一个主要方面，它具有发动行为的作用，能推动个体开始某项活动，使个体由静止状态转向活动状态。例如，为了不饥饿而产生择食活动，为了获得优秀成绩而努力学习，为了取得他人赞扬而勤奋工作，为了摆脱孤独而结交朋友等。动机激活力量的大小是由动机的性质和强度决定的。

定向作用。动机能使个体的行为指向某个特定的对象或目标。例如，想吃饭就去食堂，想学习就去图书馆或教室。动机不同，指向的目标和对象也不同。

维持作用。动机具有维持功能，表现为行为的坚持性。动机的维持作用是由个体的活动与其所预期目标的一致性程度来决定的。

调节作用。动机具有调节作用，当活动指向个体所追求的目标时，这种活动就会在相应动机的维持下继续下去；相反，当活动背离了个体所追求的目标时，进行这种活动的积极性就会降低，或者完全消失。

[知识窗]
蔡加尼克
效应

（三）动机与需要

需要是指有机体内部的某种缺乏或不平衡状态，体现有机体的生存和发展对客观条件的依赖性，是有机体活动的积极性的源泉。人不仅有对食物、空气、水等基本的生理需要，还有渴望与人交流等的社会需要。

需要是由个体对某种客观事物的要求引起的。这种要求可能来自有机体的内部，也可能来自个体周围的环境。例如，父母"望子成龙"使孩子积极向上，孩子的这种需要是由外部要求引起的。当人们感受到这些要求，并引起个体某种内在的不平衡状态时，要求即转化为某种需要。需要总是指向能满足某种需要的客体或事件，即追求某种客体，并从客体中得到满足。

动机是在需要的基础上产生的。当人的某种需要没有得到满足时，它会推动人去寻找满足需要的对象，从而产生活动的动机。例如，正常人体需要一个稳定的内环境，保持正常的体温，维持细胞内水与盐分的适当平衡等。当这些平衡发生变异或破坏时，人体内的一些调节机制会自动地进行校正，在这种情况下，需要会引起有机体自动调节机制的活动，但它还不是行动的动机。当需要推动人们去活动，并把活动引向某一目标时，需要就成了人的动机。例如，感到炎热时寻找比较凉爽的地方；口渴时寻找水源等。需要作为人的积极性的重要源泉，它是激发人们进行各种活动的内部动力。

需要是个体活动的基本动力，是个体行为动力的重要源泉。人的各种活动或行为，从衣食住行到物质资料的生产、文学艺术作品的创作、科学技术的发明与创造，都是在需要的推动下进行的。

（四）动机与兴趣

兴趣是动机的一种，是人们探究某种事物或从事某项活动的心理倾向，它以认识或探索外界的需要为基础，是推动人们认识事物、探求真理的重要动机。个体对有兴趣的事物会表现出极大的积极性，并产生某种肯定的情绪体验。例如，在培养学生学习兴趣时，要利用有趣学习拓展学生的知识面，激发学生学习的好奇心，让学生产生求知的渴望，并引导其以积极的情绪去探究、领会和掌握有关知识。苏翊鸣说，正是因为兴趣与热爱，他才走到今天，不管是比赛训练还是拍滑雪的东西，都是享受。所以不管成绩怎样，他都要尽自己最大的努力去享受单板滑雪的乐趣。

兴趣的品质是个体在认识事物的过程中形成和表现出来的稳定的心理特征，具有以下四个特性。

（1）兴趣的指向性。兴趣的指向性是指人们对于什么事物感兴趣。人有千万种，志趣各不同。兴趣指向的不同，主要是由于个体的生活实践不同，受社会历史条件的制约。根据社会伦理的观点可以把兴趣分为两类：高尚的兴趣和低级的兴趣。前者与个人身心健康和社会进步相联系，后者使人堕落腐化，有碍社会进步。

（2）兴趣的广阔性。兴趣的广阔性是指兴趣的范围。有人兴趣广泛，有多种多样的兴趣，有人兴趣狭窄，除了对自己所从事的专业有兴趣外，对其他任何事物几乎都不感兴趣。人们的兴趣广度有相当大的差异。

（3）兴趣的稳定性。兴趣的稳定性是指个体对事物感兴趣的持续时间长短。人们的兴趣可能是经久不变的，也可能是变化无常的。有些人在兴趣的稳定性上表现得很突出，对于自己感兴趣的事情几十年如一日，有些人则对感兴趣的事情浅尝辄止。

（4）兴趣的效能性。兴趣的效能性是指兴趣对活动产生作用方面的特征。积极的、有效能的兴趣，能够促使个体积极主动地学习和工作，并产生明显的效果。反之，消极的、无效能的兴趣，仅停留在消极期待或欣赏阶段，只是"心向往之"而已。这种兴趣不可能成为活动的动力，也不产生任何效果。

（五）动机与价值观

价值观是指个体按照客观事物对其自身及社会的意义或重要性进行评价和选择的原则、信念和标准。价值观是一个人思想意识的核心，对个人的思想和行为具有导向或调节作用。符合当事人价值观标准的事物和行为被认为是有价值的，否则就被认为是没有价值的。价值观直接影响个体对各种观念、事物和行为的判断，使个体发现事物对自己的意义，确定自己的奋斗目标，并按照自己认为有价值的事情或目标去做。个体把目标的价值看得越高，目标激发的动机就越强，在活动中发挥的力量就越大。相反，个体认为目标的价值不大，由此激发的力量就很小。例如，北京冬奥会之后，被问到接下来的目标，苏翊鸣表示，接下来会参加更多的比赛为国争光，更加努力把自己做到最好，向全世界展现中国新一代青少年的风采。正是这种为祖国荣誉奋斗的宏伟志向，激励着苏翊鸣不断努力走向更大的成功。换句话说，动机是个体行为调节系统的一个组成部分，其中价值观起着核心的作用。价值观决定着动机的性质、方向和强度。

新时代青年应将社会主义核心价值观真正内化于心，外化于行，成为青年的共同信仰。争做有理想、敢担当、能吃苦、肯奋斗的新时代好青年，为社会主义现代化建设贡献力量。

（六）动机与目标

目标是个体努力要达到的具体成绩标准或结果，是个体期望的未来状态。例如，滑雪最初对于苏翊鸣来说只是一项热爱的运动，在努力和天赋的双重驱动下，他在滑雪中获得了出色的成绩，进而产生了走上职业运动员道路的愿望，这种愿望就是他行为的原动力，参加冬奥会确实是一个比较伟大的目标，苏翊鸣承认自己很敢想，但绝不是痴心妄想，因为他一直在努力，朝着目标一点一点靠近。对于个体来说，目标最初可能不是一个完善的系统，但随着经验的积累，目标会逐渐丰富、完善起来，有时也可能发生变化。

德国心理学家勒温（K. Lewin，1890—1947）指出，那些能够满足需要的目标具有正效价，会促使个体产生趋近行为；个体与目标的心理距离越近，目标的动机力量就越强大，它吸引着个体采取行动以达到目标。

德韦克（C. S. Dweck）和尼克尔斯（J. G. Nicholls）提出了成就目标理论，主张成就目标是个体对从事成就活动的目的或意义的知觉。[1][2]

成就目标理论认为，成就目标是一种有组织的信念系统，反映了个体对成就任务的一种普遍取向，并划分为掌握目标和成绩目标。掌握目标是指把目标定位在掌握知识和提高能力上，认为达到这个目标就是成功，这类学生被称为任务卷入的学习者；成绩目标是指把目标定位在好名次和好成绩上，认为只有赢才是成功，这种目标常表现在把自己和别人进行比较，这类学生被称为自我卷入的学习者，他们关注的是自己。也就是说，学习一个相同的章节，掌握目标的学生想要学会一个知识点，成绩目标的学生想要取得一个好成绩。

二、意志

意志是每一个人的精神力量，是人类特有的心理现象，也是个体意识能动性的表现。意志与克服困难息息相关，如果没有坚定的意志去克服困难、调节行为，那就没有扫除障碍、勇往直前的勇气和毅力，个体的目的和理想就难以实现。

（一）什么是意志

意志是指人们有意识地支配、调节行为，通过克服困难，实现预定目标的内在心理过程。在成功的路上人们总是可能遇到绊脚石，当困难来临时，意志也悄无声息地发挥着它的作用。虽然意志看不见、摸不着，但每一个坚持和努力的瞬间都有意志的存在：

当你在草稿纸上不停演算终于得出正确答案时；

当你在数位板上涂涂改改终于画出服装图纸时；

① DWECK C S, LEGGETT E L.A social-cognitive approach to motivation and personality［J］. Psychological review, 1988, 95（2）: 256-273.
② NICHOLLS J G.Achievement motivation: Conceptions of ability subjective experience, task choice, and performance［J］. Psychological review, 1984, 91（3）: 328.

当你在舞蹈室里反复练习终于完成规定动作时；

当你在实训室里数次调试终于实现设备优化时；

......

意志和克服困难紧密相连，只有在克服困难时，意志的力量才能得到最好的体现。

（二）意志行动的阶段

意志虽然无声无形，但意志行动拥有明显的阶段特征，第一阶段在于"想"，第二阶段在于"做"。

1. 意志行动的准备阶段

在采取行动之前，人们其实会基于过往经验考虑众多因素，并作出一系列选择，那么这种在采取某项行动时，确定本次行动要达到何种目的，并根据目的选择最优策略作出决策的过程，就是意志行动的准备阶段，本阶段的侧重点在于想。需要注意的是，在确立目标的过程中往往会遇到动机冲突，只有解决了动机冲突，才能顺利完成意志行动的准备阶段。

例如，原本决定将一段文字背到滚瓜烂熟，但此时旁边同学的聊天内容却十分有吸引力，背诵者是否会动摇呢？只有克服内心冲突、坚定地作出决定时，才能进入第二阶段——意志行动的执行阶段。

2. 意志行动的执行阶段

计划和实施是不可分割的两个概念，意志行动的执行阶段就是将准备阶段中的决策付诸行动。在执行过程中，个体一定要坚定地执行既定的计划，努力克制妨碍实现目标的动机和行动，克服达到目标的各种困难和障碍。同时还要不断根据实际情况审视计划，及时调整，以保证目标的实现。

（三）意志的特性

人的意志力的强弱是不同的。构成人的意志的某些比较稳定的方面称为意志品质。了解意志品质，对培养优良意志品质、克服不良意志品质具有重要意义。

1. 独立性

意志的独立性是指一个人不屈服于周围人的压力，不随波逐流，而能根据自己的认知与信念，独立地采取决定，执行决定。独立不同于武断，武断是全然抛弃，独立性是理性接收。与独立性相反的是受暗示性，表现为人云亦云，没有主见。

2. 果断性

意志的果断性表现为有能力及时采取有充分根据的决定，并且在深思熟虑的基础上去实现这些决定。果断不同于草率，果断是沉着果敢，草率是莽撞冲动。与果断性相反的是优柔寡断，优柔寡断是抑郁质个体的显著特征，表现为犹豫不决、拖延和怀疑自身决定。

3. 坚定性

坚定性也称顽强性，表现为长时间坚信自己决定的合理性，并坚持不懈地为执行决定而努力。"富贵不能淫，贫贱不能移，威武不能屈"就是用以描述意志的坚定性。

坚定不同于执拗，坚定是灵活合理，执拗是盲目死板。

4. 自制力

自制力是指用于掌握和支配自身行动的能力，存在于意志行动的全过程中。在准备阶段表现为能够进行周密的思考，作出合理的决策，不为环境中各种诱因所左右；在执行阶段表现为克服各种内外的干扰，把决定贯彻执行到底。同时，自制力还可用于对自身情绪状态的调节。

三、动机与意志的关系

动机与意志既相互区别，又相互联系。动机是行为的内在动因，意志是有意识地支配、调节行动，通过克服困难，以实现预定目标的心理过程。意志行为有着很大的动机成分。

当一个人意识到自己或社会有某种需要时，就会产生满足需要的愿望，从而进一步有意识地确定目标，拟定达到目标的计划，并作出行动。这种行动始终是由意识调节支配的，是自觉的、指向一定目的并与努力克服达到目标途中所遇到的障碍相联系的。从产生动机到采取行动的这一心理过程就是意志。

具体来说，动机可以激发个体行动的愿望和方向，并为行动提供能量和动力。如果没有足够的动机，个体可能就无法启动行动或很快就会放弃行动。因此，动机在启动和维持个体的行动中起到了关键作用。意志使个体能够自我激励和自我控制，从而实现长期目标。意志在维持和调整个体行动中起到了关键作用。总之，动机提供了行动的动力和方向，意志则控制和执行行动。

新时代中国青年要始终高举爱国主义伟大旗帜，磨炼坚强意志，奋力推进中国特色社会主义不断向前发展，为实现中华民族伟大复兴贡献磅礴力量。

"无腿勇士"夏伯渝

作为中国无腿登顶珠峰的第一人，夏伯渝（1949—　）的故事堪称传奇，他用43年的时间完成了一个正常人都无法企及的目标。

1975年，26岁的夏伯渝跟随中国国家登山队从北坡攀登珠峰，在海拔7 600 m的极寒之地，队友的睡袋被吹跑了，夏伯渝把自己的睡袋让给队友，致使双腿严重冻伤被截肢。在消沉了近两年后，一位德国假肢专家告诉他，安上假肢后可以登山。就是这句话给了他希望和力量，登珠峰就成了他奋斗的目标。自此他每天早上五点起床，按计划训练。因为安假肢后运动量太大，夏伯渝的双腿疮口一直不愈合，1993年，夏伯渝又患上了淋巴癌。为了不影响自己锻炼，夏伯渝甚至让医生在不打麻药的情况下给自己刮骨。现在回忆起来，夏伯渝笑着说那时候有点"自虐"。"我也不知道自己的意志力是不是比别人强，我觉得为了实现梦想，有时候需要有一些放弃，需要有一些牺牲。"历尽艰难险阻，2018年5月14日，69岁的夏伯渝历经43年终于实现梦想，登顶珠峰，成为中国无腿登顶珠峰的第一人。

夏伯渝26岁失去双腿，47岁罹患淋巴癌，69岁登顶珠峰！是什么让他完成了这样的壮举？他心里一直装着攀登珠峰的心愿，这个动机决定了他作出了登山这个行动。而意志使他一次次地从生活的打击中站起来，一次次克服路上的各种艰难险阻，即使装有假肢也要一步一步迈向顶峰。在这个过程中，登顶的动机又源源不断地给他提供动力，最终使他完成登顶珠峰的目标。他能攀登珠峰，一方面是动机的激发行动，另一方面是意志使行为得以维持，所以个体的成功离不开动机与意志的协同作用。

第二节　动机的培养与激发

动机在人类行为中起着至关重要的作用，因此，学习如何培养与激发动机对于目标的达成作用不可小觑。首先，动机的培养与激发是两个不同的概念，动机的培养是使个体把社会的要求变成自己需要的过程，而动机的激发则是侧重把已形成的需要调动起来，提高个体行动的积极性。培养是激发的前提，而激发又必然会进一步加强已培养的动机。其次，动机的培养与激发可以通过多种多样的形式来进行。动机的培养着重于兴趣和需要的培养；动机的激发则需要有正确的价值观，树立崇高的目标。下面将从实现需要、培养兴趣、树立价值观、设定目标四个方面对动机的培养与激发进行介绍。

一、实现需要

马斯洛需要层次理论（如图 7-1 所示）将需要划分为五个层次，从低到高分别为生理需要、安全需要、归属与爱的需要、尊重的需要、自我实现的需要。前四种需要被称为缺乏需要，关注个体的基本生存和心理需求，而自我实现的需要属于成长需要，更加关注个体的自我发展、自我表达和自我超越。

（一）生理需要

生理需要是指维持人的正常生活条件的需要，如个体对食物、水分、空气、睡眠、性的需要等。它是人的所有需要中最基本也是最强烈的

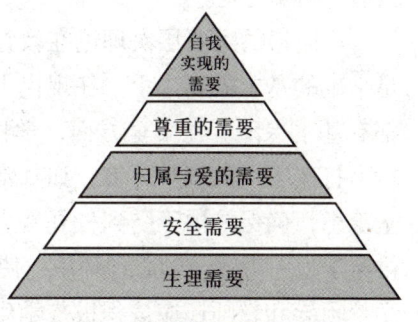

图 7-1　马斯洛需要层次理论

需要。如果基本需要没有被满足，个体难以关注其他方面。比如人在饥饿状态下，除可以充饥的食物之外，对其他事物提不起任何兴趣。

（二）安全需要

当生理需要得到了充分满足，就会出现安全需要。个体希望获得安全，例如人们为了安定的生活，注重选择有保险基金保障的工作岗位，宁愿从事熟悉却不喜欢的职业，也不想换为自己喜欢而没有把握的工作。

（三）归属与爱的需要

归属与爱的需要要求和其他人建立情感的联系或关系，希望归属于某一群体并在

其中获得某种地位的需要。人们渴望在社会中拥有自己的一席之地，有良好的社交圈子，能属于某些组织或团体。

（四）尊重的需要

尊重包括自尊和希望受到别人尊重的需要。自尊，一方面包括对获得信心、能力、成就等的愿望；另一方面要求来自他人的尊重，包括威信、认可、地位、名誉和赏识。同时，自尊的满足会让人相信自己的价值，相信自己的能力和力量，反之则会感到自卑，没有足够的信心去处理困境和挫折。

（五）自我实现的需要

自我实现的需要指个体希望最大限度地发挥自己的潜能，不断完善自己，完成与自己能力相称的一切事情，实现自己理想的需要。简言之，就是一个人自我进步的愿望，一种想要变得越来越像人本来的样子、实现人的全部潜力的欲望。自我实现的需要是需要中的最高层次，是人类需要发展的高峰。一般来说，在前几项需要被满足后，人们则会追寻自我实现的需要，并一直不断地被这种需要向前推进。

高级需要不是维持个体生存所绝对必需的，但高级需要的满足有益于健康、长寿和精力旺盛，所以又称为生长性需要。高级需要比低级需要复杂，因此高级需要必须具备更好的外部条件。只有低级需要得到满足或部分满足之后，高级需要才会出现，并成为推动个体活动的主要动力，而已经满足的需要不再是当前推动个体活动的动力。需要层次的划分也不是绝对的，如舍生取义。不同的人对需要的追求会表现出不同的情况。例如，有人特别注重自尊，只有当他觉得受到尊重、比较自信时，他才会去追求归属与爱。

马斯洛的需要层次理论在教育上有着极大的指导作用。例如，班级管理要从满足学生的基本需要入手。在现代生活中，学生的生理需要基本得到满足，衣食住行都有基本保障。在安全方面，学校应增强学生与教师的安全意识，加强安全教育，努力打造安全的教学环境，如日常用电安全、学校一些硬件设施及教学设备没有安全隐患，确保校内不受到校外暴力因素的影响，提升学生安全指数。这样就能够提供给学生一个安全的心理环境，使其能够全身心地投入到学习中去。在这些基础上，学校领导和教师还应该积极与学生沟通交流，及时了解学生的身心状况，让他们感受到爱与归属感，加强班集体和学校凝聚力。同时青少年时期正是心理敏感的时期，教师应积极融入学生当中，尊重学生，切莫轻易否定学生，而是用发现美的眼光发现学生的"闪光点"，及时表扬鼓励，因材施教，一视同仁，正视差异，增强信心，促进师生关系进一步发展。只有保障学生的低级需要，然后不断满足学生的高级需要，才能激发学生的积极性和创造性，让学生充分展示、表现自我，最终达到自我实现。

学生自己可以根据需要层次理论分析自己的学习目标，以及为了达成目标需要做什么等，这能帮助学生看到越来越多的内心本质想法和欲求，为自己增加干劲和动力。

例如，为了准备英语考试，学生可能会产生以下需要：

（1）生理需要——超过目标点，如背完多少个单词，可以奖励给自己一顿最喜欢的餐食。

（2）安全需要——自己经验和能力提升后，能为自己创造出比现在更稳定、更高的成绩水平。

（3）归属与爱的需要——现在身边的国际友人很多，想多认识一些不同文化的外国友人，增长见识。

（4）尊重的需要——考出好成绩，想在朋友面前骄傲一下，为自己增添点面子。

（5）自我实现的需要——想成为能流利地讲英语、轻松应对任何场合的自己。

又如，毕业之后自己想做什么样的工作，可以根据自己的需要去筛选：

（1）生理需要——为了吃饱穿暖，想要挣更多的钱去生活。

（2）安全需要——想进入发展趋势比较好的朝阳行业，或是整体发展趋于安定的行业。

（3）归属与爱的需要——想进入关系、氛围比较好的公司，周围是有着强烈的集体荣誉感的同事集体。

（4）尊重的需要——一份可以得到自己、家人、朋友尊重的工作。

（5）自我实现的需要——想做一份有意义的，可以尽情发挥自己的优势和能力的工作，同时也能够为社会贡献自己的一份力量。

心理学与生活：儿子20元买爸爸一小时的时间

一位爸爸总是很忙，回到家经常在电脑前加班。6岁的儿子希望他能陪自己玩一会，爸爸总是说："我要忙着工作赚钱。"儿子问爸爸："你一天工作能赚多少钱？"爸爸说："很多，你数不清的。"儿子又问："你一小时能赚到20元钱吗？"爸爸笑着说："当然能！"过了半年，有一天，儿子拿着20元钱来找爸爸玩，爸爸仍然说要工作，儿子说："我攒了半年，总算有20元钱了，现在这个钱给你，我要买你一小时的时间，赶快陪我玩一小时吧。"许多家长都想尽自己所能给孩子最好的一切。可是，家长是否考虑了孩子想要的是什么？自己想要的是什么？有没有共同的地方？

在家庭生活中，家长在满足孩子生理需要的同时，不能忽视其他需要，尤其是孩子的尊重需要。只有在孩子成长中满足了其他需要，才能进一步激发孩子产生自我实现的需要。

二、培养兴趣

俗话说："三百六十行，行行出状元。"兴趣是每个人做好事情的原动力，如果一个人对某件事情很感兴趣，那么他就一定会积极地把这件事情做好。

在选择长期、稳定的职业生涯时，个体不仅需要知道自己有能力从事什么样的工作，更重要的是需要知道自己对哪类工作感兴趣。只有将能力与兴趣结合起来，才更有可能规划好职业生涯并取得职业生涯的成功。

兴趣是可以培养的，挫败感和自卑感会降低个体对某件事的兴趣，兴趣的提升关键是自我效能感的提升。自我效能感是由心理学家班杜拉提出的，是指个体对自己的行为能力及行为能否产生预期结果所抱有的信念，目前已被广泛应用于教育、管理、治疗等领域。班杜拉认为，行为的出现不是由于随后的强化，而是由于个体认识到行为与强化之间的依赖关系后，形成的对下一强化的期望。对强化的期望即是行为的先行因素，这种期望包括结果期望和效能期望。结果期望是指个体对自己的某种行为会导致某一结果的推测。例如，学生感觉上课注意听讲就会获得他所希望取得的好成绩，他就有可能认真听讲。效能期望是指个体对自己能否实施某种成就行为的能力的判断。当个体确信自己有能力进行某一活动时，他就会产生高度的自我效能感，并实施该活动。例如，当学生不仅知道注意听课可以带来理想的成绩，还认为自己有能力听懂教师所讲的内容时，他才会认真听课。因此，可以通过提高自我效能感去培养个体的兴趣。

自我效能感的形成会受到多种因素的影响，可以利用这些影响因素有针对性地提高自我效能感，主要包含以下四个方面：

（1）直接经验。这个效能信息源对自我效能感的影响最大。一般来说，成功经验会提高效能期望，反复失败会降低效能期望。例如，一个人想成为教师，且之前有过代课教学的经历，并取得了不错的成绩，那么他的自我效能感就会比较高。

（2）替代经验。一个人通过观察他人的行为而获得的间接经验对自我效能感的形成具有重要影响。当一个人看到与自己水平差不多的人取得了成功，就会增强自我效能感，反之就会降低。例如，亲戚家的孩子通过努力考上了大学，而平时你的成绩在他之上，你就会觉得自己肯定也能考上。

（3）言语说服。这是试图凭借说服性的建议、劝告、解释和自我引导，来改变自我效能感的一种方法。例如，告诉自己我是最棒的，学习的时候很努力，我一定能取得不错的成绩。

（4）情绪唤起。班杜拉认为情绪和生理状态会影响自我效能感。一般情况下，个体越焦虑，对成功的信心就越低，因此，当情绪唤起水平太高时，就会降低个体的自我效能感，使得个体对于自己能够成功完成某一成就行为的信心下降。

自我效能感高的人，对自己完成任务的能力充满自信，在行动中预期成功，面临困境和挫折时，能够持久地努力，从而克服困难，实现预定目标，并进一步提高自我效能感，同时对事物的兴趣也得到了极大的提升。

三、树立价值观

价值观是个体在生活实践中逐渐形成的。一旦形成就相当稳定。个体会自觉不自觉地时时以价值观来判断事物的意义。事物是客观存在的，但由于价值观的不同，人对事物的认识会有很大的差异。价值观也会影响人对事物的需要，进而对行为进行调节。

党的十八大提出，倡导富强、民主、文明、和谐，倡导自由、平等、公正、法治，倡导爱国、敬业、诚信、友善，积极培育和践行社会主义核心价值观。富强、民主、文明、和谐是国家层面的价值目标，自由、平等、公正、法治是社会层面的价值取向，爱国、敬业、诚信、友善是公民个人层面的价值准则。社会主义核心价值观的养成绝非一日之功，要坚持由易到难、由近及远，努力把社会主义核心价值观的要求变成日常的行为准则，进而形成自觉奉行的信念理念。因此，要不断创新教育方法，找准教育载体，使社会主义核心价值观扎根校园。

（1）坚持以社会主义核心价值观引领大学生思想政治教育。通过中国特色社会主义教育，认真聆听思想政治理论课，用习近平新时代中国特色社会主义思想铸魂育人，增强中国特色社会主义道路自信、理论自信、制度自信、文化自信，厚植爱国主义情怀，把爱国情、强国志、报国行自觉融入坚持和发展中国特色社会主义事业、建设社会主义现代化强国、实现中华民族伟大复兴的奋斗之中。

（2）坚持理论性与实践性相统一，用科学理论培养人，重视思政课的实践性，把思政小课堂同社会大课堂结合起来，树立鸿鹄之志，争做新时代的奋斗者。

（3）坚持主导性与主体性相统一，思政课教学离不开教师的主导，同时也要发挥学生的主体性作用。学生要能够在课堂中大胆思考，敢于质疑，创造性地开展学习。

（4）坚持灌输性与启发性相统一，注重启发性教育，学生要敢于且善于发现真问题，呈现真思考，在不断启发中水到渠成得出结论。

（5）积极推进现代科技创新与社会主义核心价值观教育的高度融合，充分利用现代科学技术，全方位多层次的学习、领会社会主义核心价值观，回顾历史，以史为鉴，用现代科学技术增强社会主义核心价值观教育效果。

青年时期是塑造形成价值观的关键时期，青年一代要有理想、有抱负、有本领、有担当，树立正确的价值观，用社会主义核心价值观武装头脑，让青年一代成长为对国家、对人民、对社会有益的人。同时要坚定理想信念，志存高远，脚踏实地，勇做时代的弄潮儿，成为合格的社会主义建设者和接班人。

四、设定目标

在生活中我们每个人都会为自己设定许多目标，但有时我们经过大量的坚持与努力也并未达到目标。这其中的原因是什么？你可能认为是自己意志力差没有坚持到底，或者这件事本身就很乏味令自己无法坚持，但却没有意识到，其实可能是自己的目标设定方式不对。那么应该如何科学地设定目标呢？

设定合理的目标，要遵循 SMART 原则，SMART 原则是由管理学大师德鲁克（P. F. Drucker，1909—2005）在《管理的实践》一书中提出的：目标要清晰，具有明确性（specific）、可量化性（measurable）、可达成性（attainable）、相关性（relevant）、时限性（time-based）。[①]

（一）明确性

"明确性"很好理解，其实就是用具体的语言说明要达成的标准。很多目标失败

---

① 德鲁克.管理的实践［M］.齐若兰，译.中英文双语版.北京：机械工业出版社，2019：116-119.

的原因就是没有一个明确的目标，模棱两可的目标就难以达成，明确的标准几乎是所有成功的一致特点。

例如，你定下的目标是"提高学习成绩"，显得很笼统，在实施过程中就会难以下手。如果把目标调整为"这次成绩名次要超过上次"，这样就很明确了，也更容易成功。

（二）可量化性

在制定目标时，目标的可衡量性应该遵循"能量化的量化，不能量化的质化"的原则，使制定目标与验收目标时有统一、清晰、可衡量的标准。

千万不要在设定目标时使用模糊、无法衡量的形容词进行描述，比如把"成绩提高"作为目标，就缺乏可衡量的依据。怎么算成绩提高呢？提高到多少呢？这些都没有说清楚。如果改成"考试名次提前五名或单科成绩超过90分"，这样目标就具有可衡量性了。

（三）可达成性

在制定目标时，一定要切合实际，切忌好高骛远。如果制定的目标根本无法实现，就会造成信心降低。比如"下次考试要成为第一名"这个目标，对于一般学生来说就不符合实际，不具备可达成性。如果改为"下次考试成绩超过上一次的成绩"，并结合可量化性，这样目标就有了具体内容和时间规定，可达成性也就大大提高了。

（四）相关性

相关性是指实现目标与其他目标的关联情况。如果一个目标对其他目标完全无用或者相关度很低，那么这个目标即使达成了，意义也不是很大。

（五）时限性

时限性是指目标是有时间限制的，如果没有时间限制，就很难掌控进度，更加不好把握完成的期限。例如，你制定的目标是"考试名次进入前十名"，这种没有时间限制的目标自然效率就会降低，而如果限定的完成时间是一个月，那么设定的目标就更加明确了。

总之，设定任何一个目标都需要遵循上面的五条法则。而且还要注意，必须要明确定义每个目标的优先等级，因为每个人都会基于自己对目标的理解来考虑是否要做、什么时候做、做到什么程度，目标优先级不统一的话难免会产生矛盾，进而影响到目标的达成。

[知识窗]
谷爱凌：定下目标就全力完成

第三节　意志力培养及挫折应对

个体从来到这个世界开始一直都在解决问题，从最初的咿呀学语、蹒跚学步到后来的寒窗苦读、成家立业，每个阶段都会有不同的目标也不可避免地会经历挫折。在面对困境或追求梦想时，光有智慧的头脑是不够的，还必须有坚定的决心和不屈的韧劲才能走过荆棘到达光明。中华民族是一个具有坚强意志的、智慧的、充满强大生命力的民族，在历史发展的长河中，革命先烈凭借钢铁般坚定的意志为中华民族伟大复兴铸就一座座丰碑。如今生活在和平年代的我们也应该以先辈为灯，磨炼意志，提升能力，担时代重任，做有为青年。

一、意志力的培养

如果人们想要学会一项技能，例如游泳，需要经历哪些过程？首先，要定下学会游泳这个目标并在心理上克服对呛水的恐惧。其次，练习过程中成百上千次地重复蹬腿、划手的动作，疲惫、枯燥、厌倦在所难免。最后，实现手脚动作协调统一，学会游泳。在此期间，主观偷懒的念头和客观身体的疲惫都是不可避免的阻碍，这时候就需要发挥意志的作用进行调整和克服。

那么，意志力作为成功路上必不可少的重要能力，如何才能对其进行有效培养呢？要弄明白这个问题，首先需要知道在意志的形成和发展过程中会受到哪些因素的影响。

（一）意志力的影响因素

任何事物的形成和发展都会受到各种因素的影响，意志力也不例外。从影响因素的来源划分，可以大致分为外在因素和内在因素两类，多种因素共同作用于个体意志力的形成和发展。

1. 外在因素

（1）家庭因素。在儿童成长早期，家庭作为学生接受教育的基础社会单位，起着"保护伞"的重要作用。而当这种保护过度时，就会导致个体意志力不足的情况。试想一下，当儿童想在家里做一些家务事，长辈却总是说："快玩吧，不用你。"然后接过儿童手里的家务。长此以往下去，儿童还会有主动做家务的想法和行动吗？很显然不会有了。类似这种情况都在无形中剥夺了儿童在家庭生活中克服困难、磨炼意志的机会，进而抑制了意志力的形成和发展。

（2）学校因素。学校是学生日常生活学习的重要场所，也是培养学生意志力的关键场所。在课堂中，为了认真听讲控制无关的行为，为了完成作业限制娱乐时间，在参加体育比赛活动中竭尽全力，这些都在有意或无意地培养学生的意志力，使学生成为一个执着顽强、不懈上进、勇于超越的强者。

（3）社会环境因素。尽管学生日常学习生活的场所多是学校，但社会环境因素也对学生意志力的形成和发展产生着重要影响。当今社会高度发展，外界的诱惑层出不穷。手机、平板电脑、各种娱乐电子设备，时刻动摇着人们的意志力，人们常常事情做到一半就想要拿出手机看看有没有消息，或者玩两局游戏，这无疑削弱了日常学习生活中的意志力。

2. 内在因素

（1）自信心。自信心强的人意志力往往都很强，真正的自信心源于对事物及发展轨迹的正确认识和判断（即掌握的知识和使用知识的能力），谁也不能在自己认为错误的事物面前长久地保持意志力。例如在教室内，如果大家每天都比较自觉地参加早晚自习，那么班主任也不必刻意安排班委点名。

（2）情感和欲望。个体产生意志后，意志导向的是"应该做"，并非完全等同于"我要做"。人的本性是有天然逐利性的，若不能平衡好理性的意志和感性的情感和欲望，那么对于意志力的发展是极为不利的。

（3）自身能力。个体自身能力不足会影响意志力的发展，不仅要关注意志力的产生，还要关注意志力的发展。中国哲学家冯友兰（1895—1990）认为个体要做一件事，如果他知道这件事是该做的，那他就应该毫不犹豫地去做；但是关于这件事应该如何做，其中就有许多知识、技术的问题。因此，这就要求学生掌握特定的知识、能力或技巧，确保意志力的顺利执行。自身能力不足可能会影响意志力的顺利执行，进而影响意志力的进一步发展。

[知识窗]
稻田守望者

（二）意志力的培养

遇到问题不肯深究、浅尝辄止会严重影响人们解决问题的能力。意志的品质在当下个体的职业生涯发展过程中极其重要。只有了解意志力的影响因素，才能更有针对性地进行意志力的培养。那么如何做到有效培养意志力呢？

1. 制定合适的目标和计划

意志表现在有目标的行动中，要想培养意志力，首先要树立明确的学习目标。然后将学习目标和学习计划联系起来，把要实现的学习目标分解成一个个具体的小目标。就拿学英语这件事来说，确定好想要达到的目标是考过全国大学英语四级，那么根据这个目标制订计划，比如一共需要背多少单词，做多少套练习卷，再细化到每个月每天需要背多少单词，做多少套练习卷。

2. 形成较高的自我效能感，选择正确的归因方式 [1]

班杜拉的理论认为，自我效能感是学习者对自身是否能成功完成某特定任务的能力的主观判断和认识，自我效能感越高，对完成一件事的意志就会越强。个体只有学会将成败归于自身的可控因素，并主动思考成败因素的结构，才能在下次更有效地获取和处理信息，不断提高意志力。例如，当小明考试失利时，他从自身出发寻找原因，发现是因为自己听讲不仔细，遗漏了知识点。他将知识点补上并在今后的学习中认真听讲，显然下次考试就不容易犯之前同样的错误。同时，小明对待今后的学习也会更加坚定意志地努力下去。所以形成较高的自我效能感，选择正确的归因方式有助于意志力的培养。

3. 积极参加体育运动，坚持自我锻炼

有研究表明，体育锻炼不仅能有健康的身体、充沛的精力，还能培养个体的意志力。[2] 当人们从事长时间、大强度的运动时，超越体能极限的过程就是一次对

---

① 余芳，刘利.关于高职学生学习特点的调查与思考［J］.武汉职业技术学院学报，2010，9（2）：105-111.
② 王泽敬.体育教学与学生意志力的培养［N］.贵州民族报，2022-05-19（B3）.

承受能力挑战的经历、是一次意志的磨炼；当人们学习一种较为复杂的体育技术动作时，只有通过千万次的重复练习才能掌握，这需要人们克服贪图安逸的惰性，对一项体育运动产生强烈的兴趣和抱持执着的信念。这些足以说明通过体育教学与体育活动促进学生意志品质发展，挑战自己，激发自身潜力，提高学习能力是完全可行的。进入社会以后，只有那种行动前深思熟虑，行动中竭尽全力，敢于坚持到最后，思想上不低估自己的潜力、敢于承担风险的人，才能最终成为职场强者。

4. 踊跃投身实践活动，树立坚定的信念

良好的意志品质并非只有通过艰苦的环境才能养成。正所谓"千里之行，始于足下"，要养成良好的学习习惯，就要从一点一滴的小事做起，做到"今日事，今日毕"。例如，按时完成每天的任务，每天坚持写一篇日记等。只有坚持做好日常的点滴小事，才能养成良好的行为习惯；只有坚持有规律的学习和生活，树立坚定的信念，才能逐渐培养坚定的意志品质。

二、意志行动中的挫折

舜发于畎亩之中，傅说举于版筑之中，胶鬲举于鱼盐之中，管夷吾举于士，孙叔敖举于海，百里奚举于市。故天将降大任于是人也，必先苦其心志，劳其筋骨，饿其体肤，空乏其身，行拂乱其所为，所以动心忍性，曾益其所不能。

——《生于忧患，死于安乐》

孟子（约前372—前289）是战国时期著名的哲学家、思想家和教育家，他在《生于忧患，死于安乐》中提到凡成大事者必然经历过挫折和苦痛。在生活中，人们可能不会如孟子所写那样筋骨劳累、忍饥挨饿、处处不如意，但不可否认的是，挫折是不可避免的。怀才不遇、名落孙山……这些成语都蕴含着挫折的含义，挫折仅仅是指一个单纯的事件吗？其实不然，挫折是一个涉及情境、认知和行为的复杂概念。

（一）什么是挫折

挫折是指个体的意志行为受到无法克制的干扰或阻碍，使预定目标不能实现时所产生的一种紧张状态和情绪反应。

1. 挫折情境

挫折情境是大众最熟悉、最易理解的一层含义，因此经常被误用代替挫折这一概念。挫折情境是干扰或阻碍意志行为的事件，一般情况下包含不好的结果或状态。挫折情境可大可小，革命先辈们因为第五次反"围剿"失败而进行长征转移是挫折，学生学习过程中的某一次考试失利也是挫折，不同的挫折会带来不同的感受，但相同的挫折就一定带来相同的感受吗？这就涉及挫折的第二层含义——挫折认知。

2. 挫折认知

挫折认知是个体对挫折情境的认知、态度和评价。这是产生挫折和对待挫折的关键。在认知这一层面，之前提到的动机理论发挥着非常重要的作用。同一挫折情境由

于个体的抱负水平不同，感受到的挫折程度是有区别的。例如，同样是 70 分的期末成绩，有些学生如临大敌，认为不可改变，而有些学生觉得只是阶段性失误。那么面对挫折已经存在并且带来的负面体验，人们会如何应对呢？这就要接着了解挫折的第三层含义——挫折行为。

3. 挫折行为

挫折行为是伴随着挫折认知而产生的情绪和行为反应，比如焦虑、郁闷、愤怒、攻击等。就像上面提到的，面对 70 分的期末成绩，不同的同学有不同的认知，若让学生在焦虑维度下按 1~7 进行评分，如临大敌的学生可能会选择 6 分，而认为是阶段性失误的学生可能仅选择 3 分。与此同时，行为是情绪最直接的表达，如临大敌的学生可能就此心烦意乱、意志消沉，在学习上自乱阵脚，失去目标和方向，严重者甚至逃避课堂。而认为是阶段性失误的学生则可能化挫折为行动，及时查漏补缺，调整学习计划，从而走出困境。

当挫折情境、挫折认知和挫折行为同时存在的时候，就构成了一种心理挫折。但有的时候只有挫折认知和挫折反应存在时，人们也能够感到心理挫折。比如，有时候会感觉好像同学在背后议论自己，害怕别人对自己有一些负性评价，从而产生紧张、自卑、烦恼等情绪反应。

挫折是客观存在且不可避免的，人们在不同的领域都会遇到无法排除的干扰和阻碍，并产生对既定动机和目标的无能为力。但是没有事情是绝对的，在某些情况下，它可以激发更大的意志努力，促使人们更加坚定地向目标奋进，南京长江大桥的建设历史就是一部艰难曲折的挫折奋斗史。

南京长江大桥的修建故事

南京长江大桥（图 7-2）是第一座由中国自行设计和建造的双层式铁路、公路两用桥梁，它似一条龙已经在长江上守护了 50 多个年头。曾有美国知名桥梁专家断言"此处江面水深流急，不宜建桥"，但中国人仍凭借自己的智慧、汗水乃至生命建起了这座"争气桥"。

大桥建设伊始，正赶上三年困难时期。时任南京长江大桥四桥处施工科技术员的冯志涟回忆道：先期到达这里的工人弟兄，白天在江边一身水、一身泥地打试桩，夜晚就休息在低矮潮湿的临时工棚里。开饭时，大家就蹲在临时伙房外的野地和小河边上，每餐仅供应一两个素菜。

修建中途，南京长江大桥钢梁的外国供应链被切断，这给建桥带来了巨大的考验。国务院当即决定，采用国产同等性能的钢材替代，由鞍山钢铁集团有限公司进行试制，鞍钢人把这项任务看作一项光荣的使命，成功制成适用钢材——16 锰钢，被称为"争气钢"。

建设进入最后冲刺阶段时，省里决定调派南京各高校的大学生参加工程大会战。由于构造的特殊性，年轻学生们只能使用由钢筋压弯而成的钩子，用双道铁丝把钢筋骨架的每个交叉处扎紧扎牢，铁丝一次次地滑落、松动、断裂，学生们也都咬紧牙关继续拧。

南京长江大桥铁路桥通车前一个月，桥头堡建筑成了最难啃的一块硬骨头。由于劳动力不足，缺乏机械设备，部队官兵和大中专院校学生都冲上了工程前线，省内外多家建筑公司也接到紧急调动，给桥头堡建设提供技术和设备支持，每天仅参加桥头堡建设的就有数千人。经过不分昼夜的抢工期，最终仅用 28 天就完成了桥头堡主体工程。

1968 年 12 月 29 日，南京长江大桥公路桥通车。在那一天的小雨中，人们鼓掌、欢呼、跳跃，在一次次挫折考验中，新中国建桥人用一种精神、一股劲，完成了这个不可能完成的任务！

图 7-2　南京长江大桥

（二）挫折的产生

挫折情境就是挫折的成因，也是挫折的"起点"，人们面对的任何挫折都与当下所处的情境有关。形成挫折的原因是多种多样的，概括起来可以分为主观因素和客观因素。

1. 主观因素

主观因素包括生理因素和心理因素，生理因素指的是个体生理上的某些缺陷或是疾病所带来的限制，这使得个体无法胜任某些工作或者任务，从而无法达成目标。生理因素通常是不可逆的，所以改变起来比较困难。相较于生理因素，心理因素引起的挫折更为复杂，但目前已知其主要原因是个体过高的志向水平或者不适当的自我估计。如果眼高手低，就会感到心有余而力不足；如果畏手畏脚，就可能与成功擦肩而过，挫败遗憾。动机冲突也是产生挫折的原因。同一时间内出现了两个力量相当的动机，比如既想继续深造，又想在公司谋求一份好的工作，在这种情况下，一个动机得到满足，另一个动机就受到挫折。除此之外，个人承受力以及某些人格特征也可能导致挫折。

2. 客观因素

客观因素主要包括自然环境因素和社会环境因素。自然环境因素是指无法克服的自然条件的限制，如无法预料的自然灾害。社会环境因素，如个体在社会生活中受到政治、经济、道德、风俗、习惯以及人际关系等因素的限制而受挫。

（三）如何应对挫折

既然挫折不可避免，人们能做的就是直面挫折、解决问题。如何应对挫折，这里有一些小技巧：

1. 正确对待挫折

事物发展是螺旋式上升和波浪式前进的，万事万物都不可能一帆风顺，挫折是客观存在的，关键在于人们怎样认识和对待它。第一，明白挫折的不可避免性，从而做好充分的心理准备，否则就会在挫折来临时感到措手不及。第二，认识到挫折的两面性，在挫折中磨炼性格和意志，增强创造能力和智慧。古话说"福祸相依"，坦途风光不一定精彩，荆棘之路也将灿烂。

2. 改善挫折情境

挫折情境是产生挫折和挫折感的重要原因，如果挫折情境得到改善和消失，挫折感也会随之消失。学会在挫折发生前全面考虑可能性，在挫折发生后理性分析原因，必要时可以暂时离开挫折情境。没有人可以一直乐观面对挫折，如果连续多次都练不好一个舞蹈动作，不如暂时离开练功房出去和朋友聊聊天，让身体和心理都恢复到良好的状态，说不定下次就能成功。

3. 总结经验教训

学会在遭受挫折后总结经验教训，及时发现缺点力争改进，同时发扬优点振作精神，鼓足勇气，树立信心，尽量避免挫折或在挫折来临时坦然处之。在日常学习工作中遇到挫折在所难免，比如在实验课上，虽然进行了一系列技术操作，但并没有得到预期的实验结果。这时就应该及时复盘流程，向老师或者同学请教，发现问题后立刻解决并总结经验，有效避免下一次挫折的产生。

4. 调节抱负水平

抱负水平属于挫折认知的范畴，它是人们进行成就活动的动力，而能否成功则取决于抱负水平的高低是否适合个体的能力或条件。比如，一个每次测验只能考到班级倒数的人，下次的目标是考到班级第一，这就是过高的抱负水平，反之则是过低的抱负水平。过高或过低的抱负水平都不利于个体发展，因此要提出适合个体能力水平的、具有一定挑战性的目标。

5. 建立和谐的人际关系

人作为社会性动物，社会支持对每个人都是重要的力量来源。当一个人遭受挫折后，如果能向朋友倾诉，便能使自己从挫折中挣脱出来，内心的紧张也会逐渐减弱。同时，朋友的支持和鼓励能给予人们强大的力量与挫折抗争。

挫折是个体成长中必须经历的，也是必须面对的。考试失败了，是一种挫折；毕业后暂时未找到工作，是一种挫折；创业中生意失败了，也是一种挫折。面对挫折有的人选择浑浑噩噩，而有的人选择从头再来。江梦南就是后者，她通过不断地应对挫折，不断成长，最终成了更好的自己。

感动中国人物江梦南：从无声的世界里突围 心中有嘹亮的号角

这些车水马龙、人声嘈杂，对于普通人来说再熟悉不过，但对于江梦南来说，所有的声音都是陌生甚至可怕的。因为在三年前装上人工耳蜗之前，她什么也听不见。然而，就是这样一个从小几乎完全丧失听力的她，在父母的帮助下，通过读唇语学会了"听"和"说"，不仅没有失学，而且一路考出了偏远的瑶族乡镇，直到考上了清华的博士。

江梦南：我从来没有因为自己听不见，就把自己看成了一个弱者。我相信自己不会比别人差，我也相信事情可以做得很好。

时间回到29年前，在小梦南半岁时，因为肺炎误用药物，她的左耳损失了大于105 dB，相当于直升机起飞时声响的听力，而右耳的听力则完全丧失，临床上被诊断为极重度神经性耳聋。父母会抱着她坐在镜子前，让她观察别人和自己说话的口型，进行发音模仿，并一遍遍地纠错。

江梦南：一个字，念一万遍我能够学会，父母都已经很开心了。可能有一些口型非常像的音，花、瓜，就要把我的手，放在他们的嘴巴附近感受这些气流。花，有气流，瓜，没有。需要很多遍的反馈，才可以慢慢练成这样一个肌肉记忆。

常人很难想象，在无声的世界里，小梦南是如何通过海量的重复与练习，学会读唇语的。梦南没有上过一天特殊教育学校，因为她父母坚持要让女儿去公立小学读书，但没有一个正常小学肯接收她，以至于到了上学年龄，无学可上的梦南又多上了一年学前班。

江梦南：有一个场景我印象非常深刻，我的学前班跟我的小学，他们中间有一段台阶，小学在台阶上面，我的学前班在台阶下面。我站在台阶上，看到其他同龄人都去顺着台阶往上爬去读小学，我自己顺着台阶往下走，我当时在台阶上就哭了。

江梦南：父母安慰我，告诉我，听不见是既定的事实，与其怨天尤人，还不如用自己最大的努力去克服。

于是，在学校里，梦南靠着坐在教室前排，读老师口型"听课"，并凭借惊人的努力和记忆力，发奋学习，成绩名列前茅。甚至，为了补上学前班多读的那一年，她在四年级暑假自学了五年级所有的课程。就这样，好强的梦南一路以优异的成绩考上吉林大学的本科、硕士，并于2018年，考上了清华大学生命与科学学院的博士，主攻肿瘤免疫和机器学习。为了测试自己还有哪些潜力可挖掘，三年前她装上了人工耳蜗。终于，她人生第一次真切地听到了这个世界。

江梦南：冷不丁地在哪一天会听到我以前从来没听过的声音。我开始听见了鸟叫，听见了青蛙在叫，或者听到了一些很美好的声音。

《感动中国》颁奖词

你觉得，你和我们一样，

我们觉得，

是的，但你又那么不同寻常。

从无声里突围，

你心中有嘹亮的号角。

新时代里，你有更坚定的方向。

先飞的鸟，一定想飞得更远。

迟开的你，也鲜花般怒放。

反思·实践·探究

【反思】

1. 动机的作用是什么？
2. 影响自我效能感形成的因素有哪些？
3. 简述马斯洛的需要层次理论。
4. 简述挫折产生的原因及应对方法。

【实践】

准备一本小册子，写下让你骄傲的事情。这里不是让你写下你今天有多成功，而是你在这段时间里有多努力。或者在你家的墙上挂一个小布告板，把所有能显示你价值的东西都贴在上面。每天当你累的时候看一眼，你就能吸收它给你的正能量，相信这会激励你。

【探究】

学会规划目标。工具是一张A4纸和一支笔。把纸分成7行（代表一周7天），每一行分成3栏，分别设置标题为时间段、预期目标、完成情况。每天对目标完成情况进行标记。若目标完成，则在完成情况栏打√，并记录心得体会；若目标未完成，则在完成情况栏打×，并用红笔记录未完成的原因。

一周结束之后，根据以下四个方面对本周完成情况进行复盘分析：（1）回顾目标是否清晰；（2）分析结果与目标有无差异；（3）分析结果与目标有差异的原因并找到关键点；（4）针对关键点做好经验总结。

推荐读物

1. 周岭.认知觉醒：伴随一生的学习方法论［M］.青少年学习版.北京：人民邮电出版社，2022.

该书介绍了如何通过了解大脑的运作规律来巧妙地化解学习上的问题，如缺乏动力、学习分神、情绪失控等。阅读该书不仅能了解有关脑科学、认知科学、心理学、社会学等学科相关知识，还会掌握有关学习的规律和方法，从而帮助读者获得更强的学习动力，养成更好的学习习惯，掌握更优的学习方法，增强读者的学习信心。

2. 赛茜.牛津女孩［M］.南京：江苏凤凰文艺出版社，2022.

该书介绍了牛津女孩塞茜的求学之路。在书中，作者不仅介绍了很多关于提高学习的方法，还抒发了众多人生见解，阅读该书可以帮助读者对抗焦虑和自卑，引导读者探索人生，悦纳自己，启迪成长。

3. 高太爷 . 意志力红利：让你说到做到的底层逻辑［M］. 北京：人民邮电出版社，2021.

该书是一本以自我提升为主题的书籍，旨在帮助读者提升自我控制力和自我管理能力，挖掘自身潜力，实现人生目标。作者深入探讨了增强意志力的本质规律，并针对性提供了 16 种实用技巧，构建了一套完备的意志力提升方法论。

第八章　情绪与心理健康

最美奋斗者——宋彪

　　第 44 届世界技能大赛最高奖获得者宋彪，谱写了一曲从"圆梦者"到"造梦者"的神话。

　　2014 年，全国职业教育工作会议提出，要培养一大批怀有一技之长的劳动者，努力让每个人都有人生出彩的机会。当时在江苏省常州技师学院上学的宋彪，紧紧抓住这个机遇，苦练内功，努力提升专业技能，常常在闷热的操作车间里，一练就是十几个小时，他的设计与制造技术逐步提高。直到 2017 年，经过层层比赛，他获得了参加第 44 届世界技能大赛的资格。

　　然而比赛过程不是一帆风顺的，评委说因为前 3 天计时错误，第 4 天宋彪将要比其他选手晚半个小时开始。当时紧张和焦虑一阵阵袭来，看着其他选手操作，宋彪心急如焚。但是，当看到工位上挂着的五星红旗时，他迫使自己冷静并调整心态，因为他是代表中国参赛。等到进赛场后，宋彪稳定情绪并加快操作，尽力高质量完成每个工艺，最后他第一个完成比赛，获得了大赛唯一的最高奖——阿尔伯特·维达尔奖，这也是中国选手首次获得该项大奖。

　　大赛结束后，宋彪被破格授予"江苏大工匠"称号。他现在是常州技师学院的一名青年教师，也是江苏最年轻的副高级专业技术职称获得者，"中国青年五四奖章"获得者，正奋力培养着一批批未来的"大国工匠"。

「小活动」心态决定成败

第一步：写出自己以前比赛或考试失败的实例和自己当时的精神状态。

第二步：试着分析自己失败的原因，重点分析当时的心情与失败的关系。

第三步：结合宋彪的故事，思考今后面临比赛或考试时应该选择什么样的心态？

第四步：在小组内分享所选择的心态，小组代表在全班分享。

活动要点：在重要的比赛或考试前，调整好心态是成功的关键。

科学原理：耶基斯–多德森定律。

现实生活中的应用：学生进行比赛或考试时要调整出良好的心态。

第一节　情绪概述

情绪是心理现象中最丰富多彩的部分，喜怒哀乐等情绪像调色剂一样为人们的生活赋予了各种色彩。情绪表达了人与客观事物之间复杂的相互关系，以及客观事物对个体的意义，每份情绪都有其意义和价值，不仅能指明方向，还能带给人们力量。然而，有些人陷入迷惘苦恼中不能自拔，成为情绪的奴隶。其实，情绪是生命的一部分，像人们的手与脚一样是可以驾驭的，人们完全能成为自己情绪的主人，妥善处理情绪，使人生更加美好。

一、情绪的含义与外部表现

（一）什么是情绪

情绪是指人对客观事物的态度体验以及相应的行为反应。情绪一般从三个方面来考察：认知层面上的主观体验、生理层面上的生理唤醒、表达层面上的外部行为。即情绪产生时，三个方面共同活动，构成一个完整的情绪体验过程。

情绪的主观体验是一种自我觉察，是大脑的主观感受状态。人有许多主观感受，如喜、怒、哀、乐、爱、惧、恨等。人们对不同事物的态度会产生不同的感受。人对自己、对他人、对事物都会产生一定的态度，如对朋友遭遇的同情，对敌人残暴的仇恨，事业成功的欢乐，考试失败的悲伤。这些主观体验只有个人内心才能真正感受到或意识到，如我知道"我很高兴"，我意识到"我很痛苦"，我感受到"我很内疚"等。

情绪的生理唤醒是情绪活动中产生的生理变化。每一种情绪都有自己的神经生理基础，并总是伴随着一定的生理唤醒水平，如激动时血压升高，愤怒时浑身发抖，紧张时心跳加快，害羞时满脸通红。脉搏加快、肌肉紧张、血压升高以及血流加快等生理指数的变化反映了个体内部的生理过程。这些生理反应不仅支持着情绪，而且影响着情绪的强度和持续时间。

情绪的外部行为是情绪的表达过程，是情绪发生时身体各部分的动作变化形式。

如人悲伤时会痛哭流涕，激动时会手舞足蹈，高兴时会开怀大笑。情绪伴随的身体姿态和面部表情常常成为人们判断和推测情绪的外部指标。情绪的主观体验和外部表现有固定的关系，某种主观体验和相应的表情模式是对应的。但由于人类心理的复杂性，有时人们的外部行为会出现与主观体验不一致的现象，如学生参加学生会主席竞选演讲时，尽管内心紧张，但尽力做到镇定自若。

主观体验、生理唤醒和外部行为是情绪的三种成分，只有三者同时活动、同时存在，才能构成完整的情绪体验过程。但是，三种成分并非不可分离，个体可以在没有明确情绪体验时产生生理和行为的反应激活，比如再认阈限下呈现情绪刺激引起的个体生理反应。

（二）情绪的外部表现

情绪表现在有机体身上的外显行为称为表情，具体分为面部表情、体态表情、言语表情。在动物群体内部或群体之间，表情往往起着通信的作用，如求偶、顺从、亲密、警告、求救、威胁等。在人与人之间，表情特别是面部表情，是人际交往的重要工具。

1. 面部表情

面部表情是指通过眼部肌肉、颜面肌肉和口部肌肉的变化来表现各种情绪状态。如喜悦时两眼放光，两眉舒展，眉开眼笑，嘴角向后伸，上唇略提；惊奇时张嘴、瞪眼、两眉竖起，"目瞪口呆"。

面部表情是先天的还是后天的？

美国心理学家艾克曼（P. Ekman，1934—　　）认为，由于那些先天失明的人、非西方文化的人以及婴儿都具有与西方正常成年人相似的情绪化的面部表情，因此，不同情绪特异性的面部表情不仅仅是社会学习的结果。不同情绪的面部表情可能大部分是天生的。绝大多数先天失明的人会像其他人一样微笑和皱眉，但实际上，他们从没有见过微笑和皱眉。最近，一项研究给残奥会先天失明的柔道运动员和看得见的奥运会柔道运动员在最后的关键比赛中胜利或失败之后拍摄照片。对这数千张照片的分析显示，看得见的运动员的面部表情和失明的运动员无甚差别。这个发现有力地支持了伴随情绪而产生的面部表情可能是建立在生物因素之上的观点。

2. 体态表情

体态表情是借全身姿态或四肢活动表达情绪，不同的情绪会导致人们不同的体态表情，体态表情包括身体表情和手势表情两种。

不同情绪状态下，身体表情不同，如紧张时坐立不安，恐惧时紧缩双肩，欢乐时手舞足蹈、捧腹大笑，悲痛时捶胸顿足等。

手势是表达情绪的重要形式，手势表情通常与语言相结合使用，表达赞成或反对、接受或拒绝、喜欢或厌恶等态度。手势表情也可以单独用来表达某种情绪，如振臂一呼表示激愤，双手一摊表示无奈，热烈鼓掌表示欢迎、称赞。

3. 言语表情

言语表情是指随着情绪的变化，声带等发音器官的活动和言语的声调变化。如喜悦时音调稍高，言语速度快，语言高低差别大；愤怒时声音高而尖，且带颤抖；悲哀时音调低沉，言语缓慢无力等。人们可以从不同的言语声调中辨别和理解别人多种多样的情绪和情感状态。

人的情绪外部表现是可以控制的，要正确了解人的情绪很不容易，单凭外部表现有时还是很困难的。在意识控制和调节下人们能夸大自己的情绪，也能抑制强烈的情绪而做到面不改色心不跳。

假如一个人伤害了你，是选择宽恕还是报复呢？

目前有关报复和宽恕的研究都是单独进行的，有研究团队首次将宽恕和报复结合起来，通过 3 个实验考察宽恕和报复对愤怒的降低作用。为了确保实验材料的有效性，3 个实验均掩盖其真正的研究目的。实验 1 把被试分为两组，宽恕组阅读宽恕的故事情节并想象自己原谅了抄袭自己论文的同学，报复组则阅读报复的故事情节并想象自己报复了抄袭自己论文的同学。结果发现，宽恕组的愤怒水平要显著低于报复组。实验 2 考察在不同冒犯行为意图下宽恕和报复对愤怒的降低作用，结果显示，不管是有意而为还是无心之过的冒犯行为，宽恕对愤怒的降低作用均要优于报复。实验 1 和实验 2 中的宽恕／报复策略是和冒犯情境同时呈现的，这就无法得知冒犯行为所诱发的愤怒水平是否对所有被试都是一样的，导致无法将宽恕和报复对愤怒的作用单独分离出来。因此实验 3 针对该问题进行改进，在被试阅读完冒犯行为事件材料后，先测量被试的愤怒水平，接着再要求被试写出宽恕／报复的过程，最后再次测量其愤怒水平。结果发现，宽恕组的愤怒水平显著低于报复组，在宽恕条件下，后测的愤怒水平显著低于前测，而在报复条件下，后测的愤怒水平也显著低于前测，宽恕组的愤怒降低程度显著大于报复组。

资料来源：陈晓，高辛，周晖.宽宏大量与睚眦必报：宽恕和报复对愤怒的降低作用［J］.心理学报，2017，49（2）：241-252.

二、情绪的基本类型和状态

（一）情绪的基本类型

我国古代提出喜、怒、忧、思、悲、恐、惊的"七情说"。

美国心理学家普拉切克（R. Plutchik, 1927—2006）提出了八种基本情绪：悲痛、恐惧、惊奇、接受、狂喜、狂怒、警惕、憎恨。虽然类别很多，但一般认为有四种基本情绪，即快乐、愤怒、恐惧和悲哀。

1. 快乐

快乐是指个体需求得到满足，于是在生理、心理上表现出的一种反应。快乐在强度上存在差异，从愉快、兴奋到狂喜，这种差异与需求对自身的意义、需求实现后急迫感和紧张感的解除以及需求实现的难易程度有关。

2. 愤怒

愤怒是指当个体的愿望不能实现或为达到目的的行动受到挫折时引起的一种紧张而不愉快的情绪体验，因极度不满而情绪激动。愤怒时紧张感增强，有时不能自我控制，甚至出现攻击行为。愤怒也有程度上的区别，一般愿望无法实现时，个体只会感到不快或生气，但当遇到不合理的阻碍或恶意的破坏时，愤怒就会急剧爆发。

3. 恐惧

恐惧是人们在面临并企图摆脱某种危险情境而又无能为力时产生的情绪体验。恐惧的产生不仅由于危险情景的存在，还与个人排除危险的能力和应对危险的手段有关。初次出海的人遇到惊涛骇浪或者鲨鱼袭击时会感到极端恐惧，而一名经验丰富的水手对此可能已经司空见惯，表现得泰然自若。

4. 悲哀

悲哀是指伤心难过，侧重因心情不好而伤感，是当失去心爱的事物或理想和愿望破灭时产生的情绪体验。悲哀的程度取决于失去的事物对自己的重要性和价值。悲哀时带来的情绪的释放，会导致哭泣。

人类这些最基本的情绪体验与动物具有本质的不同，因为人类的情绪体验会受到社会文化的制约，能够做到"发乎情，止乎礼义"，而动物的情绪体验则简单得多。

（二）情绪状态

情绪状态是指在一定的生活事件的影响下，一段时间内各种情绪体验的一般特征表现。根据情绪状态的强度和持续时间，可分为心境、激情和应激。

1. 心境

心境是一种微弱、平静而持久的，带有渲染性的情绪状态。"人逢喜事精神爽"中的"爽"按其强度来说并不强烈，但会持续较长的一段时间。在这段时间里，这种愉快、喜悦的心情影响着人的各方面的行为，仿佛周围的一切事物都被渲染上了快乐的色彩。相反，心境忧伤的人在这段时间里所看到的周围的一切都带有忧伤的色彩。

心境具有弥散性和长期性。心境的弥散性是指当人具有了某种心境时，这种心境表现出的态度体验会朝向周围的一切事物。"忧者见之而忧，喜者见之而喜"，就是心境的弥散性表现。心境的长期性是指心境产生后会在相当长的时间内影响人的情绪表现，成为一段时间内的主导心境。

心境产生的原因很多，生活中的顺境和逆境，学习、工作上的成功和失败，人际关系的亲疏，个体健康的好坏，自然气候的变化等，都可能引起某种心境。但心境并不完全取决于外部因素，还与个体的世界观和人生观密切联系。如有的人一生历尽坎坷，却总是豁达、开朗，以乐观的心境去面对生活。

心境对人们的生活、工作和健康都有极大的影响，人们总是在一定的心境中学习、工作和生活。心境有积极和消极之分，积极心境可以提高学习和工作效率，帮助人们克服困难，保持身心健康；消极心境则会使人意志消沉，悲观绝望，无法正常工作和交往，甚至导致一些身心疾病。所以，保持一种积极健康、乐观向上的心境对每个人都有重要意义。

2. 激情

激情是一种强烈的情感表现形式，往往发生在强烈刺激或突如其来的变化之后，具有迅猛、激烈、难以抑制等特点，同时伴随明显的生理变化和行为表现。个体在激情的支配下，常能调动身心的巨大潜力。当激情到来时，大量能量在短时间内积聚而出，如疾风骤雨，使个体失去了对自身行为的控制力。《儒林外史》中的范进听到自己金榜题名，狂喜之下竟然意识混乱，手舞足蹈，疯疯癫癫；有些人在暴怒之下，双目圆睁，咬牙切齿，甚至对他人拳脚相加。但这些激情在宣泄之后，个体又会很快平静下来，甚至出现精力衰竭的状态。

激情常由生活事件所引起，那些对个体有特殊意义的事件会导致激情，如考上理想的大学、找到满意的工作等；出乎意料的突发事件也会引起激情，如多年失去音信的亲人突然归来，常会令人欣喜若狂。此外，违背个体意愿的事件也会引起激情，春秋末期吴国大夫伍子胥过昭关，因担心被抓回楚国，父仇不能报，一夜之间竟然愁白了头。可见，不同的生活事件会引起不同的激情。

激情对个体的影响有积极和消极两方面。积极方面，激情可以激发内在的心理能量，成为行为的巨大动力，提高工作效率并有所创造。例如，战士在战场上冲锋陷阵，一往无前；画家在创作中尽情挥洒，浑然忘我；运动员在"要做就做最好"的竞技体育精神的影响下，敢于拼搏，勇夺金牌。消极方面，激情有很大的破坏性和危害性。激情中的人有时任性而为，不计后果，给自己和他人都造成损失。一些青少年犯罪事件就是在激情状态下一时冲动酿成的。激情有时还会引起强烈的生理变化，使人言语混乱，动作失调，甚至休克。所以，人们在生活中应该适当控制激情，多发挥其积极作用。

3. 应激

应激是由危险的或出乎意料的外界情况的变化所引起的一种情绪状态，是个体对意外的环境刺激作出的适应性反应。个体在应激状态下常伴随明显的生理变化，这是因为个体在意外刺激作用下必须调动体内能量以应对紧急事件和重大变故。这个生理反应的具体过程为：紧张刺激作用于大脑，使得下丘脑兴奋，肾上腺髓质释放大量肾上腺素和去甲状腺素，大大增加通向体内某些器官和肌肉处的血流量，从而提高机体应对紧张刺激的能力。

根据外部表现，应激反应有积极和消极之分。积极的应激反应表现为沉着冷静、急中生智，全力以赴地排除危险，克服困难；消极的应激反应则表现为惊慌无措、一筹莫展，或者产生错误的行为，加剧事态的严重性。这两种截然不同的行为表现，既与个人的能力和素质有关，又与平时的训练和经验积累有关。例如，接受过防火演习和救生训练的人在遇到突发事故时往往能够沉着冷静地逃生和救人，而未受过相应训练的人，则很可能表现出手足无措等消极行为。

飞将军李广射石搏虎

《史记·李将军列传》记载，汉武帝时期，李广为右北平郡太守。当时这一带常有老虎出没，危害人民。出于为民除害，李广经常带兵出猎。

一日，李广狩猎回来，路过虎头石村，已是夜幕降临，月色朦胧。这里怪石林立，荆棘丛生，蒿草随风摇曳，刷刷作响。行走间，李广突然发现草丛中有一黑影，形如虎，似动非动。这时，李广让士兵闪过，拉弓搭箭，只听"嗖"的一声，正中猎物，于是策马上前察看，当正要搜取猎物时，不觉大吃一惊，原来所射并非一虎，而是虎形巨石。仔细一看，镞已入石。这时士兵也围拢过来观看，均赞叹不已。当时李广不自信，又回到原处上马重射，比此前更加用力，可是连射数箭，都没入石。

这则故事表明，人在应激状态下会调动全身的资源应对当前情景，能力也会超水平发挥。

三、情绪的功能

情绪在人们的生活中扮演着重要角色，如果没有情绪，生活将没有色彩，没有生气和活力。一个人若缺失了某种或多种情绪，也会对个体生活造成极大的负面影响。所以，不同的情绪使人们的生活丰富多彩，也对人们的学习、工作和生活起着应有的作用。

（一）情绪的动机功能

情绪能够以一种与生理性动机或社会性动机相同的方式激发和引导行为。有时我们会努力去做某件事，只因为这件事能够给我们带来愉快与喜悦。从情绪的动力性特征来看，情绪分为积极增力的情绪和消极减力的情绪。快乐、自信等积极的情绪会提高人们的活动能力，而恐惧、痛苦、自卑等消极的情绪则会降低人们活动的积极性。有些情绪同时兼具增力与减力两种动力性质，如悲痛可以使人消沉，也可以使人化悲痛为力量。例如，有研究表明：有效激发学习者的积极情绪体验，提高其情感投入，进而形成积极情绪—有效互动—高质量英语学习的良性循环。[1] 还有研究者探讨一线医务人员的社会支持、负性情绪与消极应对的关系，结果发现：女性医务人员比男性医务人员更容易出现负性情绪和采取消极应对的方式。[2]

（二）情绪的调控功能

情绪对于人们的认知过程既有积极作用，又有消极作用。大量研究表明，适当的情绪对个体的认知活动具有积极的组织功能，而不当的情绪情感对个体的认知活动具有消极影响。良好的情绪情感会提高大脑活动的效率，提高认知操作的速度与质量。而一些消极情绪，如恐惧、抑郁、悲哀、愤怒等，会干扰或抑制认知功能。例如，恐惧情绪越强，对认知操作的影响就越大。

（三）情绪的适应功能

情绪是进化的产物。在低等动物种系中，几乎无情绪可言。即使在低等脊椎动物中，也只是一些具有适应价值的行为反应模式，如搏斗、逃跑、哺喂和求偶等行为。这些适应行为是与特定的生理唤醒相对应而发生的。当动物的神经系统发展到皮质阶段时，生理唤醒在大脑中产生相应的感觉（感受）状态并留下痕迹，这就是最原始的爱、怒、怕等情绪。当特定的行为反应模式、生理唤醒及相应的感受状态出现后，就具备了情绪的适应性，其作用在于发动机体中的能量，使机体处于适宜的活动状态，将相应的感受通过行为（表情）表现出来，以达到共鸣或求得援助。所以情绪自产生

① 张凯，李玉，陈凯泉.情绪体验与互动模式对合作学习情感投入的作用机理 [J].现代外语，2023，46（3）：371-383
② 姜文蜻，刘秋润，李俊，等.负性情绪在临床一线医务人员社会支持与消极应对中的中介作用 [J].职业卫生与应急救援，2021，39（4）：382-387.

之日起便成为适应生存的心理工具。

（四）情绪的信号功能

情绪是人们社会交往中的一种心理表现形式。情绪的外部表现是表情，表情具有信号传递作用，属于一种非言语性交际。人们可以凭借一定的表情来传递情感信息和思想愿望。表情是比言语产生更早的心理现象，在婴儿不会说话之前，主要是靠表情来与他人交流的。表情比语言更具生动性、表现力、神秘性和敏感性。特别是在言语信息模糊不清时，表情往往具有补充作用，人们可以通过表情准确而微妙地表达自己的思想感情，也可以通过表情去辨认对方的态度和内心世界。所以，表情作为一种情感交流的方式，被视为人际关系的纽带①。

四、情绪理论

（一）早期的情绪理论

1. 詹姆斯 – 兰格理论

美国心理学家詹姆斯和丹麦生理学家兰格（C. G. Lange，1834—1900）分别于1884 年和 1885 年提出了内容相同的情绪理论——外周生理反应论。

詹姆斯根据情绪发生时引起的自主神经系统的活动，和由此产生的一系列机体变化提出，情绪就是对身体变化的知觉，即悲伤由哭泣而起，高兴由发笑而生。兰格认为情绪是内脏活动的结果，他特别强调情绪与血管变化的关系，即情绪决定血管受神经支配的状态、血管容积的改变以及对它的意识。詹姆斯与兰格在情绪产生的具体描述上虽有不同，但他们的基本观点是相同的，即情绪刺激引起身体的生理反应，而生理反应进一步引起情绪体验。

2. 坎农 – 巴德理论

美国心理学家坎农（W. B. Cannon，1871—1945）在对詹姆斯 – 兰格理论质疑的基础上，认为情绪的中心不在外周神经系统，而在中枢神经系统的丘脑。由外界刺激引起感觉器官的神经冲动，通过内导神经传至丘脑；再由丘脑同时向上和向下发出神经冲动，向上传至大脑，产生情绪的主观体验，向下传至交感神经，引起机体的生理变化，如血压升高、心跳加速、瞳孔放大、内分泌增多和肌肉紧张等，使个体在生理上处于应激准备状态。

（二）情绪的认知理论

1. 阿诺德的评定 – 兴奋理论

美国心理学家阿诺德（M. R. Arnold，1903—2002）在 20 世纪 50 年代提出了情绪的评定 – 兴奋理论，认为刺激情景并不直接决定情绪的性质，从刺激出现到情绪产生，要经过对刺激的评估，情绪产生的基本过程是刺激情景—评估—情绪。同一刺激情景，由于对它的评估不同，会产生不同的情绪反应。评估结果可能认为对个体有利、有害或无关。如果是有利，就会引起肯定的情绪体验，并试图接近刺激物；如果是有害，就会引起否定的情绪体验，并试图躲避刺激物；如果是无关，人们就会予以

---

① 李芳.情绪一致性记忆的理论与实践［M］.上海：上海交通大学出版社，2016：5-8.

忽视。①

阿诺德认为，情绪的产生是大脑皮质和皮下组织协同活动的结果，大脑皮质的兴奋是情绪行为的最重要的条件。她提出情绪产生的理论模式是：作为引起情绪的外界刺激作用于感受器，产生神经冲动，通过内导神经上送至丘脑，在更换神经元后，再送到大脑皮质，在大脑皮质上刺激情景得到评估，形成一种特殊的态度（如恐惧及逃避、愤怒及攻击等）。这种态度通过外导神经将皮质的冲动传至丘脑的交感神经，将兴奋发送到血管和内脏，所产生的变化使个体获得感觉。这种从外周传来的反馈信息，在大脑皮质中被评估，使纯粹的认知经验转化为被感受到的情绪。②

2. 沙赫特的两因素情绪理论

20 世纪 60 年代初，美国心理学家沙赫特（S. Schachter，1922—1997）和辛格（J. Singer）提出，对于特定的情绪来说，有两个因素是必不可少的。第一，个体必须体验到高度的生理唤醒，如心率加快、手心出汗、胃部收缩、呼吸急促等；第二，个体必须对生理状态的变化进行认知性的唤醒。③

为了检验情绪的两因素理论，他们设计的实验过程是：实验前告诉被试，要考察一种新维生素化合物对视敏度的影响效果，在被试同意的前提下，为他们注射药物。但实际上控制组注射的是生理盐水，实验组被试注射的是肾上腺素。肾上腺素使被试出现心悸、颤抖、灼热、血压升高、呼吸加快等反应，即处于典型的生理唤醒状态。实验结果证明，个体对生理反应的认知和了解决定了情绪体验。这一结论并不否定生理变化和环境因素对情绪产生的作用。事实上，情绪状态是由认知过程（期望）、生理状态和环境因素在大脑皮层中整合的结果。环境中的刺激因素，通过感受器向大脑皮层输入外界信息；生理因素通过内部器官、骨骼肌的活动，向大脑输入生理状态变化的信息；认知过程是对过去经验的回忆和对当前情境的评估。来自这三方面的信息经过大脑皮层的整合作用，产生了某种情绪体验。

将上面的理论转化为一个工作系统，也称为情绪唤醒模型。这个工作系统包括三个亚系统：一是对来自环境的输入信息的知觉分析；二是在长期生活经验中建立起来的对外部影响的内部模式，包括对过去、现在和未来的期望；三是现实情景的知觉分析与基于过去经验的认知加工间的比较系统，也称为认知比较器，它带有庞大的生化系统和神经系统的激活机构，并与效应器官相联系。

情绪唤醒模型的核心部分是认知，通过认知比较器把当前的现实刺激与储存在记忆中的过去经验进行比较，当知觉分析与认知加工间出现不匹配时，认知比较器产生信息，动员一系列的生化和神经机制，释放化学物质，改变脑的神经激活状态，使身

---

① 斯托曼.情绪心理学：从日常生活到理论：第 5 版［M］.王力，译.北京：中国轻工业出版社，2006：71–72.

② 斯托曼.情绪心理学：从日常生活到理论：第 5 版［M］.王力，译.北京：中国轻工业出版社，2006：72–73.

③ SCHACHTER S，SINGER J. Cognitive，social and physiological determinants of emotional state［J］. Psychological review，1962，69：370–399.

体适应当前的情景要求，这时情绪就被唤醒了。①

（三）情绪的动机–分化理论

情绪的动机–分化理论主要包括汤姆金斯（S. S. Tomkins，1911—1991）和伊扎德（C. E. Izard，1924—2017）关于情绪的理论观点。

1. 汤姆金斯的理论观点

汤姆金斯认为内驱力的信号（如食物、水、氧气等生理需要的信号）需要具有一种放大的媒介才能激发有机体去行动，起这种放大作用的就是情绪性过程。他提出，感情常常补充到内驱力的信号中去，使这个信号得到提高和放大。举例来说，人在被淹没或窒息的情况下产生对氧气的紧迫需要，这时经常伴随出现恐慌的情绪。恐慌把缺氧的信号放大并与其合并而起作用。对于这一现象，人们往往单纯地把它看作内驱力信号本身而忽略了情绪在其中的作用。事实上，情绪与内驱力相比较是更强有力的驱动因素，因为人完全可以离开内驱力的信号而被各种情绪激发起来。无论是快乐或悲伤、愤怒或恐惧、惊奇或害羞，都足以激起人的行动。因此，汤姆金斯直接把情绪看作动机，强调情绪的主观体验是起动机作用的心理结构，是驱动有机体采取行动的动机力量。

2. 伊扎德的理论观点

伊扎德认为，情绪的主观成分即体验，就是起动机作用的心理结构，各种情绪体验是驱动有机体采取行动的动机力量。②他同时指出，情绪是人格系统的组成部分，是人格系统的动力核心，情绪系统与认知系统、行为系统等人格子系统建立联系，实现情绪系统与其他系统的相互作用。

伊扎德以情绪为核心，以人格为基础，阐述了情绪的性质和功能，其核心观点表现在三方面：

（1）情绪与人格系统。人格系统由体内平衡系统、内驱力系统、情绪系统、知觉系统、认知系统和行为系统六个子系统组成。其中，情绪系统是人格系统的核心动力。情绪系统具有动力性，它组织并驱动认知系统和行为系统。

（2）情绪系统及其功能。情绪系统包含神经生理、表情行为和情感体验三个子系统，它们相互作用，并与情绪系统以外的认知系统、行为系统等人格子系统相互联系，实现情绪系统与其他系统的相互作用。

（3）情绪激活与调节。伊扎德提出，情绪的激活与调节有四个基本过程：第一，生物遗传——神经内分泌。内分泌可直接激活情感体验，并影响其他三个情绪激活过程。如产妇在产后，由于内分泌物质的改变，负性情绪逐渐减少。第二，感觉反馈。表情肌肉活动引起的反馈信息进入边缘皮质区，使情绪达到意识水平，产生情绪体验。第三，情感激活过程。一种情绪可以引起另一种情绪，如极度疲劳引起痛苦。第

---

① 斯托曼.情绪心理学：从日常生活到理论：第5版［M］.王力，译.北京：中国轻工业出版社，2006：74–75.

② IZARD C E. Four systems for emotion activation: cognitve and noncognitive processes［J］. Psychological review，1993，100（1）：68–90.

四，认知激活过程。如评价、比较等认知活动可以激活情绪。

焦虑自评量表

填表8-1注意事项：下面有20条文字，请仔细阅读每一条，把意思想明白，每一条文字后有4个方格，分别表示：没有或有很少时间；小部分时间；相当多时间；绝大部分或全部时间。然后根据你最近一星期的实际感受，在适当的地方画"√"。

[知识窗]
焦虑自评量表结果分析

表8-1 焦虑自评量表

序号	题目	没有或有很少时间	小部分时间	相当多时间	绝大部分或全部时间
1	觉得比平常容易紧张和着急	1	2	3	4
2	无缘无故地感到害怕	1	2	3	4
3	容易心烦意乱	1	2	3	4
4	觉得可能将要发疯	1	2	3	4
5	觉得一切都很好，也不会发生什么不幸	4	3	2	1
6	手脚发抖打战	1	2	3	4
7	为头痛、颈痛和背痛而苦恼	1	2	3	4
8	感觉容易乏力和疲怠	1	2	3	4
9	觉得心平气和，并且容易安静地坐着	4	3	2	1
10	觉得心跳很快	1	2	3	4
11	为一阵阵头晕而苦恼	1	2	3	4
12	有晕倒发作，或觉得要晕倒	1	2	3	4
13	吸气、呼气都感到很轻松	4	3	2	1
14	手脚麻木和刺痛	1	2	3	4
15	为胃痛和消化不良而苦恼	1	2	3	4
16	尿频	1	2	3	4
17	手常常是干燥温暖的	4	3	2	1
18	脸红发热	1	2	3	4
19	容易入睡并且整夜睡得好	4	3	2	1
20	做噩梦	1	2	3	4

第二节　心理健康

随着社会飞速发展，人际关系越来越复杂，人们进入了情绪负重年代。情绪只要在正常范围内都有助于人们适应环境，但过强的情绪反应和长久的消极情绪会导致人们生理或心理损伤，影响个体身心健康和社会和谐。高职院校的学生面临应对选择专业、理想与现实的冲突、人际关系的处理等问题，容易引发心理疾病。对高职学生加强心理健康教育，避免种种压力而造成的心理危机或消极情绪，增进其身心健康和全面发展，已成为学校迫切需要关注的问题。

一、心理健康概述

世界卫生组织关于健康的定义是一种在身体上、精神上的完美状态，以及良好的适应力，而不仅是没有疾病和衰弱的状态。

心理健康对个体成长和发展具有重要影响，它是正常生活、学习、工作和交往的前提与保证。

（一）什么是心理健康

心理健康是指心理的各个方面及活动过程处于一种良好或正常的状态。心理健康的理想状态是保持性格完好、智力正常、认知正确、情感适当、意志合理、态度积极、行为恰当、适应良好的状态。

2016 年 12 月，国家卫生计生委、中宣部、中央综治办、民政部等 22 个部门共同印发《关于加强心理健康服务的指导意见》。这是贯彻落实习近平总书记在 2016 年全国卫生与健康大会上的讲话要求，落实"十三五"规划纲要和"健康中国 2030"规划纲要的重要文件，是我国首个加强心理健康服务的宏观指导性意见，明确了专业社会工作参与心理健康服务的路径和方法，强调了专业社会工作在提供心理健康服务、完善心理健康服务体系中的重要作用，对于加强心理健康领域社会工作专业人才队伍建设、推动心理健康领域社会工作实务发展具有重要意义。

（二）心理健康的标准

一般采用量表测量个体心理健康，其标准不是固定不变的。心理健康标准随着时代变迁、文化背景的变化而变化。根据我国青少年学生的实际情况，评判学生的心理健康水平应从以下几个方面考虑。[①]

1. 智力正常

智力，指一般能力，是观察力、注意力、记忆力、想象力、思维力、创造力及实践活动能力等的综合。这是学生学习、生活与工作的基本心理条件，也是适应周围环

---

① 陈淑萍，张宏，王光杰. 大学生心理素质教育教程［M］. 北京：科学出版社，2012：217-218.

境变化所必需的心理前提。

2. 情绪健康

其标志是情绪稳定和心情愉快。愉快情绪多，乐观开朗，富有朝气，对生活充满希望；情绪较稳定，善于控制与调节自己的情绪，情绪表达既符合社会的要求，又符合自身的需要；情绪反应与环境相适应。

3. 意志健全

意志是个体在完成一种有目的的活动时进行选择、决定与执行的心理过程。意志健全者在行动的自觉性、果断性、顽强性和自制力等方面都表现出较高的水平。

4. 人格完善

人格是个体比较稳定的心理特征的总和。人格完善是指有健全统一的人格，个人的所想、所说、所做都是协调一致的。

5. 自我评价正确

个体进行自我观察、自我判断和自我评价时，能恰如其分地认识自己，摆正自己的位置，既不以自己在某些方面高于别人而自傲，也不以自己在某些方面低于别人而自卑，正视现实，积极进取。

6. 人际关系和谐

乐于与他人交往，既有广泛而深厚的人际关系，又有知心朋友；在交往中保持独立完整的人格，有自知之明，不卑不亢，善于取人之长补己之短，宽以待人，乐于助人。

7. 社会适应正常

个体应与客观的现实环境保持良好的秩序关系。既要进行客观观察以取得正确认识，以有效办法应对环境中的各种困难；又要根据环境的特点和自我意识的情况努力协调，改造自我适应环境。

8. 心理行为符合年龄特征

个体的心理活动和行为方式符合特定的年龄阶段，如高职学生应具有与年龄和角色相适应的心理和行为特征。

（三）正确认识心理健康标准

正确认识高职学生心理健康标准，应重视以下四个方面。

1. 标准的相对性

事实上，高职学生心理健康与否是一个连续化的过程，对大多数学生而言，在人生的发展过程中面临心理健康问题是正常的，应提高自我保健意识，及时进行自我调整。人的健康状态是动态的变化过程，不是固定不变的，随着时间的推移、环境的变化及人们自身的成长，每个人的心理健康状态都会不断地发生变化。因此，在心理上形成心理冲突是非常正常的，有些冲突也是可以自我调节的。

2. 概念的正确理解

心理不健康和心理疾病不能等同。心理不健康是指一种持续的不良心理状态，而偶尔出现的一些不健康的心理和行为，不能认同为心理不健康或心理疾病。心理健康与心理疾病或心理正常与心理异常之间，没有绝对的界限，在心理正常和心理异常之间有一个过渡地带。

3. 整体的协调性

从心理过程看，健康的心理活动是一个完整统一的协调体，这种整体协调保证了个体在反映客观世界的过程中的高度准确性和有效性。事实表明，认识是健康心理结构的起点，意志行为是人格的归宿，情感是认识与意志之间的中介因素。从心理结构看，一旦心理结构的各方面不能符合规律地进行协调运作时，就可能产生一系列的心理困扰或问题。从个性角度来看，每个人都有自己长期形成的稳定的个性心理，一个人的个性在没有明显剧烈的外部因素的影响下，是不会轻易发生变化的。

4. 心理的发展性

事实上，出现心理问题可能是人的发展中不可避免的发展性问题，随着个体的心理成长会逐渐得到调整而趋于健康。上面提到的高职学生心理健康的标准只是一种相对的衡量尺度，只反映了高职学生在适应社会生活方面应具有的最基本的心理条件，而不是心理健康的最高境界。

心理健康有三个层次：（1）预防心理障碍的出现，即不患心理疾病是心理健康的最低要求。（2）能够有效地学习、生活、交往。（3）发挥自身的潜能，促进自身价值的实现，追求自身的全面发展，这是心理健康的最高境界。每个学生都应努力追求心理健康的最高境界，不断发展自我、完善自我。

二、心理健康的影响因素

一般而言，影响高职学生心理健康的因素可以分为外在因素和内在因素，而每一类因素又包含危险因素和保护因素。

（一）家庭因素

家庭环境会对人的一生产生重大影响，特别是个体早年形成的人格特征，会对其以后的心理发展影响深远。家庭环境包括家庭人际关系、父母教养方式、父母人格特征等。国外学者对恐惧症、强迫症、焦虑症等神经症患者的早期经历与家庭关系进行调查后发现，他们的父母与正常个体的父母相比，表现出较少的情感温暖、较多的拒绝态度或者较多的过分保护。儿童在成长早期如果在家庭环境中缺乏信任感和安全感，那么随着心理发展，他们会逐渐养成一种无助的性格，变得难以与他人相处，因而容易产生心理异常。

存在心理问题的高职学生，其父母以过度保护或过度严厉者居多。前者容易导致大学生存在依赖、被动、胆怯、任性等心理倾向；后者容易导致高职学生存在冷漠、盲从、不灵活和缺乏自尊自信等心理倾向。如果父母的养育方式是溺爱型的，则子女会出现利己、骄横和情绪不稳定的心理状况；如果父母的养育方式是专制型的，则子女会出现消极、懦弱和不知所措的心理状况；如果父母之间经常出现意见分歧或互相拆台，则子女会表现出圆滑、投机讨好、说谎等不良心理行为。因此，在高职学生各种典型心理问题和心理疾病中，常常可以看到其受家庭影响的痕迹。

（二）学校因素

高职学生的主要任务是学习，在有限的时间内完成繁重的学习任务，其心理压力是极大的。同时，高职学生对大学学习方式的变化存在一定程度的不适应，这会影响他们的心理健康。具体表现在以下三个方面。

1. 学业负担过重

对高职学生学习时间的调查表明，有相当多的学生每天学习时间多达 10 小时以上，而且睡眠时间严重不足。学习是一项艰苦的脑力劳动，长期学业负担过重会使大脑过度疲劳，大脑皮质活动机能减弱，导致注意力、记忆力、思维力、想象力下降而影响学习效率。久而久之，一些学生会出现心理问题。学业负担过重与学校课程设置不合理、学生学习贪多求全、自我期望过高，以及家长和外界压力过大等有关。

2. 专业选择不当

许多学生在选择专业时具有一定的盲目性。由于刚入学时对专业设置不太了解，每个学年结束后都会有一些学生对自己所学的专业不满意，觉得该专业不符合自己的兴趣爱好，从而产生调换专业的念头。一旦调换专业的问题解决不了，学生就容易闹情绪，表现为对学习无兴趣、情绪低落、消极悲观、随意缺课，长此下去，他们的心理矛盾不断强化，容易出现神经衰弱等心理疾病。其实，专业兴趣是可以培养的。即使现在所学的专业确实不能发挥自己的长处，在今后的人生路上也会有许多选择的机会。专业绝不是一学定终身。

3. 对学校学习不适应

从中学到高职学校，学生的学习环境变化很大。比如在学习方式方面，中学教师多以讲授为主，高职学校教师则更强调培养学生的自学能力。在心理适应方面，有一部分学生在中学时学习成绩优异，其周围充满赞扬声，他们的心理优越感较强，但到高职学校以后群英荟萃，使得有些学生原有的优势不够明显，容易在学习上遇到一点挫折就产生消极的自我评价，致使情绪低落。

（三）信息化时代的冲击

1. "信息爆炸"与"信息匮乏"

当今世界已进入了高速发展的网络化、信息化时代，这是一个"信息爆炸"的时代，也是一个"信息匮乏"的时代。体量巨大的网络资源能让身处其中的人们产生自己信息不足的错觉，从而越来越陷入其中，最终使自己疲惫不堪。有的学生甚至因恐惧信息的丧失而夜不能眠，伤害身心健康。另外，网络信息可以说是一把"双刃剑"，既有有利的一面，同时又有不利的一面。

2. 网络依赖

由于对网络的依赖，不少高职学生一方面因交际困难而在网络的虚拟世界里寻找心理满足，另一方面也被网络本身的精彩所深深吸引。因此，有些高职学生对网络的依赖性越来越强，有的甚至每天花大量的时间泡在网上，沉湎于虚拟世界，自我封闭，与现实生活产生隔阂，不愿与人面对面交往。这样久而久之，会影响高职学生正常的认知、情感和心理定位，还可能导致人格分裂，不利于健康性格和世界观、人生观、价值观的塑造。另外，沉迷网络还会使人产生精神依赖，在日常生活和学习中举止失常、精神恍惚、胡言乱语、行为怪异。[①]

（四）自我因素

1. 自我管理不当

高职学生处在增长知识、保持身体健康的阶段，他们的好奇心强、精力充沛，对业余生活的多样化需求迫切。尤其是在网络时代，丰富的网络休闲娱乐常常能够强烈吸引高职学生的注意力。进入高职学校后，摆脱了严格的学校管理和家长束缚，一些自我管理能力不强的学生沉迷网络、依赖网络、网络成瘾而荒废学业，这已经不是个别现象。

2. 年龄发展特点

高职学生的年龄一般在18—22岁，正处于青年期，这是人一生中心理发展变化最激烈的时期。在这段时间内，青年人面临着一系列生理、心理、社会适应方面的课题。处在这一特定发展阶段的学生，由于心理发展不够成熟，情绪不够稳定，心理冲突和矛盾时有发生，极易出现适应不良，进而产生心理问题。

3. 生理、心理和行为因素

影响高职学生心理健康的内在因素可以从生理、心理、行为三个方面来分析。从生理因素来看，家族遗传、胎儿时期神经系统受损、大脑内神经递质出现异常、身患疾病等因素使人罹患心理疾病的可能性增加。但同时也有一些保护性因素，如坚持锻炼身体、睡眠充足、生活规律等有助于自身保持身体健康，可减少罹患心理疾病的风险。从心理因素来看，认知、情绪、意志、个性等都与心理健康有关。增强自信、提高情商、改善适应、学习压力应对技能、主动寻求社会支持等都有助于提高心理健康水平。从行为因素来看，高职学生富有朝气、活泼好动，但是也容易意气行事、虎头蛇尾。培养三思而后行、细致耐心等行为习惯有助于提高心理健康水平。

三、高职学生心理健康的特点与现状

（一）高职学生的心理特点

随着信息技术的不断发展，高职学生接受信息的方式越发多元化。在各种信息的影响下，学生的思想、心理会逐渐发生变化。在开展心理健康教育之前，有必要结合时代背景，了解学生的心理特点。

1. 崇尚个性，思想独立

许多高职学生拥有强烈的个性和自我意识，进入学校后，这种心理特点将会越发突出。高职学生很容易受到外界因素的干扰，这将会对其世界观、人生观和价值观造成影响。虽然高职学生在不断成长的过程中会越发成熟，但许多学生的心理并没有完全成熟，一旦学生的学习和生活环境发生变化，一部分学生就会产生各种不稳定的情绪和心理状态，有些学生会对新环境表示激动和兴奋，还有些学生比较消极，甚至有焦虑、狂躁的表现。由于高职学生面临的竞争日益激烈，在其角色频繁转换的情况下，有些学生会呈现出较差的适应能力，从而产生各种不良情绪。

---

① 陈淑萍，张宏，王光杰.大学生心理健康教育教程［M］.北京：科学出版社，2012：227-228.

另外，高职学生每天都会接触网络，随时获取各种各样的信息。网络可以开阔学生的视野，使学生接触到更多的知识。高职学生的成长离不开互联网，学生从互联网获取到许多新鲜的事物和最新信息。学生可以在网络上随时查找所需资料，及时找到问题的答案，养成独立思考的能力，并逐渐有自己的见解和想法。网络可以为学生提供倾诉和交流的平台，学生能够在网络中自由发言，展示个性。网络是一把双刃剑，学生如果长期依赖网络，其心理健康就会受到不良影响，甚至排斥现实，导致学生无法建立良好的人际关系。当代高职学生面临的竞争压力正在不断增加，其价值观念也在不断发生变化。许多家长希望自己的孩子能够变得更加独立，对社会具有更强的适应能力，与此同时，部分学生的价值取向会出现一定程度的偏差，崇尚个人主义，缺乏团队合作意识。

2. 喜欢新鲜事物，心理较为脆弱

高职学生喜欢接受新鲜事物，对互联网所传达的信息常常会表现出极大的热情和兴趣。部分高职学生不安于现状，对于互联网技术的学习充满浓厚的兴趣，期待通过网络提高生活质量，丰富业余文化生活。由于部分学生对于网络环境过分依赖，对学习逐渐丧失兴趣，出现逃避社会责任的情况。虽然当代高职学生个性十足，但在日常生活中时常会出现心理脆弱的行为，一旦遇到突发事件，往往不能及时应对，或者采取极端方式解决问题。部分高职学生会有自私心理，不考虑他人的感受，甚至存在一定的自闭倾向。

3. 内心比较矛盾

在高等教育中，高等职业教育是重要的组成部分，同时，高等职业教育也是培养人才的关键渠道。高等职业教育与普通高等教育的定位不同，为了培养出专业复合型人才，高职院校必须凸显出职业教育的特色。如果高职学生进入学校后不能较好地融入学校环境，就会产生厌学情绪。同时，如果学生不能正确处理与同学之间的关系，也将影响其学习态度。教师要充分了解学生的矛盾心理，对其行为进行正确的引导，使学生敢于表现自我，较好地融入新环境。

4. 价值观念多元化

由于高职学生的成长背景和学习经历不同，每个学生的性格和思想意识不同，因此，在成长过程中，就会逐渐形成不同的价值观念。由于高职学生的学习基础比较薄弱，很容易自暴自弃，从而产生不正确的自我认知。同时，高职学生会面临日益激烈的竞争压力，如果不能拥有强大的心理素质，就会使一部分学生的适应能力越来越差，甚至会产生负面情绪，这对于其正确价值观念的形成尤为不利。随着互联网时代的不断发展，有些学生长期沉湎于网络世界中，而网络中的一些负面信息会影响学生，导致学生具有不正确的价值观。价值观会引导学生的行为，教师有必要及时发现学生心理存在的问题，纠正其不正确的价值观，使学生规范自身行为。

5. 缺乏坚定的意志力

有一些高职学生在日常生活和学习中需要充分依赖家长和教师，生活不能完全独立，不能正确看待困难和挫折，意志力比较薄弱，缺乏良好的自控能力。当进入高职

院校后，如果学生缺乏良好的自控能力和坚定的意志力，就可能会形成不良的生活习惯，甚至会影响学习成绩和未来发展。如果长期不能对自我行为进行合理控制，就可能会导致学生与正常的生活轨道相脱离，学生甚至会无视纪律，这对于学生的未来发展十分不利。因此，要了解高职学生的心理特点，通过有效的德育工作，培养学生具备坚定的意志力，使其能够学会控制自己的行为，提高学生对未来的适应能力。

（二）高职学生常见的心理健康问题

研究者通过对高职学生的心理健康问题进行深入分析，发现目前我国高职学生存在的心理健康问题主要表现在自我认知、专业课程学习、人际交往等多个方面，而从高职院校心理健康教育效果来看往往不甚理想，未能妥善解决学生的心理健康问题，发展前景不容乐观。

1. 自我认知问题

一般来说，那些在高考中失利的学生不得不选择到高职院校就读，这类学生往往认为自己即使努力学习未来也毫无出路，对于将来要从事的职业更是毫无头绪，经常是得过且过，敷衍了事，将拿到毕业证书作为最高追求，学生的学习效率和学习质量都比较低。因此，他们在进行自我评价过程中存在较为严重的自卑心理，这种消极的自我暗示会严重影响学生的心理健康。

当这种自我暗示达到一定程度时便会造成心理健康问题的滋生和发展。高职学生出现的自我暗示表现在三个方面：（1）高职学历进入社会中完全不具备竞争力，感到前途一片迷茫。（2）每天上课没有目标，感觉什么都学不会，在思考问题的过程中无法投入其中，甚至认为自己存在先天缺陷，将责任推卸到父母身上。（3）认为高职毕业后就是给人打工、干一些力气活，与自己向往的生活存在较大差距。

2. 学习心理问题

高职院校的办学宗旨和育人目标是培养应用型技术人才，在教育过程中更加注重实践教学。高职学生刚刚脱离中学环境，可能仍然带着一点稚气，这点稚气严重影响学生对高职学习环境的适应。高职学生在适应学习环境的过程中需要培养自己的独立性和自主性，但是这对于刚刚脱离父母的学生而言具有较大的困难。生活上不能自立，学习过程中不够独立，是高职学生身上普遍存在的缺点。此外，很多课程的教学一般都是采用大课堂的形式，这样的课堂环境会给学生造成一种强烈的压迫感。当教师点名回答问题时，学生会害怕答不出而受到大家的嘲笑和冷眼，从而陷入极度紧张的精神状态中。长期发展下去，学生就会畏惧课堂提问，从而出现辍学、逃学等问题。

近些年来，高职院校的生源素质一再走低，学生面临的诱惑越来越多，自我约束力不强，课堂上经常会做与学习无关的事情，有些教师会花费大量的时间来维持纪律，或者只是自顾自地讲课，没有纠正学生的不当行为，使得高职院校的课堂教学效果大打折扣，学生对于知识和技能的掌握程度停留在浅层和表面，他们的就业成了一大难题。学生的学习心理障碍问题具体表现为：不少学生利用宝贵的学习时间打游戏，学习态度不够积极主动，不能很好地完成学习任务，当学习成绩下降后会出现焦虑、抑郁等负面情绪，很难自我排解，高职学生的校园生活受到了一定程度的不良影响。

3. 人际交往问题

部分高职学生来自经济条件比较困难的家庭，他们担心会在人际交往过程中受到他人的排挤，更愿意独来独往，这些学生的性格比较内向，很少发表自己的想法，当遇到挫折时可能会独自承受，心理负担过重，更容易受到不良情绪的侵袭。还有些高职学生存在攀比心理，花费不少金钱用于购买电子产品和奢侈品，罔顾家庭实际收入，甚至会为了获得享乐资金而走上违法犯罪的道路，导致高职院校的校园安全事件层出不穷，应对起来越发复杂，酿成的后果较为严重，给高职学生的学习生活造成了诸多不利影响。在各种精神压力聚焦的状态下，有些学生甚至会出现失眠、头昏、焦虑和多疑等现象，严重影响正常的人际交往。

第三节　心理健康的维护

亘古至今，人类一直在追求健康。随着科学技术与社会文化的不断发展，人们对心理健康提出了更高的要求。维护心理健康，提高全民心理素质，不但是社会发展的需要，而且是人类自我完善的客观要求。高职学生维护自我心理健康，提高心理健康水平，是完善自我人格、提高自我综合素质的重要保障。

一、强化心理健康意识

（一）重视心理健康教育

在全校范围内开展心理健康宣传普及活动。让学生了解心理健康的基本知识，了解心理健康的标准及维护和增进心理健康的一些基本方法和途径，增强高职学生的心理健康意识，掌握自我保健和自我调节的方法。可以通过广播、校报、宣传栏等科普心理健康知识，举行心理健康知识专题讲座，成立心理科学兴趣组，建立学生心理档案。心理咨询中心通过组织调查全面了解学生的心理状况，有针对性地进行心理辅导。开设心理咨询热线，帮助有心理问题困扰又不愿到咨询中心的学生摆脱烦恼。有条件的学校还要定期开展心理健康讲座，系统性地对学生进行心理健康教育。

（二）形成良好的校园环境

校园是学生生活、学习的最主要的场所，校园文化、校园氛围对学生心理健康有着重要影响。优美的校园环境，良好的学习气氛，丰富的业余文化生活，和谐的人际关系，这一切都会为高职学生的生活平添许多情趣和色彩，有益于学生的身心健康发展。相反，单调呆板的生活节奏，沉闷压抑的校园环境，则不利于培养学生的健康心理。

（三）增强家庭心理保健功能

要提高高职学生的心理健康水平，必须从根本上提高父母的文化素养，增强父母的心理健康意识，营造和睦宽松的家庭氛围，提倡科学民主的教养方式，为孩子的身心健康发展创造良好的第一环境。要在家庭中采取一些保持心理健康的措施和方法，父母要多给孩子一点关爱、理解、支持和鼓励，要实事求是，脚踏实地，不要不切实际地对孩子期望太高，给孩子平添心理压力，从而增强家庭心理保健功能，借助家庭的力量来增强学生的心理健康。

（四）主动寻求心理咨询与帮助

高职学生发生心理问题之后往往习惯自我调节。自我调节可以解决症状轻微的心理问题，而当高职学生心理压力较大、内心冲突激烈时，自我调节往往难以奏效。这时应主动、及时地寻求心理咨询与帮助。

二、高职学生心理健康的自我调适

（一）建立理性的认知方式

正确的认知方式是人们适应与发展的前提和基础。人们对生活的不适应，大部分来源于对现实的不合理的认知方式。例如，对自己、对别人的绝对化要求；对自己、对别人的以偏概全的概括化认知；对自身行为"糟糕至极"的悲观化预期等。因此，高职学生要培养辩证思维方式，改变自己对自我、对他人、对环境的不恰当的认识。

（二）适应角色的要求

高职学生来到新的环境中，面对多方面的变化，如何健康地适应环境、快乐地全面发展呢？首先，了解自我真实的需求和新环境的角色期望，只有新环境的"角色期望"和自己的"角色选择"相一致时，才有助于控制或改变自己的态度和行为，以达到改善人际关系、提高学习效率的目的，使现实的自我不断向理想的自我靠近。

（三）完善自我意识

高职学生的自我意识可以从四个方面加以完善：（1）树立正确的人生观，自觉把自己与他人、个人与集体结合起来，走出自我封闭的小天地。（2）确立合理的自我评价体系，找准自我评价标准。（3）培养健康的人格品质，自信而不自负，谦虚而不自卑，乐观而不盲目，克己而不过分。（4）保持自己的独立性，不人云亦云、随波逐流，要勇于创新。

（四）调节控制情绪，培养乐观精神

情绪和情感不仅影响个体的认知活动，而且对个体的意志、行为和个性心理等起着积极或消极的作用。心理学研究认为，情绪长期处于压抑、失衡等不良状态极易引起心理障碍。因此，要学会宣泄不良情绪，调节控制自己的情绪。高职学生常见的情绪困扰有焦虑、抑郁、恐惧、嫉妒、冷漠等。这些不良情绪不仅使大学生的学习效率和生活质量下降，还会导致一些身心疾病，如胃溃疡、偏头疼、神经衰弱等。要培养良好的情绪，就应做到豁达开朗、宽容大度；要学会通过倾诉、哭泣、运动、娱乐等宣泄不良情绪。

（五）掌握自我调适技巧

在学习心理卫生知识，强化心理健康意识，树立正确的世界观、人生观、价值观的基础上，高职学生必须掌握一定的自我调适技巧。

1. 宣泄法

如果心中有了烦恼和苦闷，不要闷在心里，而是向人倾吐出来，忧愁如冰块，搁在冰箱里会越积越厚，放在阳光下则很快融化。培根（F. Bacon, 1909—1992）说："当你遇到挫折而感到苦闷、抑郁的时候，向知心挚友的一席倾诉，可以使你得到疏导，那沉重地压在心头的一切，通过友谊的肩头而被分担了。"因此，高职学生要善于人际交往，勇敢地走向群体，自我开放，勇于敞开心扉，积极、主动地与教师、同学、朋友沟通思想，交流感情，只有这样才能换来别人的坦诚相待和情感支持，从而产生良好的情感效应，减少心理负担，摆脱恶劣心境。

2. 控制法

情绪对身心健康具有重大影响。乐观、积极的情绪可以使生活充满活力，悲观、消极的情绪会给生活带来抑郁和沉闷。高职学生要善于控制自己的情绪，不做无克制的发作。有的人特别容易受不良情绪的困扰，遇到一点儿挫折就忧心忡忡、焦虑不安；别人的一个眼神、一句话就能揣摩半天，过于猜疑别人对自己的态度和看法；因为一点儿鸡毛蒜皮的小事就会大动肝火、暴跳如雷。这些不良情绪的长期刺激对个体健康的危害极大。要学会用理智来调节和支配自己的情绪，忍不住要发怒时，要冷静地审时度势，反省三思，权衡利弊，减轻和消除心理紧张，稳定情绪。许多看上去对自己不利的事，换一个角度来看，也许有它有利的一面，正所谓"塞翁失马，焉知非福"。这样就能摆脱消极情绪的干扰，使自己变得轻松、愉快起来。

3. 自我安慰法

面对学习、生活中的种种不如意，高职学生要积极进行自我安慰，采用"精神胜利法"，尽可能朝好的方面去想，或找一些有利的理由来缓解内心的压力，正所谓"失之东隅，收之桑榆"。要认识到生活的复杂性，挫折和失败在所难免，聪明的办法是接受它，然后想办法解决它。要正确地认识自己，要意识到"别人行，我也能行"，多鼓励自己，不自卑，不消极。

4. 转移法

在遇到挫折、产生压力时，及时把自己的情感和精力转移到自己感兴趣也最能体现自己才能的活动中去，转移到崇高的、对社会有益的工作中去，分散注意力，以使情绪得到化解。当受到不良情绪困扰时，可以看电视、电影、杂志，听音乐、下棋、打球、练习书法、户外散步等，使其产生积极的意义。对已经发生的、过去了的事情，不被它困扰，而是不断让更新鲜、更有意义的事情占据心灵，用新的生活驱散心理的阴云。

5. 锻炼法

高职学生应积极参加体育锻炼，提高身体素质，这有益于身心健康，有利于磨炼人的意志力，也有助于开阔胸襟，增强自我心理防卫机制，提高应激能力。

总之，心理健康是大学生健康成长成材的基础，是关系整个中华民族素质和祖国未来繁荣富强的大事，是一个全方位的、动态的系统工程，需要学校、社会、家庭和个人的共同配合与努力。

[知识窗]
情绪与生死

三、高职学校心理咨询的类型与形式

（一）高职学校心理咨询的类型

高校心理咨询的任务是遵循个体心理发展规律，针对学生在不同发展阶段面临的任务、矛盾和个体差异，促使其心理矛盾得到妥善解决，心理潜能获得有效发展，个性得以充分发展。要达成以上目标必须采取适当的心理咨询形式。根据心理健康程度来划分，心理咨询一般有三种类型：障碍性心理咨询、适应性心理咨询和发展性心理咨询。

1. 障碍性心理咨询

障碍性心理咨询是通过系统的心理咨询克服心理障碍，缓解症状，恢复心理平衡，重新获得心理愉悦。这类咨询对象是有心理障碍，患有神经衰弱症、社交恐惧症、焦虑、抑郁，或由于人际、情感、学习等各种危机的交迫而产生轻生念头的学生。通过障碍性心理咨询的矫治功能，及早发现，及时预防，克服障碍，缓解症状，恢复心理平衡。

2. 适应性心理咨询

许多学生心理基本健康，但在学习和生活中常被各种烦恼困扰，心理矛盾、冲突明显。这类学生人数较多，问题程度因人而异。通过适应性心理咨询，学生可以有预见性地排解可能出现的心理困扰。例如，因学习成绩不佳而心事重重，因人际关系困难而苦恼等。适应性心理咨询尤其注重心理危机的早期觉察和干预。

3. 发展性心理咨询

发展性心理咨询是帮助来访者客观地认识自己和社会，增强适应能力，充分激发潜能，提高人生质量，实现全面发展。在学校中，大多数学生的心理比较健康，基本适应环境，无明显的心理冲突，这些学生宜采用发展性心理咨询。通过发展性心理咨询，帮助学生更好地认识自己，发挥个性特长，提高学习和生活质量，实现全面发展。发展性心理咨询强调用宏观和长远的眼光来看待学生发展。例如，学会怎样处理人际关系，学会学习，学会关心他人，学会自我发展和实现人生价值等。

上面三种心理咨询类型中，后两者是高职学校心理咨询的重点，因为适用对象众多，涉及范围广泛，是大面积提高高职学生心理健康水平和心理素质的基础，也是建立高校心理咨询机构的根本目的。对于障碍性心理咨询，其对象虽属少数，却是工作的难点。

（二）高职学校心理咨询的形式

1. 个体咨询

个体咨询是心理咨询最主要的形式，具有保密性和针对性强的特点。咨询者与来访者一对一地直接接触，便于对来访者的个性、精神状况、心理问题的类型和严重程度进行直接全面的观察和判断；来访者能够充分详尽地与咨询者进行充分地讨论、磋商和分析。咨询者与来访者之间容易建立信任关系，来访者能够体会到一种安全感，从而能有效降低来访者的防御反应。

2. 团体咨询

团体咨询是通过有组织的团体活动形式，解决一组学生具有共同发展、适应、困

惑、烦恼问题的咨询方式。团体咨询的特点是能在较短的时间内由专业人员直接面对较多的来访者，便于观察、了解和指导，来访者之间可以相互交流和讨论，从而使他们相互产生影响和提供支持。

3. 电话咨询

电话咨询是求询者通过电话与咨询者进行交谈咨询的方式。咨询者利用电话通话的方式对求询者给予劝告、安慰或鼓励、指导。由于电话咨询的方便性和快捷性，深受求询者的喜爱。在国外这种形式的主要功能是心理危机干预，故被称为"希望线""生命线"。电话咨询因其隐蔽性、保密性强的特点，成为心理咨询的一种重要形式。

4. 信函咨询

信函咨询是求询者与咨询者之间通过书信进行交谈的一种咨询方式，求询者来信提出自己的问题，咨询者给予回信答复。其优点是不受居住条件限制，对那些不善于口头表达或较为拘谨的求询者来说，是一种较为容易接受的方法。但咨询效果会受求询者的书面表达能力、理解能力和个性的影响。

5. 网络咨询

网络咨询是求询者通过互联网与咨询者交谈的咨询方式。网络以其极强的保密性、隐蔽性、快捷性和实时性，为心理咨询提供了无限的发展空间。通过网络，求询者能够真正毫无顾忌地倾诉自己的隐私，暴露自己的问题，从而使咨询者能够在尽可能短的时间内掌握求询者的基本情况，作出适时的分析判断，并可以通过实时交谈不断矫正咨询者的分析判断，作出切合实际的引导及处理。随着网络信息技术的不断提高和互联网迅速普及，网络咨询具有十分广阔的前景。当然，也要注意防止网络咨询虚拟性造成的各种弊端。

反思·实践·探究

【反思】

1. 举例解释说明情绪有哪些功能。
2. 比较詹姆斯 – 兰格理论和坎农 – 巴德理论的异同。
3. 简述情绪的认知理论，思考情绪与认知的关系。
4. 什么是心理健康？心理健康有哪些标准？
5. 结合所在学校实际，提出开展高职学生心理健康教育工作的建议。

【实践】

在早晨醒来时，给自己设立一个小小的目标，并尽力实现该目标，晚上睡前检查一下是否实现了该目标，如果实现了就奖励自己。坚持一个月后，请观察体会自己的自信心是否提高了，是否更悦纳自己了。

因为心理学研究发现，自信心是可以训练和培养的，心态阳光的人会悦纳自己。

【探究】

理想与现实的对比。请准备一张纸，纸的中间画一道线，在线的左边写上现实的我,右边写上理想的我。现在请专心在左边写下你认为在现实中你是一个怎样的人,如你的性格、与同学、老师的关系,或者你的相貌等。然后在右边写出你理想中的自己是一个怎样的人。注意不要太着急,好好思考一下再动笔。

结果评定办法:

现实中的我和理想中的我的差距有多大?两者有多少项是相同的,有多少项是不同的。

我们的理想自我与现实自我是存在差距的,例如,我希望自己是个学习很好的人,但实际上我学习中等;我希望自己是个漂亮的女生,但实际上我的相貌平平;我希望自己能赢得每个人的喜欢和认同,但很多时候我都不知道如何去化解与父母、朋友之间的矛盾……其实,不仅我们的理想自我与现实自我会有很大差距,你会发现,一些成功人士也是如此。只有我们不断向着理想努力,才能不断地自我成长和发展。

推荐读物

1. 卡塔拉诺,卡明.情绪管理:管理情绪,而不是被情绪管理[M].李兰杰,李亮,译.北京:中国青年出版社,2020.

该书每章都附有相应的记录、测验和互动练习,帮助读者评估自己的行为模式,发现思维对情绪的感知和影响,让读者在发现情绪问题的过程中接纳自我,掌握正确的情绪管理方法,最后通过修复性沟通实现幸福健康的人际关系。通过阅读该书,读者能学会如何有效地、以更健康的方式管理自己的情绪,重新认识自己的情绪。

2. 万秋红.高职院校心理健康教育实务[M].北京:中国纺织出版社,2022.

该书通过对高职学生心理健康问题进行分析,了解高职学生出现心理危机的原因,并对处于危机爆发状态的学生个体或群体,实施多方面的心理援助办法和措施。书中详细描述了建立高职院校心理危机干预模式的路径和方法,即以教育为基础,以预警为重点,以干预促转化,以跟踪固成效的管理、教育、心理和医学相结合的心理危机干预模式。

3. 希奥塔,卡拉特.情绪心理学:第3版[M].周仁来,等译.北京:中国轻工业出版社,2021.

该书主要介绍了情绪的基本问题,情绪如何影响人们的生活,以及情绪如何增进个体的情绪健康。读者能了解情绪在人类一生中的变化规律、情绪在社会交往和人际关系中的地位、情绪对多种认知功能发挥的作用,以及负面情绪有哪些价值、幸福感和积极情绪的划分、情绪的个体差异、情绪的若干障碍及其处理和常用的情绪调节方法等。

第九章 人格

一技之长，能动天下

　　姜雨荷出生在河南省一个普通的农村家庭。曾经她远赴他乡，跨入了打工者行列。一年后，由于动手能力较强，她再次走进学校，成为河南化工技师学院的一员，从此以后，她便与世界技能大赛结下了不解之缘。

　　集训队里强手如林，一开始，其他人的理论知识和逻辑思维能力都远胜于她。但是，积极阳光的姜雨荷有着难以想象的韧性和乐观。在漫长的备赛时光中，她总是带着笑容，面对每天长达十七八个小时的艰苦训练，她一有闲暇就泡在化学实验室和训练场，在教师指导下补短板、强弱项。经过她的不懈努力，曾经英语零基础的她，不仅能看懂较复杂的专业英语文献，还能编辑、撰写英文实验报告，最终她在众多高手中脱颖而出。

　　为了获得唯一代表国家参赛的资格，姜雨荷闯过重重关卡：从市级选拔到省级选拔再到国家级选拔，她经历过数不清的挫折与失败，跌倒后又站起来，终于，她站上了最高领奖台，为中国取得了世界技能大赛化学实验室技术项目金牌"零"的突破。

[小活动] 群体中的所有人都是一样的吗？

活动内容：先请几位男生写下他们认为女生会有什么样的性格特点，再请几位女生写下她们认为男生会有什么样的性格特点。接着让所有人进行相互交流讨论，思考有哪些是男（女）生一定会具有的性格。

活动要点：陌生人的身份是否会影响你对这个人的看法？

科学原理：刻板印象是指人们根据性别、年龄、职业等社会分类线索形成的对个体或群体的概括的、固定的看法。

现实生活中的应用：在和其他人交往的过程中，要注意打破刻板印象，摒弃偏见与歧视，观察到人与人之间的差异。

第一节　人格概述

人格是一个学术概念，离我们的生活并不遥远，经常可以听到类似人格高尚、人格完整、人格魅力、人格障碍等说法，网络上也有各种类型的人格测试，那么究竟什么是人格？日常生活中提到的"人格"与心理学中的"人格"是一样的吗？

一、什么是人格

当你进入大学后，碰到的同学是什么样的，你会在心中判断自己和他是否能成为朋友，这里就涉及对他人的人格进行评价；你身边的家人、朋友和教师，他们在描述你的时候会用到哪些词语？这些词语和你心目中的自己是否有差别？如果让你用几个词语形容身边的家人、朋友和教师的特征，你会选择哪些词语？

活动：和你的同桌一起，用几个词语形容自己和对方，看看你们用了哪些词语相互描述，所用的词语是否相同？

世界上没有两个完全相同的人，即便是同卵双胞胎，他们也会在心理特征和行为习惯上有所差异。一千个读者就有一千个哈姆雷特，人格的差异会使我们看待世界的方式不同，例如，对待学习上的难题，有人选择退缩放弃，有人选择逆流而上。

人格是个体稳定的、区别于他人的心理品质，是构成个体思想、情感和行为的特有模式。[①] 这意味着个体会在不同时间、不同活动中表现出类似甚至相同的特点。

二、人格的特征

（一）独特性

人格的独特性体现为人与人之间的差异。每个人都有自己的特点，在同一个群体中，既可以发现每名成员身上的共有特征，又可以察觉每个人的独有特征，群体共有

---

① 杨治良，郝兴昌.心理学辞典［M］.上海：上海辞书出版社，2016：357.

特征和个体独有特征是共性与个性的关系。例如，央视新闻推出的系列节目《大国工匠》中介绍了著名匠人卢仁峰和张冬伟，作为技艺高超的工匠，他们在焊接过程中始终细致认真，但同时他们也有着各自独有的特征：前者顽强，追求超越生理极限的突破，后者耐心，追求心如止水的超高心境。

（二）统合性

人格的统合性，也称整体性、系统性。人格作为一个复杂的系统，由气质、性格、价值观等组成，人格与其组成成分形成了整体与部分的关系。人格是气质、性格、价值观等的有机统一体，各组成成分紧密联系、相互作用，正如一个井然有序的制造工厂，只有每一个车间都有条不紊地发挥作用，才能生产出高质量产品，一旦其中某个环节出现问题，就会造成严重后果。

（三）社会性

人格的社会性体现为人格是一切社会关系的总和。人具有自然属性和社会属性，社会属性是人的本质属性，人格在个体劳动实践过程中形成和发展，这意味着人格不仅受到遗传等生物因素的影响，还受到家庭教养、学校教育和社会文化的影响。个体一旦脱离人类社会，缺少社会化的过程，就很难拥有完整独立的人格，健全和谐的人格有利于个体适应社会环境。

（四）稳定性

人格的稳定性体现在不同时间、不同情境下的一致性。"三岁看大，七岁看老"这一俗语就很好地反映了这一特征。一名性格外向的学生，可能从小到大都喜欢发言，无论是面对教师、同学还是陌生人，都会积极主动交流。而一名性格内向的人可能在某个场合下也会侃侃而谈，但这种行为表现是瞬时性的、短暂的，不能称为人格。

人格具有稳定性，但这并不意味着人格是一成不变的，个体人格发展会受到生理成熟和环境变化的影响，一个调皮捣蛋的孩子在经历重大家庭变故后可能会突然变得懂事听话起来。

三、人格的结构

人格是由许多不同成分构成的复杂系统，主要包括气质和性格。

（一）气质

气质被定义为个体全部心理活动动力特点的总和。也就是说，气质是表现在心理活动的强度、速度、灵活性与指向性等方面的一种稳定的心理特征，即我们日常生活中所说的脾气、秉性。[1]

人的气质主要是先天形成的，可以说父母的基因在很大程度上决定了孩子的气质。在婴儿时期就可以发现孩子之间存在气质差异，有的安静胆怯，有的好动爱哭。具有某种特定气质的人，在不同的活动中会表现出同样的动力特点，使个体的心理活动和行为染上某种色彩。例如，脾气温和的人，无论是自己等待做某事，还是帮助他人

---

[1] 彭聃龄.普通心理学[M].5版.北京：北京师范大学出版社,2019:451.

解决疑问，都会表现出平和与耐心。

气质无高低好坏之分，不能仅根据气质的类型进行道德评价，无论是哪种气质的人，既可以选择成为道德高尚的君子，又可以选择成为道德败坏的小人。尽管气质与生物遗传因素密切相关，且通常是稳定的，但气质同样具有可塑性，一个鲁莽急躁的人在立志成为一名技艺精湛的木匠后，可能会在一次次的精细打磨过程中，逐渐变得稳重耐心起来。

活动：从经典文学作品中挑选一位主角，和班上的同学交流他（她）的气质并举例说明。

（二）性格

性格是个体区别于他人的心理特征的总和，表现在个人的活动风格上，是个体对现实的态度和行为方式中比较稳定的心理特征的总和。例如，文学和影视作品中塑造了许多经典角色，他们一个个性格鲜明，如《三国演义》中的曹操奸诈狡猾，《西游记》中的猪八戒好吃懒做，电影《流浪地球》中的刘培强爱国爱家。

不同于气质，性格有好坏之分，受后天环境影响，与道德紧密相关。有的人大公无私，有的人假公济私，有的人舍己为人，有的人损人利己，每个人的性格都有差异。回忆自己和周围伙伴从小到大的性格可以发现，在一段较长的时间内，性格具有稳定性，不会发生巨大变化，但性格也有一定的可塑性，相比于气质，性格更加容易被学校、家庭和社会环境与教育所影响。

"播种行为，收获习惯；播种习惯，收获性格；播种性格，收获命运"。这句话形象地说明了性格会在一定程度上影响个体的命运，一个好的性格可以帮助我们更好地学习与生活。

感动中国 2020 年度人物、"七一勋章"获得者——张桂梅

"我生来就是高山而非溪流，我欲于群峰之巅俯视平庸的沟壑。我生来就是人杰而非草芥，我站在伟人之肩藐视卑微的懦夫！"——云南省丽江市华坪女子高中誓词

张桂梅是全国第一所全免费女子高中的校长，为了建起这所学校，她四处奔走，不顾他人的误解和白眼，经过六年的努力，2008 年，华坪女子高级中学终于建成。在至今的十几年里，张桂梅让一千多个可能辍学的贫困女孩走进大学校门，她把自己全部奖金、捐款和大部分工资共计一百多万元都捐献给了教育事业。因为长期的奔波劳苦，她疾病缠身，但她从不后悔，她所有的努力就是为了让女孩们自立自强，实现自我价值，成为对社会有贡献的人，她将自己的一生奉献给了教育。

"烂漫的山花中，我们发现你。自然击你以风雪，你报之以歌唱。命运置你于危崖，你馈人间以芬芳。不惧碾作尘，无意苦争春，以怒放的生命，向世界表达倔强。你是崖畔的桂，雪中的梅。"这段话是对张桂梅奉献、执着精神的最好写照。

第二节　人格理论

一般而言，人格理论更关注从整体上描述和解释人格及其差异，指导人们对人格开展研究，进而为预测和调控个体行为提供依据。心理学家因对人格有不同的看法，故而提出了不同的人格理论，形成了不同的理论流派。

一、精神分析理论

精神分析学派的创始人是弗洛伊德，代表人物还有荣格（C. G. Jung，1875—1961）和埃里克森（E. H. Erikson，1902—1994）。

（一）弗洛伊德

弗洛伊德理论包括人格结构和人格发展。

1. 人格结构

弗洛伊德认为人的心理可分为意识、前意识和无意识（也称潜意识），他曾以冰山来比喻三者之间的关系，显露在海平面之上的永远只是"冰山一角"——意识，巨大的冰山主体在海平面以下，随着水流的波动，偶尔可以浮上海平面的部分是前意识，其余更大的无意识部分则是永远隐藏在海平面以下，却起着主导个体的作用。

弗洛伊德将人格结构分为三部分：本我、自我和超我，三者相互补充、相互冲突、相互作用，三者的关系如图9-1所示。

（1）本我。本我是个体从一出生就拥有的人格结构，遵循快乐原则，以自我满足为目的，不计任何代价和后果。例如，婴儿被原始欲望驱动，需要及时满足自己的生理需求，饿了就要吃，困了就要睡，从不考虑任何外界因素；而有些成人整天沉迷酒精、赌博等，其行为就是受本我驱动，只遵从自己当下的需要，并不考虑其他人、其他事及社会规则的要求。

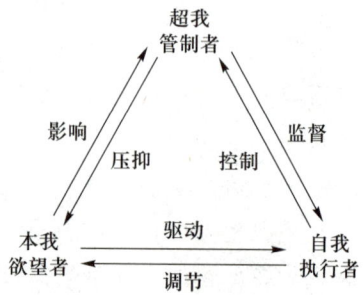

图9-1　本我、自我、超我之间的关系

（2）自我。自我是个体随着年龄增长及与环境互动、从本我分化出来的人格结构，遵循现实原则，自我在符合现实的情况下合理满足本我的欲望。例如，一名学生如果非常想在考试中取得好成绩，本我可能会不择手段，甚至选择作弊的方式，但受到自我的调控后，该学生会选择认真复习，以此来取得理想的成绩。

（3）超我。超我是个体在四五岁时从自我中分化出来的人格结构，遵循道德原则，起到压抑本我、监督自我的作用。个体一旦有不符合社会价值和观念的想法，超我就会压抑本我不适当的冲动，严格管束甚至过度谴责自己，此时自我需要协调本我和超我，解决它们之间的冲突，保证人格的平衡、健康。弗洛伊德的人格理论又称为"冰山理论"，图9-2 形象地说明了他对人格结构的看法。

2. 人格发展

弗洛伊德认为人格发展是由儿童的早期经验决定的，提出心理性欲阶段论，主要包括口唇期、肛门期、性器期、潜伏期和生殖期等五个阶段。儿童必须解决每个阶段特有的冲突，以获得性满足。弗洛伊德在这里提到的"性"，指的是广义上的性，即人们追求一切快乐的欲望。假如在发展的某一阶段中，儿童不能解决该冲突，那么他就会停滞在这一阶段，这一现象被称为固着。

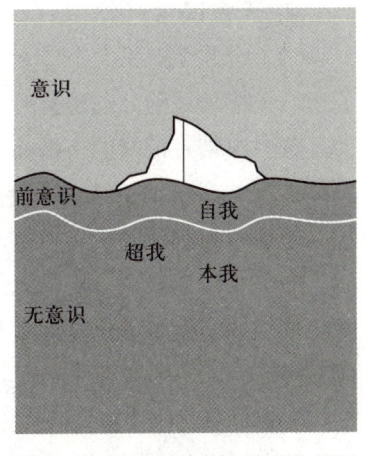

图9-2 弗洛伊德的人格结构模型

（1）口唇期（0—1 岁）。在这一阶段，婴儿通过口唇来获得满足，如吮吸、咀嚼等活动都能使婴儿缓解紧张，获得快乐，该阶段的主要发展任务是断奶。在长牙前后发生固着，可能会导致个体依赖别人或表现出过度的攻击性，个体成年后可能伴有吸烟、过度饮食等行为。

（2）肛门期（1—3 岁）。这一阶段的儿童需要进行如厕训练，学会控制排便，肛门是他们获得快感的部位。如果训练过严或过松，都会导致固着，个体成年后或是固执、吝啬、洁癖，或是杂乱无序、邋遢等。

（3）性器期（3—6 岁）。儿童在这个阶段开始关注性别差异，通过触摸或显露自己的生殖器官获得快感。弗洛伊德在这一阶段提出了著名的恋父或恋母情结，儿童在此期间需要克服自己的恋父情结或恋母情结，即通过将同性父母作为榜样来克服对异性父母的爱恋。

（4）潜伏期（6—11 或 12 岁）。经过前三个阶段的冲突后，儿童来到潜伏期，这一阶段是相对稳定、平和的"休眠期"，此时各种各样的活动转移了儿童的注意力和兴趣，他们更多地和同性伙伴交往。

（5）生殖期（11 或 12 岁以后）。儿童获得快感的区域重新回到生殖器官，但不同于性器期，这个阶段的儿童不再关注自身，而是转向了异性。弗洛伊德认为生殖期的最终目的是形成成熟、健康的成人性活动，自恋、自慰和不断追求即刻满足必须替代为利他、关心他人、延迟满足和担负责任。

（二）荣格

荣格认为人格是由意识和无意识组成的，无意识又可分为个体无意识和集体无意识。

1. 意识

意识是个体能够直接感知自身人格的部分，随着个体经验的增加而不断增强，自我是意识的中心，对这一概念的理解，荣格和弗洛伊德的观点十分相像。人的意识发展过程就是人的个性化过程，其目的是要最大限度地认识自己或意识到自我。

2. 无意识

（1）个体无意识。个体无意识包括两类经验：一是曾经被意识到，后来因为某种原因被压抑的经验，二是有可能被意识到，但是还未被意识到的经验。个体无意识中包含着一组带有情绪的（被高度重视的）思维，称为情结，它对个体的行为有很大的影响，比如有金钱情结的人会将大量时间投入直接或象征性地与金钱有关的活动中。情结是个体无意识的核心内容。

（2）集体无意识。集体无意识是荣格理论中最具创新意义的部分，他认为集体无意识代表的是人类进化过程中共有的集体经验，其中原型是对各种问题作出特定反应的遗传倾向，主要包括人格面具、阿尼玛、阿尼姆斯、阴影等。

人格面具是指个体公开表露在他人面前的自我，与真实自我有所不同，是社会角色赋予的人格特点，无论是身为父母还是子女，作为教师还是学生，都需要个体做出符合该角色的行为，如果某一角色的人格面具过于强大，可能会造成适应不良。例如，身为一名教师，在对待自己孩子的时候却像面对学生一样，可能会导致亲子关系出现问题。阿尼玛是男性中含有女性特点的人格成分，如柔情、多愁善感等。阿尼姆斯是女性中含有男性特点的人格成分，如攻击性、竞争性等。荣格认为每个个体都应该含有两性特质，但是这种特质需要平衡。阴影是无意识中具有负面意义的部分，代表了我们作为动物最原始的本能，但它同时也被认为是生命力、创造力的源泉，不能被过分压抑。

（三）埃里克森

埃里克森认为人格发展共有八个阶段贯穿一生（详见表9-1），即心理社会发展阶段，每个阶段都有各自独特的心理冲突和危机，当冲突和危机顺利解决后，就会获得某一品质。

青少年期是最重要的发展阶段，个体需要获得积极同一性，在此之前，儿童已经通过四个阶段的发展，获得了自己的角色、能力、动力和自我认知。当青少年顺利度过第五阶段获得同一性后，他们将进入心理社会阶段，此时他们也将逐渐成为社会的中坚力量，积极健康的人格会促使他们为社会作出更大贡献。

表 9-1　埃里克森的人格发展阶段

年龄阶段/时期	冲突和危机	获得品质
0—2岁/婴儿期	信任感对不信任感	希望：相信自己的愿望能够实现
2—4岁/童年早期	自主感对羞怯感和疑虑感	意志：自我选择和约束的决心
4—7岁/学前期	主动感对内疚感	目的：追求个人目标的勇气
7—12岁/学龄期	勤奋感对自卑感	能力：相信自己可以顺利完成任务
12—18岁/青少年期	同一性对同一性混乱	忠诚：对自己和他人更为诚实
18—25岁/成年早期	亲密感对孤独感	爱：与他人顺利建立亲密关系
25—50岁/成年中期	繁殖感对停滞感	关怀：关心自己和下一代的发展
50岁以后，直至死亡/成年晚期	完善感对失望感	智慧：正确看待生命和死亡

二、特质理论

在特质理论中，特质是构成人格的基本单位，具有跨时间、跨情境的一致性和稳定性，一个人的人格可以由几种特质组成。特质理论主要研究的是使个体形成差异的特质，期望能找到合适的特质维度来描述衡量个体。

（一）奥尔波特的人格特质理论

你是否在入学前就已经和同班同学聊过天呢？尽管你从未见过他，通过文字交谈，你也能感受到对方大致是一个怎样的人；当你们见面后，会改变自己对他最初的看法吗？美国心理学家奥尔波特（G. W. Allport，1897—1967）曾经做过类似的事情，他通过珍妮的书信分析她的特质。

奥尔波特是特质理论的创始人，他提出人格由共同特质和个人特质组成。

共同特质是在相同的社会文化背景下大多数人都具备的人格品质，比如中国人勤劳勇敢，德国人秩序严谨，艺术家浪漫开放，工程师认真细致等。

个人特质是构成个体独特个性特征的人格品质，他将个人特质分为首要特质、核心特质和次要特质三类。首要特质是个体最重要、最具影响力的某一基本特质，是当你提到一个人时马上就能想到的，最典型、最能概括他人的人格特点的特质，同样，当你想到某种特质时你的脑海中一定会浮现出这个人，该特质已经和这个人紧密地联系在一起了，但并不是所有人都有首要特质。核心特质，也称中心特质，是描述一个人的主要特质，每个人都拥有几个核心特质，当你试图用几个词描述自己好友的特征时，提到的就是核心特质。次要特质是个体不稳定的、可能会发生变化的表面特质，包括一个人的某些偏好，如喜欢什么味道的食物、什么颜色的衣服、什么类型的音乐等。

（二）卡特尔的人格特质理论

卡特尔根据不同的标准将特质划分为不同的层次。从个人和集体的角度，将特质分为个别特质和共同特质；从表面和本质的角度，将特质分为表面特质和根源特质；从来源的角度，将特质分为体质特质和环境特质；从内容的角度，将根源特质分为能力特质、气质特质和动力特质。

1. 个别特质和共同特质

个别特质，也称独有特质，是一个人所特有的人格特质。共同特质是一个群体所共有的人格特质，我们可以发现这两个概念的含义与奥尔波特对个体特质和共同特质的定义相同。

2. 表面特质和根源特质

表面特质是个体能被直接观察到的特质，体现在一个人的行为中，而根源特质是稳定的、隐含的特质，决定个体的行为。根源特质通过表面特质反映出来，表面特质会受到根源特质的影响。卡特尔通过因素分析法，将根源特质总结为16个基本因素，包括乐群性、聪慧性、稳定性等，参见本章第三节。

3. 体质特质和环境特质

体质特质是由生物遗传因素决定的人格特质，而环境特质是由社会文化环境决定的人格特质。

4. 能力特质、气质特质和动力特质

能力特质是帮助个体顺利完成目标的特质，其中智力是最重要的能力特质，卡特尔将智力分为流体智力和晶体智力，前者是随着生理成熟衰老而不断变化的，后者是可以通过学习经验而不断累积增加的。气质特质是个体的行为反应倾向，主要由遗传决定。动力特质是个体行为的驱动力，与动机相联系，推动个体朝预定目标前进。

（三）艾森克的人格特质理论

艾森克（H. J. Eysenck，1916—1997）强调生物学特性对人格的影响，认为人格由外向性、神经质和精神质三个维度构成。

1. 外向性

外向性维度的一端意味着内向，另一端意味着外向，靠近外向一端的个体会具有喜欢社交、追求刺激和冒险、活泼好动、冲动武断等特点。

2. 神经质

神经质维度的一端意味着情绪稳定性，另一端意味着情绪不稳定性，靠近情绪不稳定性一端的个体常常容易焦虑、抑郁、紧张、害羞、喜怒无常。

3. 精神质

精神质维度的一端意味着善良体贴，另一端意味着反社会，靠近反社会一端的个体通常会具有攻击性、无同理心，常常以自我为中心，对待他人十分冷漠。

（四）人格五因素模型

人格五因素模型，简称大五人格。麦克雷（R. McCrae，1949—　）和科斯塔（P. T. Costa，1942—　）编制了极负盛名的 NEO 人格量表修订版（NEO-PI-R），即大五人格问卷，将人格划分为开放性、责任心、外倾性、宜人性和神经质五个维度（见表 9-2）。

表 9-2　人格五因素模型

维度	高分特征（部分）
开放性	不拘泥于过去经验、喜欢新事物、富有想象力和创造力、创新性强、情感丰富、兴趣广泛、好奇心强、喜欢艺术、思维发散
责任心	认真自律、富有毅力、严谨细心、勤勉上进、深思熟虑、做事有条理有计划、尽职尽责、精力充沛、自制力强
外倾性	喜欢进行人际互动、参与新鲜刺激的高强度活动、精力充沛、情感丰富、热情活跃、自信乐观、大胆果断且热爱冒险、友好健谈
宜人性	对待他人友好亲切、关心他人、乐于助人、有同情心、利他、顺从、温和、值得信赖、移情、谦虚、有礼貌、合作性、慷慨、富有爱心
神经质	情绪不稳定、喜怒无常、易紧张烦恼、激动不安、冲动脆弱、不能调节自身情绪、经常情绪化、悲伤忧虑、焦虑沮丧、没有耐性

中国人的人格模型

人格五因素模型在西方十分流行，那么中国人有属于自己的人格模型吗？

一、跨文化（中国人）个性测量表（CPAI）

跨文化（中国人）个性测量表，即中国人个性测量表（CPAI）起源于香港中文大学和中国科学院心理研究所的合作项目。研究者探索了民间对人格描述的多种来源，包括中国当代小说、中国谚语和心理学研究文献。他们与来自不同背景的人员和各种专业人士进行了调查交流。CPAI 量表包含 4 个正常人格因素（领导能量、可靠性、容纳性和人际取向）和 2 个临床因素（情感问题和行为问题）。青少年版 CPAI 量表（CPAI-A）包含 4 个正常因素（社交能量、可靠性、情绪稳定性和人际取向）和 2 个临床因素（情感问题和行为问题）。

二、中国人人格量表（QZPS）

我国学者提出中国人人格的"大七"理论模型，编制了中国人人格量表（QZPS），包括外向性（活跃、合群、乐观），善良（利他、诚信、重感情），行事风格（严谨、自制、沉稳），才干（决断、坚韧、机敏），情绪性（耐性、爽直），人际关系（宽和、热情），处世态度（自信、淡泊）的 7 个大因素（括号内为相对应的 18 个小因素），之后又编制了中国青少年人格量表（QZPS-Q）。

三、类型理论

类型理论和特质理论的区别在于类型理论更强调一类人与另一类人的差异，特质理论强调的是一个人和另一个人的差异。类型理论是独立的、不连续的类别（质的差异），而特质理论则是连续的维度（量的差异）。

[知识窗]
君子人格

（一）T 型人格

法利（F. Farley）提出了 T 型人格，该人格是个体中喜欢冒险和刺激的特征，可以分为 T+ 型人格和 T- 型人格，意味着个人进行不同类型的冒险行为。T+ 型人格是个体进行积极性的冒险行为，如徒手攀岩，T- 型人格是个体进行破坏性的冒险行为，如暴力犯罪。T+ 型人格又可以分为两类：一类是体格 T+ 型，如极限运动员，一类是智力 T+ 型，如科学家。

（二）A-B 型人格

弗里德曼（M. Friedman，1910—2001）和罗森曼（R. H. Rosenman，1920—2013）提出了 A-B 型人格，认为 A 型人格在工作中主动、有上进心和苦干精神、认真负责，但他们时间紧迫感和竞争意识强，性情急躁，缺乏耐性，易患冠心病。B 型人格则恰好相反，他们性情温和，对工作和生活的满意度高，喜欢慢节奏的生活，适合需要长时间思考和有耐心的工作。

（三）体液说

古希腊医生希波克拉底（Hippocratēs，约前 460—前 377）首先提出体液说，他认为人的体内有四种体液：血液、黏液、黄胆汁、黑胆汁，后来古罗马医生盖伦（C. Galenus，129—199）据此提出了四种人格类型：多血质、黏液质、胆汁质、抑郁质，其对应人格特征如表 9-3 所示。在生活中，大部分人属于两种甚至三四种类型的混合体，单一类型的人数占比较少。

表 9-3　体液说对应人格特征

类型	特征
多血质	外倾、情绪稳定、敏感性低，适应力强、欢快热情、活泼好动、积极乐观、自信大方、反应迅速、思维敏捷、喜欢与人交往、情感丰富、注意力不集中、缺乏耐力和毅力
黏液质	内倾、情绪稳定、敏感性高，沉着冷静、自控力强、安静稳重、踏踏实实、耐受力强、坚忍执着、主动性差、缺乏生气、适应慢、反应慢、缺乏情感、思维灵活性差
胆汁质	外倾、情绪不稳定、敏感性低，精力旺盛、热情开朗、直率坦诚、思维灵活、表里如一、行动敏捷、刚毅顽强、勇敢果断、鲁莽冒失、易兴奋暴躁、缺乏自制力和耐性、粗枝大叶
抑郁质	内倾、情绪不稳定、敏感性高，善于观察细微事物、情感体验深刻、细腻持久、思维敏锐、想象力丰富、自制力强、优柔寡断、遇到困难容易退缩、不善交往、忧郁悲观、孤僻离群

（四）高级神经活动类型说

巴甫洛夫提出了高级神经活动类型说，他从生物学的角度解释个体人格，将人格分为活泼型、安静型、兴奋型和抑制型，与体液说的四种类型一一对应，见表 9-4。

他认为，人有兴奋和抑制两个神经活动过程，这两个过程具有三种特性：强度、平衡性和灵活性。强度是个体对刺激的反应程度，平衡性是兴奋和抑制过程的相对强度，灵活性是兴奋和抑制过程的转换速度。

表 9-4　高级神经活动类型与体液说类型比较

神经活动过程特性			高级神经活动类型	体液说类型	特征
强度	平衡性	灵活性			
强	平衡	灵活	活泼型	多血质	适应力强、反应敏捷、活泼好动、充满活力、易转移注意力
强	平衡	不灵活	安静型	黏液质	安静沉着、有节制、反应迟缓、善于忍耐、情绪不外露
强	不平衡	—	兴奋型	胆汁质	攻击性强、易冲动兴奋、不愿意受约束、急躁、直率热情
弱	—	—	抑制型	抑郁质	胆小畏缩、被动消极、反应缓慢、情绪体验深刻、见微知著

第三节　积极人格培养

积极心理学是近年来出现的一种新的研究取向，致力于研究人的发展潜力和美德等积极品质，积极人格是积极心理学研究的一个重要范畴，即人格中包含的积极方面和积极特质，是有利于个体适应环境、维护其身心健康的重要因素。此外，积极心理学主张研究个体对待过去、现在和未来的积极主观体验，例如，幸福、希望等①，这与我国学者黄希庭（1937— ）提出的健全人格理论有一定相似之处。黄希庭提出健全人格的概念，意在指一个人按照自己设定的人生目标，不断充实自己，发掘自己的潜能，按照自己选择的人生目标不断幸福进取，以辩证的态度看待世界、他人与自己，看待过去、现在与未来，以及顺境和逆境，即成为幸福进取者。

一、人格的成因

在历史上，许多心理学家曾就"人格是如何形成的"这一问题争论不休，但目前来说，大家得到了一个共识，即遗传和环境都会对人格产生影响，且二者并不是单独影响，而是交互作用的。

对人格成因的研究从最初的"究竟是遗传还是环境造就人格"，到"遗传影响多一些还是环境影响多一些"，再到"遗传和环境是如何交互作用形成人格"，心理学界对人格成因的认识从片面走向全面，从幼稚走向成熟。人格的形成原因多种多样，既离不开先天遗传的影响，又离不开后天环境的作用，更离不开个体自身的能动性。

（一）生物遗传

俗语"龙生龙，凤生凤，老鼠的儿子会打洞"，生动形象地说明了遗传对下一代的影响。也许你曾经听到过身边的人评价自己：不仅和父母长得很像，脾气都是一个模子里刻出来的，这就是遗传的强大作用。

我们之所以会和父母有相似之处，离不开基因的作用。从出生开始，基因就决定了个体生理上的性别、是否患有某些疾病，甚至体内激素分泌的多少和快慢，很大程度上也是由基因决定的。人格是由气质、性格、能力等构成的，气质在很大程度上是由生物遗传决定的，而能力的发展也建立在一定的生物遗传基础上。

（二）自然环境

在炎炎夏日时，会让人感觉心情烦闷、情绪不安，在秋高气爽时，会让人感觉心情平和、心旷神怡。统计发现，夏天发生暴力事件的概率要大于其他季节，说明自然环境对个体行为有一定影响。生活在不同地域的人会有不同的生活习惯，同样会影响个体的人格特征。

（三）社会环境

人格的成因除了生物遗传和自然环境外，社会环境同样会对人格有巨大的影响作用。根据社会环境与个体直接关联程度的高低，可以从家庭、学校、社会三个层面来阐述社会环境对个体人格的影响。

1. 家庭教养

我们常常能透过一个孩子，看出他的家庭究竟是怎么样的，一个娇纵的孩子极

---

① 石梅，马丽萍，麻丽丽.积极心理学的内容体系与应用探究 [M].北京：中国书籍出版社，2019.

可能有对溺爱的父母，一个自卑的孩子极可能有对严苛的父母，家庭作为个体最早接触的环境，它的氛围、结构以及父母的教养方式等都会影响孩子人格的形成和发展。

从婴儿时期开始，孩子和父母之间的互动方式就已经影响了他们人格的形成，养育者如果能及时注意并回应婴儿的生理和情感需求，亲子间就能形成安全健康的依恋关系，这有助于孩子日后与他人建立情感联结。同时，父母对孩子的影响也并不是单向的，容易被安抚、被满足的婴儿更容易受到父母的喜欢。

在儿童成长过程中，父母的人格也会对孩子产生着潜移默化的影响。一对富有爱心的父母，孩子从他们身上能够学到关爱他人的品质。父母教养方式直接影响孩子的人格，民主权威型的父母，孩子会变得友善真诚、独立自主；娇惯纵容型的父母，孩子自控能力差，缺乏进取心；冷漠忽视型的父母，孩子容易冲动、冷漠孤僻；严厉专制型的父母，孩子容易懦弱焦虑、缺乏自信。

国内有许多学者研究了父母教养方式对孩子人格的影响，如研究发现，父母教养方式与孩子的坚韧人格之间存在显著相关，积极父母教养方式与孩子的坚韧人格呈显著正相关[①]；父母积极的教养方式与孩子的开放性人格存在显著正相关。[②]

2. 学校教育

等到儿童进入学校，人际交往关系以及班级和学校的风气、环境等，都会对他们的人格产生影响。其中，儿童与同伴、教师的关系对他们影响最大。对青春期的孩子而言，能够得到同伴的认可尤为重要，在学校中遭受霸凌的孩子会对他们的成长有不良影响。在人的一生中，拥有一份良好的友谊可以帮助我们学会合作、相互支持和理解，个体也会根据自己内心的诉求，选择真正适合自己的朋友。

学校通过教育，增加学生的知识和素养，帮助他们树立正确的人生观和价值观。一名好教师胜过千万堂课，一名品德高尚、知识渊博的教师，能够通过言传身教，影响学生的人格。教师营造良好、民主、公正的氛围，能调动学生各方面的积极性，学生通过和教师的交流沟通，能够加强师生之间的联结。我国学者研究发现，教师对幼儿的期望与幼儿的各个人格维度之间呈正相关。[③]

[知识窗]
共同奔赴的
师生关系

学校的人格教育应立足于我国实际情况，结合中华优秀传统文化，与时俱进，如儒家的君子人格在当代社会依然具有一定的适应性[④]，儒家君子人格所具有的内涵可为大学生人格培育确立目标导向。[⑤]

① 田良，袁青.高中生父母教养方式、坚韧人格与学习投入的关系：基于甘肃省三所高中的实证研究 [J].教育科学研究，2019(6)：33-40.
② 陈浩彬，刘洁.家庭社会经济地位与青少年智慧的关系：积极教养方式和开放性人格的中介作用 [J].心理发展与教育，2018，34(5)：558-566.
③ 杨丽珠，李森，陈靖涵，等.教师期望对幼儿人格的影响：师幼关系的中介效应 [J].心理发展与教育，2016，32(6)：641-648.
④ 周明洁，李府桂，穆蔚琦，等.外圆内方：中国人人际关系性的潜在剖面结构及其适应性 [J].心理学报，2023，55(3)：390-405.
⑤ 王福雅.儒家君子人格与大学美学课程的现代性融合 [J].湖南科技大学学报 (社会科学版)，2023，26(1)：177-184.

3. 社会文化

人类创造了自己的文化，又把自己置身于一定类型的文化环境中，相同的文化会使其成员的人格结构朝着相似的方向发展，社会特定的风俗习惯、道德标准、经济文化发展水平、历史背景以及社会阶层等的差异都对我们的人格有着潜移默化的影响。例如，我国历史上经历过长期封建社会，认为女性是男性的附属物品，女性大多被当时的社会文化拘束，失去了自身独立性，随着时代变迁，如今我们提倡平等开放，女性增强了自身的进取心、竞争性，对生活更乐观自信，更具独立性。我国学者研究发现，人们在交往过程中如果被拒绝接纳或忽视，就容易威胁到个体的自尊水平进一步诱发攻击行为。[①]

（四）个体能动性

同样不能忽视的是个体自身具有的能动性在影响人格过程中发挥的巨大作用，历史的长河里，总有伟大的先驱们跨越了历史时代的限制，具有前瞻性的目光和想法。作为普通人的我们，也可以通过自身意志，对外部世界发生的事情作出主动的、积极的、有选择的反应，有目的、有计划地反作用于外部世界，达到"出淤泥而不染，濯清涟而不妖"的境界。

如果将人格比作一颗种子，生物遗传基本上决定了它是一颗什么植物的种子，但无论它属于什么种类，都是自然界最正常不过的一份子；自然环境代表了种子将会在哪块土壤里扎根，社会环境意味着园丁对它照料的情况以及周围植物对它的影响；而个体能动性就是种子自身想要生根发芽长大的愿望和努力，也许土壤并不肥沃，也许无人精心照料，但也可以在艰难的条件下绽放属于自己的光彩。

人格的形成过程就如同种子的成长历程，离不开各方面的综合作用。通过了解人格受到哪些因素的影响，有利于我们控制和利用相关因素，号召各方协同发力，共同帮助孩子培养积极人格，发挥自身优势，提高自身水平，更好地适应社会。2022 年首届世界职业技术教育发展大会发布的《天津倡议》中就提出"秉持公平全纳、有教无类、面向人人、质量优先的理念，为各类群体提供适宜的职业教育和培训"，只有因材施教，把握好每类群体的人格特征，才能更好地施加适合他们的职业教育。

二、人格与道德

道德与人格密切相关，道德心理学是哲学和心理学研究的交叉领域，通过推动该领域的发展，能够帮助个体形成积极的个性品质。道德心理学最早起源于皮亚杰和科尔伯格（L. Kohlberg，1927—1987），皮亚杰使用对偶故事法，发现儿童的道德发展是从他律到自律，科尔伯格使用道德两难法，将儿童的道德发展分为三水平六阶段。

（一）道德人格

道德人格是当代道德心理学研究的新主题，强调道德情感和道德认知对道德行为的重要作用。道德人格是具有道德色彩、道德属性的人格，是人格中与道德有关的特

[①] 雷玉菊，王琳，周宗奎，等. 社会排斥对关系攻击的影响：自尊及内隐人格观的作用 [J]. 中国临床心理学杂志，2019，27(3)：501-505.

质或倾向，是透过人们的道德信念、道德判断、道德行为等展现出来的人们在道德方面的总体精神面貌。

道德人格主要受社会环境的影响，例如孩子和父母之间的依恋、父母教养方式、网络应用环境以及学校教育等。培养个体的道德人格能够提升个体幸福感和社会适应度，可以通过学校和自我的道德教育实现。在学校道德教育中，要晓之以理，提高学生的道德认识；动之以情，培养学生的道德情感；持之以恒，训练学生的道德行为。在自我的道德教育中，可以对照道德模范标准，寻找差距；明确奋斗目标，制订提升计划；依靠意志实施计划，贵在坚持；一日三省，不断完善自我道德修养。

"救火英雄"李道洲

李道洲（1988—2018）是第七届全国道德模范，作为一名军人，他时刻牢记自己的初心和使命，"当祖国和人民需要的时候，挺起胸膛站排头"。2018年，他因救人三闯火海，直至生命最后一刻，他仍然在救人，用生命捍卫了人民生命安全。这并不是李道洲第一次向险境冲锋，2008年汶川特大地震中，他跟随部队赶往灾区参加救援，在余震下和战友们一起救助伤员。李道洲一家三代从军，舍己为人、见义勇为的精神在这个家庭中代代相传。

李道洲曾两次面临转业选择，但是每次他都选择了留在部队，坚持为祖国的强军梦做贡献。李道洲是一个勤奋好学的人，调任部队后，他自知基础差，便加倍努力学习，每次安排任务，都主动要求完成，在短短的一年内就学有所成。同时，他也十分乐意和他人分享自己的经验和技术，是一个不可多得的技术尖兵。

[知识窗]
善恶人格

（二）职业道德

2019年，国务院发布的《新时代公民道德建设实施纲要》要求："推动践行以爱岗敬业、诚实守信、办事公道、热情服务、奉献社会为主要内容的职业道德，鼓励人们在工作中做一个好建设者。"而在社会主义核心价值观中，个人层面的要求是"爱国、敬业、诚信、友善"，同样强调了职业道德中的敬业和诚实方面。除了上面强调的所有劳动者都应该遵守的职业道德外，每个行业都有各自的职业道德要求，例如，对于新闻工作者来说，我国有《中国新闻工作者职业道德准则》，无论是消防工程师、教师、医生，还是文艺工作者、司法鉴定人、律师、公务员等，每个职业都有相应的道德要求。

2022年修订的《中华人民共和国职业教育法》中第2条、第4条、第43条、第49条，分别从职业要求、职业价值观、职业教育质量评价、职业学校学生规范等角度，强调要加强职业院校学生的职业道德教育，衡量从业者既要关注他们的职业技术能力，又要注重他们的职业道德和精神。从"最美奋斗者"到"共和国勋章"获得者，他们无不是在各自的岗位上取得了非凡成就。对个人而言，加强自身的职业道德修养意味着遵守职业操守、恪守职业本分、干好本职工作。

[知识窗]
《中华人民共和国职业教育法》中的职业道德

第十六届全国职工职业道德建设标兵个人——史纯清

1991年，史纯清成为贵州电网有限责任公司都匀供电局的一名员工。多年来，他在自己的本职岗位上挥洒热情，成为供电局电气试验高级作业员、高级技师、高级工程师，荣获全国五一劳动奖章、贵州省五一劳动奖章等荣誉称号。

史纯清作为一名高级技能专家，坚持在基层工作，经过多年不断总结和提炼，掌握了电气试验专业的高超技能，总结并创新出一套能及时发现设备故障隐患的方法。截至 2019 年，贵州电网连续 28 年实现 1 个 500 kV 变电站、16 个 220 kV 变电站、42 个 110 kV 变电站设备重大故障为零。通过科技攻关、技术革新，史纯清累计解决生产难题 90 余项，产生科技创新成果 20 余项，获得国家专利 41 项，荣获省部级各类奖项 30 余次。他充分发挥高级技能专家的引领示范作用，累计参与系统内技术技能培训授课 1 200 余人次，培养电气试验技能人才 132 名、技术技能创新骨干 32 名、高级技师 8 名、技师 21 名、工程师 6 名、技能专家 6 名。

三、人格与职业

人格与职业主要有两方面的关系：一方面要使个体的人格特质适应职业活动的客观要求，另一方面在选拔人才和安排工作岗位时，应该考虑个体的能力和个性特质。无论是摄影师、厨师还是木匠、会计等，每一种职业都要求从事该职业的个体具备某种人格特点，这样会更加有利于职业活动的开展。

心理评估是心理学研究的重要领域之一，其中，人格评估更是重中之重。人格评估能较为全面地了解个体的人格特点和行为模式，并能在一定程度上预测个体的活动倾向。这不仅有助于选拔人才、安排人员，还能帮助个体改善人际关系，促进积极人格的形成。

人格测试可以帮助个体完善自我人格认知，指导个体明确职业发展方向。首先，我们可以通过相关的人格测试来了解自己的人格特点，客观全面地了解自己是进行职业生涯规划的基础；其次，人格测试可以帮助我们了解自己的职业兴趣、职业价值观和职业能力倾向，判断适合的职业类型，为职业目标的设定提供依据，帮助我们做好生涯规划。

（一）霍兰德职业性格测试

霍兰德（J. L. Holland，1919—2008）根据自己的职业指导实践经验，提出六种人格类型：现实型（R）、研究型（I）、艺术型（A）、社会型（S）、企业型（E）和常规型（C），形成如图 9-3 所示的六边形结构。每个人的人格都是这六个维度的不同程度的组合，存在相邻、相隔和相对关系，如现实型和研究型为相邻关系，现实型和艺术型为相隔关系，现实型和社会型为相对关系，相邻关系的两个人格类型有较多共同点，相隔关系的两个人格类型共同点较少，相对关系的两个人格类型几乎没有共同点。

现实型人格的个体喜欢动手，适合操作类的工作，如钳工、木工等；研究型人格的个体喜欢从事科学研究，擅长观察分析，如医生、

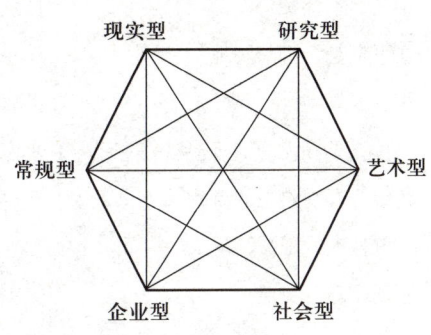

图 9-3　霍兰德职业性格测试模型

科研人员等；艺术型人格的个体喜欢从事艺术活动，想象力丰富，如作家、画家等；社会型人格的个体偏好与他人互动，进行培训、教导等方面的社会活动，如教师、培训师等；企业型人格的个体喜欢领导他人，以组织形式完成任务，如管理者、政府官员等；常规型人格的个体偏好整理工作，适合整理数据资料和书面资料，如秘书、文职人员等。人们倾向于选择有利于发挥自身能力、表达自己态度、实现自我价值的环境。

（二）卡特尔职业性格测试

卡特尔编制了职业性格测试，同时将特质进一步聚类，发现了五个总括性因素。2009 年的 16 种人格因素问卷（16PF）第五版是 16PF 的最新版本，旨在测量正常人格。自 1994 年首次发布以来，开发人员已经对 16PF 进行了五次修订，更新了内容和规范，提高了整体质量。

不同的职业需要不同的人格特质，以便更好地完成任务。以电工为例，适合该项工作的基本人格特征是胆大、心细、性情平和且有耐心，这些品质能使个体敢于站在高压线上，不受外界干扰，顺利完成带电检修工作。不同的人格特质适合不同的职业，例如，乐群性因素得分较高的人适合推销员、会计、社会工作者等职业，情绪稳定性因素得分较高的适合技术人员、护士、运动员等职业，世故性因素得分较高的适合企业家、商人、心理学家等职业。16PF 的因素构成及得分特质见表 9-5。

表 9-5　16PF 的因素构成及得分特质

低分范围特征	主要因素	高分范围特征
不近人情、疏远他人	乐群性（A）	热情、关注他人
迟钝、学识浅薄	聪慧性（B）	聪明、富有才识
反应灵敏、受感觉影响	情绪稳定性（C）	情绪稳定、适应性强
合作、避免冲突	支配性（E）	喜欢主导他人、强势自信
严肃克制、小心翼翼	活泼性（F）	热情、有活力
敷衍了事、原则性低	有恒性（G）	具有规则意识、尽职尽责
害羞胆小、对威胁敏感	勇敢度（H）	勇于社交、敢于冒险
严谨客观、不受感情影响	敏感度（I）	敏感、有自己的思想
信任、不怀疑	怀疑性（L）	警惕、怀疑
实事求是、脚踏实地	幻想性（M）	狂放不羁、富有想象力
坦率、真实	世故性（N）	善于处理人情世故、谨慎
自信、无忧无虑	忧虑性（O）	忐忑不安、自我怀疑
传统、喜欢熟悉的事物	开放度（Q1）	乐于改变、勇于尝试
依赖他人、随波逐流	独立性（Q2）	自力更生、当机立断
不切实际、灵活	完美主义（Q3）	组织性、自律性
放松平和、耐心	紧张性（Q4）	高能量、有动力

（三）大五职业性格测试

20世纪80年代初，麦克雷和科斯塔开发了NEO人格量表（NEO-PI），这是目前最广为人知的评估人格大五结构的量表。该量表最初被设计用来测量神经质（N）、外倾性（E）和开放性（O）3个维度。后来，麦克雷和科斯塔又增加了宜人性（A）和责任心（C）两个维度。他们两人在1992年发表了NEO人格量表修订版（NEO-PI-R），即大五人格问卷，其中包含240个项目，评估了30个具体特征，每个基本人格维度各6个，项目回答的范围从非常不同意到非常同意。

将大五人格问卷应用于职业领域，可以得到个体的职业性格画像，根据人格特点选择适合自己的职业，或者根据自己的意向职业培养自己的人格特征。例如，一个人在神经质、外倾性、开放性方面得分较高，可以选择成为一名空乘人员；在外倾性和责任心方面得分较高，可以选择成为一名销售人员；在宜人性和外倾性方面得分较高，可以考虑成为一名培训师；在开放性和责任心方面得分较高，可以考虑成为一名建筑师或飞行员。如果想要成为一名驾驶员，该项工作需要从业人员情绪稳定、脾气平和，即在神经质维度上得分较高，如果自己平时的情绪波动大，容易受到外界干扰，可以有意锻炼自己的注意力，增强自己调节情绪的能力。我国学者在研究电力员工的人格特质时发现，电力员工的神经质分数越高，出现不安全行为的数量越多，宜人性、外倾性、开放性和责任心分数越高，出现不安全行为的数量越少；此外，该研究还发现了开放性对不安全行为具有显著负向预测作用，即电力员工开放性水平越高，出现不安全行为的数量越少。[①]

反思·实践·探究

【反思】

1. 以自己和周围的人为例，谈一谈人格有哪些特征？
2. 气质、性格和能力有什么区别？
3. 精神分析理论中有哪些关于人格的观点？
4. 什么是道德人格？

【实践】

选择一个对你来说印象最为深刻的人格理论，尝试用该理论去解释自己的一些行为。

【探究】

以小组为单位，仔细回顾自己的成长过程，有哪些人和事件对你来说是非常重要且影响重大的，将它们记录下来，以此来探究哪些因素会影响个体人格。

① 杨东，杨依轩，徐瑞，等.电力员工安全意识、大五人格和不安全行为的关系研究［J］.西南大学学报（自然科学版），2021，43（8）：129-137.

推荐读物

1. 郭永玉，等．人格理论［M］．上海：上海教育出版社，2021.

通过阅读该书，读者能够系统全面地了解人格理论，充分认识到尽管不同的人格理论关注的是人格的不同层面，但它们之间不是互相排斥的，也不是互不相干的，而是互相补充、互相启发的。不同理论之间的分歧和争论不会阻碍理论的发展，反而会促进理论的发展。这也启发我们在看待问题时，要学会从多个角度思考问题，用批判性思维去思考。

2. 黄希庭．探寻健全人格结构［M］．重庆：西南大学出版社，2021.

通过阅读该书，读者可以了解我国学者提出的更具中国特色的人格理论——健全人格，更清楚健全人格的结构，明确怎样才是最佳的心理和行为健康状态，即以辩证的态度看待世界、他人与自己，看待过去、现在与未来，以及顺境和逆境。启发我们要做自爱、自立、自信、自省、自强的幸福进取者，不断追求健全人格。

3. 郭冬梅．大学生健全人格训练与培养［M］．济南：山东大学出版社，2020.

该书不仅强调科学性，还注重趣味性，内容丰富，活动新颖，以充分激发读者的学习兴趣和求知欲望。书中列举了许多大学生常见案例，可以启发我们思考如何更好地解决在学习和生活中可能会遇到的烦恼和难题。

第十章 群体心理

大洋上的中国荣耀

张冬伟是我国第一批掌握液化天然气船殷瓦钢焊接的 16 名工人之一。一条液化天然气船，殷瓦钢焊接长度总长达 130 km，虽然 90% 是自动焊接，但还有 13 km 特殊位置的焊缝需要手工焊接，一个针眼大小的漏点，都有可能造成致命后果，而这项技术仅被少数国家掌握。自 2005 年入职以来，张冬伟对自己的要求极为严格，他端正工作态度，追求焊接质量，并且非常乐意把自己掌握的焊接技术传授给身边的同事，与他们共同进步、共同成长。张冬伟凭借这样一种积极的态度，与同事们一同书写了"大洋上的中国荣耀"。

张冬伟乐意分享自己掌握的技术，这种共享精神与人际关系、中国文化有怎样的关联？张冬伟与同事们一起书写着"大洋上的中国荣耀"，作为新时代的高职学生，我们该如何续写"中国荣耀"？

「小活动」关键拼图

活动内容：

（1）请教师选择本专业领域中一个较难的知识点作为讲解内容。

（2）将学生分组。将知识点的讲解内容拆分为与小组人数等量的小部分内容。例如，小组人数是6人，知识点的讲解内容则分为6个部分。

（3）将拆分后的知识点的各部分内容发给小组中的每一位学生。

（4）每位学生在小组内分享自己所学的内容。只有所有小组成员都分享并且认真学习其他成员分享的内容后，才会了解到知识点的全部内容。

（5）进行一个针对知识点的测评，比一比哪个小组的成员得分最高。

活动要点：小组中每一名成员手中的内容都是学习完整知识点的"关键拼图"，在本活动中，学生只有进行合作学习，才能掌握知识点，取得好成绩。

科学原理：拼图式合作学习为学生提供了一个相互依赖的学习情境，设立了学习的共同目标，而共同目标的设立能够激发学生的学习动机，增加学习效益。同时，合作与分享使群体中的成员有更多的接触机会，对于消除成员偏见、提高共情能力具有积极作用。

现实生活中的应用：工厂车间中各部门的合作、接力比赛等。

第一节　社会认知

随着人工智能技术的迅速发展，有人对人工智能未来的过度发展产生了一些担心："会不会有一天人工智能真正代替人类？"但实际上，至今仍没有任何一台电脑、任何一种技术能与人类所独有的社会认知匹敌。所谓社会认知，是指人们思考自身和社会的方式，包括如何选择、解释、识记和运用社会信息。

在社会环境中，人们如何加工社会信息？如何解释自己和他人的行为？社会环境如何影响个体的信念和行为？这就是社会认知中的三个重要议题：社会认知加工系统、归因、社会态度与行为。

一、社会认知加工系统

一家配备自动化生产线的工厂，自动化系统可以实现对物料的精准切割、组装，大大提高了生产效率。在大多数情况下，自动化流水线足够完成一件产品的生产过程，但是在生产过程中，人工的质检和控制也是很重要的。人类本身就像是这样一个工厂，有"自动化系统"来监测周围的环境，迅速作出结论并引导行为，这是第一种社会认知加工系统——自动加工系统。此外，人们也能超越这种自动化的加工，慢慢地仔细分析，有意去控制信息加工，这是第二种社会认知加工系统——受控制的加工系统。

（一）自动加工系统

回忆一下，当你第一次走进大学教室，在一个空位置坐下。你知道站在讲台上的是教师，之后走进教室的同龄人是你的新同学，而接下来教师可能会进行发言……自动加工是无须努力的和无意识的加工方式。

自动加工系统通过将新的信息与先前的经验相联系来帮助人们快速处理新事物。结识一个新朋友时，大多数人不会从头开始判断他是什么人，而是自动将这个人归类到以前自己熟悉的一个群体类别中，比如，"一个学工程的学生"或"像某个高中同学"。走进一家从未到过的饭店时，人们可以不刻意地思考就找到位置坐下、主动点菜。这是因为先前的经验给每个人生成了一套"心理剧本"，自动告诉人们这是在饭店里所做的事。这种自动的归类和"心理剧本"就是图式，即组织人们对社会性世界知识的心理结构，自发地引导人们的知觉和解释，通过这些图示，人们就可以快速了解新情境。

每个人都拥有众多的图示，涵盖过去经历的各个方面。当面对新情境作出选择时，把所有的图示都筛选一遍显然是不太可能的，因此，人们会使用心理策略和心理捷径来帮助自己快速作出决定。

1. 认知启发策略

下面是三种常见的认知启发策略：

（1）判断启发式策略。珠宝店里有一批滞销的珠宝，本来老板想以半价清仓，但因为所留便条的笔迹不清，售货员误将"1/2"看成了"2"，以原来两倍的价格上架了珠宝。但出乎意料的是，这批珠宝一经上柜就被抢购一空。这批珠宝为什么价格便宜的时候无人问津，但当价格涨了两倍以后，却变得抢手了呢？心理学家发现，人们通常会运用一种判断启发式的心理捷径。在大多数人的心中都有这样一个范式"价格高 = 质量好"，当人们对某件物品拿不准的时候，往往就会套用这一范式，帮助自己迅速作出判断。但是，这种启发式策略并不能保证人们对世界所作的推论一定是准确无误的。比如，有的教师会认为男生比女生更聪明，这时候的判断启发式策略反而是不利的。

（2）可得性启发式策略。哪些信息容易被回忆和联想，人们就倾向于根据哪些信息进行判断。与容易回忆的信息相联系的事件，被认为更平常、更多见、更容易发生。例如，航空事故给人们的印象深刻，导致人们相信乘火车比乘飞机更安全。

（3）代表性启发式策略。代表性启发式策略是指人们根据当前信息或事件与其认为的典型信息或事件的相似程度进行判断。该策略认为，个体越是与某一群体的一般成员相似，就越可能是那个群体中的一员。比如，在公共汽车上有一个人鬼鬼祟祟，其他乘客就可能会认为他是一个小偷，并提高警惕性。

[知识窗]
巴纳姆效应

2. 自动化加工的力量

你有没有过这样的经历？当你在一个嘈杂的环境中与人聊天时，突然听到有人叫你的名字。这种现象被称为"鸡尾酒会效应"：个体在全神贯注地与其他人说话的同时，他的无意识还在监控周围的其他谈话，时刻注意有没有重要的事情发生（比如有人叫自己的名字）。自动化加工就是这样不分散太多注意力的同时，快速高效地帮助人们处理信息。

除了可以快速处理信息，被启动的自动化加工还会无意识地影响人的行为。研究发现，人们的目标可以在无意识的情况下被刚刚经历过的事情激活。例如，在实验中拿到一些正向的具有善意的词汇的被试，会更多地启动善待他人的目标。

（二）受控制的加工系统

法国著名雕塑家罗丹（A. Rodin，1840—1917）所创作的著名雕塑《思考者》，雕塑中的人物安静地坐着，全神贯注地思考着。像这种理性、认真思考的状态体现的正是另一种加工系统：受控制的加工系统。受控制的加工系统是一种反应性的、深思熟虑的和有意识的加工。人们常常使用受控制的加工系统来完成宏伟的目标、解决难题和计划未来，因此，其普遍存在且至关重要。

在受控制的加工系统中，人们需要有意识地对信息进行加工，但是由于认知资源的有限性，又会限制其不能同时加工两项任务。比如，大部分人不能一边练习开车，一边思考复杂的数学题。

自动化加工系统和受控制的加工系统是人们加工社会信息不可或缺的两个部分，因此，生活中人们作出的大多数决策都是分两步进行的。自动加工系统首先基于直觉和感受，产生了对现实的快速评估，在此之后，假如个体具有某种动机，为了获得有效的信息，他就会使用更多的受控制的加工，深思熟虑地作出决定。当你走在大学校园里，见到一个"像某个高中同学"的人，这是基于图示的第一步不假思索的自动化加工；接着你便会仔细分析眼前的人与印象中的同学的相似之处，这就是第二步受控制的加工。

正如自动化机械的使用一样，在正常运行的情况下，自动化加工大大提高了生产工作效率，但当遇到一些程序设定以外的突发情况时，就需要由技术人员通过人工来进行控制加工。对工厂来说，即使再自动化的加工技术，也离不开人工的控制；对国家来说，在大力发展自动化技术的同时，高度重视职业教育和技术技能型人才的培养是非常必要的。

二、归因

"存在即合理"这句话出自著名哲学家黑格尔（G. W. F. Hegel，1770—1831）的《法哲学原理》，意思是存在的事物都是有原因的。在生活中，人们每天会遇到很多事情，并且经常要寻找这些事情可能发生的原因：

为什么小红的考试成绩总是很好？

为什么小刚总是受到师生欢迎？

……

人们对他人或自己行为原因的推论过程，就是归因。[①]

---

① 乐国安．社会心理学［M］．3 版．北京：中国人民大学出版社，2017：201．

（一）归因理论

为了对归因过程中人们使用的原则和方法加以论述，心理学家提出了许多归因理论，下面主要介绍三个经典的归因理论。

1. 海德的归因理论

归因理论最早由美国心理学家海德（F. Heider，1896—1988）提出。海德认为，人们在生活中有两种强烈的需要：理解环境的需要和控制环境的需要。[1] 为了满足这两种需要，人们会从内因和外因两方面对他人的行为进行归因。内因是指行为者的内在因素，包括能力、动机、态度和努力程度等；外因是指行为者以外的因素，如工作环境、他人影响、任务难度等。

例如，当看到家长对孩子破口大骂时，对于家长的行为，可以作出两种归因：从内因的角度来看，可以认为这位家长的教育方式不对，或者他的性格脾气不好；从外因的角度来看，这位家长之所以骂孩子是因为孩子先欺负了同学，这时这位家长的教育方式会获得更多的理解和宽容。

2. 凯利的归因理论

凯利（H. H. Kelley，1921—2003）扩充和发展了海德的归因理论，提出了自己的三维归因理论。他认为，事件的原因涉及三个方面：行动者、刺激物、环境背景。[2] 例如，对小明在电影院看电影时发出笑声这件事进行归因，小明是行动者，电影是刺激物，电影院是环境背景。

凯利指出，在归因时，人们需要使用三种信息：（1）一致性信息，指行为者与其他人的行为是否一致。如果在场看电影的所有人都发出笑声，说明小明的行为与其他人的一致性高。（2）一贯性信息，指行为者对当前刺激对象是否一贯产生相同的反应。如果小明看任何电影时都会发出笑声，则说明他的行为一贯性高。（3）区别性信息，指行为者是只对特定的刺激对象产生反应，还是对许多不同的刺激对象都产生相同的反应。如果小明只是看这个电影时才发出笑声，而看其他电影时没有，说明他对不同的刺激对象有着高区别性。根据上面三个方面的信息，可以对人的行为作出相对正确的归因（见表10-1）。

表10-1 以小明在电影院看电影时发出笑声为例

情境	一致性信息	一贯性信息	区别性信息	归因
1	（低）其他人都没笑	（高）小明以前看电影也会笑	（低）小明看其他电影也会笑	小明笑点低
2	（高）其他人都笑了	（高）小明以前看电影也会笑	（高）小明看其他电影没笑过	电影很有趣
3	（低）其他人都没笑	（低）小明以前看电影没笑过	（高）小明看其他电影没笑过	情境因素

---

① 侯玉波. 社会心理学［M］. 3版. 北京：北京大学出版社，2013：72.
② 章志光. 社会心理学［M］. 3版. 北京：人民教育出版社，2015：152.

3. 韦纳的归因理论

韦纳在海德的归因理论和阿特金森（J. W. Atkinson，1923—2003）的成就动机理论的基础上提出了他的归因理论，该理论主要说明归因的维度以及归因对成功与失败行为的影响。[1]

他认为，归因有三个维度：内外因、稳定性、可控性。以一名学生的考试成绩为例（见表10-2），如果他将考试取得好成绩归因于内部稳定且可控的因素，他就会感到自豪，并且今后会继续努力学习；如果他将考试的失利归因于内部稳定但不可控的因素，长此以往，他就会产生习得性无助，这是一种无论自己如何努力也注定失败的信念。此外，韦纳通过研究发现，对失败者进行归因，努力不足比能力不足会引发人们更多的负面评价。[2]

表 10-2　以一名学生的考试成绩为例

	内部		外部	
	稳定	不稳定	稳定	不稳定
可控	努力的品质	暂时的努力	教师的偏见	他人偶然的帮助
不可控	能力	情绪状态	考试难度	运气

（二）归因偏差

上面的归因理论基本上都假定人们的归因是合理的、有逻辑的。但是，在许多情况下，人们对行为原因的解释是有偏差的。下面将介绍两种常见的归因偏差。

1. 基本归因错误

基本归因错误是指人们更喜欢把他人的行为归因于内在的个人特质方面，而忽视情境的影响。[3]试想一下，如果一个人上班总是会迟到几分钟，他的这种行为会被如何看待呢？他是一个没有时间观念的人？还是他家离上班的地方太远，在路上耽搁时间太长呢？多数人会做前一种归因。

这种现象在演员身上特别常见。当人们观看一位演员出演的正面或反面角色时，他们可能会将演员的角色行为归因于演员本身的性格特征。人们对角色与演员不加以区分，认为角色的行为就是演员自身品性的反映，而忽略了角色行为处于影视剧中这一情境因素。

2. 自我服务偏差

自我服务偏差是指人们倾向于把自己行为的积极结果（成功）归因于个人因素，而把消极结果（失败）归因于环境因素。[4]在很多情境中，人们倾向于对成功做内部归因，而对失败做外部归因。当原因不明确时，这种归因偏差最容易产生。

例如，如果小李在某次考试中取得高分或低分，他会如何对这样的结果进行归因

---

[1] 侯玉波. 社会心理学［M］. 3 版. 北京：北京大学出版社，2013：73.
[2] 韦纳. 归因动机论［M］. 周玉婷，译. 方文，校. 北京：中国人民大学出版社，2020：73-74.
[3] 侯玉波. 社会心理学［M］. 3 版. 北京：北京大学出版社，2013：76-77.
[4] 乐国安. 社会心理学［M］. 3 版. 北京：中国人民大学出版社，2017：206.

呢？心理学家通过研究发现，学生倾向于将高分归因于自己的努力，而将低分归因于外在因素。这种归因偏差在短期内可能有益于提升自尊，但是，精确分析人生成就的原因更有利于个体今后的成长和发展。[①]

人们通过学习归因理论可以更深入地了解归因方式，而学习归因偏差可以更准确地分析事件与行为背后的原因。在考虑他人的行为时，人们应该努力避免基本归因错误；在考虑自己的行为时，应尽可能消除自我服务偏差。

三、社会态度与行为

在日常生活中，人们经常使用"态度"一词，例如，教师批评学生"态度不认真"，领导指责下属"态度不端正"，消费者评价服务员的服务"态度恶劣"等。那么，态度到底是什么呢？

在心理学中，态度是指人们对特定对象的评价性的、比较稳定的内在心理倾向，通常表露于外在的意见、看法、观点、主张等。态度具有认知、情感和行为三种相互关联的成分。[②]下面通过一个简单的例子来介绍。

请问你在多大程度上同意这一表述？圈出符合你想法的数字。1＝非常不同意，9＝非常同意，数字越大代表越同意。

我喜欢吴京的电影。

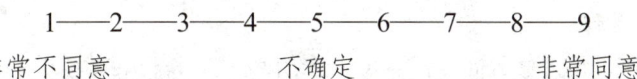

1——2——3——4——5——6——7——8——9
非常不同意　　　　　不确定　　　　　非常同意

假如你给出评价"7"，即你比较同意。那么你的判断依据是什么呢？我们可以确定引发你态度的三种信息：

认知层面：关于吴京，你有什么想法？

情感层面：提到吴京，你产生了怎样的感受？

行为层面：当你有机会观看吴京的电影时，你会怎么做？

当你在圈出某个数字时，就是这几类信息在暗自指挥，从而影响你的态度。

（一）态度影响行为

态度能影响行为，但行为并不是态度本身。那么，是否可以通过一个人的态度来推测他的行为呢？在现实生活中，"双重标准"的现象是很常见的，道德伪善就是一种"双重标准"，它是指个体想要表现得很道德，但又找机会设法避免真正为之付出代价的行为倾向。[③]由此可以看到，态度与行为有时是相背离的。而想要通过态度来预测行为，则需要一些条件，接下来将通过计划行为理论来进一步说明。

1. 态度对行为的预测：计划行为理论

阿杰曾（I. Ajzen）和菲什拜因（M. Fishbein）提出了计划行为理论，认为人们有

---

① 格里格，津巴多.心理学与生活：第19版［M］.王垒，等译.北京：人民邮电出版社，2016：543.

② 章志光.社会心理学［M］.3版.北京：人民教育出版社，2015：190-191.

③ 傅鑫媛，陆智远，寇彧.陌生他人在场及其行为对个体道德伪善的影响［J］.心理学报，2015，47（8）：1058-1066.

意识的行为取决于指向行为的态度、主观标准和知觉到的控制感。[①] 主观标准是指该不该做出该行为的考虑，是一个人对来自他人、社会压力的知觉。知觉到的控制感是指人们对完成行为的难易程度的知觉。该理论指出，越具体的态度，越能够预测行为。以健康和慢跑为例，人们对健康的态度比较笼统，不能预测具体的锻炼行为和生活习惯，但是，人们对慢跑的态度能够很好地预测是否会慢跑。阿杰曾和菲什拜因的研究表明，相对于对健康生活方式的总体态度，人们对慢跑的特定态度能更好地预测其慢跑行为，如图 10-1 所示。[②]

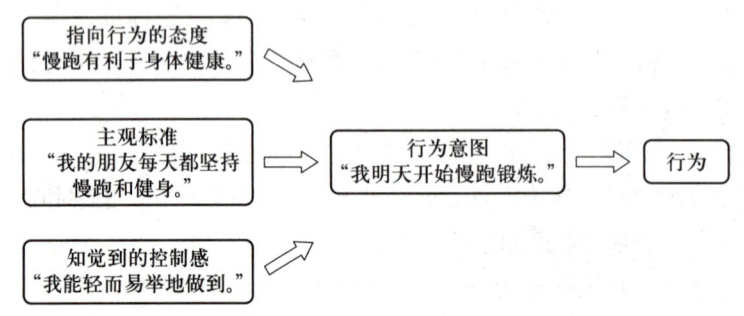

图 10-1 计划行为理论：以慢跑为例

2. 态度影响学习与工作

态度能够影响人们生活的诸多方面，而态度对学习与工作的影响需要人们着重关注。相比于消极态度，对学习采取积极、认真的态度，就会更好地理解和记忆学习内容。同样地，对自己从事的工作喜爱且拥有良好的态度，就会努力工作，产生较高的工作效率。[③] 但是，态度良好并非必定取得良好的学习成绩或较高的工作效率，因为学习与工作的过程还受到其他因素的影响，如人格、情绪、环境等。可以肯定的是，态度是影响学习与工作的一个重要因素。

(二) 行为影响态度

态度能够影响行为，但行为反过来也能够影响态度。在现实生活中，人们扮演着不同的社会角色，例如，高中生小张在学校中就是学生的角色，在家里则是孩子的角色，未来踏入工作岗位就会扮演着该岗位的职业角色。当人们扮演一个新的社会角色时，可能会不习惯，但很快便能够适应。

人们可以通过角色扮演，对承担角色的个体进行约束和影响，从而影响并改变他的态度。这一方法的消极后果就是路西法效应[④]，它是指受到制度性系统创造的情境的影响，人的性格、思维和行为表现出重大转变的现象。此现象源于津巴多（P. G. Zimbardo，1933— ）的一项研究——斯坦福监狱模拟实验。[⑤]

① 侯玉波. 社会心理学 [M]. 3 版. 北京：北京大学出版社，2013：104-105.
② 迈尔斯. 社会心理学：第 11 版 [M]. 侯玉波，等译. 北京：人民邮电出版社，2016：123-124.
③ 章志光. 社会心理学 [M]. 3 版. 北京：人民教育出版社，2015：196.
④ 津巴多. 路西法效应：好人是如何变成恶魔的 [M]. 孙佩妏，陈雅馨，译. 2 版. 北京：生活·读书·新知三联书店，2015：3-9.
⑤ 迈尔斯. 社会心理学：第 11 版 [M]. 侯玉波，等译. 北京：人民邮电出版社，2016：126-127.

斯坦福监狱模拟实验

津巴多设计了一个模拟的监狱，要求大学生志愿者在其中待一段时间，目的是探究是什么导致了监狱的残酷性，是人们使这个地方变得暴力，还是这个地方使人们变得暴力？津巴多通过抛硬币的方式，随机指派一些学生做狱卒，并给他们分发制服、警棍和哨子，命令他们按规则行事；其他学生扮演犯人，他们穿着狱服，并被关入单人牢房。经过一天愉快的角色扮演后，狱卒、犯人、研究者都进入了情境，融入了角色。狱卒开始贬损犯人，一些人开始制订残酷的侮辱性规则；而犯人开始崩溃、造反，或者变得冷漠。津巴多在报告中写道："人们越来越分不清现实和幻觉、扮演的角色和自己的身份……这个创造出来的监狱正在同化我们，使我们成为它的傀儡。"随后津巴多发现社会病理学症状正在出现，他不得不在第六天放弃了这个本来计划为期两周的实验。

从这项实验中可以看到，原本正常的学生在融入各自的角色之后，会发生如此巨大的变化。人们需要警惕这种角色行为给自己的态度带来的消极影响，但同时，角色也会使其更好地适应新的环境。在一个新的职业中，如教师、警察，人们扮演的角色会塑造其态度。

（三）说服与态度改变

说服是改变态度的重要方式，它的力量非常强大，广泛应用于商业广告、媒体宣传、政治家演讲等领域。

1. 说服的路径

心理学家提出了说服的两条路径：中心路径和外周路径。[1]当人们积极、主动、全面地思考问题时，就可能接受中心路径说服，这时人们关注论据是否令人信服。当人们心不在焉、没有仔细思考问题时，则可能接受外周路径说服，这时人们会关注那些熟悉易懂的信息。

不同的广告商会利用不同的说服路径来迎合消费者的心理。例如，饮料广告会配上充满活力的青年和场景；而电脑广告则会更多介绍产品的竞争力特点。

2. 说服的影响因素

人们可以在中心与外周这两条路径上被说服，而说服过程则受到说服者、说服对象、说服内容、说服渠道四个方面的影响。

（1）说服者：信息的传播者
说服者的个人特点常常对说服有着巨大影响，主要包括以下方面[2]：
①专家资格。这是由说服者的受教育程度、专业身份与专业水平、社会职业决定的。相比于专业性低的人，拥有专家资格的说服者在特定方面传播的信息足以令人信服。

---

① 迈尔斯. 社会心理学：第 11 版［M］. 侯玉波，等译. 北京：人民邮电出版社，2016：225-226.

② 乐国安. 社会心理学［M］. 3 版. 北京：中国人民大学出版社，2017：169-170.

② 社会身份。主要指说服者的社会地位、社会名望、知名度、年龄等。在一些专业性较弱的问题上，社会身份较高者更具有说服力。

③ 可信赖性。主要指说服者是否真诚、付出努力等。这些会影响说服者的说服力。

④ 吸引力。主要指说服者的人格特征、仪表体态、言谈举止所具有的吸引力。说服者的吸引力越大，他的说服力越强。

（2）说服对象：信息的接收者

说服对象的特点对说服效果具有很大的影响，主要包括以下方面：

① 原有态度。有些态度是难以改变的，例如，自幼形成的态度、根据亲身经历形成的态度、自觉自愿接受的态度等；而有些态度则容易改变，例如，形成于一时一事的态度、道听途说形成的态度、被迫接受的态度等。

② 人格特征。生活中有些人的态度容易改变，例如，依赖性较强的人、信服权威的人、缺乏自信心的人等；而独立性较强、固执己见或拥有自信心的人的态度不易改变。[1]

③ 情绪。愉快的人更容易被说服。

（3）说服渠道

常见的说服渠道主要有大众传媒、文章书信、口语交谈等。

（4）说服内容：信息特点

① 信息的呈现顺序。首因效应是指最先呈现的信息更具说服力；近因效应是指最近的信息更具说服力。如果两种信息相继呈现，并且接收者要经过一段时间后再反应，则产生首因效应；如果两种信息呈现的时间间隔较长，而接收者在第二种信息出现后立即反应，则产生近因效应（见图10-2）。[2]

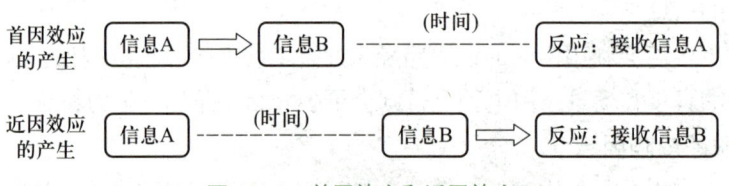

图 10-2　首因效应和近因效应

② 信息的呈现方式。在说服信息较复杂时，书面信息的效果更好；当信息较简单时，视觉呈现的效果最好，其次是听觉，最后是书面语。

③ 信息唤起的恐惧感。如果说服信息能引发说服对象的恐惧感，那么这种信息具有说服力。

3. 自我辩解：认知失调理论

费斯廷格（L. Festinger，1919—1989）提出了认知失调理论。认知失调是指个体

① 乐国安. 社会心理学［M］. 3版. 北京：中国人民大学出版社，2017：171-172.
② 迈尔斯. 社会心理学：第11版［M］. 侯玉波，等译. 北京：人民邮电出版社，2016：238-239.

所持有的思想、态度和行为彼此矛盾，处于相互对立的状态。该理论认为，当人们的态度与行为不一致且无法对自己的行为找出外部理由时，常常会产生认知失调，引起人们心理上的紧张感，从而驱使人们减轻或消除失调状态。[①] 以学生备考偷懒为例，当一名平时不用功的学生期末临时抱佛脚地复习，但没坚持多久便开始偷懒时，他的偷懒行为和想要认真备考的态度产生了矛盾而引起认知失调。消除这种认知失调的方法主要有四种：改变态度、改变行为、增加认知、降低认知的重要性。[②]

（1）改变态度。改变自己的备考态度，使其与以前的行为一致："我不喜欢学习，我不想复习。"

（2）改变行为。改变自己的偷懒行为，与态度一致："我要继续复习，不再偷懒。"

（3）增加认知。当两个认知不一致时，可以通过增加更多一致性的认知来减少失调："偷懒可以让我放松，缓解疲劳。"

（4）降低认知的重要性。使不一致的认知变得不重要："偷懒放松比考试挂科更重要。"

[知识窗]
"真香"定律

第二节　人际关系

马克思曾说过："人的本质是一切社会关系的总和"。人际关系是一种非常重要的社会关系，它是指人们在共同活动中彼此为满足各种需要而建立起的相互间的心理关系。[③] 作为社会性动物，任何人都无法离开他人而独立生存。与他人建立人际关系如同吃饭、喝水一样，是人们生存所必需的要素。这一节主要讨论人际关系中的人际吸引、人际沟通与亲密关系方面的问题。

一、人际吸引

在很多情境下，例如，公交车上、教室里、餐厅里、相亲中、旅游时，人与人之间都可能会发生互动联结。从心理学角度来说，关系开始的第一步就是人际吸引，它是指人与人之间的相互接纳和喜欢。[④]

（一）人际关系与人际吸引

人际吸引是建立人际关系的起始阶段，普遍存在于各种人际交往中。

1. 人际关系的建立与发展

心理学家将良好的人际关系的建立与发展从交往由浅入深的角度分为交往定向、

---

① 侯玉波. 社会心理学［M］. 3 版. 北京：北京大学出版社，2013：107.
② 乐国安. 社会心理学［M］. 3 版. 北京：中国人民大学出版社，2017：156.
③ 乐国安. 社会心理学［M］. 3 版. 北京：中国人民大学出版社，2017：213.
④ 金盛华. 社会心理学［M］. 3 版. 北京：高等教育出版社，2020：233.

情感探索、情感交流、稳定交往四个阶段（见表 10-3）。①

表 10-3　人际关系的发展过程

阶段	沟通程度	情感卷入程度	交往特点
交往定向	初步沟通，确定关系发展的定向	无	遵守交往规范，留下良好的第一印象
情感探索	沟通更广泛，但仍避免私人领域	较低	仍会注意遵守交往规范，会探索共同的情感领域
情感交流	沟通涉及自我的许多方面	中度	此时交往已超出正式交往范围，彼此之间会有真诚的反馈
稳定交往	沟通更广泛深刻，涉及高度私密的个人领域	深度	心理上的共同领域进一步扩大，但很少有友谊关系能达到这一阶段

2. 良好人际关系的意义

大量研究和人们的生活实践都已经证明，良好的人际关系是个体保持身心健康、生活幸福和获得事业成功的必要前提。②

（1）人际关系与身心健康

人际关系紧张会使人感到压抑和焦虑，产生不良的心理状态，影响心理健康。反之，良好的人际关系能够缓解不良的心理状态，使人获得安全感和归属感，得到支持与理解，从而促进身心健康。

（2）人际关系与生活幸福

在日常生活中，有些人会认为，人的幸福是建立在金钱、成功、名誉和地位基础上的。但实际上，良好的人际关系才是生活幸福至关重要和必不可缺的。

（3）人际关系与事业成功

良好的人际关系是事业成功的重要条件，中国传统文化中有古语"天时不如地利，地利不如人和"，强调良好人际关系的重要性。要想获得事业的成功，良好的人际关系是必要前提。

（二）人际吸引的一般条件

1. 接近性

在现实生活中，生活的时空性使人们只能与空间距离接近的人有密切来往（互联网除外），空间距离越近，交往频率可能越高，从而越容易建立良好的人际关系。③

2. 熟悉性

在日常生活中，人们在少数情况下把喜欢的情感投向榜样、偶像等，更多情况下是把喜欢的情感投向周围与自己直接交往的对象。人们与周围人能够相互接触，彼此之间存在更多交往的可能性。

① 章志光.社会心理学［M］.3 版.北京：人民教育出版社，2015：279-280.
② 金盛华.社会心理学［M］.3 版.北京：高等教育出版社，2020：260-262.
③ 乐国安.社会心理学［M］.3 版.北京：中国人民大学出版社，2017：228.

3. 相似性与互补性

俗话说："老乡见老乡，两眼泪汪汪。"这体现了相似性在人际吸引中的影响。人们倾向于喜欢在态度、价值观、兴趣、背景及人格等方面与自己相似的人，从而产生"物以类聚，人以群分"的现象。

当交往双方的需要和满足途径正好呈互补关系时，双方之间的喜爱程度也会增加。但是，互补性只存在于人们的某些个性特征中，并非全部个性特征都具有互补性[①]。例如，依赖性强的人会被喜欢照顾别人的人所吸引，而诚实的人难以和一个撒谎成性的人做朋友。

4. 个人特征

影响人际吸引的个人特征主要包括外表吸引力、个性品质、能力。[②] 外表对人际吸引的影响是显而易见的。而个性品质则是个体更为内在的特质，与人际吸引有着更为稳定的关联，例如，真诚、理解、智慧等都是高度令人喜欢的品质。此外，人们往往比较喜欢有能力的人，能力涉及范围较广，如智力、社交能力等。

二、人际沟通

在生活中人们最离不开的就是与他人的互动，和亲朋好友的聊天会让一个人感到温暖，和工作伙伴探讨任务会提高做事情的效率，甚至和陌生人擦肩而过时的温柔问好都可以让个体拥有一天的好心情。

人际互动指人们之间的信息交流过程，也就是人们在共同活动中彼此交流各种观念、思想和感情的过程。

（一）人际沟通的方式

1. 单向沟通与双向沟通

想象一下日常生活中的运输管道，单方面的输送就像是单向沟通，而两方面彼此交汇输送就是双向沟通。单向沟通是人际沟通中一方仅发送信息，而另一方仅接收信息的形式，如操作展示、学术讲座等。双向沟通是人际沟通中两者之间都发送且都接收信息的形式，如协商谈判、寒暄互动等。[③]

单向沟通一般会比双向沟通传递信息的速度更快一些，但沟通效果较双向沟通差一些。例如，若教师仅是以讲授的方式教学，可能会导致学生对知识的掌握程度不高，但是进行师生互动的话就可以增强学生对知识的理解程度。因此，双向沟通能产生更多的人际交往，增进彼此的了解，建立良好的人际关系。

2. 平级沟通与跨级沟通

有时沟通的对象不同，会让人们处于不同的情绪和情感状态当中。比如，和朋友沟通时就会很自在、轻松，但是和教师、领导沟通时就会不自主地紧张，甚至会脸颊发热、手心出汗等。根据沟通对象的不同，可以将人际沟通分为不同的形式。

跨级沟通是个人和比自己水平高或低的他人进行沟通。例如，学生向教师汇报

---

① 章志光. 社会心理学［M］. 3 版. 北京：人民教育出版社，2015：261-262.
② 侯玉波. 社会心理学［M］. 3 版. 北京：北京大学出版社，2013：150-151.
③ 车丽萍，等. 管理心理学［M］. 2 版. 武汉：武汉大学出版社，2016：162-166.

学习情况、教师给学生布置任务等。平级沟通是个人和与自己水平相似的他人进行沟通。例如，教师之间、同学之间、工作成员之间的沟通。

在实践生活中，最常见的沟通形式是平级沟通，往往人们表现出来的都是较为自然、积极的状态，从而高效地进行人际交往，促进合作。

3. 正式沟通与非正式沟通

正式沟通一般是指人际沟通中在会议室或其他正式场合中，依据规章制度传递和表达官方信息的沟通。[①] 例如，实验室进行科研讨论、领导逐级传达文件要求等。非正式沟通一般是指在正式渠道以外进行的信息交流，传递和表达非官方信息的沟通。例如，同学们下课后讨论社会新闻、员工间私下交流技术经验等。

生活中，正式沟通具有较强的约束力，一般用于重要、严肃的信息传递过程，但是也可能因为过于严肃而导致比较刻板。非正式沟通非常灵活方便，使人们容易表露真实的思想情感，但是较难控制。比如利用网络渠道散播的谣言，可能会导致部分群众恐慌、焦虑。因此，我们要注意在日常使用网络等渠道进行人际交流时，保持理性的头脑，用科学的视角来分析信息，辩证地看待社会热点问题。

（二）言语沟通与非言语沟通

言语沟通是一种非常普遍的沟通方式。正是有了语言，才让人与人之间的交流更加高效准确。除此之外，还可以用非言语的方式进行沟通，比如嘴角上扬时就会表露出开心的情绪，当眼神交流变得闪躲时就会显得局促紧张等，这些非言语沟通同样可以给对方传递信息。

言语沟通是最常用的人际沟通信息传递方式，通过文字、语言所传递的信息一般都属于言语沟通，比如课堂教学、学术报告、技术讨论、文件通知等。

生活中人们几乎都是用语言沟通的，言语沟通可以在短时间内传递大量的信息，并且可以及时地得到对方的回复。例如，在课堂上，教师在讲授知识的过程中，学生可以针对其中某一知识点进行提问；通过发送信息的形式与远在他乡的朋友进行交流，这种文字沟通的形式可以让人们反复阅读信息。

非言语沟通包括人们的面部表情、身体动作、声音的语音语调、身体空间距离等。例如，在课堂上，教师在介绍关键知识时一般会放慢语速、提高音量并运用重音提醒同学们注意；和亲近朋友聊天时，彼此之间的距离会较近，并且伴有更多的肢体接触，但是和陌生人交流时的沟通距离较远，并且几乎没有肢体接触。

（三）冲突中的沟通

平和、友善的沟通氛围是人们所期望的良好的沟通氛围，但是人们沟通是在进行信息交换和人际交往，而每个人对问题的看法以及自我边界等方面可能都是不同的，因此沟通中难免会产生矛盾和冲突。

1. 人际沟通的影响因素

在人际交往和信息交换的过程中，信息传达者、信息接收者、沟通内容和沟通媒

---

① 车丽萍，等.管理心理学［M］.2版.武汉：武汉大学出版社，2016:164-166.

介等对沟通过程都会有不同程度的影响。

（1）信息传达者

在日常生活中，可能信息传达者自身开始沟通时的目标和目的不明确，或者信息传达者的沟通技巧不足，这会导致沟通过程效率很低。例如，一位同学在请教问题时不能准确地表达自己的困惑，这就会影响沟通过程中信息传递的效率。

（2）信息接收者

在沟通过程中，信息接收者可能会受到自身主观印象的影响，从而影响沟通效率。例如，在听一位威望较高的教授进行学术讲座时，信息接收者就会非常相信他所说的话。而人的注意是有限的，在传递信息时，信息接收者会受到自身多方面的影响而有选择性地接收信息。例如，在听教师介绍某些操作流程时，不同的同学所关注的重点可能是不同的，从而结合自身已掌握的技术经验，有针对性地接收教师讲授的注意事项。

（3）反馈与环境

良好的反馈可以纠正沟通偏差，提高沟通效率。反馈不及时或者反馈的信息与原信息无关时可能影响沟通的顺利进行。此外，环境不合适也不利于沟通，比如在嘈杂的环境中沟通比较困难，很容易造成对方接收信息的误差；又如在工作场合批评下属易使对方难堪，产生抵触情绪。[1]

（4）沟通媒介

随着网络的快速发展，越来越多的人倾向于通过网络媒体来表达想法。比如在实际生活中个人想要表达非常开心时，可以直接表露出开心的表情，而在网络媒体上表达相同的情绪时，就需要借助相应的表情符号。但每个人对表情符号的理解可能是不同的，从而导致在网络媒介传递出来的信息与个体接收的信息存在一定的矛盾，并因此发生冲突。

2. 产生冲突后的沟通技巧

生活中有人际冲突是非常正常且普遍的事情，人们就是在不断发现冲突和解决冲突的过程中拉近彼此距离的。在产生冲突后，我们可以运用一些沟通技巧化解冲突，增进理解。

（1）调整自身情绪

产生冲突后有消极情绪是很正常的，但是假若个人想要解决这个冲突，就需要首先调整好自身情绪。可以暂时离开冲突发生的地点冷静一会。或者将注意力转移到其他事情上，比如适当的运动等。

（2）学会倾听

双方情绪都调整好后，可以冷静下来倾听对方表达自身冲突产生的内在原因和真实想法。此时不要急于反驳或者评价，要给予对方最可靠的倾诉环境，使其轻松自如地表达真实的想法。倾听过程中要重视眼神交流，配合表示理解的动作，例如点头等，以表达认真倾听的态度。

---

[1] 车丽萍，等.管理心理学［M］.2版.武汉：武汉大学出版社，2016:168-169.

（3）换位思考

表达过程中注意自身语速、语气等非言语沟通要素，比如微笑的表情、坚定的眼神等。同时要考虑对方的感受，懂得换位思考，从而判断应该如何恰当地表达。表达对彼此的理解和认可能够拉近彼此的心理距离，从而化解冲突，增进情谊。

三、亲密关系

亲密关系是我们人生中非常重要的支持和动力。其中，家庭关系是从小到大都影响着我们的一种亲密关系；当个体成长到成年早期的时候就会发展爱情关系，从而获得亲密感，伴侣关系也是一种典型的亲密关系。正是因为有家人、爱人的陪伴，我们在人生的道路上才会越走越远。

（一）爱情关系

1. 爱情三元理论

斯腾伯格提出了爱情三元理论，他认为各种不同的爱情都可以由三个不同的成分组合而成，分别是亲密、激情和承诺。亲密是情感性的，比如相互关心、分享感受以及支持所爱之人的兴趣。激情意味着一种浪漫的性的感受，包括迷恋（被所爱之人迷住）、性渴望。承诺是维持一段关系的决定。恋爱关系的温情来自亲密，火热来自激情，承诺反映的则是决策。①

这三种成分构成了以下六种爱情形式，如图 10-3 所示。像"我爱你"这样一句简单的话语可能包含许多不同的情感体验。爱情之所以很复杂还有一个原因是，这三种成分会随着时间发生变化，一对伴侣在不同时期可能会体验到各种不同类型的爱情。值得一提的是，激情是最容易发生变化的，也是最不容易控制的成分。

[知识窗]
中国电建外籍工程师的"工地爱情"

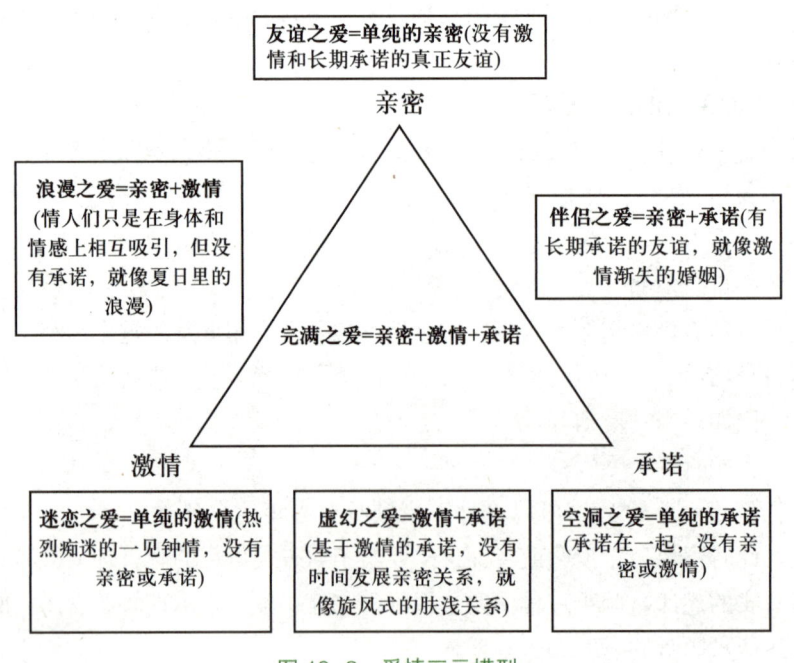

图 10-3　爱情三元模型

---

① 米勒.亲密关系：第 6 版［M］.王伟平，译.北京：人民邮电出版社，2015：253-256.

2. 爱情的个体差异

每个人的爱情并非一模一样的，不同的人会体验到不同类型的爱情，这与人们本身的差异是有关系的。

（1）年龄。一般来说，个体在青少年时期情窦初开，并且在成年早期爱情达到鼎盛的状态。成年早期的个体恋爱动机多元化，注重爱情中双方的忠诚和精神成分的需要。高职学生处于青春期后期和成年早期的阶段，在这一阶段通过寻求与建立亲密关系，获得亲密感，克服孤独感，体验爱的实现，形成爱的美德。

（2）性别。性别是非常重要的个体差异因素。女性体验到的情感比男性更强烈、更多变，比如我们经常可以看到在一段恋爱关系中，女生常常上一秒还在喜悦当中，下一秒可能就会因为某个行为或某句话而感到生气，这与女生的心思细腻、敏感性强有一定的关系。而男性似乎更看重激情，他们认为爱情应该有着更多的激情。激情的成分越多，男性对亲密关系的满意度越高。承诺则是预测女性对亲密关系满意度的最好成分。在爱情方面，女性会比男性更为谨慎，女性对爱恋的对象更为挑剔，并且她们也更迟缓地感受到激情，男性则往往不会这么严格对待，比如男性一般来讲比女性更能接受随意的性关系。

3. 爱情的维持

在人们结婚之后，伴侣之间的浪漫之爱会逐渐减弱。结婚几年之后，夫妻就不会再像从前那样声称愿意为对方做任何事情，或者在互相凝视对方的双眸时，很少会有陶醉的感觉。为什么浪漫之爱难以持久呢？其原因可能是在刚开始的恋爱中，激情的成分很高，人们往往容易将自己的伴侣理想化，但是和伴侣开始生活在一起之后，两人的缺点逐渐显露出来，很多事情就变得越来越现实，因此，这种浪漫之爱很快就会消散。

一段亲密关系在结束之前，往往会有一定的信号和预兆。比如双方感受到压力和紧张，双方的冲突已经持续很长一段时间，或者伴侣之间不平等，一方利用和剥削另一方。那如何维持和提升亲密关系呢？第一，保持忠诚。忠诚于自己伴侣的人更希望这段关系能够维持下去，因此，他们的行动和思维都会有利于维持亲密关系，这往往避免了很多冲突。第二，学会欣赏。学会欣赏自己的伴侣，能够察觉和注意到对方为你所做的付出并表达你的感激。第三，仪式感。在重要的节日时表达爱意，表达方式需要精心准备。第四，平等对待，耐心沟通。平等是维持关系的重要条件之一，在爱情及婚姻中，人们并不是用最少的付出换取最大的利益，人们更愿意追求一种平等关系。很多亲密关系出现问题的最大的原因就是缺乏沟通，所以在遇到事情时，多沟通是最好的解决办法。

（二）家庭关系

1. 依恋

依恋是指个体在婴儿时期通过与主要抚养者（通常是母亲）的相互接触和交流而

建立起的一种特殊的社会性情感联结。①

婴儿通常会对自己的母亲微笑、哭闹、依偎、拥抱等,他们最喜欢的就是与母亲在一起,婴儿感到饥饿、寒冷、疲倦或疼痛时,第一时间也会去寻找自己的母亲而不是其他人。依恋对个体一生的心理发展具有重要作用。婴儿是否同母亲形成依恋及依恋性质如何,直接影响着婴儿的情绪行为、性格和与人交往的基本态度。

2. 依恋的实验

安斯沃斯(M. D. S. Ainsworth,1913—1999)等人利用陌生情境法,得出了不同的依恋类型。整个实验过程是首先由母亲带婴儿进入实验场所(陌生环境),随后实验人员作为一个陌生人出现在实验场所里,但不干涉母子活动,过一会儿母亲独自离开实验场所,由婴儿单独与陌生人(实验人员)相处,整个过程中观察婴儿的表现,然后片刻后母亲返回。安斯沃斯等人根据观察儿童在陌生情境中的不同反应,认为婴儿依恋存在三种类型:

(1)安全型依恋。这类婴儿在母亲在场的时候,可以很安心地玩玩具,并且不总是依赖在母亲身边,更多的是与母亲眼神上的交流。但是当母亲离开的时候,可以明显观察到儿童出现哭闹、情绪不安等反应。当母亲再次回来时,婴儿会马上寻找母亲,并且能很快地被母亲安抚下来,过一会儿便可以继续玩玩具。

(2)回避型依恋。这类婴儿发现母亲离开时并不会紧张不安,当母亲回来时,他们也不会特别开心,而是不予理睬,有时也会表现出欢迎,但是时间非常短暂。其实之所以如此,是因为这类婴儿没有与母亲产生特别亲密的情感联结,有人也把这类婴儿称为"无依恋婴儿"。

(3)反抗型依恋。当母亲还没离开或者马上要离开时,这类婴儿显得格外警惕,母亲离开时表现得非常苦恼、极度反抗、大喊大叫。但是当母亲回来时,他们既寻求与母亲接触,但同时又反抗与母亲接触,比如当母亲抱他时,就会生气地推开。但是重新回去玩玩具似乎又不能投入其中,会时不时地朝母亲这里看。这种类型又被称为矛盾型依恋。

依恋是婴儿在与主要抚养者相互交流的过程中逐渐形成的。如果母亲对自己孩子的需求反应很及时,非常关心,婴儿就能对母亲产生一种信任感,从而形成安全型依恋;反之则不能。这三种类型中,安全型依恋为良好的、积极的依恋,而回避型依恋和反抗型依恋又称为不安全型依恋,是消极的、不良的依恋。

3. 亲子依恋对成人依恋的影响

个体在婴儿时期形成的亲子依恋会影响个体长大后的交友、恋爱甚至是与下一代的亲子关系,也就是说,现有的成人依恋建立在曾经的亲子依恋的基础上。如果主要抚养者是温暖的,并且充分给予儿童爱与支持,就会形成安全型的亲子依恋,从而个体的成人依恋也是安全型的,他们可能具有更高的自我价值,并且不担心自己会被抛弃,与对方的关系也是满意和稳定的。有相关研究发现,父母早期的教养方式与高职

---

① 林崇德.发展心理学[M].3版.北京:人民教育出版社,2018:197-202.

学生的成人依恋有着很大的关系，父母的关爱和鼓励可以让孩子有更低的依恋回避和依恋焦虑。[①]

不同的成人依恋风格会影响生活中的方方面面，比如，有研究表明，依恋风格与高职学生的孤独感密切相关，安全型依恋的高职学生孤独感是最低的。除此之外，依恋模式还可能会影响高职学生的学习倦怠、校园生活适应性、情绪调节等。[②]

第三节　文化心理

中华民族在五千多年的历史中创造了辉煌灿烂的文化，这是中华民族的根和魂。党的十八大以来，习近平总书记以坚定的文化自觉与文化自信，引领中华民族迈向伟大复兴之路。文化是生活在一定地域内的人们的思想、信念及生活与行为方式的总称。人创造了文化，文化也在塑造着人。正所谓"一方水土养一方人"，文化在潜移默化中给人们的社会认知、自我观以及群体观都带来了深远而持久的影响。

一、文化与社会认知

文化会影响人们的社会认知和思维方式，从而影响社会行为。这种思维方式不仅体现了文化的特质，也在很大程度上制约着人们的心理与行为。特别是中西方文化影响下的认知方式，各具特点。

（一）整体性思维与分析性思维

如图 10-4 所示，上面是鸡和草，下面是牛，请判断牛应该和上面的哪一种物体归为一类？

图 10-4　分类任务

如果选择把牛和鸡归为一类，则说明你倾向于按照事物的类别进行归类：牛和鸡都属于动物，而草属于植物，这种思维属于分析性思维。如果选择把牛和草归为一类，则说明你倾向于按照事物的联系进行归类：因为牛吃草，这种思维属于整体性思维。研究发现，在分类任务中，中国人倾向于整体性思维，美国人倾向于分析性思维。

尼斯比特（R. E. Nisbett，1941—　）提出用整体性思维与分析性思维来描述中西方的文化差异。整体性思维是指倾向于把情境或背景与事件本身包含在内作为一个整体进行思考和处理，比如在分类任务中，关注事物之间的联系；在观察的时候，关注

---

① 高明．高职院校学生父母养育方式与成人依恋的相关研究［J］．中国临床心理学杂志，2012，20（2）：255-257.
② 吕薇．高职生依恋风格与孤独感的相关研究［J］．中国学校卫生，2007（7）：635-636.

"整个画面"，不仅注意主体，还会把一部分注意力放在周围的环境或背景信息上。分析性思维是指更倾向于将物体从其情境或背景中抽离出来进行思考和处理，比如在分类任务中，关注事物的本身属性；在观察时更多地注意主体，而对周围的环境不关注或者关注得比较少。

这种差异在生活中有很多体现。比如在中国影视作品中，创作者营造仙侠角色的飞行情境时，往往会通过飘动的白云、拂起的衣袖和飘带，甚至呼呼的风声来表现，让"飞"显得更加逼真；而在西方国家的一些影视作品中，这些营造氛围感的东西就少了很多，天使自带翅膀，超人举起手臂摆好姿势就可以飞行，还有人物角色靠意念就可以自由移动。这也可以看出，中国人更在意的是整体画面，注重意境；而西方人更关注独立自主的个体，这些不同背后体现的便是思维方式的差异。

[知识窗]
中西方思维方式差异的文化来源

（二）理解他人的行为

1. 文化与非语言行为

2021 年 10 月 24 日，一则"华春莹已荣任外交部部长助理"的消息引发关注，并登上微博热搜。华春莹——中国最美外交官，在每次发布会上，面对外界对中国的质疑，以及各国记者的"咄咄逼问"，华春莹表现出睿智亲和的气质。得体知性的着装，落落大方的举止，在每一场外事活动和发言中，华春莹都能够从容应对，侃侃而谈，不仅取得了外交工作上的成功，也圈粉无数！被国人亲切地称为"华姐""中国最美外交官"，被外媒评论为"身着西装的美丽灵魂，一个不好惹的中国女性"。

由于工作性质和职责，外交人员经常要面临一项挑战：不仅要解读在不同文化背景下人们的言语行为，还要有效地解读他们所作出的非语言行为。非语言行为是指不用言语的动作，包括面部表情、身体姿势、手势、目光交流、触摸、互动时的空间距离等，可独立存在，也可伴随语言性行为而发生。

除了社交礼仪规则，不同的文化都有各自认可的得体行为。通常这些社会认可和期望的行为规则被视为社会规范。不同文化下的社会规范微妙地限制和控制着每个社会成员的行为。

2. 文化与归因

当一个客观事件发生时，人们会由于个人的判断而对事件进行主观归因。这个归因过程会受到文化的影响。

许多亚洲传统文化十分重视谦逊和人际和谐，并不太鼓励人们将成功归因于自己（个人的天才或聪明才智）。例如，运动员会将他们的成功归因于国家、团队、教练。学生会将他们的成功归因于他人，如教师或父母。相反，西方人则会更多地鼓励个人成就，将成功归因于自己。这些把成功的原因更多地归结于自身，认为个人的贡献更大的称为自利归因，在不同文化价值观的影响下，人们的自利归因水平有所不同。

文化对于成功的归因有很大的影响，那么不同的文化对于失败的归因是否也会有所差异呢？社会心理学家莫里斯（M. M. Morris）和彭凯平（1962—　）曾针对两起相似犯罪事件在中美两国的媒体评论进行对比研究。在这两起事件中，都是犯罪者出于对他人的不满而将对方杀害。美国的报纸关注犯罪者的精神状态和个性，而中国的报纸则更多关注事件的情境，以及犯罪者的人际关系。中国学生更倾向将类似事件归因于情境原因，更多地讨论犯罪者与被害者的关系；而美国学生更倾向将类似事件归因于个人意愿，更多地讨论犯罪者的个性和动机。

总的来说，中国文化更加倾向于集体主义和高语境，而西方文化更加倾向于个人主义和低语境。这些文化价值的不同对人们的归因会产生直接的影响。

（三）多元文化下的社会生活

多元文化是指在人类社会越来越复杂化，信息流通越来越发达的情况下，文化的更新转型也日益加快，各种文化的发展均面临着不同的机遇和挑战。新的文化层出不穷，造就了文化的多元性，也就是复杂社会背景下的多元文化。

目前，随着社会的发展和进步，以及国家提出"职业教育要深化改革、校企合作"的相关政策，南京科技职业学院立足服务国家教育对外开放战略，学校与"走出去"企业建立联合招生机制，共同选拔目的国的本土生源，推进了自身的国际化进程。在多元文化共同影响的背景下，联合培养的学生以其自身过硬的"软素质＋硬技能"，毕业后顺利进入合作企业并快速晋升为企业一线骨干。在多元文化的背景下，有助于孕育出更多的国际人才，他们是文化互鉴的结晶，也会给消除文化冲突带来希望。如今越来越多的高职院校推动联合培养计划，将不同文化背景下的技术不断融合，培养出更多的高精尖技术人才，结合共建"一带一路"，使沿线国家和地区的人们共同受益。

2022 年 8 月 19 日至 20 日，在天津举行的世界职业技术教育发展大会主论坛上，教育部部长怀进鹏指出：在后疫情时代，世界各国职业教育不同程度地面临着一些共同挑战和发展机遇，在此际遇应当推动多方进一步加强并深化国际交流，发挥文化多元优势，以合作为要，互利共赢，包容发展，携手推动全球职业教育高质量发展。

二、文化与自我

不同的文化背景成就了不同的自我观，也形成了不同的性别认知。

（一）独立与互依的自我观

马库斯（H. R. Markus）和北山村（S. Kitayama）提出了独立型自我与依赖型自我的模型。他们认为，东亚文化和美国文化是两种不同的文化意义系统，生活在这种系统下的人们会形成不同的自我构念。

1. 独立型自我的特点

独立型自我的人通过关注自我，发现和表达自身的内在特质而保持自我的独立性，但与团体外成员的距离比互依型自我更接近。

2. 互依型自我的特点

互依型自我与集体主义、社会中心主义等概念是比较相近的。互依型自我在维持人际关系的时候，通常注意他人的需要、愿望或者目标等，强调在帮助他人目标实现的同时，个体自己的目标也会实现，是互惠共赢的。

3. 中西方自我观的文化差异

中西方的自我观是具有差异性的。有研究发现，美国儿童通常使用积极的个人特征、性格以及内在特点来描述自我，中国儿童则往往会以中性或者谦虚的口吻，使用社会角色、外在行为来描述自我。有研究发现，中国人更多地描述团体自我，比如学生、兄弟，等等；美国人更多地描述自己，比如善良、诚实等。

（二）适应环境与坚持自我的动机

在自我成长的过程中，个体可能会随着社会环境的变化而发生相应的改变。个体被环境影响的同时，也会受到内心坚持自我的影响，从而辩证地看待社会环境的影响而发展自我。

1. 适应环境

人在发展和成长的过程中会不断被周围的自然环境和社会文化环境塑造、影响，这也正是人类适应环境的体现。从进化心理学的角度来看，漫长的进化历程中，人类为了更好地生存，需要应对不同的环境挑战，因此发展出了一系列适应性的心理和行为特征，这种适应环境的动机将贯穿人类发展始终。

2. 坚持自我动机的特点

随着年龄的发展，个体的辩证思维逐渐占据主导地位，因此在接受环境变化的同时，自我会通过辩证思维而决定是否让自己根据社会环境的变化而改变。比如当有传言"即将面临盐荒"时，有的人会盲目囤盐，而有的人会搜寻相关信息并以此判断为谣言，就不会作出盲目跟风的行为。

3. 中西方文化差异

有研究者比较了中国不同时期和美国不同时期人们的价值观取向，结果发现中国人的保守性显著高于美国人，而美国人的变化性、自我超越性显著高于中国人。由此可以表明，不同的社会文化背景影响个体的价值观，并且影响个体适应环境还是坚持自我的动机。

（三）性别与文化

1. 性别差异的刻板印象

性别差异的刻板印象在社会中比较常见且普遍，指的是人们对男女性别角色比较固定的一种看法。比如，人们在形容男性时总会使用"阳刚的""志向高远的""理性的"等，在形容女性时总会使用"温柔的""感性的""腼腆的"等。

《中华人民共和国宪法》明确指出："中华人民共和国妇女在政治的、经济的、文化的、社会的和家庭的生活等方面享有同男子平等的权利。"因此，人们应该在成长过程中不断树立性别平等的信念，并且在社会生活、工作过程中正视性别差异的同时，建立权利平等的信念，为营造更加和谐稳定的社会贡献自己的力量。

2. 中西方性别包容性差异

随着对科学知识的不断了解，越来越多的人以更加包容、客观的心态来看待性别。总体而言，个体对性别的包容性不断提升，重点体现在对跨性别者的包容性上。目前文化越来越多元，并且人们的接受程度也越来越高，使得人们对多元性别的包容性在增长。

三、文化与群体
（一）集体主义与个体主义

当一个人看到这张图（图10-5）的时候，会怎么描述它呢？有心理学家发现，亚洲人常常描述环境和鱼类之间的关系，关注得更加全面（集体主义），而美国人只能注意到单条大鱼（个人主义）。

图 10-5 你看到了什么？

1. 集体对个体的影响

每个人都生活在社会和团体当中，不可能孤立存在，因此，人们也时刻感受到社会和集体对自身生活的影响，这是不可避免的。

（1）社会影响理论

拉塔内（Bibb, Latané, 1937—　）提出了社会影响理论，论述了社会影响的一些原则。在特定的社会情境中，社会影响的总量取决于三方面的因素：他人的数量、重要性和接近性。这就好比于桌面接收到的光亮不仅取决于开了多少灯，还取决于灯泡的瓦数以及灯与桌面的距离。

① 数量：周围的人数越多，社会影响越大。比如当个体上台表演时，台下有1 000 名观众比有 10 名观众会使个体更加紧张。拉塔内提出随着影响人数的增加，每个人的影响是下降的。当只有一个灯泡亮着的时候，如果打开第二盏灯，它增加的亮度人们能感觉到，但是当打开第三盏、第四盏灯，甚至更多的时候，人们就很难感觉到亮度的变化了。

② 重要性：也称他人的强度，依赖于他人的地位、权力以及是否为专家。例如，一名企业高管的影响比一名外卖员大。他人的地位越高，权力越大，权威性越强，其社会影响力就越高。

③ 接近性：个体与他人在时间和空间上的接近程度，比如，室友对个体的影响可能要比一个远房亲戚的影响大得多。

（2）社会促进与社会懈怠

社会促进是指人们在有他人旁观的情况下的工作表现比个人单独工作时更好的现

象。有研究者发现在有竞争时，人们骑车的速度比单独骑的时候快。

社会懈怠是指在团体中由于个体的成绩没有被单独评价，而是被看作一个总体时所引发的个体努力水平下降的现象。例如，当教师规定以小组为单位完成作业任务时，如果最终只评定小组成绩，组内成员明显对作业的参与度不是很高，但是如果还需要评价组内成员的个人成绩，那么组内成员就会表现得非常积极。

通常生活在集体主义文化背景下的人比个人主义社会的人更加团结、负责、具有合作的精神。那么集体主义社会也会存在社会懈怠吗？有研究者发现，社会懈怠普遍存在于各种任务和各类人群中。也就是说，无论是集体主义文化还是个人主义文化，都会存在社会懈怠的现象。但是也存在一定的差异，研究发现相比于个人主义文化，集体主义文化下的社会懈怠确实没有那么强烈。

（3）去个体化

随着互联网时代的到来，网络暴力事件层出不穷，造成了很多不可挽回的局面。人们之所以在网上会肆无忌惮地发言，在很大程度上与虚拟网络世界的去个体化有关。

去个体化是指个体丧失了抵制从事与自己内在准则相矛盾行为的自我认同，从而作出了一些平常自己不会作出的反社会行为。除了网络暴力，生活中还有其他去个体化的现象，比如有的人不喜欢以自己私人的名义去捐赠某些物品或进行某项慈善活动，但当其在一个团体内或者采取某种匿名的方式时，就会进行善意捐赠。

为什么会产生去个体化行为？主要与两个因素有关：

一是匿名性。匿名性是引起去个体化行为的关键。如果成员在群体中越隐匿，他们就越不认为自己需要对行为负责。大部分人觉得他们不代表自己，而是混杂于人群中，也就是没有自我认同。

二是自我意识的降低。在一般情况下，人们的行为会受到社会规范、自我道德感知以及价值观等因素的控制，但是在一些情况下，人们的这些自我意识会失去这些控制功能。人们认为自己是群体中的一部分，不需要对自己的行为负责，从而作出一些违反道德或者规范的事情。

（4）从众

请想象一种场景：如果此时一个人正在等红灯，而他周围的行人并没有停下来，大家都闯红灯过马路，只有他一个人在等。在这种情况下，他会选择跟着大家闯红灯吗？

从众是指个人的观念与行为由于群体的引导或压力，而向与多数人相一致的方向变化的现象。在日常生活中，其实有很多的从众行为，例如，投票表决一件事情的时候，少数人由于多数人举手的压力而最终赞成多数人的意见；或者长时间的从众表现，比如顺应风俗、习惯、传统等。

2. 中西方文化差异

在人们日常所接触到的新闻和亲身经历中，都可以感受到中西方在文化方面的差异是很大的。总体而言，中国人注重群体和谐，强调集体主义，而美国人注重竞争，强调个人主义。

中国传统文化是以儒家思想为核心的，主要包括仁义礼智信、与人为善、天人合一等，其中个人与社会的联系非常紧密，具有很强的依赖性，有利于团体合作、齐心协力，从而促使当今社会的中国群众普遍具有较强的集体主义精神和共同的群体认同。美国的文化价值观主要包括：个人主义、实用主义、自由主义、理想主义等。强调通过自身努力完成自我实现，其中，竞争是实现个人价值的主要途径。

（二）社会认同与群际冲突

社会认同是指个体所属的群体身份，是积极自我的重要来源，社会认同理论认为个体通过社会分类对自己所属群体产生认同，并且对内群体产生偏爱，而对外群体产生偏见。群际冲突是指人们把自己看作不同社会群体的成员而非单独个体而发生的内隐或外显的对抗行为。正是个体将自己与他人进行社会分类，对内外群体具有不同的态度，从而导致了群际冲突。

1. 社会类别化与群际冲突

社会类别化是个体基于不同群体间的相似性把他人分为不同群体类别的主观心理过程。例如，日常人们将社会群体分为男性群体和女性群体，或者分为儿童、青少年、中老年等类别，依照不同的划分标准，可以将个体主观地归属于不同的群体。社会心理学家认为，社会类别化是群际冲突的潜在基础。针对某个群体的态度会导致人们消极地去评价这个群体的成员，意味着强烈地、莫名地不喜欢，甚至厌恶一个群体。

2. 共同内群体认同减少群际冲突

个体对所属群体的认同可以体现出个体与群体间的联结程度，认同感越强，对自己所属群体成员就会越偏好。通过共同内群体认同模型，改变对外群体的消极态度和行为。

习近平总书记指出："我们始终秉持人类命运共同体理念，既对本国人民生命安全和身体健康负责，也对全球公共卫生事业尽责。"对"人类命运共同体"理念的认同，让更多的人投身于自我发展、社会发展的进程中。2023年1月5日，教育部制订并发布了《高职本科专业学士学位授予学科门类对应表》，意味着高职教育学科时代的到来。同时，这将会促进各级各类高职院校服务社会能力的显著提升。此外，高职院校在重视专业发展的同时，也要重视学科文化的培育，培养出一批更加具有高度文化自信的高职学生。

文化自信是一个国家、民族、政党对自身文化价值的充分肯定，对自身文化生命力的坚定信念。中国传统文化让我们在快速发展的社会中，同时兼具沉稳的精神内核。新时代青年人着眼于科技进步的同时，要传承文化积淀下来的精华。高职学生在学校学习过程中应结合自身能力和经验，在理论和实践两方面强化自我。在增强文化自信的同时，为国家的发展贡献力量。

反思·实践·探究

【反思】

1. 社会认知的两种主要类型是什么？

2. 根据归因理论和归因偏差，我们在面对挫折时应该如何正确归因？

3. 如何提升人际吸引力？

【实践】

1. 运用社会态度与行为相关的理论方法，尝试养成一个良好的习惯。

2. 以小组的形式在学校范围内开展一次有关专业认同、职业认同的调研活动，并将调研结果和结论整理好，在全班范围内进行分享与讨论。

【探究】

结合生活实际，探究学生应该如何增强"文化自信"和"专业自信"。

推荐读物

1. 迈尔斯.社会心理学：第11版[M].侯玉波，等译.北京：人民邮电出版社，2016.

迈尔斯的《社会心理学》自出版以来深受广大师生和社会心理学研究者的喜爱，并被翻译成多种语言，有着广泛的影响力。该书将科学的严谨性和人文的宽泛性巧妙地结合起来，兼具感性和理性，能让读者在愉快的阅读过程中轻松掌握心理学知识，适合心理学、社会学等专业的广大师生，同时也适合对社会心理学感兴趣的普通读者。

2. 米勒.亲密关系：第6版[M].王伟平，译.北京：人民邮电出版社，2015.

亲密关系与泛泛之交有什么区别？亲密关系美满的秘诀是什么？什么是爱情？由什么构成？能持续多久？……如果你在思考这些问题，或者对这些问题感兴趣，那么你可以打开该书寻找答案，相信读完之后，你会对爱情、婚姻、承诺、友谊、激情、理解、沟通、亲密、依恋、择偶、嫉妒等多个方面都将有一个崭新的、更深入的认识。

3. 章志光.社会心理学[M].3版.北京：人民教育出版社，2015.

该书是社会心理学课程的通用教材，学术性和可读性都较高，内容涵盖了社会心理学的基本理论、研究对象以及相关的研究方法，其中主要包括人际关系、亲社会行为、合作与竞争、社会知觉、归因与决策等社会心理学的主题。该书帮助读者了解社会心理学的理论知识，认识当代社会心理学的研究现状和发展趋势。

第十一章　生涯辅导与规划

职校生造出"大国重器"

2022 年北京冬奥会，两台机器人"火炬手"成功在水下对接火炬，实现了奥运史上首次机器人水下火炬接力。火炬传递机器人身上的动力装置叫水下推进器，曾经是被欧美发达国家"卡脖子"的技术之一，这项装置的研发者是职校毕业生韩野及其团队。2010 年，韩野高考发挥有些失常，成绩刚好卡在本科和高职类院校之间。不过他心里清楚，自己从小虽然总成绩一般，但物理这科特别突出。他从小对电、磁铁之类的东西感兴趣，家里的电视、洗衣机等电器都被他拆装过，为此没少挨揍，也练就了不错的动手能力。在填报志愿时，他毫不犹豫地填报了一所高职院校的机电类专业。进入大学的韩野如鱼得水，参加电子类社团、泡实验室、参加各种技能大赛、机器人大赛、创新创业大赛。他曾经在高手林立的本科生中突出重围，凭借过硬的产品和能力获得天津市高校创新创业大赛一等奖，随即就有人联系他做项目，这不仅使他信心大增，同时也积累了创业的原始资金。临近毕业时，他接到一个报价 20 多万元的项目，某大坝希望其团队做一款水下巡检机器人代替"蛙人"下水，项目进展得很顺利，他们不仅注册了公司，同时发现了水下推进器这片蓝海。虽然创业之路并非一帆风顺，但是他们没有放弃，经过千万次实验，公司拥有了自己的核心技术，填补了国家多项空白，万米推进器搭载"悟空号"打破世界深潜纪录，并助力双潜水器"奋斗者号"和"沧海号"深海互拍，创造了 10 909 m 的中国载人深潜新纪录。创业近十年的职业院校优秀毕业生韩野格外感谢职业教育改革为他带来的机遇，同时也庆幸自己当初填报高考志愿时做了正确的选择。

「小活动」撕纸游戏

活动内容：每位学生准备两张 A4 纸。

第一步：第一轮活动，全体学生闭上眼睛，并根据主持人的语言提示用手折纸和撕纸，过程中不讲话、不提问。

第二步：主持人发布口令。（1）把纸水平对折；（2）把纸垂直对折；（3）再次对折；（4）撕下叠过纸张的一个角；（5）翻转 90°，再撕去一个角；（6）睁开眼睛，把纸张开，并和其他同学对比。

第三步：第二轮活动，主持人的口令一样，不过大家可以睁开眼睛，活动中可以提问。

活动要点：为什么第一轮和第二轮的结果不一样？是什么原因造成的？

科学原理：单向沟通和双向沟通不同。

现实生活中的应用：生涯辅导中的双向沟通。

第一节 生涯概述

个体生涯终身可持续发展的理念已逐渐成为各级各类高等院校的共识，高等教育是学校教育的最后阶段，也是生涯教育的重要实施阶段，它对于全面开启学生的生涯发展意识、明确自己的生涯发展目标、开展生涯实践、完成学生向社会人的过渡、实现终身发展等具有重要意义。从社会发展的角度来看，富有成效的生涯辅导活动的开展对于促进高职学生就业、将潜在的知识化人力资源充分合理地转变为社会人力资本具有积极意义。

一、生涯的相关概念

生涯的发展是个体一生当中连续不断发展的过程，生涯辅导的目标在于指引我们"去哪里"，特别强调"知道你是谁"的自我探索。习近平总书记多次运用"扣好人生第一粒扣子"来比喻帮助青少年迈好人生第一个台阶的重要性。党的二十大报告中明确提出："强化就业优先政策，健全就业促进机制，促进高质量充分就业。"生涯辅导对社会人力资源的合理配置及学生个人的未来发展具有重要意义。

（一）什么是生涯

20 世纪初，国外学者多使用 vocation 或 occupation 来表示职业，为了强调职业的发展变化，学者们开始用 career 一词来表示职业生涯。舒伯（D. E. Super，1910—1994）认为，生涯是生活中各种事件的演进方向与过程，统合了一个人一生中的各种职业和生活角色，由此表现出个人独特的自我发展形式。金树人认为，人一生中所扮演的一系列不同的角色和职位，及其所影响的工作、休闲、生活，而形成个人独特的生活方式，称为生涯。生涯是以人为中心的，只有在个人寻求它的时候，它才存在。[①]

（二）什么是生涯辅导

生涯辅导历经百年来的演进，其内涵不断反映社会的急速变革、学术思潮的涌现以及个人需要的变化。生涯辅导是指由辅导人员结合其专业知识提供一套系统的计划，用来促进个人的生涯发展。在这套计划中，结合了不同心理学科的方法与技术，帮助个人了解自己以及教育、休闲、工作环境。现代社会尊重社会成员自由选择生活方式的权利，生涯辅导能提高人力资源在分配与应用上的效能，使得教育机会与职业机会的提供能发挥适材适所的功能[②]。

[知识窗]
生涯辅导发展简史

（三）什么是生涯规划

生涯规划是一个人尽其可能地规划未来生涯发展的历程，在考虑个人的智能、性格、价值以及阻力、助力的前提下，做好妥善的安排，并借此调整、摆正自己在人生中的位置，以期自己能适得其所。[③]

生涯规划包括个人成长发展的全过程，并不仅关注职业，因此生涯规划是一个宏观的规划过程，涉及的方面比较广泛。而职业生涯规划着重个人的职业发展，包括职业目标的制订、职业规划路径、培训和自我提升计划等。可以认为，职业生涯规划是生涯规划的一个重要组成部分，通过职业生涯规划，能够更好地实现生涯规划中的长远目标。

二、生涯理论

生涯规划作为一门学科正式成立已逾百年，期间有无数先行者为我们指引方向，分享他们的真知灼见。他们的观点和理论是在前人的基础上不断补充形成的，而后人也在不断地对他们的理论进行补充。因此，每一位研究者的观点和方法都不是独立的，而是互通的。

（一）霍兰德的生涯理论

霍兰德的职业生涯理论重点解决三个问题：第一，个体与环境究竟有什么样的特征；第二，个体与环境如何匹配才能使其获得职业发展的满足感；第三，为他人提供有效的职业指导应采取何种方法。

霍兰德的生涯理论强调职业可以改变个体，个体可以改变环境。因此，霍兰德的生涯理论将个人与职业资料分为六类。霍兰德认为世界上可能有六类职业，每个人都可能适合其中的某类职业。

职业自我探索量表是霍兰德职业选择理论最重要和影响最大的测量工具，其基本依据是 RIASEC 职业类型理论。霍兰德的职业分类之所以影响较大，主要是因为霍兰德的职业分类不仅展示了独特的分类框架，而且提供了可供测量的职业自我探索量表和精细的职业代码系统。立足于 RIASEC 职业类型理论，霍兰德提出的职业自我探索

---

①　金树人．生涯咨询与辅导［M］．北京：高等教育出版社，2007：2.

②　金树人．生涯咨询与辅导［M］．北京：高等教育出版社，2007：14.

③　黄天中．生涯体验：生涯发展与规划［M］．3 版．北京：高等教育出版社，2015：5.

量表主要包括四个部分：一是自己感兴趣的活动，检测自己想做什么；二是自己的能力，检测自己能做什么；三是自己喜欢的职业，检测自己对某些具体职业的认可程度；四是对能力类型的简要评估。用机械操作、身体技能来判定自己在现实型（R）上的得分；用科学研究、数学来判定自己在研究型（I）上的得分；用艺术创作、音乐技能来判定自己在艺术型（A）上的得分；用教育技巧、理解他人来判定自己在社会型（S）上的得分；用商业能力、管理能力来判定自己在企业型（E）上的得分；用文书技巧、办公技巧来判定自己在常规型（C）上的得分。最后，被试根据自己的得分呈现 RIASEC 中的前三位，形成类似 RIA、RIS 或 SEC 等兴趣偏好，再以霍兰德职业代码词典考察自己的职业偏好。

（二）舒伯的生涯发展理论

生涯发展理论起源于 20 世纪 50 年代哈维赫斯特（R. J. Havighurst，1900—1991）的发展阶段论和金斯伯格（E. Ginzberg，1911—2002）等人的职业发展理论，舒伯提出有关生涯发展的观点。

舒伯的生涯发展理论让生涯发展的概念取代了职业辅导模式，开启了一个崭新的局面。舒伯的理论虽不是一个统整的、综合的理论，却是集大成的理论。舒伯所提出的理论假设，早期只有 10 项，随着思想的成熟与相关研究的启发展开至 12 项，最后形成于 1990 年发表的 14 项。舒伯生涯发展理论的关键理论模型是生涯彩虹图和拱门模型。他用生涯彩虹图来描述生命广度和生命空间的概念，用拱门模型来描述自我的形成和发展。

1. 生涯彩虹图

舒伯用生涯彩虹图来描述生命广度和生命空间的概念，也称"生命职业彩虹"，如图 11-1 所示。

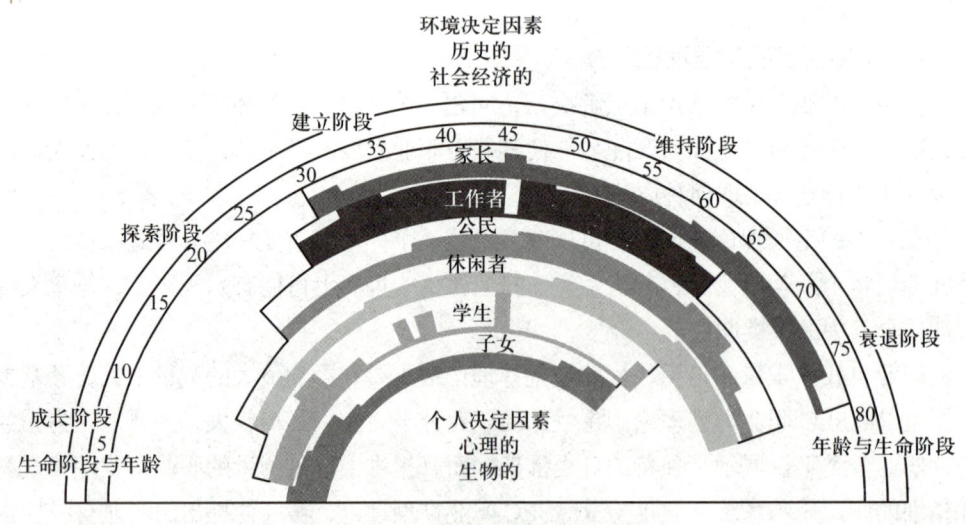

图 11-1　舒伯的生涯彩虹图

（1）横贯一生的彩虹——生命广度

在生涯彩虹图中，横向层面代表的是横跨一生的生命广度。彩虹的外层显示人生主要的发展阶段和大致估算的年龄：成长阶段（约相当于儿童期）、探索阶段（约相当于青春期）、建立阶段（约相当于成年前期）、维持阶段（约相当于中年期）以及衰退阶段（约相当于老年期）。在这五个主要的人生发展阶段内还有小阶段，舒伯特别强调各个时期年龄划分有相当大的弹性，应依据个体不同的情况而定。

每个生命阶段被命名为反映"生命阶段的主要任务"。通过引入发展心理学理论，舒伯将研究重点由人职匹配转到生涯发展，人的成长和生涯发展成为关注的焦点。

成长阶段：出生至14岁，该阶段儿童开始发展自我概念，开始以各种不同的方式来表达自己的需要，且经过在现实世界中不断地尝试，修饰自己的角色。

探索阶段：15—24岁，该阶段的青少年通过学校活动、社团活动、打零工等机会，对自我能力及角色、职业进行一番探索，因此选择职业时有较大弹性。

建立阶段：25—44岁，由于经过上一阶段的尝试，不合适者会谋求变迁或作其他探索，因此，该阶段的个体能确定在整个职业生涯中属于自己的"位子"，并在31—40岁时，开始考虑如何保住这个"位子"并稳定下来。

维持阶段：45—65岁，个体仍希望继续维持属于他的工作"位子"，同时会面对新人员的挑战。这一阶段的发展任务是维持既有的成就与地位。

衰退阶段：65岁以上，由于生理及心理机能日渐衰退，个体不得不面对现实，从积极参与到隐退。这一阶段的个体往往注重发展新的角色，寻求不同的方式以替代和满足需求。

（2）纵贯上下的彩虹——生命空间

在生涯彩虹图中，纵向层面代表的是纵贯上下的生命空间，是由一组职位和角色所组成的。舒伯认为人在一生当中必须扮演九种主要角色，依序是：子女、学生、休闲者、公民、工作者、夫妻、家长、父母和退休者。图11-1的生涯彩虹图中未将"退休者"列入，夫妻、家长、父母则并入"家长"一类。不同角色的交互影响交织出个人独特的生涯类型。此外，角色活跃于四种主要的人生舞台：家庭、社区、学校和工作场所。虽然个体可能在其他舞台上扮演其他的角色，但大多数人基本上不超出上面的角色范围与舞台。

不管一个人愿不愿意，每个人踏入学校之后，其一生必然多数时候同时在不同的舞台上扮演不同的角色。从谋得第一份职业、结婚开始，六种不同角色先后或同时在人生的舞台上层见叠出，直至退休。退休之后，仍有几种角色延续至终。

角色之间是交互作用的，某一个角色上的成功，可能带动其他角色的成功。反之，某一个角色的失败，可能导致另一个角色的失败。舒伯进一步指出，为了某一角色的成功付出太大的代价，也有可能导致其他角色的失败。

彩虹图中的阴影部分表示角色的互相替换、盛衰消长。它除了受到年龄增长和社会对个体发展任务期待的影响外，往往与个人在各个角色上所花的时间和情感投入的程度有关。

2. 生涯发展的拱门模型

舒伯在 1990 年提出了一个拱门模型，将各个部分用"基石"这个比喻整合成一个完整的理论模型，如图 11-2 所示。

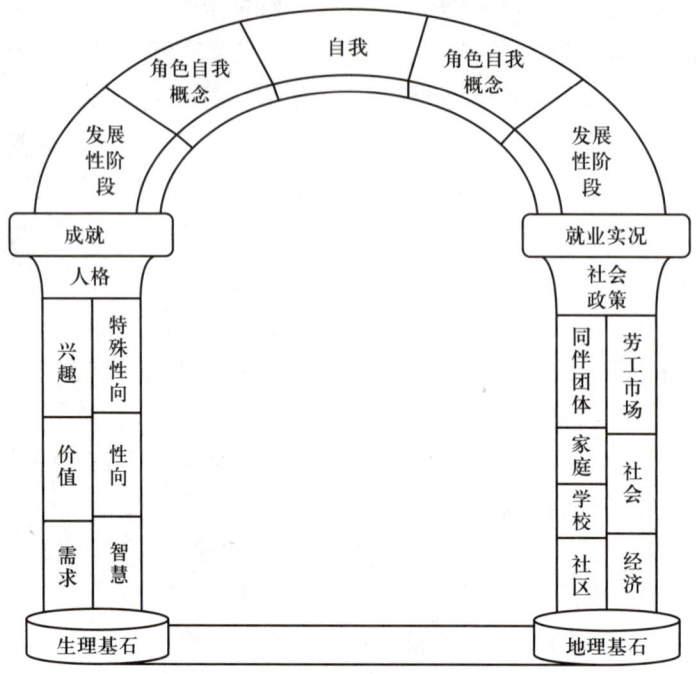

图 11-2　舒伯生涯发展的拱门模型

在这个拱门模型中，最基础的底层部分有三个：左边是生理基石，主要是个体的生理遗传基础；右边是地理基石，主要是个体的成长环境，特别是出生的国家与原生家庭；中间则是这两个基石延伸交互熔铸的地基。

舒伯的整个理论基础奠基于这个拱门模型，拱门的"生理基石"支持了个人心理特质的发展，如需求、价值、兴趣、智慧、性向与特殊性向，这些因素发展出一个人的人格倾向，并导向个人的成就表现。"地理基石"则包括社区、学校、家庭、经济、社会、同伴团体、劳工市场等社会范畴，这些因素影响了社会政策及就业情况。连接左右两大基石的拱形，则由生涯发展阶段与自我概念串联而成，主导个体的生涯选择与发展。

这两个擎天支柱向上延伸，透过个人的生涯发展阶段，逐渐形成角色自我概念，进而发展成自我。自我居于拱门的中央最高点。从力学的观点看这个拱门的结构，自我的支撑力量是由左右两侧一块一块的基石从底层堆积而上的。因为这些基石的存在，自我才能屹立于顶端。至于基石之间的接缝，必须要有水泥镶砌其间，舒伯称这些水泥为各种学习理论。①

---

① 金树人．生涯咨询与辅导［M］．北京：高等教育出版社，2007：73-74.

（三）克朗伯兹的生涯决定社会学习理论

影响一个人生涯决定或生涯选择的原因，一直是研究生涯发展的专家学者所关心且重视的主题。目前，社会学家比较关注环境因素的影响，心理学家则相对强调个体内在发展的重要性。克朗伯兹（J. D. Krumboltz，1928—2019）的生涯决定社会学习理论吸取了班杜拉社会认知理论的若干精华，兼顾心理学与社会学的观点。

克朗伯兹认为，个人的生涯发展历程相当复杂，其理论主要说明影响某一个人决定进入某一个职业领域的因素。他提出，个人的社会成熟度在很大程度上依赖对他人行为的学习和模仿，并由此决定他们的职业导向。影响职业决策的四种因素包括：遗传因素及特殊能力、环境及重要事件、学习经验、工作取向的技能等。这些因素共同作用，使人们形成了关于自我和职业世界的信念系统、问题解决技能和试验性行动，并最终决定了人们的生涯选择。

1. 对学习的强调

克朗伯兹的理论是从社会学习的观点来解释人类生涯选择的行为。社会学习理论特别强调的社会影响因素与学习经验，恰好填补了其他理论未涉及的空白。也许正是基于此，社会学习理论才能异军突起，与其他的生涯发展理论交相辉映。克朗伯兹特别强调，生涯咨询的目标，在于增进个体对技能、兴趣、信念、价值、工作习惯与自身素质的学习，期待每一个人都能够在快速变迁的社会中，创造幸福美满的生活。

2. 在社会变迁中学习

从前面的论述来看，克朗伯兹的理论重心不在于强调生涯咨询的目的仅是帮助人"找一份适当的工作"。克朗伯兹和他的同事们越来越关心在社会变迁中，如何提醒个体在改变中学习。教育、经济、社会环境在全面急速地改变，人的兴趣、能力、价值也在不断改变。克朗伯兹语重心长地指出了三个影响生涯咨询目标的重点：人必须扩展其能力与兴趣，生涯决定不能仅基于现存的特质；各行各业的工作内容不是一成不变的，人必须随时培养职业应变能力；必须鼓励人采取行动，而不是坐等诊断结果。

3. 在机会因素中学习

在大多数人的生涯观中，生涯发展应该是照着既定的计划与轨迹前进的。然而，有些人是在意外的偶发事件中临危不乱，独具慧眼地找到成功的契机的。克朗伯兹指出，对个人生涯有重大影响的意外事件其实并不特别，意外在人生当中无处不在，意外的发生并不意外。

克朗伯兹等学者针对意外的偶发事件提出了"善用机缘论"。偶发事件看似机缘巧合，在生涯当中却可以扮演重要角色。生涯咨询的干预方式在于协助个体应对许许多多不确定的因素。计划之外的事件可能成为学习的机会。人可以试着从预料之外的事件中辨认出机会的存在，主动采取行动，开创不同的可能性。这除了增加自我学习经验以外，或许还能拥有满意的生涯发展，提升自己的生命质量。[1]

---

① 金树人.生涯咨询与辅导［M］.北京：高等教育出版社，2007：102.

第二节　生涯辅导

生涯辅导从未来和发展的角度来看待个体的一生，协助个体了解自我，并在生涯辅导过程中发现并发掘自身的潜能，给予个体充分发展的机会，以独特的方式去发展及表现自己的才能，协助个体适应快速变迁的社会环境与职业环境，以达到个体的生涯发展目标。

一、生涯辅导的主题
生涯辅导所提供的服务强调以下六个主题：

1. 发展生涯决策能力
个体在面对不同的生涯决策时（如选择普通高中还是职业院校，选择考研还是就业），需要具备收集、分析、运用相关资料的能力，以帮助自己作出合适的决定。

2. 发展自我概念
自我概念是指一个人对自己多方面觉知的总和，一个人越是了解自己，越能够在面临选择时作出最具有适配性的决定（无论是对于环境条件还是自身条件）。自我不仅是一个人的历程（从出生到现在关于自我的内涵在不断变化），而且是生涯决策的核心。

3. 重视生活方式、价值和休闲
在生涯辅导中，不单是要帮助当事人了解最适合自己的角色是什么，还需让当事人了解到所选择的道路背后蕴藏的一些潜在价值理念，了解该种职业或角色的生活方式是什么样的？当事人是否喜欢（其中包含了休闲方式）。

4. 强调自由选择与承担责任
在生涯辅导中，辅导人员尽量提供不同的方案供当事人选择，协助当事人针对不同方案的得失利弊进行评估，协助当事人增进对自我和环境的了解，使得当事人在掌握充分信息（无论是关于自己的个人取向还是现实情况）的条件下，作出由自己意志支配的选择。

5. 重视个别差异
在生涯辅导中，辅导人员会借助各种测量工具或计算机辅助系统，让当事人全面了解个人特质，各尽所长，各行其志。

6. 提升对变化情境的适应性和应对性
当今社会变化剧烈，个体从始至终只从事某一行业、只担当某个角色的可能性不大，因而，个体需要具备一定的应变能力。生涯辅导的积极做法就在于防患于未然，辅导求助者在进行生涯规划时，注重未来社会趋势的信息以及用未来的眼光引导当下的方向选择。

二、生涯辅导的对象

为何有些人在生涯决定或选择上异常轻松，而另一些人遇到类似的问题则困难重重呢？什么样的人需要接受生涯辅导呢？生涯辅导的个案具有多元维度现象，这个领域不容易形成一套统一的分类标准。

（一）生涯辅导的四个阶段

人生的每个阶段都有不同的重点，应该按照生命发展的规律开展生涯辅导。从发展心理学的角度看，人的一生可分为婴儿期、幼儿期、童年期、青春期、成年期、中年期及老年期。其受教育阶段为小学、初中、高中（或职业学校）和大学（包括专科）等不同阶段。生涯辅导划分为四个阶段：小学生的生涯辅导、初中生的生涯辅导、高中生（职校生）的生涯辅导和大学生的生涯辅导。

（二）生涯辅导的四类对象

按照生涯的决定状态，将需要接受生涯辅导的对象做如下划分：

1. 生涯已决定者

生涯已决定者是指当事人在生涯发展过程中，完成了一个必须解决的生涯决定。例如，高中毕业选择大学的某个专业、大学毕业后选择读研还是就业。

2. 生涯未决定者

生涯未决定者是指当事人对未来的生涯选择还未有具体承诺。这一类人的行为表象与生涯犹豫者十分类似，应注意区分。生涯未决定者可能已经有了大致的方向，只是还没有最终决定。

3. 生涯犹豫者

这类当事人处于不确定的背后原因比上面两种类型复杂许多，而且通常伴随着严重的焦虑，又称焦虑性未定向者。

4. 生涯适应不良者

这类当事人的困扰多半是由于外在因素而影响心理或生活上的适应，如工作或学习上有压力、与同事或同学之间的人际关系欠佳、工作或学习的表现不佳等，但也有少数人存在生涯犹豫者的人格异常问题。[①]

总而言之，上面的各种分类是为了便于描述个体现象，更深入地了解当事人并合理地整合信息，在辅导咨询过程中，不要轻易地给当事人归类或者贴标签。

三、生涯辅导的评估工具

心理测验是开展生涯辅导不可或缺的工具，其在应用上的复杂程度与生涯辅导的发展历史似乎同步。生涯辅导重视个体一生的发展，它探讨生涯选择因素的侧重点与传统的职业咨询不同，通过最有效地使用测量工具，满足不同个体生涯发展的需要，最大限度地发挥心理测验的效能。[②] 生涯辅导过程中开展心理测验的具体步骤如下：

---

① 钟思嘉，黄蕊.生涯咨询实战手册［M］.2 版.北京：中国轻工业出版社，2021：17.
② 樊琪.职业心理咨询［M］.上海：上海教育出版社，2013：261-264.

（一）确定生涯发展阶段

生涯发展是一个连续的过程，心理测验可以用于这个过程的任何一个阶段。首先要确定的是，受测对象现在是处于哪一个生涯发展阶段。从心理成长的角度来看，不同的生涯发展阶段有着不同的生涯发展任务。确定受测对象的生涯发展阶段，有助于协助其设立生涯探索的目标，也有助于辅导人员界定辅导重点。

（二）分析个人需要

每个人都带着困扰前来寻求咨询，但困扰的背后却有着不同的需求。分析、澄清受测对象的个别需要有两个作用：其一，通过关注、倾听、同理等咨询技巧，建立良好的咨访关系；其二，具有引发动机的作用，使受测对象内省到自己的生涯需求后，能积极、主动地参与测验实施与解释的过程。

（三）设立目标

需要与目标是密不可分的。分析个别需要之后，辅导人员必须和受辅者共同决定测验的目的，双方均应该了解，测验并不能满足受测对象所有的需求，要提供有意义的参考资料，就必须将测验的目的和受测对象的需要相联系。

（四）选择测验工具

每一种测验在生涯咨询中有不同的用途与功能，必须依照测验的目的和测验本身的特性选择合适的测验。这些测验包括能力倾向测验、兴趣测验、人格测验和生涯成熟问卷测验等。

（五）解释测验结果

测验结果的解释应与实施测验的目的相对应。不同的测验目的会引导不同的解释方式与解释方向，测验的解释应在测验手册所规定的范围之内，遵循测验结果解释的一般原则。

（六）探索教育或职业资料

测验所得的数据，无论受测对象是缩小生涯选择的范围，还是扩展生涯探索的领域，都可以用来对相关的职业或教育世界做一番深入的了解。一个设计良好、适用于生涯咨询的测验，能使受测对象迅速而有根据地在一个特定的职业群里进行生涯探索。

（七）探索个人与环境的关系

测验结果能够让个体肯定对自我的了解，提高自由选择度。但是生涯的选择是一个非常复杂的过程，会受到环境等多个因素的影响，这些因素包括家庭背景、父母期望、社会价值与社会需要等。测验资料可以使受测对象"知己"，了解自己的兴趣、能力倾向和价值观等方面。但是，受测对象还要"知彼"，探索和了解来自家庭、社会等方面的需要和期望，以及这些因素对个体生涯选择和生涯发展的影响。个体需要平衡两者间的关系，进行合理的选择。

（八）生涯决定

生涯辅导与咨询的最终目的是希望受测对象能澄清困惑，做好生涯决定。一个好的生涯决定，必须以"知己"与"知彼"为基础。测验的实施是手段，协助生涯决定是测验在生涯咨询中应用的最终目的。[①]

四、生涯辅导的开展

根据学生的需要调整生涯辅导的开展形式。学校通常会形成以团体辅导和咨询、工作坊为成长线，以个体咨询为切入点，以生涯访谈为覆盖面的生涯辅导业务模块，个体咨询注重"一对一"的对话，团体辅导、工作坊关注大学生群体的共同成长，生涯访谈通过榜样的力量引领高职学生发展，立体化开展生涯辅导和咨询服务。高校职业发展指导中心或心理咨询中心等辅导机构均可提供综合性服务。图 11-3 是金树人总结的生涯辅导综合应用流程。[②]

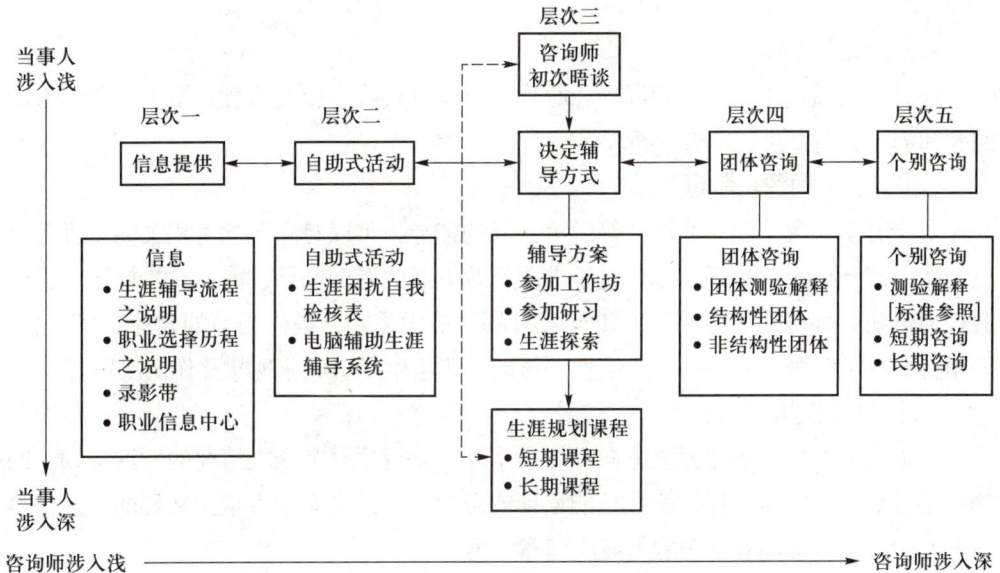

图 11-3　生涯辅导综合应用流程

高校生涯辅导咨询依托不同的部门和团体开展，学生职业生涯发展协会、学生职业生涯规划协会等是举办生涯辅导咨询活动的重要力量。工作坊举办简历诊室，帮助学生修改简历，并邀请不同行业、不同性质单位的资深 HR 对学生进行求职技能指导。生涯辅导室对不同的学生群体进行生涯访谈，了解学生群体的困惑与需求，提供建议和帮助。学校邀请职场人物进行生涯访谈，了解职场的发展情况，为工作提供参考指导；对毕业的校友进行访谈，了解其职业生涯发展情况。

（一）获取信息

高校生涯辅导系统由咨询辅导、实习拓展和行政事务管理三大部分组成。生涯辅导一般设置在职业发展指导中心（或心理咨询中心），学生可以通过学校网站或服务电话了解具体情况。

---

① 金树人.生涯咨询与辅导［M］.北京：高等教育出版社，2007：241-243.
② 金树人.生涯咨询与辅导［M］.北京：高等教育出版社，2007：27.

（二）建立关系

下面将以个体咨询来介绍具体生涯辅导的开展。一对一咨询服务的基本流程是：辅导预约—收纳面谈—辅导咨询—反馈评估。

初始访谈作为生涯辅导前的重要环节，同样有着评估高职学生的任务和建立辅导关系的目标。初始访谈的流程主要包括介绍生涯辅导的范畴和保密原则等内容要求、辅导具体安排、收集学生的基本信息、澄清学生的具体困惑与期待等。学生需要亲自填写个人基本信息、家庭情况、教育经历、工作实践、生活方式、理想与未来、辅导问题与期待等内容，最后学生签字提交表格，辅导室安排教师和具体时间或进行转介。

（三）收集资料

辅导人员通过访谈、问卷调查、心理测评等方式收集相关信息，识别高职学生的问题和需求，对其进行综合分析。

（四）识别问题和制订方案

对于升学、考试和专业选择等学习方面的辅导，可以对高职学生相关能力进行盘点，从而找到差距，制订方案。对于求职就业方面的咨询辅导，需要对目标职业进行胜任力分析，即分析工作岗位对求职者有哪些能力需求，提供当前的就业市场信息，介绍行业特点和职业前景等相关信息，帮助高职学生了解职业现状并作出决策。

（五）实施行动计划

根据高职学生的职业发展方向和能力水平，制订适合其个人情况的发展计划，明确行动计划和时间表。提供相关技能培训或资源，帮助高职学生掌握必要的专业信息或者职业技能，提高其学习能力或应聘竞争力。

（六）结果评估和结束阶段

跟踪高职学生的实际执行情况，并及时给予反馈和建议，随时为其提供必要的指导和支持。

第三节 生涯规划

你是否会感到生活缺少重心，总是很茫然？你是否因为终日奔波而感到忽略了很多东西？你是否在忙忙碌碌中时常感到不安与无助？你目前的人生获得了什么，又缺失了什么呢？一个人若是看不到未来，就掌握不了现在；一个人若是掌握不了现在，就看不到未来。这两句话说明了生涯规划的本质与精髓，指出了生涯辅导师与辅导求助者共同努力的目标：立足现在，胸怀未来。

一、生涯的自我探索

《道德经》有云："知人者智，自知者明。胜人者有力，自胜者强。"自我探索可以帮助个体树立内心认同的生涯目标，权衡不同选择的利弊，制订适合自己的行动计划。生涯的自我探索是生涯规划的重要环节，系统化的自我探索包括兴趣探索、性格探索、能力探索和价值观探索。生涯的自我探索是制订有深度和前瞻性的职业规划的前提条件，同时也是实现职业目标和发挥个人潜力的重要保障。

（一）兴趣与职业

你是否有过沉浸在绘画、写作、读书等活动中而废寝忘食？美国芝加哥大学心理学家齐克森米哈里（M. Csikszentmihalyi，1934—2021）提出，人们在专心致志地从事某项活动，忘记了时空和自己的时候，会感到最为满足和享受，这种状态可以理解为"心流"状态。体验心流的时候，个体会感到满意和享受，而非简单的生理愉悦，或仅是生理需求的满足，这就是兴趣的情绪体验。[①]

李先生在大学期间的专业是计算机科学，其专业知识过硬，毕业后顺利就业。然而，他在工作中发现自己不太热爱所从事的工作，缺乏动力和幸福感，经常感到身心疲惫。他意识到需要改变现状，开始寻求自我探索和职业规划。在生涯辅导师的帮助下，李先生重拾了自己的兴趣。他在大学时曾经对计算机游戏设计产生过浓厚的兴趣，认为游戏是一个反映人性和创造力的平台，他在了解职业资讯后，发现这个行业一直都在加速发展，并且该行业与他的专业背景结合起来非常好。于是，在生涯辅导师的建议下，李先生参加了一些游戏设计的培训、沙龙、体验式学习等，同时他开始参加一些游戏开发群体并积极参与相关的活动。渐渐地，他开始了解到行业的内部机理，发现自己虽然没有多少开发方面的经验，但是在游戏的策划和设计方面很有天赋。在生涯辅导师的指导下，李先生参加了一些游戏策划和设计的岗位面试，通过展示自己的实际项目和兴趣，成功谋得了一份游戏策划的工作。他感到兴奋和自豪，觉得终于找到了自己真正喜欢的工作，也有了明确的职业发展方向。

从这个案例中可以看出，兴趣是寻找职业满意度和自我实现的重要组成部分，只有了解自己并寻找到真正的兴趣，才能在职业发展中取得更大的成就。

职业兴趣是一个人对工作的态度和对工作的适应能力，表现为有从事相关工作的愿望和兴趣，拥有职业兴趣将增加个人的工作满意度、职业稳定性和职业成就感。在不同职业领域工作的人，有着不同的兴趣模式和特征。

美国职业指导专家霍兰德在特质因素论的基础上，提出了职业兴趣理论，将职业与兴趣做了更为直接的关联。经过 60 多年的实践验证，职业兴趣理论具有非常大的影响力。

（二）性格与职业

性格影响着一个人对职业的选择和适应，即一定的性格适应于一定的职业，同时不同的职业对人有着不同的性格要求。人们常常在与别人交谈了几分钟就可以猜测出对方的职业。这通常是从一个人的言谈举止所表现出来的性格特点来作出判断的。性

[①] 钟思嘉，金树人.大学生职业生涯规划：自主与自助手册［M］.北京：高等教育出版社，2017：56-57.

格作为人的一种心理特性，具有一定的稳定性，但又不是一成不变的。客观环境的变化和个人的主观调节都会使性格发生改变，所以性格与职业的对应关系并非绝对的。个人在现实中应发挥自己的性格优势，找准适合自己性格的职业。

近年来，一些教育学和心理学研究人员根据我国职业分布情况，将职业性格总结为 9 种类型，具体见表 11-1。[①]

表 11-1 职业性格的 9 种类型

性格类型	性格特征	适合的职业
变化型	在新的或意外的活动或工作情境中感到愉快，喜欢多样化的工作，善于转移注意力	记者、推销员、演员等
重复型	适合连续从事同样的工作，按固定的计划或进度办事，喜欢重复的、有规律的、有标准的工作	纺织工、机床工、印刷工
服从型	愿意配合他人或按他人的指示办事，不愿意自己独立作出决策、担负责任	办公室文员、秘书、翻译员等
独立型	喜欢计划自己的活动与指导别人活动，喜欢对未来的事情作出决定，在独立负责的工作情境中感到愉快	律师、警察、侦察员等
协作型	在与他人协同工作时感到愉快，善于引导他人，并想得到同事们的喜欢	社会工作者、咨询人员等
劝服型	通过谈话或写作等方式使他人认同自己的观点，对他人的反应有较强的判断力，善于影响他人的态度和观点	辅导员、宣传工作者、作家等
机智型	在紧张和危险的情况下能自我控制与沉着应对，发生意外和差错时能不慌不忙地出色完成任务	飞行员、消防员、救生员等
自我表现型	喜欢表现自己的爱好和个性，根据自己的感情作出选择，通过自己的工作来表达自己的思想	诗人、音乐家、画家等
严谨型	注重工作过程中各个环节与细节的精确性。愿意按一套规划和步骤工作，希望尽可能做得完美，倾向于严格、努力地工作，以看到自己出色完成工作的效果	统计员、校对员、图档案管理员等

什么是 MBTI？

MBTI 频繁出现在各大社交平台，人们初识后第一句逐渐变成了"你是什么性格？"迈尔斯 – 布里格斯类型指标（Myers-Briggs Type Indicator，MBTI）是由美国作家迈尔斯（I. B. Myers，1897—1980）和布里格斯（K. C. Briggs，1875—1968）根据瑞士心理学家荣格的心理理论建立的一种人格类型理论模型。该理论根据 4 组维度 8 个向度，即外向（E）—内向（I）、感觉（S）—直觉（N）、思维（T）—情感（F）、判断（J）—知觉（P），将人的性格分为 16 种类型。虽然 MBTI 从科学角度来讲是比较可信的，但是也不要因为自己的性格从而给自己贴标签，限制自己的可能性。随着人的成长、阅历的增加，性格是会发生变化的，MBTI 也会随之变化。这只是辅助你

[①] 王仁伟，贾杏 . 大学生职业生涯规划［M］. 微课版 . 北京：人民邮电出版社，2022：33-34.

认识自我的工具，在认识到自己的特点后应该更加有针对性地提升自己，而不是按照性格描述去作出对应的行为，显得自己更符合某种类型的人格。

（三）能力与职业

个体的职业选择在很大程度上取决于能力。人们会倾向于选择那些与自己的能力相符合的职业领域，以便在工作中表现出色，同时也能够获得更好的薪资和职业发展机会。用人单位在招聘员工时，需要求职者具备能够胜任某一职位的能力。因此，高职学生在择业时，不仅要考虑自己的兴趣爱好，还要评估自身是否具备胜任这一职位的能力，将个体分析结果与可能的职业目标进行匹配。

根据个体能力特点与职业成就之间的规律，可将能力分为知识性能力和适应性能力两种。

1. 知识性能力

知识性能力是与工作内容相关的，是具体的、专业化的，针对某一特定工作的基本能力。高职学生了解自己在这方面的能力并不难，在学校学习的具体科目，如建筑工程、机械制造等，就是为了培养学生的知识性能力而设立的。知识性能力的特点是不容易迁移到其他工作中去，一般需要经过有意识的、专业的培训，并通过学习、记忆和掌握一些特殊的词汇、程序和学科知识。[①] 例如，一位心理咨询师很难去做一名汽车修理工。

2. 适应性能力

适应性能力是人们进行自我管理的能力，也称为情商，指的是个体的特质。这一能力能帮助人们更好地适应周围环境，以及在环境中更好地调整自己，这种能力可以从日常生活领域迁移到工作领域。常见的自我管理能力包括：自我心态管理能力、自我形象管理能力、自我激励管理能力、自我时间管理能力、自我人际管理能力、自我学习管理能力、自我反省管理能力。

能 力 探 索

现在请挑选出自己将来可能的、乐于从事的三种职业和岗位，并对要做好本职工作所需要的能力进行分析，之后与自身能力进行比对，发现需要自身发掘的优势能力和需要补齐的劣势能力。[②]

目标岗位一：＿＿＿＿＿＿＿＿＿＿＿＿＿＿＿＿＿＿＿＿＿＿＿

岗位所需能力：＿＿＿＿＿＿＿＿＿＿＿＿＿＿＿＿＿＿＿＿＿＿＿

  优势能力：＿＿＿＿＿＿＿＿＿＿＿＿＿＿＿＿＿＿＿＿＿＿＿

  劣势能力：＿＿＿＿＿＿＿＿＿＿＿＿＿＿＿＿＿＿＿＿＿＿＿

  能力实践：＿＿＿＿＿＿＿＿＿＿＿＿＿＿＿＿＿＿＿＿＿＿＿

目标岗位二：＿＿＿＿＿＿＿＿＿＿＿＿＿＿＿＿＿＿＿＿＿＿＿

岗位所需能力：＿＿＿＿＿＿＿＿＿＿＿＿＿＿＿＿＿＿＿＿＿＿＿

---

① 王仁伟，贾杏.大学生职业生涯规划［M］.微课版.北京：人民邮电出版社，2022：37.

② 钟思嘉，金树人.大学生职业生涯规划：自主与自助手册［M］.北京：高等教育出版社，2017：74-75.

优势能力：_____

劣势能力：_____

能力实践：_____

目标岗位三：_____

岗位所需能力：_____

优势能力：_____

劣势能力：_____

能力实践：_____

（四）价值观与职业

俗话说："人各有志。"这个"志"表现在职业选择上就是职业价值观。职业价值观即择业观，也称工作价值观，是价值观在所从事的职业中的体现，是个人对某项职业中的价值判断和希望从事某项职业的态度倾向，即个人对某项职业的希望、愿望和向往。[①] 它是一种具有明确的目的性、自觉性和坚定性的职业选择的态度和行为，对一个人的职业目标和择业动机起着决定性作用。人们在考虑对职业的认识、职业的追求与向往、乐趣、收入和工作环境等问题时，对这些职业因素的判断和取舍，便是职业价值观的具体表现。

文化价值观对生活和职业发展的影响

著名职业辅导理论家高特弗莱德森（L. S. Gottfredson，1947— ）提出了职业选择上的"限制与妥协"理论。她认为，人们在遇到环境限制时，在职业选择上通常最先放弃的是兴趣，其次是社会地位，最后是性别角色（即人们传统上认为适合男性或女性担任的职业，例如，男性很少会从事幼儿园教师职业）。

事实上，对美籍华人和中国人的调查表明，他们最后放弃的是社会地位。社会地位、兴趣或性别角色在人们心目中的重要程度，体现了社会群体的价值观。个人生活在社会群体中，文化价值观很容易为个人所采纳，从而对个人的生活产生影响。[②]

我国学者阚雅玲将职业价值观分为：收入与财富、兴趣特长、权力地位、自由独立、自我成长、自我实现、人际关系、身心健康、环境舒适、工作稳定、社会需要、追求新意。高职学生的职业价值观具有因人而异、自主化、取向多元化、相对稳定、阶段性等特点。

探索职业价值观

下面是一些可以帮助你进行职业价值观探索的练习和活动。请仔细阅读每个练习的指导语，按要求进行。

选择价值观：归属感、成就感、创造性、挑战性、收入、福利、合作、独立、稳定、变化、兴趣、环境、认可、尊重、助人、声望、地位、前景、升迁、学习、权

---

① 钟思嘉，金树人.大学生职业生涯规划：自主与自助手册［M］.北京：高等教育出版社，2017：84.

② 钟思嘉，金树人.大学生职业生涯规划：自主与自助手册［M］.北京：高等教育出版社，2017：81.

力、竞争、公益、休闲、家庭、朋友、信仰、健康、自由……

（1）参照以上价值观，从中选出你认为最重要的五条价值观，分别写在5张小纸条上。

（2）在每张小纸条的背面对你挑选的重要价值观进行描述，即说明需要达到什么样的程度你才能满意。

（3）现在，如果你不得不放弃其中一条，你会放弃哪一条？

（4）接下来，如果你不得不再次放弃剩余四条中的一条，你会放弃哪一条？

（5）继续下去，直到剩下最后一条。这一条是否是你无论如何也不愿意放弃的？

思考：

- 通过这个活动，你对自己的价值观有怎样的了解？
- 你的价值观会对你的职业选择和人生产生什么样的影响？
- 影响你职业价值观形成的因素包括哪些？

二、生涯的外部探索

读万卷书，行万里路。高职学生要拓宽视野、了解外部环境、扩展知识储备、提高自身能力与素质，这些都会对职业生涯产生重要的影响，让我们更好地应对挑战，实现个人成长和事业发展。

（一）认识工作世界

在学校读了十几年的书，突然要面对社会、面对工作，这份陌生感对高职学生而言是正常的，因为学生没有真正在工作世界里工作过。那么到底什么是工作世界呢？

工作不是孤立存在的，它存在于社会生产与生活中，并与社会的某些方面发生着紧密联系，称为工作世界。我们所说的工作，通常会最终对应到一个具体的职位，而这个职位会存在于特定的职业、地域、组织、行业中。高职学生认识工作世界的主要方式是通过各种途径了解工作世界的相关信息，工作世界信息涉及的范围很广，一般来说，高职学生可以从社会发展、行业前景、专业背景等方面来了解工作世界的信息。

1. 社会发展

每个人都在社会中生活与工作，受社会影响颇大，对社会各类环境信息的分析、了解，可以帮助高职学生更好地寻求职业发展机会。社会发展主要涉及政治、经济、家庭等因素。

（1）政治因素。高职学生需要了解国家和地方的政策方针，不同省（自治区、直辖市）对于人才引进和就业培训的政策方针都不相同，高职学生需要有针对性地对政策方针进行认真研究。高职学生需要熟悉与职业生活有关的法律法规，如《中华人民共和国劳动合同法》《中华人民共和国就业促进法》等，若自身想要从事的行业、职业有特殊的法律法规，则更需要进行研究和理解。

（2）经济因素。随着世界经济一体化进程的加快和我国市场经济的高速发展，国家对人才有了更高、更严格的要求。因此，高职学生要紧跟经济环境的变化，了解经济社会对于人才培养具体的新要求，并以此作为自己日常生活的学习目标，努力提升自身的知识和技能水平，以适应经济社会发展的需要。

（3）家庭因素。俗话说："父母是孩子的第一位老师。"家庭教育方式和内容能影响孩子的性格与家庭关系。家庭关系和睦的孩子长大后在做职业决策时，能较好地结合自身条件并会充分考虑家庭成员的意见。家庭成员的人际关系网或社会资本，如就业机会、社会关系资源等，在一定程度上会影响高职学生就业的心态和择业取向。家庭资源丰富，往往能增强高职学生的就业信心，减少就业前期的择业成本。家长的就业意识也会影响子女的就业观念，如父母希望子女从事稳定的职业，子女往往就会选择当医生、教师等。

2. 行业前景

行业是职业的背景，职业发展与行业前景息息相关，因此在做职业探索时要对行业背景有一定的了解。有的职业属于某种特定行业，特别是专业性很强的工作，如建筑师、飞行员，几乎都在建筑业、航空运输业中就业。有的职业虽然属于某种特定行业，但在其他行业中也有广泛的应用，只是所处的位置和重要性不同，如学软件工程的学生在软件行业中就业会承担主要的技术性工作，但他们也可以在其他行业，如销售行业的信息技术部工作，这时他们承担的是辅助性的工作。还有一类职业，大多数的行业都有，如人力资源、会计等，从事这些职业要考虑与行业的配合，在不同的行业中，其工作待遇、职业生涯发展的路径大不相同。高职学生在平时可以多关注新闻时事，关注国家政策走向，了解哪些是国家支持、鼓励发展的行业。例如，随着我国人口老龄化的加剧，家庭养老负担过重，国家已经高度重视养老问题。养老产业面临前所未有的机遇，目前属于朝阳产业。许多民间资本受到政策的鼓励和引导，开始投资养老产业市场，创造了大量的就业岗位。随着我国市场经济的进一步发展，产业结构会不断调整与变化，这就需要高职学生平时关注一些权威的分析预测，对未来的行业发展趋势做到心中有数。

3. 专业背景

每一位高职毕业生都有自己的专业背景，但是我们学什么专业，就一定要从事这个专业的工作吗？高职学生还需要了解、分析职业与专业的关系。大学期间所学专业对高职学生未来从事的工作类型的影响是很大的。因此，高职学生找工作时，最好还是以所学专业为基础，毕竟在学校里学到的知识、技能都是与自身专业相关的；应聘与专业相关的岗位能增强高职学生的竞争力。有的高职学生不喜欢自己所学的专业，也不想从事与该专业有关的工作。但需要注意的是，就算不喜欢自己所学的专业，也要努力学好专业知识，不能完全放弃该专业。毕竟毕业时，在没有任何工作经验的情况下，高职学生的专业能力就是用人单位参考的基本条件。在学习专业知识的同时，高职学生要积极地培养与提高自身兴趣方面的知识和技能，规划自己的职业生涯发展道路。

虽然社会、行业和家庭等因素会对高职学生的求职产生影响，但个人才是影响就业的决定性因素。因此，高职学生还应该对自己的能力、人际关系资源等信息进行分析，了解自己的专业知识、身体素质、兴趣爱好和优缺点，了解自己的专业能力、沟通能力、合作能力，了解自己的社交关系和可利用的人际关系等。

（二）分析职业环境

根据我国 2022 年修订后颁布的《中华人民共和国职业分类大典》，我国职业分为 8 个大类、79 个中类、449 个小类、1 636 个细类（职业）。尽管我们对于职业从小就有着朦胧的认识，"教师是教书的"，"司机是开车的"，"科学家是搞发明的"，但是这些认识远远不足以描绘出一种职业的全貌，我们也不能仅凭这点认识就做出职业选择。

一种行业可以有不同的职业划分，职业环境分析需要落实到高职学生想要从事的某一个具体的工作岗位上。职业环境分析通常包括以下两个步骤：

第一步，分析该职业的社会需求、岗位竞争压力、薪资水平和未来职业发展道路等因素。比如机动车驾驶员这一职业，由于社会发展和生活水平的提高，驾驶已经成为许多人都已掌握的技能。虽然近几年物流行业的迅猛发展使机动车驾驶员这一岗位的需求增多，但是其岗位增加的速度仍然赶不上想要获取该岗位的人员的增加速度，所以机动车驾驶员这一职业目前还处于供大于求的局面。

第二步，分析目标企业。了解该企业的整体实力、企业文化、发展状况、用人需求、薪资福利待遇等方面的内容。只有这样，高职学生才能明确自己的意向，了解如果进入该企业能获得的职业发展和提升空间，以及明确自己在该企业中实现自我价值的可能性。

三、职业生涯规划书

高职学生的校园生活是人生的"黄金时期"，也是进行生涯规划的重要时期。在职业生涯规划的过程中，高职学生需要对自己进行全面的分析和评估，包括自己的兴趣、性格、能力和价值观等方面，这可以帮助高职学生更好地了解自己，帮助高职学生确定自己的职业目标、发展方向和职业规划，为高职学生职业发展提供清晰的目标和方向。

规划书是高职学生在职业生涯规划过程中具体行动计划方案的书面呈现，可以帮助高职学生理顺总体思路，对整个职业生涯的发展方向进行把握，并随时进行评估和修正。职业生涯规划书的结构不是固定的，总的来说，高职学生可以基于以下七个方面来制订职业生涯规划书。

1. 标题或封面

职业生涯规划书需要先写明标题，这样能让人清楚这是关于什么的规划书。若想设计职业生涯规划书的封面，则还需包括姓名、规划年限和起止时间。职业生涯发展的规划年限一般不做硬性要求，高职学生可以根据自身的具体情况而定。高职学生拟订的职业生涯规划书可以以开始制订职业生涯规划到毕业的这段时间为规划重点。

2. 个人简介

个人简介主要是简单记录自己的教育、培训、实习或工作经历。高职学生将这些经历记录下来，使自己对过往所学的知识和技能有总体把握，也能对自己的成长过程有清楚的认识。

3. 个人因素分析

个人因素分析主要是简要罗列个人因素的特点并对其进行分析。此处需运用自我探索时分析的结果，将个人的兴趣、性格、能力和价值观等因素分别罗列出来并进行分析。

4. 职业环境分析

高职学生可结合前面所总结的职业环境，分析哪些外部环境因素对自身的职业生涯发展有利，哪些不利，分析其可能带来的机遇和挑战，以及可能对自身职业生涯发展造成的障碍。

5. 职业生涯目标

职业生涯目标主要是指高职学生所选择的职业方向、职业生涯总体目标和阶段性目标。所选择的职业方向是指第一职业目标和备选职业目标。职业生涯总体目标是指职业生涯发展中想要达成的最终目标。阶段性目标则是指在达成最终目标之前，将时间划分为具体的时间段，针对每个时间段设置具体的短期目标。

[知识窗]
SWOT 分析法

6. 行动计划方案

行动计划方案主要是通过前面的分析，找出自身与职业生涯目标之间的差距，并有针对性地制订具体的方案和措施来缩小差距，从而实现各个阶段性目标。例如，在短期规划中，两年时间内去掌握某项专业知识，在工作中如何去学习并提升工作技能等。

7. 评估与调整

行动计划方案是建立在对自我以及职业环境的分析之上的，因此，若内外部环境发生变化，行动计划方案则有可能偏离实际。此时，高职学生应当对行动计划方案进行管理、完善，通过对行动计划方案的科学评估与修正，使职业生涯规划能够充分符合自身的职业发展需要。

行动计划方案的评估内容包括以下四点：

（1）目标。评估是否需要更改自己的职业生涯规划目标。如果高职学生找不到与职业生涯规划目标有关的实践活动，无法获得相关的工作机会，难以适应工作或在工作中得不到相应发展，则可以调整或更换原来设定的目标。

（2）前景。评估是否需要调整自身的职业发展方向。当原定职业发展方向随社会环境的变化而不太明朗，或发现了新的更适合自己的职业选择时，则可以考虑调整职业发展方向。

（3）实施方法。评估是否需要改变自己达成目标的实施方法。如果发现自己的实施方法在行动过程中有难度或阶段目标设置不合理，或现实中客观因素的变化导致不得不改变或调整职业发展方向时，就需要相应地改变自己职业生涯规划的实施方法。

（4）其他因素。评估其他可能影响职业生涯规划的因素，如身体状况、家庭状况、突发事件等内部与外部因素。

反思·实践·探究

【反思】

1. 生涯辅导的意义是什么？

2. 你所在的学校是否开展了生涯辅导？你在其中最大的收获是什么？

3. 影响个体生涯决定的因素有哪些？

4. 父母的职业及从业经历对你的生涯发展有哪些影响？

5. 请谈谈自己即将开始的职业生涯。

【实践】

主题：我的生命线

生命线就是每个人生命走过的路线。

工具：一张 A4 纸和两支彩笔，一支颜色鲜艳，一支颜色暗淡，用颜色区分心情。

1. 请在白纸上画一条线，线的起点是你生命的开始，已写上"0"。

2. 在右端点写上你预测的死亡年龄，使这条线成为封闭的线段。预测依据：本人健康状况、家人健康状况、居住地人均寿命等。

3. 在封闭的线段上找到今天的位置，写上年龄和日期。

认真思考今天以前的日子，把对你有着重大影响的事件用笔标出来。例如，6 周岁时你上学了，你就找到和 6 周岁相对应的位置，填上"上学"这件事。这里注意，如果你觉得是一件快乐的事，就用鲜艳的笔来写，并写在生命线的上方。如果你觉得快乐非凡，就把这件事的位置写得更高些。假如 17 岁高考失利令你非常痛苦，就在生命线的相应下方用颜色暗淡的笔来写。以此类推，就能用不同颜色的笔和不同高低的位置，记录自己在今天之前的生命历程。

认真思考今天以后的日子，在生命线上，把你这一生想干的事情，比如从事什么工作、在哪里定居、组建家庭、兴趣爱好发展等都标示出来。如果有可能，尽量把时间注明，根据它们带给你的快乐和期待程度，标在生命线的上方。如果它是你的挚爱，就请用鲜艳的笔，高高地填写在生命线的最上方。当然，在将来的人生中还有挫折和困难，比如父母的逝去、孩子的离家、生病受伤等意外事件、职场或事业挫折等，不妨一一用颜色暗淡的笔将它们在生命线的下方勾勒出来，这样我们的生命线才完整。

如果你的生命线上所标示的事件，大部分都在生命线以下，那么，是否可以考虑调整一下自己看世界的角度？你对未来的估计是不是有点太悲观了？这样的生活是否满意？如果满意，这就是你的性格所选择的生活。如果你觉得有改变的愿望，那么你可以试着用另一个角度来看待世界。如果所有事件都标在了生命线之上，也并非一件值得恭贺的事情。承认自己的局限，承认人生是波澜起伏的过程，接纳自己的悲哀和沮丧，都是正常生活的一部分，犹如黄连和甘草，都是治病的良药。

实践总结：每个人的生命线都只有一条，它在你毫无觉察的时候静悄悄地行进着。生命最宝贵之处不在于它的长度，而在于它的广度和深度。如果我们能很精彩地过好每一分钟，那么这些分钟的总和也必定精彩。

如果你有兴趣，不妨三五年之后，再用 10 min 来完成这个活动，并与今天的结果进行对比，也许会有新的发现。

【探究】

你经常白日里魂不守舍吗？科学家说，人类至少有 30% 的时间处于走神状态。但这不一定是坏事，研究者指出通常越容易走神的人越具有创造力，也更擅于解决问题。

推荐读物

1. 吴沙 . 遇见生涯大师［M］. 北京：北京大学出版社，2017.

该书介绍了各个时期的生涯大师根据自己的经历和经验，总结出一套充实生活的规律、衡量人生的标准和应对生涯困扰的方法，以帮助个体在一片混沌中理出头绪，跨越障碍，继续前行，活出自己的精彩。

2. 廖满媛，王胜媛，孙兆华 . 成为更好的自己：生涯规划实战体验手册［M］. 北京：清华大学出版社，2020.

该书适合初入职场人员和应届高职毕业生等进行自我修炼与阅读，成功的职业生涯不仅在于找到热爱的工作，还在于建立起热爱的生活。做好自己的生涯规划，成为更好的自己。

3. 钟思嘉，黄蕊 . 生涯咨询实战手册［M］. 2 版 . 北京：中国轻工业出版社，2021.

该书将生涯咨询的相关概念及理论、生涯咨询的基本技术与技巧等重要问题，以清晰的脉络呈现，讲述得精辟透彻，更好地帮助读者了解自己过去的成长、现在的问题和未来的期望。

主要参考文献

[1] 张述祖，沈德立 . 基础心理学［M］. 北京：教育科学出版社，1987.

[2] 林崇德 . 发展心理学［M］. 3 版 . 北京：人民教育出版社，2018.

[3] 彭聃龄 . 普通心理学［M］. 5 版 . 北京：北京师范大学出版社，2019.

[4] 黄希庭，郑涌 . 心理学导论［M］. 3 版 . 北京：人民教育出版社，2015.

[5] 陈琦，刘儒德 . 教育心理学［M］. 3 版 . 北京：高等教育出版社，2020.

[6] 皮连生 . 教育心理学［M］. 4 版 . 上海：上海教育出版社，2011.

[7] 格里格，津巴多 . 心理学与生活：第 19 版［M］. 王垒，等译 . 北京：
人民邮电出版社，2016.

[8] 莫里斯，梅斯托 . 心理学导论：第 12 版［M］. 张继明，王蕾，童永
胜，等译 . 北京：北京大学出版社，2007.

[9] 索尔所，麦克林 O H，麦克林 M K. 认知心理学：第 8 版［M］. 邵志
芳，等译 . 上海：上海人民出版社，2018.

[10] 张大均 . 教育心理学［M］. 3 版 . 北京：人民教育出版社，2015.

[11] 冯忠良，伍新春，姚海林，等 . 教育心理学［M］. 3 版 . 北京：人民
教育出版社，2015.

[12] 庄锦英 . 决策心理学［M］. 上海：上海教育出版社，2006.

[13] 刘儒德 . 教育中的心理效应［M］. 上海：华东师范大学出版社，
2013.

[14] 迪昂 . 脑与意识［M］. 章熠，译 . 杭州：浙江教育出版社，2018.

[15] 戈尔曼 . 高情商领导力［M］. 陈佳伶，译 . 长沙：湖南文艺出版社，
2018.

[16] 李秀茹 . 大学生情绪智力与职业情商［M］. 北京：清华大学出版社，
2019.

[17] 孟昭兰 . 情绪心理学［M］. 北京：北京大学出版社，2005.

[18] 伯克利 E，伯克利 M. 动机心理学［M］. 郭书彩，译 . 北京：人民邮
电出版社，2020.

[19] 金盛华 . 社会心理学［M］. 3 版 . 北京：高等教育出版社，2020.

[20] 章志光 . 社会心理学［M］. 3 版 . 北京：人民教育出版社，2015.

[21] 马斯洛 . 动机与人格：第 3 版［M］. 许金声，等译 . 北京：中国人
民大学出版社，2007.

［22］郭永玉．人格心理学纲要［M］．北京：教育科学出版社，2018．

［23］钟思嘉，金树人．大学生职业生涯规划：自主与自助手册［M］．北京：高等教育出版社，2017．

［24］弗林．智力是什么：超越弗林效应［M］．北京：机械工业出版社，2017．

［25］吴真．职业核心技能：测评与提升［M］．天津：天津教育出版社，2010．

［26］李芳．情绪一致性记忆的理论与实践［M］．上海：上海交通大学出版社，2016．

［27］麦格尼格尔．自控力［M］．王岑卉，译．北京：印刷工业出版社，2012．

郑重声明

高等教育出版社依法对本书享有专有出版权。任何未经许可的复制、销售行为均违反《中华人民共和国著作权法》,其行为人将承担相应的民事责任和行政责任;构成犯罪的,将被依法追究刑事责任。为了维护市场秩序,保护读者的合法权益,避免读者误用盗版书造成不良后果,我社将配合行政执法部门和司法机关对违法犯罪的单位和个人进行严厉打击。社会各界人士如发现上述侵权行为,希望及时举报,我社将奖励举报有功人员。

反盗版举报电话　(010) 58581999　58582371

反盗版举报邮箱　dd@hep.com.cn

通信地址　北京市西城区德外大街 4 号　高等教育出版社法律事务部

邮政编码　100120

读者意见反馈

为收集对教材的意见建议,进一步完善教材编写并做好服务工作,读者可将对本教材的意见建议通过如下渠道反馈至我社。

咨询电话　400-810-0598

反馈邮箱　gjdzfwb@pub.hep.cn

通信地址　北京市朝阳区惠新东街 4 号富盛大厦 1 座

　　　　　高等教育出版社总编辑办公室

邮政编码　100029